VALENTINO B

MASSEN MORD

oder „Natürliche Auslese“?

amadeus-verlag.com

Amadeus Verlag GmbH & Co. KG
Birkenweg 4
74579 Fichtenau
Fax: 07962-710263
www.amadeus-verlag.com
Email: amadeus@amadeus-verlag.com

Druck:
CPI – Ebner & Spiegel, Ulm
Satz und Layout:
Jan Udo Holey
Umschlaggestaltung:
Amadeus Holey

ISBN 978-3-938656-79-2

*„Und ihr werdet die Wahrheit erkennen,
und die Wahrheit wird euch frei machen.“*

Johannes 8,32

Inhaltsverzeichnis

Einleitung.......... S. 7

1. Wo stehen wir gerade und wohin geht unsere Reise?.......... S. 16
1.1. Was ist das Ziel dieser Psychopathen?.......... S. 29
1.1.1. Die Etablierung einer sozialistischen Weltregierung nach dem Vorbild Chinas.......... S. 43
1.1.2. Die Reduzierung der Weltbevölkerung.......... S. 49
1.1.3. Die Versklavung und Unterwerfung der Menschen.......... S. 57
1.1.4. Die Implementierung eines Chip-Systems.......... S. 59
1.1.5. Einführung und Etablierung einer digitalen Währung.......... S. 61
1.1.6. Enteignung und Entmachtung der Bürger.......... S. 62
1.1.7. Aushebelung der Grundrechte.......... S. 63
1.1.8. Die totale Kontrolle der Menschheit.......... S. 65

2. Warum lügt der Mensch?.......... S. 71
2.1. Der „Wundertag" 11. September 2001.......... S. 80
2.2. Doch was ist dann passiert und auf welche Weise?.......... S. 98
2.3. Welche Konsequenzen hatten diese Attentate?.......... S. 107

3. Die PR-Maschinerie der Medien.......... S. 120
3.1. Inhalt des Pressekodex.......... S. 130
3.2. Propaganda-Beispiele der Mainstream-Medien.......... S. 139
3.3. Die 5 Gründe für die Beteiligung der Massenmedien.......... S. 151

4. Die Machenschaften der Politik.......... S. 167
4.1. Lobbyismus in Germany.......... S. 181
4.2. Die christlichen Parteien Deutschlands.......... S. 192
4.3. Die LINKE – Sehnsucht nach drüben.......... S. 201
4.4. SPD – *„I love Kommunismus"*.......... S. 209
4.5. FDP – Die Umfaller.......... S. 225
4.6. Bündnis 90/Die Grünen – alles Heuchler oder was?.......... S. 235
4.7. AfD – alles Show?.......... S. 254

4.8. Was verdient eigentlich ein Bundestagsabgeordneter bzw. Politiker? S. 259
4.9. Das Kastensystem in der BRD S. 267
4.10. Das Endspiel hat begonnen S. 275

5. Die Lügen zur Covid-19-Pandemie -> Updates S. 278
5.1. Das Geschäftsmodell der Pandemien S. 282
5.2. Bidermans Diagramm in Corona-Zeiten S. 292
5.3. Impfungen und das Ausmaß des Genozids S. 297
5.4. Die Pfizer-Mafia S. 308
5.5. Richtig viel Geld verdienen – im Namen Coronas S. 315
5.6. Nebenwirkungen & Co. S. 323
5.7. Was befindet sich denn nun in dieser Giftbrühe? S. 332
5.8. Was steckt hinter der Impfpflicht? S. 346
5.9. Und was kommt nach der Booster-Impfung? S. 351
5.10. Wo ist die rote Linie? S. 356

Nachwort S. 360

Ein herzliches Dankeschön! S. 361

Literatur- und Quellenverzeichnis S. 362
Bildquellen S. 371
Videoverzeichnis S. 375

Über den Autor S. 376

Einleitung

„Eine Lüge wird nicht zur Wahrheit, das Falsche nicht zum Richtigen und das Böse nicht zum Guten, nur weil es von einer Mehrheit akzeptiert wird."

Booker T. Washington

Familie, Freunde, Bekannte und Geschäftspartner stellten mir immer wieder die gleiche Frage: Warum, zum Teufel, schreibst du über so ein heißes und brisantes Thema ein Buch? Schreibe doch irgendetwas über das Gesundheitswesen, wie du es schon in der Vergangenheit getan hast, oder eben einen Roman! Und warum, zum Henker, muss es dann auch noch einen zweiten und womöglich dritten Band über dieses Thema geben?

Liebe Leserinnen und Leser, sicherlich haben Sie schon einmal im Fernsehen oder im Internet Bilder des Dritten Reiches gesehen. Adolf Hitler fuhr, in einer offenen Limousine stehend, durch eine Großstadt, und Hunderttausende standen mit Wimpeln, Fahnen und Flaggen am Straßenrand. Alle standen stramm, den rechten Arm nach oben gestreckt, um den Führer zu begrüßen. Dieser Wahnsinn war nur deshalb zustande gekommen, weil eben gerade all diese Menschen bei diesem „Spiel" mitmachten. Ich weiß nicht, was ihre Überzeugung war und möchte es an dieser Stelle auch nicht beurteilen, aber sicherlich waren einige der Punkte Not, Faulheit, Gutgläubigkeit und Ignoranz. Die Allermeisten waren jedoch nur feige Mitläufer, die sich durch die Medien und die Masse haben manipulieren lassen. Sicherlich waren die Zeiten sehr hart, die Arbeitslosigkeit und Inflation hoch und die Zukunftsaussichten nach dem verlorenen Ersten Weltkrieg nicht besonders rosig, und trotzdem ist die Schande des Dritten Reiches nicht zu entschuldigen. Trotz Millionen von Toten, Hunger und Krankheiten des Ersten Weltkriegs haben sich die allermeisten Deutschen nur wenige Jahre danach an einer Diktatur beteiligt.

Dies soll hier keine Anschuldigung gegen die deutschen Staatsbürger sein, ganz im Gegenteil, es soll nur die Bilder der damaligen Zeit in Erinnerung rufen. Denn so gut wie jedes europäische Volk hat in seiner Vergangenheit solche Verbrechen auf dem Kerbholz. Was ist mit den Italienern, die sich an diesem Verbrechen mit beteiligt haben? Ich bin übrigens italienischer Abstammung!

Was ist mit den Spaniern und Portugiesen, die die Urvölker Amerikas abgeschlachtet und ausgerottet haben? Was ist mit den Engländern, Franzosen, Belgiern und Holländern, die durch ihre kranke Kolonisationspolitik ganze Völker versklavt, ausgebeutet und ermordet haben? Was ist mit den Amerikanern, die seit ihrer Gründung an Verbrechen gegen die Menschlichkeit beteiligt sind? Was ist mit den Türken und den Massakern gegen die Armenier? Ich könnte an dieser Stelle die Einleitung auf ein ganzes Buch erweitern, da fast jedes Volk in irgendeiner Art und Weise in seiner Vergangenheit an Verbrechen gegen Menschen, Tiere und die Natur beteiligt war. Ich möchte jedoch die Einleitung nicht unnötig in die Länge ziehen, denn ich bin mir sicher, dass Sie verstanden haben, was ich meine. Es ist nicht die Schuld der Deutschen, der Italiener und der vielen anderen Völker, was vor vielen Jahren geschehen ist.

Aber es ist UNSERE Schuld, wenn wir uns in der Gegenwart erneut an einem solchen Verbrechen beteiligen. Es ist UNSERE Schuld, wenn wir es wieder zulassen, dass eine Minderheit ausgegrenzt, verfolgt und bestraft wird. Es ist UNSERE Schuld, wenn wir es zulassen, dass uns unsere Politiker ausbeuten, gegeneinander aufhetzen und Zwangsimpfungen mit einem todbringenden Impfstoff veranlassen. Es ist UNSERE Schuld, wenn unsere Kinder und Liebsten versklavt, unterdrückt und ermordet werden.

Und genau dies ist die Antwort darauf, warum ich diese Bücher schreibe. Mir wird in Zukunft niemand vorwerfen können, dass ich mich aus Angst und Dummheit an diesem Verbrechen gegen die Menschlichkeit beteiligt habe. Ich muss keine scheinheiligen Ausreden erfinden und mich morgens schämen, wenn ich in den Spiegel schaue.

Was werden Sie Ihren Kindern und Liebsten erzählen? Dass Sie zu sehr mit Netflix Schauen und Würstchen Grillen beschäftigt waren? Dass Sie es nicht wussten? Es kann weder in der Gegenwart noch in der Zukunft Ausreden geben, da uns Menschen im Moment noch alle Türen und Tore offenstehen, um uns gegen diese psychopathische Elite, gegen diese korrupten Politiker und diese geldgeilen Pseudo-Wissenschaftler zur Wehr zu setzen. Sie werden alles in ihrer Macht Stehende tun, um den „Great Reset" und eine sozialistische Weltherrschaft, die auf Unterdrückung, Gewalt, Kontrolle und Ausgrenzung aufgebaut ist, umzusetzen. Sie werden nicht eher damit aufhören, bis sie ihre sozialistische Weltherrschaft umgesetzt bekommen haben, oder wir, das Volk, ihnen alles abgenommen und sie in die Schranken verwiesen haben.

„Über ein Jahrhundert lang haben ideologische Extremisten von beiden Seiten des politischen Spektrums gut publizierte Ereignisse wahrgenommen, die Rockefeller-Familie für den übermäßigen Einfluss anzugreifen, den wir ihrer Meinung nach auf amerikanische politische und wirtschaftliche Institutionen ausüben. Manche glauben gar, wir seien Teil einer geheimen Kabale, die entgegen den besten Interessen der USA arbeitet, charakterisieren mich und meine Familie als ‚Internationalisten' und Verschwörer, die gemeinsam mit anderen weltweit eine integriertere, globale, politische und wirtschaftliche Struktur schaffen – eine Welt, wenn Sie so wollen. Wenn das die Anklage ist, dann bin ich schuldig, und ich bin stolz darauf."

David Rockefeller

Wir brauchen keine Lösung. Wir müssen die Ursache des Problems beseitigen. Die Wenigen haben die Vielen nur deshalb immer kontrolliert, weil sich die Vielen den Wenigen unterworfen haben. Wir können und müssen das jetzt ein für alle Mal beenden.

„Die Toleranz hat ein Niveau erreicht, wo intelligenten Menschen das Denken und Sprechen verboten wird, nur um diese Idioten nicht zu beleidigen."

David Icke, Autor und Forscher

Und genau das dürfen wir nicht zulassen. Wir dürfen es nicht mehr zulassen, dass korrupte und dumme Politiker uns regieren und darüber bestimmen, was wir zu denken und wie wir zu sprechen haben. Wir dürfen es nicht mehr zulassen, dass unsere Welt durch diese Elite aus Profitgründen zerstört und ausgebeutet wird. Wir dürfen es nicht mehr zulassen, dass wir im Namen einer Fake-Pandemie verseucht und zwangsgeimpft werden, damit sie ihren kranken Plan umgesetzt bekommen.

Wenn Sie meinen ersten Band „Corona – Der große Intelligenztest" gelesen haben, dann ist Ihnen sicherlich aufgefallen, dass ich, im Gegensatz zu vielen anderen Autoren, annähernd 30 Videos über einen QR-Code eingebettet habe. Das hat einen einfachen Grund: Wir sind es mittlerweile fast alle gewohnt, immer unser Handy griffbereit zu haben, und genau diesen Faktor wollte ich ausnutzen, um dem Leser noch mehr Informationen zu übermitteln. Ich möchte Sie nicht vom Lesen abhalten, ganz im Gegenteil! Aber Videos können meines Erachtens in wenigen Minuten eine Tatsache oder Emotion einfach noch verstärken sowie zusätzliche Informationen vermitteln, die man ansonsten nur sehr schwer übermittelt bekommen würde. Deswegen werde ich auch in diesem Band diese Vorgehensweise beibehalten.

Dazu passend möchte ich Ihnen ein sehr emotionales und an einigen Stellen sicherlich auch folgendes, schockierendes Video empfehlen (www.expresszeitung.com). Es spiegelt in wenigen Minuten die Situation in Deutschland und der Welt wider. Mich selbst hat es teilweise auch sehr bewegt und schockiert, da es das oben Beschriebene sehr gut auf den Punkt bringt.

Video 1:

Titel	Massenpsychose: Wenn der Wahnsinn zur neuen Normalität wird
Link	www.youtube.com/watch?v=IB-u6l4_orQ&list=PLGJ_LdMwlyceJmCMOTH05992w1C-aLk2L&index=2

Es ist erschreckend, wie man mittels psychologischer Kriegsführung bzw. durch den geschickten Einsatz der Instrumente Angst und Schrecken die Menschen derart brechen kann, um sie letztendlich dazu zu bewegen, dass sie sich an Verbrechen gegen die Menschlichkeit beteiligen. Ich bin mir sicher, dass sehr viele, die meinen ersten Band gelesen haben, es trotzdem nicht annähernd verstehen, was gerade mit uns geschieht. Die Angst, aber trotzdem auch das Vertrauen der Menschen in unsere Regierung und die Massenmedien, ist so stark ausgeprägt, dass sie einfach keine andere Meinung akzeptieren und/oder in Betracht ziehen. Sie sind so sehr von ihrer Angst geprägt, dass sie nicht einmal eine andere Meinung hören möchten. Es verwundert mich jedes Mal aufs Neue, wie Menschen sich ins Unglück stürzen, ohne darüber nachzudenken. Wenn gerade diese Menschen sich irgendetwas kaufen oder eine Reise buchen möchten, da wird in allen möglichen Foren und auf Webseiten geschaut, Testberichte gelesen und verglichen. Alle möglichen Rezensionen werden gelesen, aber wenn es sich um ihre Gesundheit und ihre Zukunft handelt, da vertrauen sie der Regierung blind, obwohl gerade diese sie in der Vergangenheit nur belogen und die allermeisten Wahlversprechungen nicht eingehalten hat. Diese Menschen werden misshandelt, unterdrückt und versklavt und trotzdem himmeln sie unseren Staat und dessen Politiker noch an. Haben Sie sich unsere Politiker eigentlich schon einmal etwas genauer angeschaut?

Na sicher haben Sie diese ekligen Menschen mit ihren ungepflegten und fauligen Zähnen in ihren billigen Anzügen schon einmal im Fernsehen gesehen. Viele von ihnen sehen aus wie Alkoholiker, haben keine Werte, keinen Stolz – von Ehrlichkeit ganz zu schweigen… Viele Gesundheitsminister in der Welt sind überfettet, achten nicht auf ihre Gesundheit und haben in ihrem Leben noch nie Sport getrieben, geschweige denn sich jemals wirklich mit Gesundheit befasst! Und genau diese Hochstapler verwalten Milliarden-Euro-Budgets und sollen gesunden und sportlichen Menschen sagen, was Gesundheit ist. Das kann doch eigentlich nur ein Witz sein! Das Verhältnis vom Staat zum Bürger gleicht einer missbräuchlichen Beziehung, und man könnte an dieser Stelle schon von einem kollektiven Stockholmsyndrom sprechen.

Anstatt sich gegen diesen Missbrauch zu wehren, sehnt sich ein Großteil der Bürger nach dieser toxischen Beziehung. Sie wissen, dass sie verarscht, belogen und betrogen werden, und trotzdem wehren sie sich nicht dagegen. Was schon in der Vergangenheit offensichtlich war, kann man innerhalb der letzten zwei Jahre Fake-Pandemie im Verhältnis zwischen Bürgern und Staat sehr gut erkennen. Es gleicht einer missbräuchlichen Beziehung, die schwere Traumata hinterlassen wird. Oder glauben Sie, dass wir eines Tages einfach so von vorne anfangen können? Könnte man in einer Beziehung nach solchen schweren Traumata einfach neu beginnen, oder wäre da eine Trennung nicht eher angebracht?!

Folgendes emotionales Video der Webseite *FreiwilligFrei* stellt diesen Missbrauch der Regierung gegen die eigenen Bürger sehr gut dar:

Video 1.1:
Titel FreiwilligFrei – Die gefährlichste aller Religionen
Link www.youtube.com/watch?v=EQGpCmCV_e4

Die verantwortlichen Politiker weigern sich, für ihre Fehler gerade zu stehen und schieben gekonnt die Verantwortung auf die Bürger ab, die in ihrer Abhängigkeit die Verantwortung auf sich nehmen. Egal, was passiert, es ist immer die Schuld der Bürger, die sich nicht korrekt verhalten und sich auch nicht an die diktatorischen Maßnahmen einer korrupten Regierung gehalten haben. Wie verrückt ist das eigentlich? Die Politiker stopfen sich die Taschen voll, sperren das eigene Volk ein und schieben die Verantwortung durch Täuschung, List und Lügen auf die abhängigen Bürger. Immer nach dem Motto: „*Wir tun dies alles nur für das Volk und die Maßnahmen sind alternativlos.*“ Jeglicher Widerstand wird durch Diffamierung, Druck und Gewalt der Polizei unterdrückt. Andere Meinungen werden durch sogenannte Experten diskreditiert und ins Lächerliche gezogen, bis hin zu Forderungen nach drakonischen Maßnahmen, Bestrafungen und Ausgrenzung. Es werden so lange die gleichen Nachrichten in allen TV-Sendern, im Radio und im Internet verbreitet, bis diese als Tatsachen angesehen werden. Die Stärke der Bürger wird bewusst untergraben und klein geredet, damit diese ja nicht auf dumme Gedanken kommen. Widerstand ist „rechtsradikal" und wer möchte in der heutigen Zeit schon „rechts" sein? Die Schlagwörter der Gutmenschen heute sind „links", „grün" und „liberal", da ist absolut kein Platz für Verschwörer, die sich für die Grundrechte einsetzen. Wofür braucht der Bürger schon Grundrechte, schließlich kümmert sich der Staat doch wie eine liebevolle Mutti um seine Bürger?!

Die Bürger sind Schritt für Schritt entmündigt worden: Massentestungen, Kontroll-Apps, Ausgangssperren, bis hin zu einer Zwangsimpfung, werden als normal und bürgerlich verkauft. Wer sich nicht demütig diesem System unterordnet, wird mit Bußgeldern und in vielen Fällen mit unverhältnismäßiger Gewalt bestraft. Einschüchterungen und Hausdurchsuchungen gehören zum Standard-Repertoire, und wo in der Vergangenheit das Grundgesetz die Bürger schützte, marschiert nun eine schwarze Staatsgewalt auf die sogenannten rechten Aluhutträger und Verschwörer zu. Das Perverse an diesem Ganzen ist, dass sie dieses Verhalten den Bürgern auch noch als normal und staatskonform verkaufen. An der Stelle, wo sich in der Vergangenheit ein Polizist für die Bürger einsetzte, steht jetzt ein schwarz Uniformierter in voller Montur, der die Anweisungen des Staates gegen die eigene Bevölkerung pflichtbewusst umsetzt. Die, die sich eigentlich für die Rechte der Bürger einsetzen sollten, werden nun gegen diejenigen Menschen eingesetzt, welche sich für Freiheit und Grundrechte aussprechen. Wie krank ist das eigentlich? Staatsgewalt und Maßnahmen werden heruntergespielt, und jegliche Entscheidung wird als rechtskonform, alternativlos und als richtig für den Bürger verkauft. Rein nach dem Motto: *„Es ist doch nur eine Maske."* *„Es sind doch nur eure Grundrechte."* *„Es ist doch nur ein kleiner Piks."* Und zur Belohnung bekommt der treue Untertan noch eine Bockwurst obendrauf, was will er denn noch mehr? Das kollektive Stockholmsyndrom ist mittlerweile derart ausgeprägt, dass ein Großteil der Bürger tatsächlich glaubt, Staat und Politiker würden sich tatsächlich für das Wohl der Bevölkerung einsetzen. Sie wurden in der Vergangenheit in eine totale Abhängigkeit getrieben, die jetzt jegliche

Misshandlung von Seiten der Regierung rechtfertigt. Quasi nach dem Motto: *„Du hast doch eine Krankenversicherung und Hartz IV erhalten, wofür benötigst du noch Grundrechte?"* Wie beim Stockholmsyndrom, bei dem das Opfer einer Geiselnahme eine Zuneigung für seinen Entführer entwickelt und mit ihm kooperiert, haben die Bürger inzwischen eine Zuneigung zu den Politikern, Wissenschaftlern und der Regierung entwickelt, obwohl diese sie ständig belügen, bestrafen, einsperren und überwachen. Denunziantentum gehört mittlerweile zur Bürgerpflicht eines „Gutmenschen" und Kritiker müssen mit aller Gewalt bekämpft werden. Diese werden als das Böse, als Feinde der Gesellschaft, ja absurderweise sogar als Feinde des Grundgesetzes bezeichnet und als Nazis und Querdenker diffamiert. Werden wir uns jemals wieder von dieser toxischen und abhängigen Beziehung lösen können?

An dieser Stelle möchte ich kurz ein paar Sätze zu meinem ersten Band „Corona – Der große Intelligenztest" sagen. Wenn Sie, liebe Leserinnen und Leser, meinen ersten Band noch nicht gelesen haben, sondern diesen zweiten Teil zuerst gekauft haben, dann würde ich Ihnen aus Verständnisgründen empfehlen, dieses Buch hier erst einmal zur Seite zu legen und mit dem ersten Band zu beginnen. Ich kann und möchte in diesem Band auf sehr viele Punkte, die ich schon in Band 1 beschrieben habe, nicht nochmals eingehen. Zum einen wäre es den Lesern von Band 1 gegenüber unfair, zum anderen habe ich ehrlicherweise auch keine Lust, mich zu wiederholen. Ich kann Ihnen versprechen, dass es sich für Sie auf jeden Fall lohnt, mit dem ersten Band zu beginnen, da Sie dadurch auch den zweiten Band besser verstehen werden.

Die Einleitung möchte ich mit einem Video des britischen Verschwörungsautors David Icke abschließen. Es fasst in wenigen Minuten das Problem mit den Regierungen zusammen:

Video 2:

Titel	David Icke - Es gibt nicht genug von ihnen, um uns aufzuhalten
Link	https://odysee.com/@FreieMedien:d/David-Icke-Sie-sind-zu-wenig-um-uns-zu-stoppen:9

Und nun geht es los mit einem Feuerwerk der Lügen und des Betrugs. Und wenn Sie am Ende immer noch der Ansicht sein sollten, dieses Gesindel, welches unsere Länder regiert, wählen zu können, dann habe ich keine gute Arbeit abgeliefert...

1. Wo stehen wir gerade und wohin geht unsere Reise?

Wohin genau unsere Reise gehen wird, wo wir in einem oder zwei Jahren sein werden, kann ich Ihnen an dieser Stelle auch nicht sagen, da ich Ihnen gestehen muss, dass ich keine Glaskugel besitze und auch nicht in die Zukunft schauen kann. Jedoch kann ich die momentane und die vergangenen Situationen analysieren und dadurch meine Schlüsse für die Zukunft ziehen. Tun das nicht alle Analytiker?

Liebe Leserinnen und Leser, glauben Sie mir allerdings kein Wort, sondern hinterfragen Sie zu Ihrer Sicherheit und für Ihr eigenständiges Denken alles, was ich hier zu Papier bringen werde. Übernehmen Sie bitte nichts von all dem, was Sie hier lesen werden, einfach blind, denn im Grunde kennen wir uns gar nicht. Ich könnte Ihnen alles erzählen, Sie belügen und Sie negativ beeinflussen, nur um vielleicht die Meinung der sogenannten Impfgegner und Verschwörer zu verbreiten. Es ist für Ihre persönliche Entwicklung unheimlich wichtig, dass Sie sich nicht von einer alten Fessel lösen, um sich dann eine neue Fessel anlegen zu lassen. Das ist so nicht gewollt.

Meine Werke sind dazu gedacht, Sie zum Nachdenken anzuregen, damit Sie sich ein eigenes Meinungsbild kreieren können. Dazu möchte ich Ihnen auf verständliche und einfache Art genau die Informationen zur Verfügung stellen, die Sie dafür benötigen. Ich muss Ihnen zudem gestehen, dass nicht alles auf meinen Mist gewachsen ist, sondern dass ich vieles aus Videos sowie Berichten anderer Autoren und Aufklärer übernommen habe. Diese sind im Quellenverzeichnis und im gesamten Werk deutlich erkennbar. Jedoch sollten Sie wissen, dass ich nichts einfach nur so aufs Geratewohl übernommen habe. Ich habe mir über jeden Artikel oder Bericht Gedanken gemacht und eine Menge an Nachforschungen betrieben, um Ihnen meines Erachtens nur das Sinnvollste und Beste zu präsentieren.

Um zu verstehen, wohin unsere Reise wahrscheinlich gehen wird, müssen wir zuerst verstehen, wo wir in der Gegenwart stehen. Wir befinden uns seit nunmehr 26 Monaten (04/2022) in einer angeblichen Pandemie, die von einer Finanz-Elite im Zusammenspiel mit den Regierungen weltweit, mit der WHO und verschiedenen NGOs, den Massenmedien und hunderten gekauften Wissenschaftlern inszeniert wurde und am Leben gehalten wird. Alle Punkte, die von den Regierungen für diese Fake-Pandemie verwendet wurden und werden, sind ausnahmslos widerlegt worden.

Der PCR-Test, der Inzidenzwert, die Todesfälle an und mit Covid-19, die Hospitalisierungsrate, die mRNA-Impfung und viele weitere Punkte sind für rational denkende Menschen durch Wissenschaftler, Autoren, Analytiker, Politiker und rational denkende Menschen ausnahmslos widerlegt worden. Diese Pandemie ist ein Fake und wird als das größte Verbrechen gegen die Menschlichkeit in die Geschichte eingehen. Sie werden diesen Betrug noch für Monate oder Jahre vertuscht bekommen, doch das Internet vergisst so gut wie nichts. In der Zukunft werden sich Analytiker und Autoren mit diesem Verbrechen befassen und sie werden mit Sicherheit zu keinem anderen Fazit kommen.

Wir befinden uns momentan in einer Spirale, die Tag für Tag enger gezogen wird, und die Marschrichtung in eine sozialistische Diktatur ist nicht nur schon eingeschlagen worden, sondern wir sind schon mittendrin.

Ein Holocaust-Überlebender wurde einmal gefragt, ab wann man denn im Dritten Reich bemerkt hätte, dass man in einer Diktatur lebt. Er antwortete: *„Man hat es nur bemerkt, wenn man dagegen war.“*

Leider habe ich keinen Namen zu dieser Aussage und keine nachgewiesene Quelle. Trotzdem war es mir wichtig, genau diesen Überlebenden so zu zitieren. Er hat mit seiner Aussage den Nagel auf den Kopf getroffen, leider. Wir befinden uns angeblich noch in einer Demokratie, doch jegliche Aussage gegen die Regierungs-Maßnahmen wird unterdrückt und als rechtsradikal diffamiert. Das Recht auf freie Meinungsäußerung ist in unserer Demokratie nicht mehr gegeben und eine Demokratie ohne freie Meinungsäußerung ist keinen Cent wert. Jeglicher Vergleich mit Diktaturen aus der Vergangenheit kann für einen Autor verheerend sein und Abmahnungen sowie Anzeigen wegen Volksverhetzung mit sich bringen. Ein Sachbuchautor darf in dieser so makellosen Demokratie keine Vergleiche zwischen den Corona-Pandemie-

Maßnahmen und den Maßnahmen des Dritten Reiches ziehen. Bei Verstößen können ihm bis zu mehreren Jahren Gefängnisstrafe drohen. Das klingt verrückt, ist aber die momentane Realität in Deutschland. Sie entscheiden, welche Vergleiche erlaubt sind und welche nicht. Hatten wir nicht genau diese Vorgehensweise vor 80 Jahren schon einmal?

Wir befinden uns schon lange nicht mehr in einer Demokratie, und ich werde mir mit Sicherheit von diesem Regime nicht mein Recht auf freie Meinungsäußerung nehmen lassen, egal ob sie mich bedrohen oder dafür bestrafen werden. Fakt ist, dass wir schon mitten in einer Diktatur sind! Menschen werden mit 2G (geimpft oder genesen) aus dem öffentlichen Leben ausgegrenzt, bedroht und diffamiert.

Wir setzen uns für jegliche Rechte auf der Welt ein, schicken unsere Bundeswehr für die Demokratie nach Afghanistan, wo 59 deutsche Soldaten ihr Leben ließen, und grenzen gleichzeitig annähernd 20% der in Deutschland lebenden Menschen mit Maßnahmen aus dem öffentlichen Leben aus und wundern uns dann, dass man diese Maßnahmen mit denen des Dritten Reiches vergleicht. In Deutschland ansässige Staatsbürger (Deutsche und Ausländer), die hier tagtäglich ihren Beitrag für dieses Land leisten, hier Steuern bezahlen und in diesem Land ihre Kinder nach demokratischen Prinzipien erziehen, werden aus dem öffentlichen Leben ausgeschlossen und dürfen die Deutsche Bahn, Bus, Bars, Restaurants und viele weitere öffentliche Bereiche nicht mehr verwenden, besuchen oder betreten.

SIND WIR EIGENTLICH ALLE VERRÜCKT GEWORDEN, DASS WIR DAS ZULASSEN?

Wir sprechen hier von gesunden und mündigen Bürgern und nicht von irgendwelchen durchgeknallten, rechtsradikalen Terroristen, wie es uns unsere Medien verkaufen möchten. Wir haben meines Erachtens jetzt schon eine rote Linie überschritten, der nur mit sehr viel Aufwand, Kraft, Intelligenz und Liebe wieder gutgemacht werden kann.

„Der Beauftragte gegen Antisemitismus in Baden-Württemberg, Michael Blume, warnt vor Gewalt und Terrorgefahr durch Verschwörungsgläubige im Umfeld der Demonstrationen gegen Corona-Maßnahmen.

„Ich glaube leider, dass in den nächsten Jahren die Radikalisierung weitergeht. Dass wir Gewalt und möglicherweise auch Terror erleben werden.“, sagte Blume dem Nachrichtenportal „Watson“ am Dienstag.“[244]

Die Regierung hat es im Zusammenspiel mit den Medien geschafft, die Bevölkerung zu spalten. Auf der einen Seite befinden sich die Regierungstreuen und der Großteil der Bevölkerung, welcher noch den „Altmedien“ hörig ist, und auf der anderen Seite steht eine Minderheit, die den Regierungsmaßnahmen misstraut und den Medien kein Wort mehr glaubt. Eine impfgeile Mehrheit gegenüber einer Minderheit, die sich gegen diese Spike-Protein-Biowaffen-Injektionen sträubt. Die totale Ausgrenzung der Ungeimpften, Strafmaßnahmen, Druck, Androhung von Gewalt, Quarantäne-Hotels, Verbot der freien Meinungsäußerung, Lockdowns für Ungeimpfte und das Verbot von Demonstrationen sind was? Der Anfang von etwas oder das Ende?

Was werden die nächsten Schritte und Forderungen unserer Politiker und der verängstigten Bürger sein, die sich hinter dem Vorwand eines Virus, der die Sterblichkeit einer Grippe nicht übersteigt, verstecken und in Angst und Depressionen leben? Wo wird ein Schlussstrich gezogen, oder besser gesagt, welchen Punkt sollte und darf man auf gar keinen Fall überschreiten? Den „point of no return“! Ab diesem Punkt gibt es kein Zurück mehr, ansonsten wird es zwangsläufig in einer Katastrophe enden.

Wie weit möchte man mit den sogenannten Impfverweigerern gehen? Welche Maßnahmen sind denn noch machbar, wenn die heutigen Maßnahmen nicht wirken sollten? Es werden drakonische Strafen gefordert, vom Bußgeld bis hin zur Haft. Was denken sich diese „Gutmenschen“ eigentlich dabei, wenn sie solche Maßnahmen einfordern und sogar unterstützen?

„Die Debatte um eine allgemeine Impfpflicht nähert sich der zentralen Frage: Was genau geschieht mit dem, der dagegen verstößt? Rechtsexperten denken im Fall hartnäckiger Verweigerer an ein bis zwei Jahre Freiheitsstrafe. Muss der Staat drakonischer werden?

Neu ist nicht nur, dass mehr Härte verlangt wird. Neu ist auch, wie sich der Ruf nach einem strengeren Staat auf die politischen Lager verteilt. Starke Einschränkungen für Ungeimpfte halten 92 Prozent der Grünen-Anhänger für richtig – und entpuppen sich damit als strengste Kraft.«(245)

Da gehen sie sonntags in die Kirche, wählen eine christliche Partei, spielen sich als die grünen Weltretter auf, setzen sich für Flüchtlinge von irgendwo aus Afrika oder neuerdings aus der Ukraine ein, und dann möchten sie die eigenen Mitbürger bestrafen und zur Not mit Mördern und Schwerstkriminellen zusammen ins Gefängnis stecken. Was seid ihr nur für Heuchler! Wie könnte man eine solche Impfpflicht überhaupt durchsetzen? Diese Heuchler schreien nach einer Impfpflicht und sind sich der Konsequenzen in keiner Weise bewusst.

Spielen wir ein solches Szenarium doch einmal durch:
Die Impfverweigerer werden behördlich dazu aufgefordert, sich bis zu einer bestimmten Frist impfen zu lassen und ihren Impfpass einer bestimmten Behörde vorzulegen. Und was passiert, wenn sie sich weigern sollten? Dann verhängt man (wie zum Beispiel in Österreich, wo ein entsprechender Gesetzesentwurf schon besprochen wird) Bußgelder bis zu 10.000 Euro (in Österreich werden Bußgelder bis zu 7.200 Euro fällig!). Und wenn sie sich immer noch weigern, was passiert dann? Wir lassen ihre Konten pfänden, enteignen sie, versteigern ihre Häuser und ihr Hab und Gut. Und wenn dies immer noch nicht ausreichend sein sollte, dann lassen wir sie durch die Polizei und/oder im schlimmsten Fall durch die Bundeswehr ins Gefängnis oder in Lager werfen, nachdem öffentlich nach ihnen gefahndet wurde!

Und wie machen wir diese „Verbrecher" für die Öffentlichkeit erkennbar? Wir brandmarken sie und ihre Geschäfte mit einem gelben X oder schließen ihre Geschäfte ganz? Dürfen sie sich dann noch auf eine Parkbank setzen und Lebensmittel einkaufen oder soll man dies auch noch verbieten? Selbstverständlich muss ihre Krankenversicherung gestoppt und ihre Rentenansprüche eingefroren werden, denn diese „Verbrecher" verdienen eine solche Absicherung in keiner Weise. Der Arbeitgeber muss auch noch massiv unter Druck gesetzt werden, damit sich diese Impfverweigerer entweder endlich impfen lassen oder ihren Job verlieren.

Dieses Szenarium könnte man so noch weiter vertiefen, aber ich glaube, Sie haben verstanden, worauf ich hinaus möchte. Genau diese Vorgehensweise konnte man die letzten Jahrzehnte überall auf der Welt erkennen – und vor 80 Jahren in Deutschland. Oder im Irak, wo sich Schiiten und Sunniten gegenseitig bekriegt haben, obwohl sie sogar beide Muslime sind. In Ex-Jugoslawien, wo sich Freunde, Bekannte und Nachbarn über Jahre hinweg gegenseitig ermordet haben, nur weil sie einer anderen Religion angehörten oder auf der anderen Seite des Flusses wohnten. In Ruanda, wo die Tutsi, Hutu und Twa in einem Bürgerkrieg von den Milizen auf grausamste Weise abgeschlachtet wurden, obwohl sie die gleiche Hautfarbe und Religion hatten. Als sich der Victoriasee rot färbte, weil man Tausende geköpfte Menschen in den See warf. Sind Ihnen diese Vergleiche zu hart? Tut mir leid, aber das sind die Resultate unserer nahen Vergangenheit, die durch Spaltung, Dummheit, Gier und Bürgerkriege verursacht worden sind. Das sind nur ganz wenige Beispiele, doch sie müssten reichen, um die Dummheit der Menschen zu verdeutlichen. Wir dürfen eine solche Spaltung nie wieder zulassen, ansonsten wird es wieder zu einer Katastrophe kommen, egal wie weit weg uns das im Moment noch vorkommen mag.

Das ist im Moment nur ein kleiner Ausschnitt unserer gegenwärtigen Situation, und ich muss Ihnen gestehen, dass ich an manchen Tagen nichts Gutes für unsere Zukunft sehe, obwohl ich ein zutiefst positiver Mensch bin. Ich befürchte, dass sich durch die Dummheit der Masse ein Großteil der Gehirngewaschenen dazu hinreißen lassen könnte, Handlungen und Maßnahmen zu fordern und umzusetzen, die so gut wie nicht mehr rückgängig zu machen sind. Alle drastischen Maßnahmen, die wir momentan in Deutschland beziehungsweise Europa vorfinden, wurden vor nicht einmal einem Jahr als rechtsradikal und als Verschwörungstheorien abgestempelt, und das sogar, wenn man es nur wagte, sie anzusprechen. Und was haben wir jetzt? Genau diese angeblichen rechtsradikalen Theorien sind bereits jetzt Wirklichkeit geworden. Unsere Politiker haben uns öffentlich in Interviews und im Bundestag versichert, dass es auf gar keinen Fall zu einer Impfpflicht und einer Diskriminierung Ungeimpfter kommen wird. Und, wo stehen wir gerade? Vor der Impfpflicht und der größten Spaltung unserer Geschichte. (Auch wenn am 7. April 2022 zunächst das Thema „Impfpflicht“ durch die namentliche Abstimmung im Bundestag niedergeschmettert wurde, glauben Sie bloß nicht, dass das Thema ad acta gelegt wurde. Sie werden es erneut versuchen, darauf können Sie wetten!) Zum Thema „rechtsradikal“ oder „linksradikal“ werden wir in einem späteren Kapitel kommen, und ich werde Ihnen zeigen, dass es links und rechts eigentlich gar nicht gibt. Aber, wie schon geschrieben, dazu später mehr.

Sehr viele Ängste der Impfkritiker sind innerhalb weniger Monate Wirklichkeit geworden, also können sie somit doch nicht alle falsch liegen, oder? Könnte es nicht sein, dass sie vielleicht doch recht haben und es sich bei dieser Impfung um eine Biowaffeninjektion handelt, die nur zur Reduktion der Bevölkerung dient?

„Covid-Impfung: Zahl der Nebenwirkungen explodiert!“[246]

Die Staatsverschuldung hat einen dramatischen Wert erreicht. Am 30. November 2021 beliefen sich die Staatsschulden der Bundesrepublik Deutschland auf zirka 2.367.000.000.000 (2,37 Billionen) Euro. Wie sollen wir diesen Schuldenberg jemals wieder abbezahlen?

Ganz einfach, dazu wird es niemals kommen, und früher oder später werden die Bürger mit ihrem Ersparten und ihren Immobilien zur Kasse gebeten. Die Europäische Kommission unter der Führung von Frau Ursula von der Leyen prüft in ihrem Gesetzesentwurf gegen die Bekämpfung von Schwarzgeld und Steuerhinterziehung jetzt schon, ob ein EU-weites, zentrales Vermögensregister aufgebaut und umgesetzt werden kann. Ihr Ziel ist es, an einer zentralen Stelle das gesamte Vermögen der Bürger zu registrieren, um alle Vermögenswerte wie Bargeld, Immobilien, Gold, Kryptowährungen, Kunst und jegliche weiteren

Vermögenswerte jedes einzelnen Bürgers zu kennen. Warum wollen sie das Wissen? Ihrer Aussage nach soll dieses Vermögensregister in eine zukünftige politische Initiative einfließen können. Anders ausgedrückt: Wenn sie wissen, was und wie viel die Bürger an Vermögen besitzen, dann können sie es unter bestimmten Umständen für politische Initiativen und Maßnahmen in der Zukunft verwenden. Oder glauben Sie wirklich noch an die scheinheiligen Ausreden „Steuerhinterziehung" und „Schwarzgeld"?

> *„Die EU will prüfen lassen, ob sich ein europäisches Vermögensregister einrichten lässt. Erklärtes Ziel dabei ist die Bekämpfung von Geldwäsche und Steuerhinterziehung. Doch das Projekt hat politische Sprengkraft. Kommt das Register so, wie sich das die EU vorstellt, wäre dies ein weiterer Schritt auf dem Weg zum gläsernen Bürger."*[(247)]

Schritt für Schritt werden sie den Bürger gläsern machen und ihm in Etappen jeden einzelnen Euro abnehmen. Die Gläubiger werden die Staaten unter Druck setzen und diese wiederum werden ihre Bürger unter Druck setzen und ausnehmen. Die Grünen haben dies in ihren Wahlversprechen doch schon öffentlich gemacht. Sie wünschen sich eine jährliche Steuerabgabe, die auf die Substanz aller Ihrer Vermögenswerte abzielt – eine sogenannte Vermögenssteuer.

> *„Hohe Vermögen sollen stärker belastet werden, fordern SPD, Grüne und Linkspartei. Wegen der Corona-Pandemie ist zudem eine einmalige Vermögensabgabe im Gespräch."*[(248)]
>
> Forderung der FDP, Linken und Grünen

Obwohl man sein Gehalt, seine Einnahmen oder seine Gewinne im Normalfall schon versteuert hat, wünschen sich diese „Gutmenschen" zusätzlich eine jährliche Vermögenssteuer, damit sie weiterhin in Saus und Braus das Geld der Bürger aus dem Fenster werfen können. Die Steuer auf die Steuer der Steuer, oder verstehe ich hier das Prinzip nicht ganz?

„Die Diäten der Abgeordneten sollen um knapp 11 Prozent erhöht werden. 6.992 Euro brutto bekommen rheinland-pfälzische Abgeordnete derzeit im Monat. Von 2022 an sollen die Bezüge in drei Stufen angehoben werden – auf 7.754 Euro im Jahr 2024. Darauf haben sich die Regierungsfraktionen von SPD, Grünen und FDP sowie die Oppositionsfraktionen von CDU und Freien Wählern geeinigt.“(249)

Keine Sorge, unsere Abgeordneten im Bundestag werden schon nicht verhungern, denn sie erhalten selbstverständlich auch eine Erhöhung von 3,1% ihrer Bezüge. Dies sind monatlich rund 310,40 Euro zusätzlich.

Mit der Vermögenssteuer wird es beginnen, und wo wird es enden? Mit der Pfändung und Enteignung des Vermögens der Bürger zum Wohle des Staates? Die Tilgungen, die unser Finanzminister schon vor der Corona-Pandemie so großartig im Staatsfunk präsentiert hat, reichten doch nicht einmal für die Zinsen! Der eigentliche Witz ist, unsere Politiker verschwenden Milliarden an Steuergeldern und erhöhen sich nach Belieben ihre Bezüge und Pensionen. Sie leben in einer Welt, die mit der tatsächlichen Realität absolut nichts mehr zu tun hat. Kontinuierlich steigen Steuern und Abgaben, aber die Schulden wachsen unaufhaltsam. Das **kann** doch eigentlich nur ein Witz sein, oder versteh ich hier die Hintergründe nicht? Und der Aberwitz ist, bei wem haben wir diese ganzen Schulden und an wen zahlen wir eigentlich die ganzen Zinsen? Wir haben diese immensen Schulden gegenüber einer globalen Finanzelite, der Federal Reserve Bank und der Europäischen Zentralbank, die aus dem Nichts so viel Fiat-Geld drucken können, oder besser gesagt, aus dem Hut zaubern können, wie sie nur möchten. Und die Handlanger (Politiker) dieser Finanzelite beteiligen sich an der Ausbeutung des eigenen Volkes.

Aber in der Corona-Pandemie wollen sie mit Sicherheit nur das Beste für uns alle! Klar! Leute, wacht endlich auf! Sowieso wird es aufgrund des diabolischen Zinseszins-Systems nie mehr möglich sein, diesen Schuldenberg jemals zu tilgen. Unter verschiedenen Vorwänden,

Pandemien und dem nächsten Fake, nämlich der Klimakrise, werden sie dem Bürger jeden Cent aus der Tasche ziehen, ob Sie es nun glauben oder nicht.

Irgendwann im Herbst 2021 hatte ich das Vergnügen, die Nachrichten der Staatsmedien zu konsumieren. Über den Inhalt und über die Propaganda möchte ich mich an dieser Stelle nicht auslassen, sondern ich möchte eher auf den Punkt der Inflation eingehen. Dem Zuschauer wurde vermittelt, dass wir zwar Ende November 2021 schon eine Inflation von über 5% zu erwarten hätten, aber die Bürger müssten sich darüber dennoch keine Sorgen machen. 5% Prozent sind zwar nicht gerade wenig, aber noch lange kein Grund zur Panik, so hieß es in den Staatsmedien. Die Preise für so gut wie alle Konsumgüter, Strom, Benzin und alle weiteren Produkte, die vom Bürger konsumiert werden, sind regelrecht explodiert. Einen Teil des Anstiegs führt die Bundesbank auf Sondereffekte wie die vorübergehende Senkung der Mehrwertsteuer in Deutschland ab Sommer 2020 in der Corona-Krise zurück. Seit Anfang 2021 gelten wieder die alten Steuersätze. Was für ein Humbug!

Pressemitteilung des Statistischen Bundesamtes Nr. 028 vom 20. Januar 2022: Erzeugerpreise gewerblicher Produkte (Inlandsabsatz), Dezember 2021 + 5,0% zum Vormonat + 24,2% zum Vorjahresmonat + 10,5% Jahresdurchschnitt 2021 gegenüber 2020[(1)]

Ich möchte hier gar nicht groß auf die einzelnen Produkte eingehen, denn wenn Sie selbst einkaufen gehen, dann haben Sie diese Preisanstiege schon längst bemerkt. Wenn Sie regelmäßig zur Tankstelle fahren, dann kennen Sie selbstverständlich auch die Preise an den Zapfsäulen, die an manchen Tagen schon die 2-Euro-Marke pro Liter Benzin überschritten haben. Wenn Sie Ihre Rechnungen und Nebenkosten begleichen, dann haben Sie schon längst bemerkt, dass das Heizöl über 70% teurer geworden ist. Aber dem dummen und verängstigten Bürger möchten sie es als normal verkaufen. Was glauben Sie, wohin uns die Inflation führen wird?

„Die vom Statistischen Bundesamt für März 2022 ermittelte Teuerungsrate beträgt 7,3 Prozent. Damit fällt sie so hoch aus wie seit 1981 nicht mehr.“[250]

Schauen wir doch einmal in die betroffenen Länder und/oder in die Vergangenheit, als man durch die Inflation den Bürger enteignet und die Staaten in katastrophale Zustände versetzt hat. Eine ausgewiesene Inflation von 5 bis 6% ist noch keine Katastrophe, aber wie hoch ist denn die Inflation tatsächlich? Wenn sie von der Zentralbank schon auf annähernd 6% beziffert wird, dann können Sie davon ausgehen, dass Experten und Wissenschaftler, welche die tatsächliche Inflation auf weit über 10% beziffern, sie immer noch als zu niedrig eingestuft haben. Durch das Überschwemmen der Märkte mit Fiat-Geld wird die Inflation tagtäglich angeheizt, und das wissen unsere Ökonomen nur zu gut. Trotzdem betreiben sie es seit dem ersten Tag dieser Fake-Pandemie. Handelt es sich hierbei etwa um Unvermögen oder Dummheit? Nein, es ist so gewollt, und die Inflation wird nicht wieder einfach so verschwinden, wie es uns unsere Politiker glauben machen. Ich glaube, dass dies der Anfang von etwas ganz Großem ist.

„Für die kommenden zwölf Monate erwarten die Deutschen demnach im Schnitt eine Inflationsrate von 11,4 Prozent.“[251]

In Deutschland haben wir momentan eine Arbeitslosenquote von nicht einmal ganz 6%. Das ist gar nicht so schlecht, doch wie sieht die tatsächliche Situation auf dem Arbeitsmarkt aus? Die Arbeitslosenquote gibt an, wie groß der Anteil der Arbeitslosen an allen potenziellen Arbeitnehmern ist, die für den Arbeitsmarkt zur Verfügung stehen, nichts weiter. Nicht mit eingerechnet sind hier die Arbeitslosengeld-II-Empfänger (Hartz IV), die Millionen von Asylhilfe-Empfänger und die Millionen Kurzarbeiter, die aufgrund dieser Fake-Pandemie in Kurzarbeit geschickt worden sind. Glauben Sie ernsthaft, dass der Staat auf Dauer diese Unternehmen und Arbeitnehmer noch weiterhin subventionieren und unterstützen wird? Was glauben Sie, was mit diesen Arbeitnehmern passieren wird, wenn es keine Förderungen mehr gibt?

Was ist mit den ganzen Minijobs, die in der Arbeitslosenstatistik nicht einmal auftauchen? Schauen Sie doch ganz einfach in die anderen europäischen Länder, wo eine Jugendarbeitslosigkeit von über 50% heute schon gang und gäbe ist. Hunderttausende von Klein- und Mittelstandsunternehmen werden durch die Corona-Fake-Pandemie-Maßnahmen in den Bankrott getrieben, und das wird auch bei uns so gut wie nicht mehr zu verhindern sein.

Lassen Sie uns an dieser Stelle einen Punkt machen und die momentane Situation stichwortartig zusammenfassen:

- Wir befinden uns seit über zwei Jahren in einer „epidemischen Notlage", welche die Grundrechte der Bürger außer Kraft gesetzt hat. Jegliche Entscheidung der Bürger muss dem Infektionsschutzgesetz und somit den Anweisungen der Politiker untergeordnet werden.
- Die Staatsverschuldung in Deutschland hat noch nie dagewesene Höhen erreicht, und selbst nur die Tilgung der Zinsen ist so gut wie nicht mehr möglich. Was glauben Sie, in welcher Lage wohl Italien und andere europäische Länder sind?
- Die Anzahl an Sozialhilfeempfängern, Arbeitslosen, Arbeitnehmern in Kurzarbeit, Hartz-IV-Empfängern, Asylhilfe-Empfängern und weiteren hat dramatische Höhen erreicht. Trotzdem möchte man den Kurs einer links-liberalen Einstellung immer noch fortsetzen.
- Der Mittelstand, die Kleinunternehmen sowie Selbstständigen stehen vor einer dramatischen Insolvenzwelle.
- Die Spaltung der Gesellschaft hat erschreckende Zustände erreicht und wird durch die Medien und die Politiker täglich angeheizt.
- Das Gesundheitssystem (Krankenkassen etc.) ist kurz vor dem Kollaps und kann nur noch durch drastische Erhöhungen der Mitgliedsbeiträge und Subventionen durch den Staat garantiert werden.
- Und zu guter Letzt wird durch die korrupte und unfähige linke Biden-Regierung (USA) und die Nato ein Krieg mit Russland in der Ukraine in Gang gesetzt.

Das, liebe Leserinnen und Leser, ist ein grober Überblick über den aktuellen Stand der Dinge in Deutschland und in Europa. Ich habe bewusst einige Punkte weggelassen, da ich im Laufe dieses Buches auf sie zu sprechen kommen werde.

Wir haben die oben aufgeführten Punkte einzeln und separat betrachtet. Wenn Sie aber wirklich wissen möchten, wohin uns unsere Politiker mit dieser Fake-Pandemie treiben, dann addieren Sie die oben aufgeführten Probleme zu einer Summe und multiplizieren Sie diese noch mit einem großen Faktor, dann werden Sie annähernd an das Resultat herankommen, auf das wir als Bürger und Land zusteuern. Wenn der verängstigte Bürger nicht schnell aufwacht, dann werden wir uns in einer Katastrophe oder unter einer sozialistisch-kommunistischen Weltregierung wiederfinden. Das kann ich Ihnen heute hier und jetzt schon versprechen.

1.1. Was ist das Ziel dieser Psychopathen?

Wenn Sie „Corona, der große Intelligenztest" gelesen haben, dann wissen Sie bereits, dass diese Fake-Pandemie absolut nichts mit einer gesundheitlichen Notwendigkeit zu tun hat, sondern dass diese Pandemie und die dazugehörigen Schritte schon seit Längerem von einer sogenannten Finanzelite geplant und Schritt für Schritt umgesetzt worden sind. Alles, was die letzten Jahrzehnte über passiert ist, wurde genau geplant und umgesetzt. Nichts passiert in der Politik zufällig und somit ganz sicherlich auch nicht diese Fake-Corona-Pandemie.

> *„Die interessanteste Geschichte ist jedoch die einer lieben Patientin, die aus Rumänien stammt und in Österreich lebt und arbeitet. Sie hatte nach ihrem letzten Besuch bei ihrer Familie Folgendes zu berichten: Der Vater ihrer besten Freundin und zugleich Nachbarin – sie sind zusammen aufgewachsen – ist ein Hochgradfreimaurer und ein mächtiger und bekannter Mann in ihrer Stadt. Im Gespräch bei Tee und Kuchen ergab sich natürlich auch das Thema „Corona". Auf ihre Frage hin, was das alles soll, bekam sie die Antwort, dass das Pläne sind, die schon seit den 1960er-Jahren in den Schubladen liegen und nun endlich umgesetzt werden. Am Ende ihres Aufenthaltes kam noch eine Familienangehörige von ihr zu Besuch, die auf der Intensivstation des Krankenhauses ihrer doch sehr großen Stadt arbeitet. Auf die Frage ihrer Mutter, wie schlimm es denn wirklich wäre, antwortete die Krankenschwester: „Mach Dir keine Sorgen, die Zahlen stimmen nicht." Und so etwas habe ich nicht nur von meiner rumänischen Patientin gehört. Da fehlen einem die Worte."*
>
> „Wenn das die Patienten wüssten", Jan van Helsing und Vera Wagner

Dieser Plan wurde von der Finanzelite und anderen Kräften im Hintergrund des Weltgeschehens schon seit Jahrzehnten erarbeitet und, wie bereits erwähnt, auch über diesen Zeitraum hinweg Schritt für Schritt umgesetzt. Im Grunde besteht schon seit Jahren durch bestimmte Organisationen eine geheime Weltregierung, die durch und mit verschiedenen Strukturen geschaffen wurde. Diese Strukturen müssen nun zu einer Weltregierung vereint und von der Weltbevölkerung als die „Weltregierung“ akzeptiert werden: eine Weltregierung, eine Weltbank, eine Weltgesundheitsorganisation, eine Weltreligion, eine Weltpolitik, eine Weltwährung und eine Welthandelsorganisation usw…

„Es tritt alle drei oder vier Generationen auf. … [Eine] Zeit, in der sich die Dinge verschieben. Wir werden – es wird eine Neue Weltordnung da draußen geben, und wir müssen sie anführen. Und wir müssen den Rest der freien Welt dabei vereinen.“

Joe Biden

Sicherlich haben Sie schon einmal von der einen oder anderen Struktur gelesen oder gehört – Trilaterale Kommission, Bilderberger, Hochgrad-Freimaurerei, Council on Foreign Relations, Tavistock-Institut usw. –, aber einzeln fielen diese bis zum heutigen Zeitpunkt so gut wie nicht auf. Wenn man sie aber zu einem Ganzen vereint, dann versteht man den Sinn und Zweck ihrer Gründung. Jeglicher Schritt zu einer Weltregierung wurde seit Jahren akribisch geplant. Dieser Plan ist so pervers, dass nicht einmal die einzelnen Akteure, die ihn in der Öffentlichkeit ausführen, bemerken, dass sie selbst nur ausgenutzt werden und jederzeit ersetzbar sind.

Unsere Regierungen mit ihren korrupten und dummen Politikern sind davon überzeugt, dass sie sich für die Rettung der Menschheit einsetzen und bemerken nicht im Geringsten, dass sie selbst in diesem Spiel nur missbraucht und benutzt werden. Selbst die Wissenschaftler und die Medien, die sich für die Fortführung dieser Pandemie einsetzen, werden wie Schachfiguren vorgeführt, benutzt und anschließend entsorgt, wenn SIE es für notwendig halten. So gut wie alle wichtigen Positionen weltweit wurden durch ihre Macht und ihr Kapital nach ihrem Wunsch besetzt beziehungsweise umbesetzt. Kein Politiker weltweit hat sein Amt inne, weil er besonders von seinem Volk geliebt wird, sondern nur weil SIE es so wollen und ihn und seine Partei durch Korruption, Geld und Betrug an diese Position gebracht haben. Diese Hierarchie wurde in allen wichtigen Ländern umgesetzt, und ihre Agenda wird kaskadenförmig von ganz oben nach unten durchgereicht. Die

Menschen am Ende der Kaskade können mit den Anweisungen so gut wie nichts anfangen, sind auch in vielen Fällen nicht damit einverstanden, aber setzen sie dennoch gehorsam um.

Die allerwenigsten Menschen bekommen überhaupt mit, was tatsächlich in der Politik und in der Gesellschaft abläuft. Sie leben in einer Blase des Internets und des Konsums, die extra für sie geschaffen wurde, um sie vom Wesentlichen abzulenken. Sie vergeuden den ganzen Tag mit einem Job, den sie hassen, mit Problemen, die ihnen aufgezwungen werden und verkriechen sich in eine Scheinwelt, die, wie schon gesagt, extra für sie gemacht wurde.

Insider berichten, dass die weltweit führenden Köpfe in den weltweit gegründeten Organisationen speziell für diese Positionen akquiriert wurden. Selbst diese kennen weder die Details noch den Umfang des Planes. Sie sind nur Puzzleteile, die jederzeit ohne große Mühe ersetzt werden können. Sie wiederum geben Teile des Planes an die jeweiligen NGOs und Organisationen weiter, damit diese mit ihren entsprechenden Strukturen die Anweisungen endgültig umsetzen lassen können.

Glauben Sie wirklich, dass die *Bill & Melinda Gates Foundation* an der Gesundheit der Menschen interessiert ist? Oder dass sich George Soros' *Open Society Foundations* ernsthaft um das Wohl der Flüchtlinge sorgt? Glauben Sie wirklich, dass die *Clinton Foundation* um den Weltfrieden besorgt ist, nachdem Bill Clinton 1998 als Präsident der USA den Irak, Afghanistan und den Sudan bombardiert hat? Selbst der „Spiegel“ berichtete 1998 noch kritisch über diese Bombardierung.[(2)] Leider hat auch der Spiegel durch Inanspruchnahme von Spenden der *Bill & Melinda Gates Foundation* in Millionenhöhe höchstwahrscheinlich seine objektive Neutralität verloren. Aber dazu in einem späteren Kapitel mehr. Diese in der Öffentlichkeit agierenden Stiftungen und NGOs dienen nur der Finanzelite für die Umsetzung ihres Planes, nichts weiter.

Schauen Sie sich doch einmal die Politiker-Kaste in Europa beziehungsweise in Deutschland und in Österreich, an. Sehr viele von ihnen sind ungebildet, haben nicht einmal einen Studienabschluss, geschweige denn eine Berufsausbildung. Sie sind in ihrem Leben noch nie einer Arbeit nachgegangen, außer der des Politikers. Jedoch sind diese dummen und ignoranten Menschen an der Führung unseres Staates mit beteiligt. Sie sitzen am Trog der Selbstversorgung im Parlament, und das Grundgesetz sowie die Demokratie gehen ihnen mit Sicherheit am Allerwertesten vorbei. Die am Schalthebel der Macht Sitzenden sind durch Organisationen ausgebildet worden, die eine sozialistische Weltregierung propagieren und für den Plan der Finanzelite arbeiten, und zwar durch das Weltwirtschaftsforum (WEF).

Glauben Sie jetzt wirklich, dass diese korrupten Politiker am Wohle der Bürger interessiert sind? Dann träumen sie ruhig weiter!

Selbst die allermeisten dieser Politiker haben keine Ahnung, was hinter den Kulissen tatsächlich für ein Spiel gespielt wird. Sie wurden durch Lobby-Arbeit, Betrug und Korruption auf diese Positionen gehievt und glauben, dass sie wichtig seien. Im Grunde sind sie aber nur die Totengräber im Auftrag dieser Finanzelite. Die allermeisten von ihnen verfügen gar nicht über die Intelligenz, um hinter diesen Plan zu schauen. Sie peitschen aus falschem Idealismus, unter dem Druck, dem sie ausgesetzt sind, für Geld, Reichtum und vor allem aus Dummheit ihre eigene Zerstörung voran.

Was glauben Sie, was von diesen möchtegern-liberalen „Gutmenschen“ übrig bleiben wird, wenn eine sozialistische Weltregierung erst einmal etabliert worden ist? Schauen Sie doch nach China, sehen Sie da etwa Schwulen- und Lesbenparteien bzw. -vereinigungen, geschweige denn Transsexuelle und die weiteren 25 Geschlechter? Sehen Sie da Parteien und „Gutmenschen“, die sich für die Minderheiten, die Demokratie und „die Verfassung“ einsetzen? Sehen Sie da Parteien und Menschen, die sich für das Klima, gegen Atomkraft und für den Genderwahn einsetzen?

Das Erwachen der Gutmenschen wird erbärmlich sein, wenn sie bemerken, dass sie wie ein Stück Vieh benutzt und danach einfach entsorgt worden sind.

Aus Fairness möchte ich aber auf jeden Fall noch loswerden, dass es auch korrekte, intelligente und sehr gut ausgebildete Politiker gibt, die leider aber so gut wie nichts zu melden haben. Genauso wie es Top-Journalisten, -Reporter und -Wissenschaftler gibt, die sich für die Demokratie und das Wohl der Menschheit einsetzen und dafür kämpfen. Nicht, dass hier der Eindruck entsteht, dass ich alle in einen Topf werfe. Ganz gewiss nicht, im Gegenteil: Ich bin im Vergleich zu diesen nur ein ganz kleines Rädchen, das mit seiner Arbeit versucht, so viele Menschen wie nur möglich aufzuwecken, nichts weiter.

Nachfolgend möchte ich mit Ihnen ein Video der Europaabgeordneten Christine Anderson teilen, die sich dort für unsere Rechte und Demokratie einsetzt. Nun mag der Einwand kommen, dass die Dame der AfD zugehörig ist, doch was ändert das an den von ihr vorgebrachten Tatsachen? Geht es um die Wahrheit, so ist es egal, ob man einer linken oder rechten Partei angehört. Ach übrigens, ich finde auch die Linken-Politikerin Sarah Wagenknecht gut! Und jetzt? Bin ich jetzt ein Linker-Rechter, oder wie kann man das bezeichnen?

Aber wenn Sie meinen ersten Band gelesen haben, dann wissen Sie ja, dass ich weder rechts noch links bin und keiner Partei angehöre, sondern mich für die Rechte aller Menschen einsetze.

Video 3:

Titel	Geimpft und gelackmeiert: „Wacht endlich auf!" fordert Christine Anderson (AfD, MdEP)
Link	https://deutschlandkurier.de/2021/12/geimpft-und-gelackmeiert-wacht-endlich-auf-fordert-christine-anderson-afd-mdep/

So, liebe Leserinnen und Leser, genug um den heißen Brei herumgeredet. Lassen Sie uns jetzt ans Eingemachte dieses Kapitels gehen und die Fragen, WIE die Mächtigen ihren Plan umgesetzt bekommen wollen, mit welchen Methoden sie arbeiten und warum sie diese anwenden, erörtern.

Der Plan der Finanzelite ist es, eine sozialistische Weltregierung zu etablieren, die die heutige chinesische Realität bei Weitem über-

treffen wird, die Weltbevölkerung zu reduzieren und diese Diktatur durch einen Polizeiapparat aufrecht zu erhalten. Sie können das an dieser Stelle glauben oder auch nicht, trotzdem ändert es nichts an der Tatsache schlechthin. Diesen Plan werden sie jedoch nur umsetzen können, wenn sie die Menschen in Zusammenarbeit mit der Propaganda der Massenmedien, den Regierungen und den Pseudo-Wissenschaftlern in Angst und Schrecken versetzen und darin halten können. Die Angst, die sie verbreiten, kann unterschiedlicher Natur sein, egal ob vor Bürgerkrieg, Terrorismus, Atomkrieg oder wie momentan vor einem unbekannten und mutierenden Virus. Wichtig ist, die Bürger kontinuierlich in Schockstarre zu halten und sich als Politiker und Regierung als Retter der Nation darzustellen.

> *„Bei der WHO lässt man sich von der mittlerweile ausreichend erwiesenen geringen Gefährlichkeit von Omikron nicht beirren und beharrt unverändert auf der höchstmöglichen Alarmstufe: Die Ende Januar 2020 erklärte „gesundheitliche Notlage von internationaler Tragweite“ wird noch immer nicht aufgehoben. Als Dr. Mikovits die vermeintlich gewagte Behauptung aufstellte, Covid-19 sei im Labor manipuliert worden, wurde sie als „verrückt“ verspottet. Als Dr. Martin mithilfe von Patenten und Dokumenten aufdeckte, dass Dr. Fauci gefährliche „Gain-of-Function“-Forschung in den Labors von Wuhan finanziert, lachten die Kritiker nur. Inzwischen ist ihnen das Lachen vergangen. PLANDEMIC gilt nun als eine der ersten und wichtigsten Warnungen vor dem Vorhaben, die Freiheit der Bürgerinnen und Bürger durch medizinische Tyrannei einzuschränken.“*[(252)]

Die Parteien haben sich für die Verbreitung von Angst und Schrecken auf eine ultimative Behandlungsmethode geeinigt und propagieren alle eine gemeinsame Marschrichtung, um gegen den unbekannten Feind (das Virus) anzukämpfen. Es ist schon recht erstaunlich, dass so gut wie keine Partei mehr eine andere Sichtweise hat. Was glauben Sie, warum es in unserem Deutschen Bundestag so gut wie keine Opposition mehr gibt?

Es ist immer dieselbe Vorgehensweise. Bei der Terrorismusbekämpfung war es das gemeinsame Vorgehen von Staaten gegen die Bedrohung durch den Terrorismus, und in der heutigen Zeit ist es eben das Virus und die angebliche Klimabedrohung.

Die Behandlungsmethode und das Vorgehen im Kampf gegen das mutierende Virus ist und kann nur die Impfung sein! Andere Möglichkeiten bzw. alternative Heilmethoden werden von ihnen nicht in Betracht gezogen – so unsere Damen und Herren Politiker.

„Mehrere Dutzend Verantwortliche der Weltgesundheitsorganisation (WHO), des Weltwirtschaftsforums (WEF) und verschiedener anderer globalistischer Einrichtungen sind der Ansicht, dass der „Great Reset" die Einrichtung eines globalen „Pandemie-Vertrags" beinhalten muss, um sicherzustellen, dass alle Menschen gemäß Regierungsverordnungen „geimpft" werden.
Der Gründer des Weltwirtschaftsforums, Klaus Schwab… sagte deutlich, dass Menschen, die sich dem Plan verweigern, eine Bedrohung für alle anderen darstellen. Er, der britische Premierminister Boris Johnson, der französische Präsident Emmanuel Macron, die deutsche Bundeskanzlerin Angela Merkel und viele der anderen üblichen Verdächtigen sind sich alle einig."[253] [254] [255] [256]

Warum eigentlich keine alternativen Heilmethoden? Ganz einfach, denn wenn es alternative Methoden geben würde, dann könnte man die Agenda nicht vorantreiben und dem Bürger würde nach kurzer Zeit auffallen, dass die Gefahr so gut wie nicht existiert. Wer würde sich da noch impfen lassen, außer eben unsere Impf-Junkies?

Durch diesen im Labor künstlich erschaffenen Virus erzeugen sie weltweit Konflikte, Ausgrenzung und Spaltung der Bevölkerung. Die Virus-Varianten Alpha, Delta und jetzt Omikron sind erst der Anfang und es werden im Laufe der Zeit immer wieder angeblich gefährlichere und noch ansteckendere Virusvarianten aus dem Hut gezaubert werden. Um die angebliche Pandemie weitere Jahre aufrecht zu erhalten, wird es nötig sein, immer wieder neue Varianten, die noch mehr Angst und Schrecken verursachen, hervorzubringen. Dieser Kreislauf ist in Gang gesetzt worden, und er ist nicht mehr zu stoppen. Wir befinden uns momentan mitten in diesem Geschehen, und die einzige ausgerufene Lösung der Regierungen sind Massenimpfungen, Boostern, Kontaktbeschränkungen und Lockdowns, und das, obwohl der Nutzen all dieser Maßnahmen wissenschaftlich widerlegt worden ist.

Doch das ist vollkommen egal, denn die Massenpanik und die Zerstörung der Wirtschaft kann dadurch angestoßen werden. Unter Zerstörung der Wirtschaft verstehen sie die Zerschlagung des Mittelstandes und die dramatische Erhöhung der Arbeitslosigkeit und der Inflation, die diese mit sich bringen wird. Zusätzlich werden Sie die dramatische Erhöhung der Sterbefälle den Virusvarianten und den Ungeimpften in die Schuhe schieben, um eine noch tiefere Spaltung herbeizuführen.

Dadurch werden sie bis zur vollständigen Umsetzung ihres Planes von den verheerenden Nebenwirkungen dieser Spike-Protein-Biowaffen-Injektionen ablenken können. Ein Großteil der Bevölkerung wird sich durch die drakonischen Regierungsmaßnahmen und aus Unwissenheit beziehungsweise Angst diesem Vakzin und den Maßnahmen beugen und sich immer wieder impfen lassen. Es wird mit Sicherheit nicht bei der dritten Impfung bleiben – Israel startete im Dezember 2021 schon mit der vierten Impfung, und in Deutschland geht es ebenfalls mit den Impfungen weiter! –, sondern es werden noch viele weitere kommen.

„Angesichts hoher Corona-Zahlen will die EU eine einheitliche Empfehlung für eine vierte Impfung herausgeben. Bundesgesundheitsminister Lauterbach hatte sich zuvor für eine vierte Impfung für alle ab 60 Jahren ausgesprochen.“[257]

Erst dann, wenn die Nebenwirkungen und die Todesfälle sogar dem Dümmsten auffallen, wird sich ein wirklicher Widerstand im Volke bilden. Doch das ist nicht die Erlösung, sondern es ist genau so gewollt! Es ist gewollt, dass sich durch die faschistischen Maßnahmen, die Zwänge und die Verbote, die Ausgrenzung und die Verfolgung von Minderheiten irgendwann das Volk gegen die eigene Regierung stellen wird. Doch das wird nichts bringen, ganz im Gegenteil: Die Maßnahmen werden dadurch nur noch verschärft werden und durch die Regierungssöldner und die Bundeswehr aufrechterhalten werden. Sie werden ganz einfach eine korrupte und unfähige Regierung gegen die nächste austauschen und trotzdem die Maßnahmen aufrechterhalten bzw. verschärfen. Glauben Sie wirklich, dass der neue Krisenstab der Bundesregierung zufällig von einem Generalmajor geleitet werden soll, damit dieser die schleppende Corona-Impfkampagne auf Trab bringt?

Carsten Breuer wird den Krisenstab der Ampel-Koalition leiten. Der 56-Jährige gilt als Logistik-Experte und erfahrener Krisenmanager. Glauben Sie wirklich, dass es Zufall ist, dass die Bundeswehr ins Spiel gebracht wird, um bei der Durchimpfung der Bevölkerung sowie der Logistik und Planung der Impfaktionen mitzuwirken?

Das Kontingent der Bundeswehr, das beim sogenannten „Kampf gegen das Virus" seit Dezember 2021 eingesetzt wird, wurde auf weit über 20.000 Mann erhöht. Es ist ein schleichender Prozess, und die Bundeswehr wird immer mehr diesen Kampf übernehmen, am Anfang als Hilfe in den Impf-Zentren, bis hin zu den Kontrollen der Maßnahmen – und was dann noch? Wenn die Bundeswehr mal auf den Straßen mit der Polizei patrouilliert, dann können Sie sicher sein, dass alles möglich sein wird. Das kommt Ihnen zu verrückt vor? Dieses Vorgehen ist in Italien schon gang und gäbe.

Was ist eigentlich die Aufgabe der Bundeswehr in unserer Gesellschaft?

„Der Auftrag der Bundeswehr leitet sich aus den verfassungsrechtlichen Vorgaben sowie aus Deutschlands Werten, Interessen und strategischen Prioritäten ab. Die Bundeswehr verteidigt Deutschlands Souveränität sowie das Staatsgebiet und schützt seine Bürger. Sie trägt außerdem dazu bei, Staat und Gesellschaft widerstandsfähig gegen äußere Bedrohungen zu halten und handlungsfähig zu bleiben. Die Bundeswehr hat aber auch den Auftrag, Deutschlands Verbündete zu schützen. Sie stärkt die europäische Integration, die transatlantische Partnerschaft und die Zusammenarbeit zwischen Staaten weltweit."[3]

Eine der Hauptaufgaben der Bundeswehr ist es, die Werte Deutschlands und seine Bürger zu schützen. Stand heute haben sie aus unserer Bundeswehr eine Chaoten-Truppe gemacht, die mit Sicherheit nicht die Interessen der Bürger, sondern die Interessen der Politiker vertritt.

Artikel 87 a GG setzt in Deutschland aber enge Grenzen für den Einsatz des Militärs. In Absatz 4 heißt es:

„Zur Abwehr einer drohenden Gefahr für den Bestand oder die freiheitliche demokratische Grundordnung des Bundes oder eines Landes kann die Bundesregierung, wenn die Voraussetzungen des Artikels 91 Absatz 2 vorliegen und die Polizeikräfte sowie der Bundesgrenzschutz nicht ausreichen, Streitkräfte zur Unterstützung der Polizei und des Bundesgrenzschutzes beim Schutze von zivilen Objekten und bei der Bekämpfung organisierter und militärisch bewaffneter Aufständischer einsetzen.“

Sehr viele Politiker der Einheitspartei Deutschlands (SPD, Grüne, CDU/CSU, FDP und Linke) fordern den Einsatz und die Erweiterung der Aufgaben der Bundeswehr in dieser Fake-Pandemie. Bundeskanzler Scholz hat in verschiedenen Interviews schon mehrmals erklärt, dass es *„in der Bekämpfung der Pandemie nichts gibt, was nicht in Betracht gezogen wird“*.

Die Richtung dieser Einheitspartei ist deutlich zu erkennen und der Einsatz der Bundeswehr, der normalerweise streng reglementiert ist und nur durch den Bundestag bewilligt werden kann, ist nur eine Proforma-Angelegenheit. Bis jetzt sind die Aufgaben der Bundeswehr und der Soldaten noch limitiert, die momentan an die Kommunen, Krankenhäuser und Gesundheitsämter ausgeliehen sind. Doch was wird uns noch bevorstehen, sollten Impfverweigerer als sogenannte Impfterroristen eingestuft werden? Und für ihre Rechte weiterhin demonstrieren und von den Massenmedien als große Gefahr eingestuft werden? Schon jetzt propagieren diese Medien, dass Impfverweigerer eventuell gefährlich sein könnten. Na klar, gefährlich! Sie könnten vielleicht mit dem

Grundgesetz die Impf-Junkies erschlagen! Erinnert Sie das eventuell an eine Zeit, als friedliche Bürger auch als gefährlich eingestuft wurden? Wird dann die Bundeswehr für die Deportation dieser sogenannten Querdenker und Impfverweigerer eingesetzt und für die sogenannte Zwangsimpfung, die laut Staatsfunk angeblich schon fast die Hälfte der Deutschen fordert, eingesetzt werden? Werden sie mit schwerem Gerät Lockdowns und Ausgangssperren durchsetzen?

Wo sind hier der Anfang und das Ende der Befugnisse? Wir haben in der heutigen schnelllebigen Zeit jetzt schon sehen können, dass in wenigen Wochen Versprechen der Politiker keinen Cent mehr wert sind.

Vor wenigen Wochen beruhigten diese Heuchler die Bürger in den Medien, dass es auf gar keinen Fall einen Impf-Zwang geben würde, und nun haben sie im Bundestag Anfang Februar 2022 darüber abgestimmt, ob es eine allgemeine Impfpflicht geben soll oder nicht. Sie wurde glücklicherweise abgelehnt. Aber wie lange wird es so bleiben? Alles, was sie dem Bürger heute versprechen, kann und wird morgen nichts mehr wert sein. Genau so wird es mit dem Einsatz der Bundeswehr laufen, denn wenn sie ihre Psycho-Maßnahmen aufrechterhalten wollen, dann werden sie immer mehr die Bundeswehr dafür einspannen. Wo das endet, können Sie sich sicher vorstellen. In Italien ist schon seit Monaten Standard, dass ein General der italienischen Gebirgsjäger Leiter der Impfkampagnen ist. General Francesco Figliuolo wird stolz, mit seinen 20 Orden auf der Brust, der Öffentlichkeit in Pressekonferenzen präsentiert. Sie werden diese „armen" Soldaten gegen das eigene Volk bis zum Äußersten einsetzen, ohne Wenn und Aber.

Wir können diese Entwicklung durch das Ersetzen des Bundeskanzlers in Österreich, wo der korrupte Sebastian Kurz durch Alexander Schallenberg ersetzt wurde und dieser die Maßnahmen sofort nach seinem Amtseintritt verschärfte, genau beobachten. Nur wenige Monate nach Schallenberg ist nun Karl Nehammer Kanzler in Österreich geworden, der auf der gleichen sozialistischen Schiene fährt. Wie Sie sehen, versinkt das kleine Nachbarland durch die Korruption und die Maßnahmen im Chaos. Innerhalb weniger Monate kam inzwischen der dritte Kanzler an die Macht, ohne dass das Volk irgendein Mitbestimmungsrecht gehabt hätte. Finden Sie das normal? Aber was ist heutzutage schon normal? In der Corona-Fake-Pandemie ist alles erlaubt!

Acht Corona-Impfexperten des österreichischen Corona-Regimes haben bedenkliche finanzielle Verbindungen zur Pharma-Industrie. Transparenz gegenüber dem Volk ist also auch dann nicht an der Tagesordnung, wenn es um die Gesundheit von 9 Millionen Österreichern geht. Denn immerhin sind es diese Experten, die die Regierung auch bezüglich der bevorstehenden Impfpflicht beraten. Das Lobbying-Netz der Impfindustrie reicht auch in die Medienlandschaft: Der ORF strahlte ein Lobbying-Event der Pharma-Industrie zum Thema Kinderimpfung aus – getarnt als Informationsveranstaltung. Dass das Vertrauen der Bevölkerung in das politische System immer mehr schwindet, ist da nicht weiter verwunderlich.

„'Das Vertrauen in das österreichische politische System ist sehr stark zusammengebrochen', erläuterte Günther Ogris vom Politik- und Sozialforschungsinstitut Sora das Ergebnis einer Umfrage. ‚Wir haben das Niveau von Rumänien erreicht, also wirklich tief im Keller. 58% der Befragten sind der Meinung, dass das System weniger oder gar nicht gut funktioniert. 90% sind davon überzeugt, dass die österreichische Politik ein Korruptionsproblem hat.'“[(4)]

Das gleiche Spiel können Sie in Italien durch die Ersetzung des Ministerpräsidenten Giuseppe Conte mit dem Bankier Mario Draghi beobachten. In einem angeblich demokratischen Land wie Italien kommt ein Bankier an die Macht, den kein Mensch gewählt hat und versetzt die Bürger mit Zwangsmaßnahmen in Angst und Schrecken. Und kein Mensch fragt sich, wer wohl diesen Bankier in dieses Amt gehievt hat. Vor wenigen Jahren wäre so ein Vorgehen nicht einmal in einem Dorfverein möglich gewesen und nun ist das in den Industrienationen gang und gäbe. Es wird nichts bringen, außer noch mehr Gewalt, Frust und Angst. Wir können alle Regierungen der Welt ersetzen, aber wenn wir das tatsächliche Problem nicht lösen, dann wird es nie ein Ende nehmen. Sie werden so lange weitermachen, bis die Völker von selbst um eine Weltregierung und einen Weltführer flehen werden, damit es endlich ein Ende hat. Und genau das ist ihr Ziel, die Etablierung einer Weltregierung, nachdem sie den Bürger versklavt, gebeugt, gebrochen und erniedrigt haben. Das Clevere an ihrem Vorgehen ist, dass sie die Scheindemokratie nicht abschaffen werden. Nein, ganz im Gegenteil: Sie werden diese Illusion, dass das Volk noch wählen darf, und das Gefühl der Mitbestimmung aufrechterhalten. Sie werden weiterhin mit der Illusion des Grundgesetzes werben und die Menschen weiterhin mit ihren Propaganda-Sendungen im Fernsehen beschallen, damit der illusionierte und vor Angst zitternde Bürger immer noch glaubt, ein Mitspracherecht in einem Staat zu haben, der schon lange von der Finanzelite beherrscht und übernommen wurde. Die Politiker sind nur ihre Hampelmänner bzw. Hampelfrauen, die, wie schon geschrieben, nach Belieben ausgetauscht und ersetzt werden können. Nicht zu vergessen ist, dass sie ganz nebenbei die Menschheit um Millionen beziehungsweise Milliarden von „unnützen" Essern, Verschmutzern und Störenfrieden erleichtern werden. Was glauben Sie, was für eine Katastrophe noch über die Menschheit hereinbrechen wird, wenn alle diese Idioten zum fünften, sechsten und zehnten Mal geboostert sein werden? Die Nebenwirkungen und Todesfälle durch diese Giftspritzen werden verheerend sein, doch sie wollten ja nur die Menschheit vor einem Grippevirus retten!

Die Lösung ist nicht, die Regierungen zu stürzen, sondern **die Lösung ist, dass wir Bürger das tatsächliche Krebsgeschwür beseitigen:** die Finanzelite mit den dazugehörigen NGOs, ihre Finanzströme, ihr Kapital und alle dazugehörigen Institute und Teilnehmer, die an diesem Verbrechen gegen die Menschlichkeit beteiligt waren und sind.

Bestsellerautor Thomas Röper hat in seinem Buch „Inside Corona, die Pandemie, das Netzwerk & die Hintermänner" die Zusammenhänge dieser angeblich wohltätigen Stiftungen (NGOs) und deren Zahlungsströme durchleuchtet und kommt zu dem Fazit (so wie ich!), dass diese NGOs nur der Vermehrung ihres eingesetzten Kapitals und zwangsläufig zur Versklavung der Menschheit dienen. Solange dieses Krebsgeschwür, seine Lobbyisten und seine Verbindungsleute nicht komplett mit der Wurzel ausgerissen worden sind, solange wird es auch immer wieder Pandemien, Kriege, Unterdrückung und Leid auf dieser Erde geben, da sich diese Leute in allen nationalen und internationalen Organisationen in leitenden Funktionen befinden oder als Lobbyisten oder Spender fungieren und somit über das politische Geschehen weltweit entscheiden. Die Politiker, die durch anscheinend demokratische Wahlen das Volk vertreten sollen, sind in diesem globalen Komplott nur Befehls- und Geldempfänger. NGOs sind in allen Bereichen tätig, ob Krankheiten, Gen-Forschung, Pharma-Industrie, Künstliche Intelligenz oder Kriege, sie sind die Treiber hinter all diesem Elend und Leid. Mir ist bewusst, dass diese Aussage von mir für viele Menschen schwer zu schlucken ist. Jedoch sollten Sie sich vielleicht, bevor Sie über mich ein Urteil fällen, tiefer in diese Materie einarbeiten. Wenn Sie dann immer noch überzeugt sein sollten, dass diese Organisationen sich für das Wohl der Menschheit einsetzen, dann können Sie sich immer noch über mich auslassen. Es tut mir leid, Ihnen diesbezüglich keine positivere Information geben zu können, aber leider ist es nun mal so, wie es ist.

Erst danach müssen wir die Regierungen mit ihren korrupten Politikern und die Massenmedien wieder in die Spur bekommen und durch intelligente und vaterlandsliebende Profis ersetzen bzw. umbesetzen. Ich sage an dieser Stelle bewusst nicht, die Regierungen stürzen, da man das als Bürger einer Demokratie nicht darf und ich keine Anzeige wegen Volksverhetzung riskieren möchte... Aber alles andere ergibt keinen Sinn! Es ist völlig egal, ob unsere Kanzlerin Frau Merkel oder unser Kanzler Herr Scholz heißt, sie werden die Agenda immer weiter vorantreiben.

Wir müssen das wirkliche Problem lösen, und das sind die Akteure hinter diesem perversen Plan und Verbrechen. **Kurz heruntergebrochen, sind die Ziele dieser Finanzelite folgende:**

1.1.1. Die Etablierung einer sozialistischen Weltregierung nach dem Vorbild Chinas

Sehr viele Menschen können sich unter dem chinesischen System nicht viel vorstellen, deswegen möchte ich an dieser Stelle auf dieses von den deutschen Politikern und deutschen Medien so beworbene System näher eingehen. China hat mit der Hilfe von Künstlicher Intelligenz (KI) ein digitales Social Credit System eingeführt, das alle Bürger Chinas kontrolliert und überwacht. Millionen von Kameras filmen und registrieren 24 Stunden nonstop die Bewegungen und Handlungen aller Bürger. Achtung, hier handelt es sich nicht um ein Zukunfts-Szenarium, sondern es ist in China heute der Alltag!

Es ist unvorstellbar, doch selbst die Tagesthemen haben darüber berichtet und quasi hinter vorgehaltener Hand dieses System als eine Chance beworben beziehungsweise propagiert. Ich kann an dieser Stelle die Chance nicht erkennen, egal wie stark ich mich auch anstrenge, aber unterschiedliche Ansichten muss man halt akzeptieren. Jeder Bürger, der am öffentlichen Leben in China teilhaben möchte, muss sich durch dieses System erfassen lassen. Ein Entkommen ist so gut wie nicht möglich.

Der „Erfasste" startet in dem oben genannten Social Credit System mit einem Punkte-Konto von 1.000 Punkten, und sein Punkte-Konto wird mit einer digitalen Identität verknüpft. Je nachdem, wie man sich verhält, werden Punkte addiert oder abgezogen. Jede Handlung wird überwacht: ob Sie bei Rot über die Straße gehen, Ihre Kredite pünktlich zurückbezahlen oder ausländische Webseiten besuchen, wobei Letzteres vermutlich gar nicht mehr möglich ist, da so gut wie alles von den chinesischen Behörden zensiert wird. Ob Sie als Bauarbeiter einen Helm aufhaben oder ob Sie Ihre Maske beim Verlassen Ihres Hauses tragen – egal welche Handlung der Bürger unternimmt, sie wird kontrolliert und überwacht. Es wurden sogar Sensoren an die Eingangstüren der Wohnungen und Häuser installiert, damit diese die Körpertemperatur der „Sklaven" erfassen, auswerten und gegebenenfalls Anti-Covid-Maßnahmen eingeleitet werden können.

Es ist schwer vorstellbar, dass wir technisch schon so weit sind, aber wenn dieses System so bereits den ausländischen Medien vorgestellt worden ist, dann können Sie sich vielleicht vorstellen, wie der Entwicklungsstand in Wirklichkeit ist.

Wenn Sie mir vielleicht nicht ganz glauben möchten oder Bedenken haben, dann können Sie unter der *ARD Mediathek „Social Scoring, so läuft Chinas Bewertungssystem*" nachschauen. Sogar unsere öffentlichen Medien berichten über diese Wundertechnik, aber leider sehen sie da eher die kranken Vorteile eines solchen Systems, die dieses mit sich bringt. Es wird den Bürgern als Sicherheitssystem verkauft, doch im Grunde ist es die totale Entmachtung, Versklavung und Kontrolle des Bürgers. Mit anderen Worten: die **digitale Kastration der Menschen**.

Unsere SPD mit unserem Kanzler Scholz und unsere „Grünen" finden dieses System so großartig und würden es am liebsten auch in Deutschland umsetzen.

Was glauben Sie wohl, warum, und was glauben Sie, welche Interessen diese Politiker mit diesen Aussagen vertreten? Es ist das komplette Gegenteil von Freiheit. Stellen Sie sich unsere DDR von damals vor, nur mit einer Künstlichen Intelligenz und Millionen von Überwachungskameras, die jeden Schritt der Bürger filmen, überwachen und in Echtzeit auswertet.

Das Social Credit System hat 5 Kategorien und eine sogenannte Blacklist (schwarze Liste), auf der Sie landen, wenn Ihr Punktekonto eine gewisse Punktzahl erreicht hat. Landet man auf dieser Blacklist, dann wird man auf dieser Liste 5 Jahre blockiert, mit Bild und Namen auf öffentlichen megagroßen Bildschirmen angeprangert, diskreditiert und zur Schau gestellt. Zusätzlich bekommt man von Zeit zu Zeit Besuch von Regierungsbeamten, die einen bedrohen und zusätzlich Druck auf den Unwilligen ausüben. Alle staatlichen Leistungen können und werden diesen Blacklist-Bürgern verwehrt. Auslandsflüge, Reisen aus dem Staatsgebiet heraus, Kredite, Einkaufen und viele weitere alltägliche Handlungen sind dann tabu. Angeblich sollen 25 Millionen chinesische Staatsbürger auf dieser Blacklist stehen. Es ist die totale Ausgrenzung einer Bevölkerungsschicht, die sich den Methoden und Maßnahmen einer kommunistischen Regierung nicht beugen bzw. anpassen möchte.

Da wird in Deutschland um die Rechte der Tiere, der Homosexuellen, der Transsexuellen, der Farbigen, der Gelben und sonstigen Minderheiten gekämpft, und dann wird in den öffentlichen Medien ein System schöngeredet, das alle Bürger diskriminiert und „zerstört", die nicht damit einverstanden sind. Was für kommunistische Heuchler! Was glauben Sie, wohin diese Ausgrenzung und Diskriminierung dieser Menschen führen wird, wenn sie nicht zu brechen sein werden und auf die Blacklist pfeifen?

Soll man vielleicht die alten Lager wieder eröffnen, so, wie es die Chinesen mit ihren Minderheiten in ihren Umerziehungslagern machen? Jetzt mal Hand aufs Herz, welcher europäische perverse Irre kann so ein krankes System befürworten? Und trotzdem gibt es Menschen, die sich dieses System für ihr Land wünschen, da sie sich dadurch sicherer fühlen. Man gibt seine Freiheit komplett auf, um sich sicherer zu fühlen? Wie bescheuert muss ein Bürger mit solchen Gedanken sein?

Dieses System wurde von einem kommunistischen Land entwickelt und umgesetzt, das Millionen von Uiguren im Jahre 2021 in Konzentrationslager bzw. Umerziehungslager gesteckt, ihnen ihre Menschenrechte genommen und sie ermordet hat. Eigentlich müssten unsere „Gutmenschen" nur beim Vorschlag eines solchen Systems schon auf alle Barrikaden gehen, aber was wünschen sich unsere „liberalen Beschwermenschen"? Mehr Sicherheit!

Wie oben bereits beschrieben, hat dieses Social Credit System 5 Kategorien, die wie folgt aufgebaut sind:

- **Kategorie AAA/AA 1050 + Punkte:** Dies ist die oberste Kategorie, die man nur als Musterbürger erreichen kann. Man kann Punkte sammeln, indem man sich zum Beispiel Dokumentationen über den Machtinhaber oder über die kommunistische Regierung anschaut, Blut spendet und vieles mehr, wie zum Beispiel, indem man Menschen denunziert, Betrüger anzeigt oder Ähnliches. Durch das Erreichen dieser Kategorie erhält man „Vorteile“ im gesellschaftlichen Leben. Dadurch erhält man Steuervergünstigungen und kann ins Ausland reisen. Jetzt wissen Sie auch, um welchen Schlag von Menschen es sich hierbei handelt, wenn man chinesische Massentouristen in irgendeiner Stadt in Massen sehen: kommunistische Musterbürger, die sich nichts zu Schulden haben kommen lassen und so gut wie alle Anweisungen des chinesischen Regimes pflichtbewusst und treu umsetzen. Willkommen in Deutschland in ein paar Jahren!

- **Kategorie A+/A/A- 960-1029 Punkte:** Hierbei handelt es sich immer noch um den chinesischen Musterbürger, nur mit dem Unterschied, dass er einfach ein paar kleinere Vergehen auf dem Kerbholz hat, wie beispielsweise aus Zeitgründen zu wenig Propaganda-Sendungen zu schauen oder Ähnliches.

- **Kategorie B 850-959 Punkte:** In dieser Kategorie fängt schon das Mittelfeld an und man muss hier schon von Zeit zu Zeit mit Besuchen von Regierungsbeamten rechnen, die einem „helfen“ möchten, aus dieser Kategorie wieder in die nächst höhere zu kommen. Wenn man in dieser Kategorie landet, dann ist man bis zu 2 Jahre in dieser blockiert. Leichte Einschränkungen sind hier schon zu spüren.

- **Kategorie C 600-849 Punkte:** Hier fängt der Schuh zu drücken an. In dieser Kategorie ist man für mindestens 3 Jahre blockiert und man muss schon mit drastischen Einschränkungen im öffentlichen Leben rechnen. Einen Kredit aufnehmen, ein Haus kaufen oder einfach mal so heiraten, kann hier dem Bürger in dieser Kategorie verwehrt werden. In dieser Kategorie bekommt man nun häufiger Besuch von Regierungsbeamten, da man auf einer öffentlichen Liste zur Einsicht steht. Diese Kategorie ist die letzte Chance, zur Besinnung zu kommen, bevor man auf der Blacklist landet, die ich ja oben schon beschrieben habe. Um von dieser Kategorie wieder in eine akzeptable

Kategorie zu kommen, muss man mit Einschränkungen über einen Zeitraum von über 5 Jahren rechnen.

- **Kategorie D 0-599 Punkte:** In dieser Kategorie ist man in China unten durch. Diese Kategorie ist die Blacklist-Kategorie. Stellen Sie sich die perversesten Einschränkungen vor, die unsere geistig gestörten Gutmenschen, korrupten Grünen und sozialistischen Politiker fördern, und Sie werden sie aller Voraussicht nach hier wiederfinden.

Liebe Leserinnen und Leser, ich möchte an dieser Stelle wirklich niemanden beleidigen und niemandem zu nahe treten, aber welcher Mensch kann sich so ein System wünschen? Das Traurige an der obigen Geschichte ist, dass es sich hier nicht um ein irres Zukunfts-Szenarium von mir handelt, sondern dass dies in China tägliche Realität ist, und Sie können sich sicher sein, dass wir in wenigen Jahren in die gleiche Richtung gehen werden, wenn wir dieses Verbrechen nicht stoppen.

Und glauben Sie bloß nicht, dass dieses System nur in einem kommunistischen Land wie China machbar ist! Durch das Urteil vom Bundesgerichtshof vom 30.11.2021, mit dem Oberrichter Stephan Harbarth, der in seinem Urteil entschieden hat, dass sich die verfassungsfeindlichen Maßnahmen der Merkel-Regierung mit dem Grundgesetz für die BRD decken, obwohl zum Beispiel Andreas Heusch, der Präsident des Düsseldorfer Verwaltungsgericht, die Maßnahmen der Bundesnotbremse in einem Interview mit RP-Online scharf kritisiert hat, sind nun alle möglichen zukünftigen Maßnahmen höchstwahrscheinlich ohne gerichtliche Probleme für unser Regime umsetzbar.(5) Somit können sich unsere pflichtbewussten Politiker so richtig in den Einschränkungen und zukünftigen Maßnahmen austoben. Ob dann unser Grundgesetz die gleichen Anwendungen wie in China finden wird, das wird sich noch herausstellen.

Und Italien macht jetzt in Europa den Anfang:

„In Italien: Erstes europäisches Sozialkreditsystem kommt. Ab Herbst gibt es auf europäischem Boden das erste Sozialkreditsystem. In Italien, in Bologna kommt es zum „Pilotprojekt". Tugendhaftes Verhalten wird Punkte bringen, die gegen Belohnungen eingetauscht werden können.
Es wird ernst mit dem Sozialkreditsystem. Ursprünglich eine Innovation aus China, hat sich die EU das gesellschaftliche Kontrollsystem des „Sozialkredits" mittlerweile angeeignet. In Herbst kommt das erste Modell nach Europa. Die „Smart Citizen Wallet. Der Bürger wird damit erstmals in Europa sortierbar. Er wird eingeteilt in den guten, tugendhaften Bürger und den schlechten, getadelten Bürger. Und im Hintergrund läuft auf großer Ebene das große Projekt: das „European Digital Identity Wallet" – ein Projekt der EU-Kommission und Ursula von der Leyen. Hinter all den Projekten versteckt sich noch kein offenes Sozialkreditsystem wie jetzt in Bologna, doch es ist ein deutlicher Schritt in die Richtung. Ein kleines „Feature" mehr auf der App und die Sortierung der Bürger durch die Autorität kann beginnen. Zugleich entwickelt sich ein verdeckter Smartphone-Zwang. Die EU-Kommission agierte hier im Schatten der sogenannten „Corona-Pandemie" äußerst ambitioniert. Laut der „Thales-Group", die an der Entwicklung der „European ID wallet" arbeitet, will die Kommission, dass bis Herbst 2023 jedem EU-Bürger eine solche App angeboten werden kann."[(259)]

1.1.2. Die Reduzierung der Weltbevölkerung

Im Buch „Wenn das die Patienten wüssten“ von Jan van Helsing und Vera Wagner haben diese den Bericht eines Mannes aus Neuseeland veröffentlicht, der von einem Milliardär erfahren hat, was wirklich hinter der Corona-„Pandemie“ steckt:

> *„Es geht definitiv um eine neue Regierung, die eingesetzt wird. Details werden noch bekanntgegeben. Diese neue globale Regierung ist bereits seit Jahren im Amt und arbeitet unter Geheimhaltung, wartet an der Seitenlinie und bewegt die Schachfiguren. Die neue Regierung benötigt einige der besten Köpfe auf dem Planeten, fast alle von ihnen kamen aus freien Stücken an Bord und mit dem Glauben an die Sache einer Neuen Weltregierung. In ihren Augen sind sie eine brutale Kraft, die die Menschen um jeden Preis retten will. Mir wurde gesagt, dass diejenigen, die sich weigerten, behandelt wurden, aber in den meisten Fällen brachten sie die Person in breitere Gruppen, und durch die Diskussion wurden sie überzeugt und wurden der Sache verpflichtet... Dieser Plan ist in vollem Gange und ist die komplexeste Kette von Ereignissen, die je in Bewegung gesetzt wurde. Der Plan besteht im Wesentlichen darin, jeden Bürger eines Landes gewaltsam gegen seine Regierung aufzubringen. Die Art und Weise, wie sie es tun, ist genial und böse zugleich. Um diesen Plan zu verwirklichen, fragte mich meine zufällige Begegnung: ‚Wie würdest Du das machen? Wie würdest Du jeden Bürger eines Landes gegen seine eigene Regierung aufbringen?' Ich habe wirklich keine Ahnung. Also legte man mir die Grundlagen dar.*
>
> *Es muss eine globale, künstlich erzeugte Krankheit geben. Es muss Massenangst, Panik und Paranoia geben. Anführer, Wissenschaftler und Medien müssen sich auf einen Konsens für eine Behandlung einigen, die ihnen im Wesentlichen ausgehändigt wird, ohne dass sie es merken. Führungskräfte, Wissenschaftler und Medien geben ihnen in gewisser Weise ihr Wort, dass diese Behandlung sicher und wirksam ist. Ich finde diesen Teil interessant. Unsere Führer, Wissenschaftler und Medien sind nicht in diesen Plan verwickelt oder Teil dieses Plans in irgendeiner Weise! Keiner von ihnen, nicht einmal Fauci. Sie sind bloß Futter*

für die Eliten, dienen einem Zweck und werden dann entsorgt und an die Wütenden verfüttert. Die wenigen Ausreißer, die die Behandlung in Frage stellen, werden auf verschiedenste Art und Weise diskreditiert und zensiert. Sanktionierte Behandlungen sind Biologika – Gift, das zwei bis drei Jahre braucht, um vollständig zu wirken. mRNA war die fortschrittlichste Technologie, auf die sie gewartet haben. Öffentliche Nachrichten sorgen dafür, dass die Menschen um die Behandlung betteln und sogar Schlange stehen. Man kann sagen, dass der Plan zu diesem Zeitpunkt gut angelaufen und bisher sehr erfolgreich ist. Die mRNA-Aufnahme war enorm, und heute glauben alle, dass die Behandlung der einzige Weg zurück in die Normalität ist. Mir wurde gesagt, dass es ihre kühnsten Erwartungen übertroffen hat. Was kommt als Nächstes? Hier wird der endgültige Plan ausgeführt: Der Spieß wird umgedreht, wenn es um den Impfstoff geht. Mir wurde gesagt, dass der Impfstoff mit der Zeit die Infektionsrate und die Zahl der Todesfälle erhöhen wird, und dass Milliarden sterben werden und die Menschen wütend sein werden und ihre Regierungen niederbrennen. Ihre Führer, Wissenschaftler und Medien werden angezündet, gejagt und in den Straßen gehenkt. Beide Seiten werden ihre Regierungen bis auf den Grund niederbrennen. Die Pro-Impf-Seite, die völlig verraten wurde und im Sterben liegt, wird wüten, die Nicht-Impf-Seite wird darüber wüten, was ihre Regierung zugelassen hat…
Sobald die Massen frei von der Regierung und allen sind, die sie verraten haben, haben sie genug gelitten. Das ist der Zeitpunkt, an dem die neue globale Regierung als der große Retter auftauchen wird…
…Sie sprachen viel darüber, ignorierten aber die direkten Fragen. Sie sagten, dass sie mich mögen und in ihrer Nähe haben wollen, wenn sich der Staub gelegt hat und dass ich sehr nützlich für sie war. Ich weiß nicht, ein Teil von mir denkt, dass sie mich nur verarschen wollen. Ich fühle mich jedoch besser da, wo ich jetzt bin.“

„Wenn das die Patienten wüssten“, Jan van Helsing und Vera Wagner

Verschwörungstheorien könnten den Anschein erwecken, dass alles um uns herum eine große Verschwörung ist. Ja, es ist richtig, dass in der Vergangenheit schon die absurdesten Geschichten und Theorien veröffentlicht wurden, aber man darf nicht vergessen, dass auch viele dieser Theorien in kürzester Zeit Wirklichkeit wurden. Eine solche Theorie, und zwar das Ziel, die Weltbevölkerung auf ein bestimmtes Maximum zu reduzieren, und die Umsetzung irgendeinem einzelnen Menschen oder einer Organisation zur Last zu legen, ist sicherlich harter Stoff, aber es entspricht der Realität, was Jan van Helsing im Buch „Wir töten die halbe Menschheit“ mit vielen Zitaten der „Täter“ belegt hat. Und ein Weg dahin sind Impfungen, was auch erkennbar wird, wenn man die Impf-Agenda der westlichen Länder analysiert. Es wurden Milliarden von Menschen mit einem neuartigen mRNA-Impfstoff geimpft, ohne überhaupt die geringste Ahnung über die Nebenwirkungen, in Betracht zu ziehen. Wer kann denn tatsächliche, verheerende Impfnebenwirkungen, die zu einem Massensterben führen könnten, in diesem Moment ausschließen? Eigentlich nur ein Besserwisser. In den mRNA-Tierstudien verstarben alle Tiere innerhalb eines bestimmten Zeitraumes. An der Genmanipulation, an den Nebenwirkungen, an Krebs? Ich kann es Ihnen nicht sagen, denn die tatsächlichen geheimen Informationen dieser Tierstudien sind sicherlich nicht im Internet einsehbar. Fakt ist, dass wir im Moment ein Massensterben durch die Impfstoffe nicht ausschließen können. Beide Richtungen, Massensterben oder nicht, kann man zum heutigen Zeitpunkt nicht beweisen. Jedoch gibt es viele unterschiedliche Anhaltspunkte, dass eine Bevölkerungsreduktion von der Elite gewünscht und angestrebt wird. Viele unterschiedliche Menschen und Organisationen, die eine sozialistische Weltregierung anstreben, sind davon überzeugt, dass wir einfach zu viele Menschen auf diesem Planeten sind. Sehr viele von ihnen befürworten eine drastische Bevölkerungsreduktion und scheuen nicht davor zurück, dies auch öffentlich anzusprechen. Wie zum Beispiel der „Club of Rome“, dessen Gründer und Mitglieder sich für eine Reduzierung der Weltbevölkerung, durch unterschiedliche Modelle gestützt, einsetzen. Oder die Erbauer der „Georgia Guidestones, eines 1980 errichteten Monumentes aus Granit sind. Zehn „Gebote“, Leitsätze oder Richtlinien sind in den Georgia Guidestones in acht verschiedenen Sprachen mittels Sandstrahlen eingraviert. Das erste Gebot besagt:

„*Halte die Menschheit unter 500.000.000 in fortwährendem Gleichgewicht mit der Natur.*“(6)

Sicher haben Sie auch schon einmal von einer *Deagel-Liste*(7) gehört, die von den öffentlichen Medien als kompletter Humbug abgestempelt wird. Bei der Deagel-Liste handelt es sich um ein zukünftiges Szenarium, wie hoch die Weltbevölkerung im Jahre 2025 sein wird. Und dreimal dürfen Sie raten, wohin sich die Bevölkerungszahl bewegen wird. Laut dieser Liste wird es eine dramatische Reduktion in der westlichen Weltbevölkerung geben, siehe Abb. 1.

Abb. 1: Das Geheimnis der Deagel-Liste von Gerhard Wisnewski.

Deagel ist sozusagen ein Nachschlagewerk aller Armeen dieser Welt. Dort werden alle Bestände, wie Waffen, Flugzeuge oder sonstiges Kriegsmaterial, aufgelistet und ausgewertet. Wer hinter dieser Webseite steckt, ist durch das Impressum nicht ersichtlich, da ein Impressum nicht vorhanden ist. Ich kann an dieser Stelle nicht beurteilen, inwieweit diese Liste Fake oder echt ist, aber diese Liste hat in der Vergangenheit für reichlich Wirbel gesorgt. Ihre Informationen erhält Deagel anscheinend von den jeweiligen Regierungen und den entsprechenden Geheimdiensten weltweit, unter anderem von der CIA, dem FBI und dem Mossad. Kann sich *deagel.com* überhaupt erlauben, eine Fake-Liste zu veröffentlichen? Der Aufschrei über die Veröffentlichung dieser Liste war groß, und somit war der Teil mit diesen Zahlen einige Zeit später nicht mehr erreichbar, da *www.deagel.com* den totalen Zusammenbruch des wirtschaftlichen und sozialen Systems prognostizierte. Was die Gründe für einen solchen Zusammenbruch sein könnten, ist in Bezug auf die Liste nur Spekulation, da diese schon 2013 veröffentlicht wurde und die Corona-Pandemie zu dieser Zeit der Bevölkerung noch nicht bekannt war. Hatten die Betreiber von Deagel Zugriff auf geheime Pläne von Seiten der Regierungen und den Nachrichtendiensten? Am überraschendsten ist vielleicht die Enthüllung, wer hinter Deagel steckt, und um diese Antwort zu finden, war *Whois.com* die Lösung. Findige Forscher konnten aufdecken, dass die Person hinter der Website kein anderer als der ehemalige Regierungsinsider *Edwin Deagle* war.(8)

Edwin Deagle ist als aktives Mitglied des Council on Foreign Relations (CFR) – der unsichtbaren Regierung der USA – aufgeführt und war auch Mitglied der Rockefeller Foundation und Direktor für internationale Beziehungen der Rockefeller Foundation sowie hochrangiger Beamter des Verteidigungsministeriums. Edwin Deagle tätigt seit langem erschütternde Vorhersagen über **DRAMATISCHE BEVÖLKERUNGSREDUKTIONEN bis ins Jahr 2025**. Diese Minderungen betreffen besonders NATO-Länder und insbesondere Deutschland sowie die USA, deren Bevölkerungen um 70% reduziert werden sollen.

Deagle war Unterstaatssekretär der Luftwaffe unter Präsident Bill Clinton. Später wurde er Assistent des Verteidigungsministers und 1994 stellvertretender Verteidigungsminister unter Bill Clinton – dieser Mann ist mit Sicherheit ein Insider.(9) Ob es sich bei Herrn Deagle um einen Verschwörungstheoretiker, Schwurbler, Geheimdienstmitarbeiter oder Sonstiges handelt, und was seine Gründe für die Veröffentlichung einer solchen Liste sein könnten, kann ich Ihnen an dieser Stelle nicht sagen. Tatsache ist, dass Nachrichten, die in der Vergangenheit als Verschwörungstheorien abgestempelt worden sind, in dieser Corona-Pandemie bestätigt wurden. Wie es zu einer solchen dramatischen Reduzierung der Weltbevölkerung kommen könnte, ist reine Spekulation. Aber vielleicht sollte man an dieser Stelle Folgendes bedenken: Hauptsächlich die Bevölkerung der sogenannten westlichen demokratischen Welt wurde und wird mit einem mRNA-Impfstoff geimpft, und das gegen ein im Labor künstlich erzeugtes Virus. Auch diese These wurde von den Medien anfangs als Verschwörungstheorie abgestempelt, doch nach zwei Jahren Pandemie weiß man, dass Dr. Anthony Fauci die Gain-of-Function-Forschung in Wuhan mit US-Steuergeldern finanziert hat, und dass genau dieses Virus für diese angebliche Pandemie verantwortlich ist.

Ich bin auf dieses Thema bereits in meinem ersten Teil ausführlich eingegangen und möchte mich an dieser Stelle nicht wiederholen, aber hier handelt es sich nicht um eine Theorie, sondern um Fakten. Forscher verschiedener Nationen haben bei vielen unterschiedlichen wissenschaftlichen Untersuchungen Stoffe wie Graphenoxid in den Impfstoffen gefunden (ich werde auf dieses Thema am Ende dieses Buches in Bezug auf das Corona-Update noch ausführlich eingehen), die aber in den Impfstoffen angeblich inaktiv waren, jedoch durch elektromagnetische Impulse aktiviert werden konnten. Könnte es somit sein, dass unter bestimmten Umständen die geimpfte Bevölkerung einen Schaden dadurch erleiden könnte, wenn dieses Graphenoxid aktiviert werden sollte? Könnte es sich somit tatsächlich um eine biologische Massenvernichtungswaffe handeln?

Gehen wir noch einen Schritt weiter: Die finanziellen und geschäftlichen Verflechtungen der Biden-Familie mit China sind mittlerweile ein offenes Geheimnis. Um welche Zahlungen handelt es sich hier? Wurden geheime US-Informationen von den Bidens an China verkauft? Warum werden die Bidens von chinesischen Milliardären, die den chinesischen Geheimdiensten und der kommunistischen Regierung Chinas nahestehen, gesponsert? Ist das nicht Korruption und Volksverrat? Ich bin mir sicher, dass auch diese angebliche Verschwörung in den nächsten Monaten ihre Schlagzeilen machen wird, genauso wie der US-Wahlbetrug langsam aber sicher ans Licht kommen wird. Der Regierungsberater

Abb. 2: Chinesische Milliardäre unterstützen mit Millionen-Beträge die Familie Biden. Ist es normal, dass chinesische Superreiche einen US-Präsidenten fördern?

Dinesh D'Souza will die Bombe in wenigen Monaten platzen lassen. Im Frühjahr 2022 erscheint ein von ihm entwickelter Film, der bisher unbekannte Überwachungskamera-Aufnahmen und Handy-Ortungsdaten auswertet und aufzeigt, wie genau der Wahlbetrug vollzogen werden konnte. Einzelne US-Bundesstaaten sind schon an der Aufklärung des Wahlbetrugs dran und ich bin mir sicher, dass wir uns auf Überraschungen gefasst machen können. In meinem dritten Teil dieser Buchreihe werde ich gesondert auf die US-Politik und die verborgenen Machenschaften eingehen. An dieser Stelle würde es den Rahmen dieses Buches sprengen.

Lassen Sie uns jetzt einmal spekulieren und eins und eins zusammenzählen. Korrupte US-Wissenschaftler, die der Finanzelite unterstellt sind und die Neue Weltordnung vorantreiben, finanzieren Entwicklungen in chinesischen Laboren, die ein Virus entwickeln, das für eine angeblich weltweite Pandemie verantwortlich ist. Ein seniler und korrupter Politiker wird als Marionette durch Wahlbetrug zum US-Präsidenten gepusht, der zudem in finanzieller Abhängigkeit zu China steht und unbedingt mit seinen Nato-Verbündeten einen Krieg gegen Russland provozieren und heraufbeschwören will. Was haben die Chinesen gegen Biden in der Hand? Was wäre, wenn durch einen solchen Krieg diese Graphen in den Impfstoffen aktiviert werden sollten?

Die Mehrheit der westlichen Militärangehörigen sind mit diesen Impfstoffen geimpft worden! Die Ukraine ist zu einem verheerten Krisengebiet geworden, in dem sich die USA und die Nato einmischen, obwohl die Ukraine nicht einmal ein Nato-Mitgliedsstaat ist. Meines Erachtens wird sich dort etwas wirklich Verheerendes, entwickeln, das Europa und die westliche Welt in ernste Schwierigkeiten bringen könnte. Ich kann diese These nicht beweisen, und im Grunde ist es an dieser Stelle nur ein Hirngespinst von mir, aber die Hirngespinste der Vergangenheit sind fast alle Wirklichkeit geworden.

Dieses Unterkapitel schließen wir mit einem Buch, Hörbuch bzw. einer Webseite von Susan Bradford mit dem Titel: „Die Rothschild-Dynastie will die Kalergi-Entvölkerungsagenda erfüllen“.

Audio 4:

Titel	„Die Rothschild-Dynastie will die Kalergi-Entvölkerungsagenda erfüllen“
Link	https://t.me/antiilluminaten/26442

Artikel 4:

Titel	„Die Rothschild-Dynastie will die Kalergi-Entvölkerungsagenda erfüllen“
Link	https://telegra.ph/Die-Rothschild-Dynastie-will-die-Kalergi-Entvölkerungsagenda-erfüllen-09-14

Es lohnt sich auf jeden Fall, diese 45 Minuten für die Vertiefung der Information zu investieren.[10]

1.1.3. Die Versklavung und Unterwerfung der Menschen

Tja, was soll ich hier noch groß dazu schreiben, was in der Überschrift nicht schon steht? Sie wollen uns unsere Grundrechte nehmen, uns mit verschiedenen Überwachungsmethoden (Social Credit Systemen und QR-Codes) kontrollieren und durch Staatsbeamte sanktionieren und bestrafen lassen. Durch Impf-Zwang, Kontrolle und Einschüchterung durch einen Polizei- bzw. Militärapparat soll dieses dann umgesetzt werden. Vor ein paar Monaten stritten unsere Spitzenpolitiker Pläne für einen Impf-Zwang noch vehement ab, und jeder, der von einem Impf-Zwang sprach, wurde zum Verschwörungstheoretiker deklariert. Doch das war noch vor den Bundestagswahlen Ende September 2021, und nur wenige Monate später befürworten gerade diese Heuchler einen Impf-Zwang, obwohl sie öffentlich der Bevölkerung versprachen, keinen Impf-Zwang einführen zu wollen. Egal, ob Minister Spahn, Kanzlerin Merkel, Scholz, Kretschmer, Lindner und wie sie auch alle heißen, nur wenige Monate nach ihrer Wahl fordern sie alle einen generellen Impf-Zwang. Pfui Teufel! Ohne die Einführung des Impf-Zwanges können sie kein dauerhaftes Überwachungssystem aufrechterhalten bzw. einführen. Der Zwang zur Impfung ist der Schlüssel zur Versklavung der Menschheit und wird sicherlich unter allen Umständen umgesetzt werden.

In Deutschland wird die „Operation Sunrise“ vorbereitet. Es handelt sich hierbei um ein von der Bundesregierung ab Anfang 2022 geplantes bzw. erwartetes Eskalationsszenario, bei dem die Bundeswehr die Fäden ziehen wird, welches den Namen „Operation Sunrise“ trägt. Bis zu 40.000 Soldaten wurden angefordert, um das Pandemiemanagement im Griff zu behalten. Offizielle Begründung: Die Polizei sei überlastet, es gebe viele Krankmeldungen in deren Dienststellen sowie auch in den Ordnungsämtern. Die Ausfälle seien hoch.[11] Nochmals zur Erinnerung: Nichts geschieht in dieser Pandemie zufällig! Deutschland hat mittlerweile eines der striktesten Corona-Regimes weltweit, das zeigt ein Index der Oxford-Universität.

Der *Oxford Covid-19 Government Response Tracker* erhebt für 180 Länder weltweit die Strenge der Maßnahmen zur Bekämpfung von Covid-19 nach 23 Indikatoren, wie zum Beispiel Schulschließungen, Geschäftsschließungen, Reisebeschränkungen und Impfpolitik. Von 100 möglichen Punkten hat Deutschland mittlerweile 84,3 (Stand 3. Dezember 2021). Nachdem Neuseeland seine Corona-Politik jüngst leicht gelockert hat, hat die Bundesrepublik damit den zweithöchsten Wert weltweit – strenger sind nur noch die Fiji-Inseln. Der Oxford-Index zeigt aber: Kein westliches Industrieland schränkt in so vielen Bereichen so konsequent ein, kein anderes Land in Europa reguliert so viele Bereiche des öffentlichen Lebens aufgrund von Covid-19 wie Deutschland. Ende Oktober 2021 hatte Deutschland noch einen Indexwert von 42, also der Hälfte des heutigen Wertes. Die Ampel-Koalition, die mit dem Versprechen, auf weitere Lockdowns zu verzichten, antrat und die epidemische Notlage auslaufen ließ, hat innerhalb weniger Wochen, gemeinsam mit den Ministerpräsidenten, ein Corona-Regime etabliert, das seinesgleichen sucht.(12)

1.1.4. Die Implementierung eines Chip-Systems

Die totale Kontrolle der Bevölkerung und die Einführung eines Chip-Systems unter die Haut, welches alle relevanten Daten des Wirtes beinhaltet und mit der digitalen Identität eines jeden einzelnen Bürgers verknüpft ist, gehört sicherlich zu den feuchten Träumen dieser Psychopathen.

Digitale Identität, Impfstatus, Bankdaten, Rentenversicherung-, Führerschein-, Krankenkassen- und alle weiteren relevanten Daten sollen in der Zukunft in einem Chip, der unter der Haut implantiert wird, gespeichert werden. Schon heute sind Chips, die sich unsere Mitmenschen einsetzen lassen, gang und gäbe. Verwendet werden diese, um Bankdaten zu speichern oder Haustüren zu öffnen. In Deutschland geht man davon aus, dass jetzt schon über 20.000 Menschen solche Implantate tragen. Sicherlich kann diese Technologie eine Menge Vorteile mit sich bringen, aber die verheerenden Nachteile sollte man auf gar keinen Fall aus den Augen verlieren. Das Ziel dieser Psychopathen ist es, die Menschen wie die Tiere zu chippen und diese dadurch zu steuern.

> „*Und es bringt alle dahin, die Kleinen und die Großen, und die Reichen und die Armen, und die Freien und die Knechte, dass sie ein Malzeichen annehmen an ihre rechte Hand oder an ihre Stirn; und dass niemand kaufen oder verkaufen kann als nur der, der das Malzeichen hat, den Namen des Tieres oder die Zahl seines Namens. Hier ist die Weisheit. Wer Verständnis hat, berechne die Zahl des Tieres, denn es ist eines Menschen Zahl; und seine Zahl ist 666.*“[13]
>
> Offb. 13,16-18

Angesichts weiterer Corona-Varianten und der steigenden Fallzahlen erlässt gerade das liberale Schweden einen Beschluss, der die Schweden dazu zwingt, bei Veranstaltungen von über 100 Menschen einen Impfnachweis vorzulegen. Bei Veranstaltungen unter 100 Menschen ist es dem Veranstalter freigestellt. Aufgrund dieser Maßnahmen entscheiden sich nun immer mehr Schweden dazu, sich einen Chip, der auf

RFID-Technologie basiert, einpflanzen zu lassen. Dieser Chip nutzt eine Antenne zum Senden und Empfangen von Radiowellen, die Informationen ähnlich wie ein Barcode-Scanner übertragen. Dieser Chip ermöglicht den Zugang zu Einkaufsläden, Bars, Fitness-Studios und vielen weiteren Einrichtungen. Tausende von Schweden haben sich diesen Chip bereits einpflanzen lassen(Stand Januar 2022). Die Zahl der „Implantierten" soll bei rund 6.000 liegen.(14)

Ja genau, das liberale Schweden, das seine Bürger nicht mit drakonischen Maßnahmen eingeschränkt hat, führt, inzwischen als Musterland, genau diesen Chip für die Bevölkerung ein. Haben Sie wirklich geglaubt, dass sich Schweden diesem „Kraken", der WHO, entziehen kann?

Was glauben Sie, wie viele Idioten sich in Deutschland diesen Chip einpflanzen lassen, sobald es möglich sein wird? Selbstverständlich werden sie es in den Nachrichten als einen positiven Nutzen für den Bürger verkaufen, da dieser Chip fälschungssicher sei und somit für den Schutz der Bevölkerung nur Vorteile mit sich bringe.

1.1.5. Einführung und Etablierung einer digitalen Währung

Durch die Einführung einer digitalen Währung können sie alle Zahlungsströme und jeglichen Widerstand seitens der Bevölkerung kontrollieren. Durch das Abschalten des Zugriffes auf seine Finanzen verwandeln sie den Bürger in ein impotentes Wesen.

Eine zukünftige Banken- und/oder Wirtschaftskrise wird die Umstellung auf eine digitale Währung ohne weitere größere Probleme ermöglichen.

Die digitale Zahlungsweise ist dem Bürger schon seit Jahren schmackhaft gemacht worden. Zusätzlich können wir den Trend hin zum bargeldlosen Bezahlen momentan in der Corona-Pandemie sehen, wo die Menschen aufgrund von Infektionsangst schon selbstständig zur digitalen Kartenzahlung gewechselt haben. Selbst kleine Beträge von wenigen Euro werden von einer Mehrheit der Bürger digital bezahlt. Schon 2019, vor der Corona-Pandemie, bezahlten über 50% der Deutschen ihre Einkäufe digital.

Die Europäische Zentralbank plant für 2023, den Prototypen eines digitalen Euro zu konkretisieren. Momentan wird angeblich noch die Technologie und die Planung der Einführung einer digitalen Währung überprüft, aber Sie können sicher sein, dass Sie in wenigen Jahren einem Bettler keine Münze mehr geben werden, sondern ihm digital ein paar Euro auf sein „Wallet“ transferieren können. In vielen Ländern ist dies jetzt schon durch Kryptowährungen gang und gäbe!

1.1.6. Enteignung und Entmachtung der Bürger

Jegliches Vermögen muss an die Weltregierung übergehen, da durch die immensen Schulden der Staaten die Bürger sicherlich in der Zukunft zur Kasse gebeten werden.

Auf das Vermögensregister, das von der Europäischen Kommission momentan in einem Gesetzestext geprüft wird, bin ich schon eingegangen. Es wird geprüft, und wenn etwas von der Elite gewünscht wird, dann wird so lange geprüft und getrickst, bis es möglich ist.

1.1.7. Aushebelung der Grundrechte

Das ist sicherlich ein Punkt, den sich sehr viele Bürger gar nicht vorstellen können, da für die momentan in Deutschland lebenden Menschen unsere Grundrechte mit unseren dazugehörigen Freiheiten schon immer da waren. Doch die Bürger der DDR kennen ein Leben ohne diese Grundrechte nur zu gut. In der Vergangenheit glaubten wir, dass es normal sei, sagen zu dürfen, was man denkt. Doch schon eine kleine Pandemie hat dieses Gefüge sehr stark ins Schwanken gebracht. Sprechen Sie mal mit den Menschen, die in der Öffentlichkeit stehen oder sich beruflich gegen das Merkel-Regime gestellt haben und unsere Bundesregierung kritisieren, wie diese ihre Grundrechte noch empfinden?!

Selbst beim Schreiben dieses Buches muss ich mir so gut wie jede Zeile zweimal überlegen, um keine Schwierigkeiten wie Anzeigen wegen Volksverhetzung, Abmahnungen, Hausdurchsuchungen oder Sonstiges zu riskieren. Hat das noch etwas mit Meinungsfreiheit zu tun? Jegliche Meinung, die diese Regierung kritisiert und in Bedrängnis bringt, wird bekämpft und zensiert. Und das ist erst der Anfang.

Beim Thema Klimawandel oder jetzt aktuell beim Ukraine-Krieg gibt es nur eine einzige tolerierte Meinung… Das Ziel ist es, die Menschen unter den scheinheiligen Vorwänden der Corona-Pandemie die Grund- beziehungsweise Freiheitsrechte zu nehmen. Sie werden vor keinen Einschränkungen haltmachen, bis sie ihr Ziel erreicht haben. Das chinesische QR-Code-System wurde im Januar 2022 heftig von unseren Politikern diskutiert, da eine einheitliche Reiseregelung ab dem Sommer gewünscht ist. Ohne QR-Code keine Reisen! Erinnert Sie das vielleicht an China?

> *„Am Mittwoch, dem 1.12.2021 sagte Ursula von der Leyen – Präsidentin der Europäischen Kommission – vor der Presse, dass sie es begrüßen würde, wenn der langjährige Nürnberger Kodex vollständig ignoriert würde, um es den Ländern zu ermöglichen, jeden, der die Impfung verweigert, zwangsweise zu impfen.*

Ihr alarmierender Kommentar kommt nur wenige Tage, nachdem Deutschland dem Beispiel Österreichs gefolgt ist und eine autoritäre Sperre nur für Ungeimpfte vorgeschrieben hat."[15]

Verstehen Sie vielleicht jetzt, an welchem Punkt wir angelangt sind? Sie möchten den Nürnberger Kodex außer Kraft setzen, damit ihnen im Falle, dass ihre Verbrechen auffliegen sollten, keine Verurteilungen und Strafen drohen. Zur Erinnerung: Der *Nürnberger Kodex* ist eine ethische Richtlinie zur Vorbereitung und Durchführung medizinischer, psychologischer und anderer Experimente am Menschen, und besagt u.a., dass *„die freiwillige Zustimmung der Versuchsperson unbedingt erforderlich"* ist. Das bedeutet, dass die Person *„in der Lage sein muss, unbeeinflusst durch Gewalt, Betrug, List, Druck, Vortäuschung oder irgendeine andere Form der Überredung oder des Zwanges, von ihrem Urteilsvermögen Gebrauch zu machen; dass sie das betreffende Gebiet in seinen Einzelheiten hinreichend kennen und verstehen muss, um eine verständige und informierte Entscheidung treffen zu können"*.

War und ist das beim Thema „Corona-Impfung" der Fall? Wurden wir über die möglichen Nebenwirkungen aufgeklärt? Und hat man nicht die Menschen über Politik und Medien über List, Druck, Vortäuschung (dass die Impfung Corona verhindert) zu überreden versucht – ja sogar mit Druck –, sich impfen zu lassen? Mein lieber Scholli! Wer jetzt diesen Strauchdieben noch glaubt, dem kann man wirklich nicht mehr helfen. Das wäre, wie wenn Kinderschänder die Strafe wegen Kindsmisshandlung aus dem Strafgesetz nehmen würden, mit der Begründung, dass man in der Corona-Pandemie alle Maßnahmen benötigt.

1.1.8. Die totale Kontrolle der Menschheit

Bereits im Juli 2021 hatte das EU-Parlament über die „*Verwendung von Technik zur Verarbeitung von Daten zwecks Bekämpfung des sexuellen Missbrauchs von Kindern im Internet*“ abgestimmt. E-Mail-Anbieter und Messenger-Dienste scannen sämtliche Kommunikation der Nutzer in Echtzeit, und selbst verschlüsselte Chats sind schon lange kein Problem mehr.

Glauben Sie wirklich, dass es unseren „Oberherren“ um den Schutz der Kinder geht? Schauen Sie sich doch den Fall des Ex-Fußballprofis Christoph Metzelder an. Er wurde von einem Gericht wegen Besitz und Weitergabe von Kinderpornografie zu 10 Monaten auf Bewährung verurteilt. Und das, obwohl er hunderte Dateien von Kinderpornografie besessen und versendet hat und zudem noch Frauen zum Sex mit Kindern animiert hat. Den „Oberherren“ geht es mit Sicherheit nicht um das Wohl der Kinder, sondern sie sind nur an unseren Daten, Bildern, E-Mails und jeglicher weiteren Kommunikation interessiert. Ansonsten hätte man diesen Idioten doch hinter Gitter gebracht. Sie finden meine Ausdrucksweise zu hart? Aber wie kann man einen jungen, gutaussehenden Mann mit Ruhm und Geld sonst nennen, der Tausende von Frauen hätte haben können und dann auf kleine Kinder steht?

Aber zurück zum Thema. Ich höre auch viele „Gutmenschen“ schreien, dass für sie eine straffe Überwachung in Ordnung ist, da sie eh nichts zu verbergen haben, aber das ist nicht der Punkt. Der Punkt ist der, dass die Privatsphäre von uns allen geschützt sein sollte und diese die Regierungen ganz gewiss nichts angeht. Wenn sich Pädophile mit Kinderpornografie eindecken möchten, dann gehen sie ins Darknet, wo sie sich ihre Bilder und Videos in den allermeisten Fällen anonym anschauen können. Es gibt Tausende solcher Webseiten im Darknet! Auf WhatsApp oder ähnlichen Messenger-Diensten werden höchstens solche Idioten, wie oben erwähnt, erwischt, die dann ohnehin meist mit einer Therapie und ein wenig Reue davonkommen.

Die US-Organisation „Property of the People“ hat einen FBI-Bericht über die Zusammenarbeit der Ermittlungsbehörden mit populären Messenger-Diensten erhalten. WhatsApp soll demnach mehr persönliche Daten als andere Apps an das FBI liefern. Die Übermittlung erfolgt praktisch in Echtzeit. Mit einer Verzögerung von lediglich 15 Minuten kann der populäre Messenger-Dienst WhatsApp Daten zu Aktivitäten eines Nutzerkontos an das FBI liefern.[16]

Der Hauptgrund dieser Elite für die globale digitale Überwachung ist es, ein Polizeistaatsregime zu etablieren, das von jedem Bürger alle digitalen Informationen mitbekommt, entschlüsselt und speichert. Schon jetzt haben sie von jedem Internetnutzer Profile angelegt, wo alle Bewegungen im Netz gespeichert und ausgewertet werden. Seit Facebook und Google wissen sie alles von den Nutzern, und diese Informationen werden von einem Unternehmen zum anderen verschoben, obwohl dies strengstens verboten und reglementiert ist.

Sie glauben doch nicht etwa, dass Ihre Daten bei Facebook oder Google sicher sind? Dann träumen Sie nur schön weiter. Die amerikanischen Geheimdienste sind bei diesen Unternehmen schon seit Anbeginn mit im Boot, oder denken Sie, dass es ein Zufall war, und dass sich Zuckerberg sonst so ein Imperium hätte aufbauen können? Na klar, Zuckerberg sitzt mit seiner Gesellschaft auf den Daten von Milliarden von Bürgern und der Geheimdienst hat dabei nicht seine Finger im Spiel?!

„Die US-Regierung will den Geheimdiensten gesetzlich erlauben, das gesamte Internet weltweit abzuhören. Doch darauf wartet der Geheimdienst CIA nicht, sondern hat bei Facebook bereits seine Finger im Spiel. Die Verbindungen hat Sascha Adamek in seinem Buch „Die Facebook-Falle“ aufgedeckt. „GetAbstract“ hat das Wesentliche zusammengefasst. Der Autor hatte etliche Jahre für die ARD-Magazine Monitor und Kontraste gearbeitet… Seine Recherchen über die Investoren von Facebook zeigen die Vernetzung mit Geheimdiensten, US-Militärs und Erzkonservativen Bewegungen. Facebook-Investor Peter Thiel ist politisch bei „The Vanguard“ engagiert, einer marktradikalen Organi-

sation, die gegen demokratische Werte wettert. Howard E. Cox, ein Manager des Facebook-Investors „Greylock Partners", sei mit der CIA bestens vernetzt. Bis 2009 war er im Beraterteam des US-Verteidigungsministeriums und ist heute im Verwaltungsrat der CIA-Firma Q-Tel. Der bekannter Facebook-Lobbyist Timothy Sparapani, pflege intensiven Kontakt mit dem Nachrichtendienst des Pentagons und der Armee. Alle diese „besorgniserregenden" Verflechtungen brächten Facebook „gefährlich nahe zur CIA", schreibt Adamek."[258]

www.infosperber.ch

Vielleicht noch einmal kurz zur Erinnerung. Wie sehen denn die Eigentumsverhältnisse bei Facebook aus? Es sind Blackrock, Vanguard, Fonds und/oder verschiedene institutionelle Einrichtungen, die sich ebenfalls im Besitz von Blackrock und Vanguard befinden! Diese Gesellschaften wissen mehr über ihre Nutzer als die Nutzer selbst, und Sie glauben, dass amerikanische Geheimdienste keinen Zugriff auf diese Daten haben?!

Das Navigationsverhalten eines Users ist für Geheimdienste kinderleicht herauszufinden, wie sonst könnte China den kompletten Internetmarkt in seinem Gebiet zensieren und kontrollieren? Die wissen genau, wann Sie traurig sind, auf welchen Typ Mann oder Frau Sie stehen, wann Sie sich welche Seiten anschauen, wo Sie politisch stehen und ob Sie eine Gefahr für die Gesellschaft darstellen könnten. Auf den Punkt gebracht: Sie wissen alles über Sie, ob Sie es glauben wollen oder nicht.

Zusätzlich haben sie durch die Smartphones jederzeit Zugriff auf all Ihre digitalen Kanäle. Sie haben Zugriff auf die Gespräche, die Sie mit Ihrem Partner geführt haben und sogar Zugriff darauf, wann Sie auf der Toilette waren und gegebenenfalls auch noch darüber, welche Webseiten Sie während der Verrichtung Ihres Geschäftes besucht haben. Jetzt müssen Sie diesen rechtlichen Zugang nur noch mit einem entsprechenden Gesetz in die Wege leiten, damit das „Schlafschaf" Mensch weiterhin an seine Grundrechte und die Pseudo-Demokratie glauben kann.

Liebe Leserinnen und Leser, durch die „Entmachtung“ des Grundgesetzes aufgrund der Covid-19-Pandemie zugunsten des Infektionsschutzgesetzes steht die Tür zu einer erneuten Diktatur weit offen. Millionen von Bürgern empfinden jetzt schon, dass diese angebliche Pandemie viel zu sehr in die Grundrechte der Menschen eingegriffen hat. Nein, die Pandemie hat uns nicht unsere Grundrechte genommen, sondern es sind unsere Politiker, die sich aufgrund dieser Fake-Pandemie das Recht nehmen, ihre Bürger einzusperren, sie zu bestrafen und ihnen ihre Grundrechte zu entziehen.

Ist es normal, dass das Internet von unserer Regierung zensiert wird und es auf den ersten Seiten von Suchanfragen nur Berichte der öffentlich-rechtlichen Medien (der gleichgeschalteten Medien) und/oder „Faktenchecker“ gibt? Egal, welche Suchbegriffe Sie zur Covid-19-Pandemie in die Suchmaschine eingeben, Sie werden auf den ersten Seiten der Suchergebnisse nur Seiten der Bundesregierung, des RKI, der öffentlich-rechtlichen Medien und der sog. „Faktenchecker“ finden. Andere Ansichten bzw. Links werden so gut wie nicht auf den ersten Seiten angezeigt. Ein Heer von Faktencheckern ist tagtäglich damit beschäftigt, irgendwelche Posts auf Social Media oder Berichte bzw. Videos zu widerlegen, die gegen die Meinung der Regierungen sind. Und der Witz ist: Alles, was von der Regierung nicht erwünscht ist, ist Fake, und der Verfasser wird auf das Übelste diskreditiert. Und das nennt sich professioneller Journalismus! Was hat dies noch mit Suchmaschinenoptimierung (SEO) und FREIHEIT zu tun? Gar nichts, das Ranking ist vorgegeben und andere Meinungen sind nicht erwünscht und/oder werden zensiert. Es ist doch nicht normal, dass Facebook, YouTube, Twitter, Google und viele weitere Tech-Unternehmen jegliche Meinung der Andersdenkenden zensieren und löschen. Unsere Politiker und die Big-Tech-Unternehmen entscheiden *für uns*, was wir lesen und konsumieren dürfen!

Wir haben die Verhältnisse von China hinter vorgehaltener Hand und steuern direkt in die gleiche Richtung, wie wir es vor 80 Jahren schon einmal taten. Allein die Tatsache, dass der heutige Zustand mit der Diktatur vom Dritten Reich nicht verglichen werden darf, da ansonsten Anzeigen wegen Volksverhetzung drohen können, ist doch der Beweis, dass wir fast schon wieder an diesem Punkt angelangt sind.

> *„Teilnehmer von Corona-Protesten tragen immer wieder den „Judenstern" mit dem Wort „ungeimpft". Laut den Justizministerien mehrerer Bundesländer kann das den Straftatbestand der Volksverhetzung erfüllen. Entsprechende Verfahren wurden bereits eingeleitet."*[(17)]
>
> „Die Welt"

SIND WIR EIGENTLICH ALLE VERRÜCKT GEWORDEN, DASS WIR UNS DAS GEFALLEN LASSEN?

Passend hierzu finde ich eine Aussage des jüdischen Publizisten *Henryk Broder* zur allgemeinen Entwicklung unserer Gesellschaft, die er im Juli 2021 auf Twitter veröffentlichte: *„Wenn ihr euch fragt, wie das damals passieren konnte: Weil sie damals so waren wie ihr heute."* Mit einem Satz bringt er die heutige Situation auf den Punkt. Handelt es sich jetzt hier auch um einen rechtsradikalen Verschwörungstheoretiker?

Vielleicht hier kurz zur Erinnerung aus dem Archiv des *Deutschen Historischen Museums* (DHM):

> *„Der Reichstagsbrand war willkommener Anlass, durch die sogenannte Reichstagsbrandverordnung vom 28. Februar 1933 „zur Abwehr kommunistischer staatsgefährdender Gewaltakte" ein großes Bündel im Einzelnen aufgeführter Grundrechte der Weimarer Reichsverfassung (WRV) „bis auf Weiteres" außer Kraft zu setzen: die Freiheit der Person, die Unverletzlichkeit der Wohnung, das Brief-, Post-, Telegrafen- und Fernsprechgeheimnis, die Meinungsfreiheit, das Verbot der Zensur, die Versammlungs- und Vereinigungsfreiheit, das Eigentum samt Entschädigung bei Enteignung. Die sogenannte Reichstagsbrandverordnung (offiziell: „Verordnung des Reichspräsidenten zum Schutz von Volk und Staat") bildete die Grundlage für die Verhängung von „Schutzhaft", die Einrichtung von Konzentrationslagern und die Beschlagnahme des Eigentums „staatsfeindlicher Personen"."*[(18)]

Und dies alles ohne richterliche Kontrolle! Damit verabschiedete sich das Deutsche Reich von einer rechtsstaatlichen Tradition, die durch die „Habeas-Corpus-Akte“ von 1679 eingeleitet worden war.

Ist das nicht das gleiche Vorgehen wie heute? Darf man das noch fragen, oder handelt es ich bei dieser Frage schon um Volksverhetzung? Können wir uns heutzutage überhaupt noch auf die exekutive, legislative und judikative Gewalt verlassen?

Was wir nicht vergessen sollten, ist, dass auch damals die Diktatur nicht über Nacht kam und die Konzentrationslager auch nicht über Nacht gebaut, sondern dass sie über Jahre hinweg langsam aufgebaut wurden. Die Menschen waren erschöpft, verzweifelt und litten noch an den Reparationszahlungen des Ersten Weltkriegs. Die Arbeitslosigkeit und die Inflation waren enorm, und die Wirtschaftskrise von 1929 war noch nicht überstanden. Millionen deutscher Bürger waren am Boden zerstört und unzufrieden. Das soll keine Entschuldigung sein, ganz im Gegenteil, aber das ist die Situation, in die wir heute hineinschlittern werden, und es ist so, wie es auch damals angefangen hat. Die Veränderungen kamen schleichend. Zuerst wurde die Verfassung abgeschafft, dann startete man die Verfolgung der Andersdenkenden und wie es dann endete, wissen Sie ja!

Liebe Leserinnen und Leser, es tut mir leid, dass ich Sie in diesem Kapitel mit so einer besch...eidenen Situation konfrontiert habe, aber wenn wir die Gegenwart nicht kennen, dann können wir unsere Zukunft nicht gestalten. Es ist mir bewusst, dass es sich hier um wirklich harten Stoff handelt und viele Menschen es trotz der Tatsachen nicht glauben wollen, können und auch nicht werden. Trotzdem ändert es nichts an der Tatsache, dass es so ist. Ich muss Ihnen gestehen, dass es selbst für mich an manchen Tagen unheimlich hart und schwer ist, an eine rosige Zukunft zu denken, geschweige denn, noch an sie zu glauben. Aber es würde, wie gesagt, nichts an der Situation ändern, ganz im Gegenteil. Somit haben wir nur die Wahl, positiv in die Zukunft zu schauen, da zu kämpfen, wo es möglich ist und das zu akzeptieren, was wir absolut nicht ändern können. Die Zukunft wird uns schon die Antworten bringen!

2. Warum lügt der Mensch?

Selbst die Menschen, die scheinheilig behaupten, sie würden nie lügen, tun es doch. Um es mit einem kurzen Satz ganz am Anfang dieses Kapitels auf den Punkt zu bringen: *Die Wahrheit ist: Wir lügen alle!* Wir lügen kontinuierlich, und das Spektrum der Unwahrheiten reicht von Ausreden, Prahlerei, Notlügen, Betrug, Meineid, Intrigen bis hin zum krankhaften Lügen. Experten gehen davon aus, dass Erwachsene täglich im Schnitt rund 200-mal lügen, je nachdem, wie hoch ihre zwischenmenschlichen Kontakte sind. Die Spezies des Homo Sapiens hat wahrscheinlich schon immer gelogen, um ihr Überleben zu garantieren.

Warum sollten uns dann die Politiker die Wahrheit sagen? Glauben Sie wirklich noch an eine Pandemie? Die Wahrheit wäre, dass diese Plandemie von den Politikern gegen das eigene Volk eingesetzt wird… Jetzt wollen sie, dass Sie glauben, dass es ihnen zutiefst wichtig ist, dass niemand an einer Grippe stirbt, welche nicht einmal eine Letalitätsrate von 1% hat. Aber sicherlich sagen sie den Menschen die Wahrheit.

Es gibt unterschiedliche Schweregrade von Lügen, und es ist ein Unterschied, ob sie ihrer Partnerin nicht sagen, dass das Essen nicht ganz so gut geschmeckt hat, oder ob ein Politiker für eine Zwangsimpfung wirbt und die Nebenwirkungen verheimlicht. Klar ist, dass Lügen Menschen verletzen, Beziehungen können daran zugrunde gehen, und das eigene Ansehen kann unter die Räder kommen. Lügen und belogen zu werden, ist einfach zum Kotzen.

Aber haben Sie schon einmal versucht, jedem in jeder Situation die Wahrheit zu sagen? Ist das Volk überhaupt dazu in der Lage, die Wahrheit zu verarbeiten, oder verdient es sogar, belogen zu werden? Zitat Jesus: „*Wer unter euch ohne Sünde ist, der werfe den ersten Stein auf sie…*"

Ich möchte hier nicht den Moralapostel raushängen, ganz im Gegenteil, auch ich habe in meiner Vergangenheit in den unterschiedlichsten Bereichen gelogen, und zwar so sehr, dass sich die Balken bogen. Ich hatte meine Partnerin betrogen, Freunde und Familie belogen und war zu feige, ihnen die Wahrheit zu sagen. Es gibt Menschen, die lernen daraus, und es gibt Menschen, die ihre Existenz auf Lügen aufgebaut haben. Die allermeisten Menschen sind nicht einmal sich selbst gegenüber ehrlich, wie kann man da erwarten, dass sie zu ihren Mitmenschen ehrlich sind? Frage: Sind Sie ehrlich zu sich selbst?

Vielleicht lüge auch ich Sie mit diesem Buch an? Habe ich am Anfang nicht geschrieben, Sie sollen mir nicht alles glauben, sondern Ihr eigenes Gehirn verwenden und Nachforschungen betreiben? Wie Sie sehen, besteht ein Großteil unserer Kommunikation aus Lügen, und leider ist ein Teil der Gesellschaft auf Lügen aufgebaut.

Kann man Lügen und Manipulation auf die gleiche Stufe stellen? Ich glaube eher nicht, denn wie schon beschrieben, handelt es sich in den allermeisten Fällen der Lügen um Unwahrheiten. So nach dem Motto: Es ist nicht ganz die Wahrheit, aber auch nicht ganz eine Lüge. Aber wenn man so sehr belogen und manipuliert wird, wie von unseren Politikern, da hört meines Erachtens der Spaß auf. Fakt ist ganz einfach, wenn wir „Normalsterblichen" in sehr vielen Situationen aus unterschiedlichen Gründen und Motiven lügen, warum sollten es die Politiker nicht auch tun?

Warum sollten sie uns die Wahrheit sagen und uns nicht auf das Extremste manipulieren? Frei nach dem Motto eines besonders „beliebten" Politikers: *„In der Politik geht es doch nicht um die Wahrheit."*

Fakt ist einfach, dass sie uns schon immer belogen haben. Egal in welche Epoche Sie auch schauen, sie haben das Volk belogen, missbraucht, geplündert, geopfert, bestohlen und verarscht.

Warum sollte es in dieser Pandemie und in dieser Zeit anders sein?

- Sie haben über die Schweinegrippe gelogen.
- Sie haben über Tabak gelogen.
- Sie haben über Asbest gelogen.
- Sie haben über Amalgam gelogen.
- Sie haben über Opioide gelogen.
- Sie haben über die Vogelgrippe gelogen.

- Sie haben über Contergan gelogen.
- Sie haben über unsere Nahrungsmittel gelogen.
- Sie haben über die Milch gelogen.
- Sie haben über Aluminium im Deodorant gelogen.
- Sie haben über krebserregende talkhaltige Hygieneprodukte gelogen.
- Sie haben über die Hormonersatztherapie gelogen.
- Sie haben über Blei in der Farbe gelogen.
- Sie haben über Fluorid im Trinkwasser und in der Zahnpasta gelogen.
- Sie haben über Pestizide gelogen.
- Sie haben über GVOs gelogen.
- Sie haben über Glyphosat und Roundup gelogen.
- Sie lügen über den Anstieg des Autismus.
- Sie lügen über die Sicherheit von Impfstoffen.
- Sie lügen über die Klimaerwärmung und den Klimawandel.
- Sie haben über Zucker gelogen.
- Sie haben über Massenvernichtungswaffen im Irak gelogen.
- Sie lügen über die Massentierhaltung.
- Sie haben über Cholesterin- und Statinmedikamente gelogen.
- Sie haben über Chemo- und Strahlentherapie gelogen.
- Sie haben über MH17 gelogen.
- Sie haben über JFK gelogen.
- Sie haben über den 11. September 2001 gelogen.
- Sie haben im Dritten Reich gelogen.
- Sie haben in der DDR gelogen.
- Sie lügen über die Auslandspolitik.
- Sie haben über jeglichen Krieg in den letzten 100 Jahren gelogen.
- Sie lügen immer und kontinuierlich!!!

Diese Liste könnte man auf mehrere Meter Länge erweitern, was ich Ihnen aber an dieser Stelle ersparen möchte. Mit „sie“ meine ich die Politiker, die Massenmedien, die Wissenschaftler und die Finanzelite.

Wie ist es möglich, dass die Politiker ganze Völker belügen können? Ganz einfach, weil es Vollprofis sind und sie den ganzen Tag nichts anderes machen. Sie lügen in jedem Interview und bei allem, worum sie sich kümmern und was sie sagen. Es geht den ganzen lieben Tag um nichts anderes, als die eigenen Bürger zu belügen. Es ist eine tägliche Show, bei der der arbeitende Bürger nach Strich und Faden belogen wird, damit diese Parasiten sich an ihm bereichern können. Selbst die Jugendpolitiker haben die Sprache der alten Politiker übernommen. Schauen Sie sich doch unsere Nachwuchspolitiker an. Sie sind alle gleich und reden alle schon wie die Alten. Sie nutzen dieselben Argumente, die zum Großteil auf Lügen aufgebaut sind und befinden sich schon mittendrin in der Lügerei, ohne es sich selbst bewusst zu machen. Es wird in der Politik eine neue Generation von Lügnern aufgezogen, die mit Sicherheit nicht die Welt verändern wollen, sondern sie sind nur an Positionen, Macht und Geld interessiert. Sie sind so dumm und beschränkt, dass sie nur benutzt werden und den gleichen Wahnsinn vorantreiben. Es ist eine Muppet-Show, die täglich vorangetrieben wird.

Michael Kretschmer
@MPKretschmer

Niemand wird in Deutschland gegen seinen Willen geimpft. Auch die Behauptung, dass diejenigen, die sich nicht impfen lassen, ihre Grundrechte verlieren, ist absurd & bösartig. Lassen Sie uns Falschnachrichten & Verschwörungstheorien gemeinsam entgegentreten. (SK) #Impfzwang

220K Mal angesehen

12:32 · 05 Mai 20 · Twitter Web App

Menü

Bild

SACHSENS MINISTERPRÄSIDENT SCHLÄGT CORONA-ALARM

Kretschmer fordert „2G überall“!

Fordert Verschärfung der Corona-Maßnahmen: Sachsen-MP Michael Kretschmer

Foto: Sebastian Kahnert/dpa

Von: M. DEUTSCHMANN
27.10.2021 - 12:47 Uhr

Abb. 3 und 4: Die Widersprüche Kretschmers. Die Politiker lügen und widersprechen sich permanent – und das Volk vergisst...

Egal, welcher Politiker und egal, um welches Thema es geht, sie lügen immer. Ob über die Pandemie, Afghanistan, Inzidenzwerte, tägliche Todeszahlen… Ganz egal, was auch immer gerade das Thema ist, es wird immer nur gelogen. Es spielt auch keine Rolle, um welchen Politiker es sich handelt, denn da sind sie alle gleich. Ich habe an dieser Stelle nur den Lügner aus Sachsen genommen, da ich ihn ganz besonders mag. (Abb. 3 und 4) Sicherlich gibt ganz vereinzelt hier und da noch den einen oder anderen Politiker, der die Welt verbessern möchte und für die Bürger einsteht. Und sicherlich darf man nicht alle Politiker über einen Kamm scheren, da haben Sie vollkommen recht. Aber der Großteil der gleichgeschalteten Parteien im Bundestag mit ihren Abgeordneten sind Lügner, Punkt. Es ist mir bewusst, dass ich hier dramatische Anschuldigungen hervorbringe, aber ich habe über die Jahre eine Menge Material zusammengetragen. Ich bin echt gespannt, ob ich wegen dieser Anschuldigung von irgendeinem dieser Lügner rechtlich belangt werde. Ich freue mich schon darauf, denn somit hätte ich die Möglichkeit, ihre Lügen vor einem Gericht zu präsentieren und sie in der Öffentlichkeit als Lügner bloßzustellen. Das Hauptproblem der Politiker, das ich an dieser Stelle ansprechen möchte, ist, dass sie vergessen haben, dass sie für das Volk arbeiten und nicht umgekehrt. Die Ausdrucksweise und die Handlungen, welche sich ein Politiker momentan herausnimmt, ist mit Sicherheit nicht die, der sich ein Angestellter und Diener gegenüber seinem Arbeitgeber, dem Volk, bedienen sollte.

Abb. 5: Die Wahrheit? Nietzsche traf vor über 100 Jahren den Nagel auf den Kopf.

Sicherlich ist es schon sehr lange so, und wir Bürger haben es – bewusst oder unbewusst – immer durchgehen lassen, doch die Welt hat sich seit der Jahrtausendwende grundlegend verändert. Ich kann mich an die Zeit davor erinnern, als es sicherlich auch eine Menge Probleme in der Gesellschaft gab, aber im Vergleich zu den letzten zwanzig Jahren waren es Lappalien. Es ist doch nicht normal, dass wir seit zwanzig Jahren von einer Krise in die nächste schlittern und man im Jahre 2022 immer noch vor Krieg und Atombomben Angst haben muss, obwohl man weiß, dass bei einem Einsatz dieser Bomben die ganze Welt zerstört würde. Und trotzdem lesen wir immer mehr von Bedrohung durch Atombomben oder ähnliche zerstörerische Waffen. Wir leben seit Jahrzehnten in einem kontinuierlichen Dauerzustand von Angst und Panik. Es ist bestimmt nicht normal, dass die Welt so in Aufruhr steckt und Menschen sich aus den niedrigsten Beweggründen hassen, bekriegen und ermorden. Wir sind zwar technologisch im 21. Jahrhundert, aber menschlich und spirituell befinden wir uns immer noch im tiefen Mittelalter. Ich kann mich noch gut an meine Jugend erinnern, als ich als Ausländer der dritten Generation mit Deutschen, Griechen, Türken, Spaniern, Albanern, Jugoslawen, Afghanen, Iranern, Eritreern und vielen anderen Ausländern zusammen aufgewachsen bin. Das Jugendhaus wurde täglich besucht, und ich habe meine komplette Schul- und Freizeit mit diesen Menschen verschiedener Rassen verbracht. Wir haben gemeinsam gegessen, gelacht und zusammen geliebt, und wir kannten nicht einmal die Religionen voneinander. Es war egal, welcher Religion man angehörte, und nun, 30 bis 40 Jahre später, steht die Welt in Flammen, weil man verschiedenen Religionen angehört. Soll das ein Fortschritt sein? Sich wegen verschiedener Glaubensrichtungen oder einer anderen Hautfarbe zu bekriegen? Sich zu hassen und zu bekämpfen, weil man nicht geimpft oder weil man geimpft ist?

SIND WIR EIGENTLICH ALLE VERRÜCKT GEWORDEN?

Meine Freundin wurde vor Weihnachten von ihrer eigenen Familie mit einer Textnachricht von der gemeinsamen Weihnachtsfeier ausgeladen, weil sie nicht geimpft ist. Dass ich nicht eingeladen war, kann ich an dieser Stelle noch verstehen, aber der eigenen Tochter und Schwester die Weihnachtsfeier zu verbieten, ist schon heftig. Das angebliche Fest der Liebe!

Doch wie kam es dazu und wann war der Einschnitt, an dem sich unsere Welt so sehr verändert hat, dass sie jetzt fast nicht mehr wiederzuerkennen ist? Wenn Sie meinen ersten Band gelesen haben, dann wissen Sie sicherlich, dass hinter all dem ein Plan steckt und die Finanzelite die Umsetzung seit Jahrzehnten plant und schrittweise umsetzt. Nicht nur Klaus Schwab vom Weltwirtschaftforum schreibt das in seinem Buch „Der Great Reset", sondern auch der rumänische Freimaurer, den ich zuvor erwähnt hatte, sagte, dass diese Pläne bereits seit den 1960er-Jahren in der Schublade lagen und nun umgesetzt werden.

Doch der Startschuss ist meines Erachtens mit dem Attentat vom 11. September 2001 gefallen. Klar, es gab auch schon vor diesem Zeitpunkt Kriege, Anschläge, Bedrohungen und Weiteres, aber der Startschuss war meines Erachtens der 11. September 2001! An diesem Tag ist die Finanzelite nach vorne getreten und hat mit der aktiven Umsetzung des Great Reset begonnen. Dass es sich um einen terroristischen Akt gehandelt hat, bei dem Tausende Menschen ihr Leben verloren haben, ist zweifelsfrei belegt, doch die Frage, die wir uns hier stellen sollten, ist:

Von WEM wurde dieser terroristische Anschlag verübt, der die Welt so, wie wir sie kannten, komplett verändert hat? Wurde der Anschlag auf die World Trade Center und auf das Pentagon tatsächlich von 19 islamistischen Terroristen verübt, die dem Terrornetzwerk Al-Qaida angehörten? Oder sind diese angeblichen Anschläge vom Deep State inszeniert und vom Geheimdienst umgesetzt worden? Es gibt inzwischen eine Menge Material, welches das Attentat von islamistischen Terroristen in New York belegen soll, aber es gibt weitaus mehr Material, das dieses Attentat als ein Fake-Attentat darstellt. Klar ist, wenn sich irgendwann herausstellen sollte, dass alles inszeniert war, **dann können Sie auch davon ausgehen, dass alles, was nach diesem Attentat geschah, von der Finanzelite inszeniert wurde.** Es ist immer wieder die gleiche Frage: Sind einzelne Menschen mit ihrer Macht und ihrem Geld imstande, Milliarden von Menschen so zu täuschen und zu manipulieren?

Um es deutlich auf den Punkt zu bringen: Wenn die Attentate vom 11. September 2001 nicht der Verantwortung islamistischer Terroristen unterliegen...

- dann sind die Kriege im Irak, in Afghanistan und in Syrien inszeniert worden, und Tausende von Bomben haben Hunderttausende von unschuldigen Menschen wegen eines Betruges getötet.
- dann wurden die terroristischen Gruppen wie Al-Qaida, der Islamische Staat und weitere Terrornetzwerke von der USA und ihren Partner-Regierungen unterstützt und höchstwahrscheinlich auch gegründet.
- dann sind die Destabilisierungen und die Umstürze der Regierungen in Afrika, vor allem in Nordafrika, inszeniert worden.
- dann sind die Flüchtlingsströme vom Mittleren Osten, Afrika und Asien gewollt, um eine Destabilisierung Europas zu verursachen.
- dann sind die Massenmedien und alle digitalen Tech-Unternehmen wie Facebook, Google, Twitter und viele weitere eindeutig an dieser Verschwörung beteiligt und unterstehen den Anweisungen des Deep State.
- dann sind die Schweinegrippe und die Covid-19-Pandemie inszeniert worden, und alles, was in den letzten zwei Jahren passiert ist, ist ein Fake.
- dann sind mit Sicherheit die Wahlen 2020 in den USA von der Biden-Regierung manipuliert worden, mit dem Ziel, die Destabilisierung der Welt, Unruhen, Flüchtlingsströme, Kriege und die Covid-19-Pandemie voranzutreiben. Wenn jedoch bei den Wahlen in den USA betrogen worden ist, wer garantiert uns dann, dass in Europa bzw. in Deutschland nicht auch betrogen wird, da man hier die gleichen Wahlmaschinen verwendet?
- dann dienen alle Gesetze, die nach diesem Attentat verabschiedet worden sind, nur der Kontrolle und Unterdrückung der Menschheit.
- **dann ist so gut wie jeder Tag und jedes Ereignis nach dem 11. September 2001 manipuliert und inszeniert worden!!!**

Es ist mir bewusst, dass es sich hier um starken Tobak handelt, aber wenn die Anschläge tatsächlich inszeniert worden sind, dann sind wir alle in den letzten 20 Jahren auf tiefste und abscheulichste Weise verarscht, belogen und betrogen worden.

Lassen Sie uns einfach mal auf den „Wundertag", den 11. September 2001, einen kurzen Blick werfen…

2.1. Der „Wundertag" 11. September 2001

Ich kann mich an diesen Septembertag noch ganz genau erinnern. Zu dieser Zeit lebte ich in einem kleinen Vorort von Mailand und betrieb gemeinsam mit meinem Bruder unser erstes Fitness-Studio. Ich hatte mit meiner damaligen Freundin in einem Café gefrühstückt und kam mit dem Fahrrad so gegen 10.30 Uhr in meinem Fitness-Studio an. Es war ein wunderschöner sonniger Tag und ich radelte wie jeden Morgen mit dem Fahrrad zur Arbeit. Überall wurden die gleichen Bilder gezeigt, die Flugzeuge, die in die Wolkenkratzer flogen. Damals war mir das Ausmaß dieses Ereignisses nicht annähernd bewusst, und ich konnte mir bei Weitem nicht vorstellen, dass sich unser aller Leben komplett verändern würde.

Ab diesem Tag startete die USA mit ihren Verbündeten den „Krieg gegen die islamistischen Staaten und den Terror", und der 11. September diente als Legitimation für die darauffolgenden Angriffskriege der USA. George W. Bush verkündete im Fernsehen die Staaten, die zur „Achse des Bösen" gehörten und die an diesem angeblichen Anschlag mit oder auch nur bedingt beteiligt waren. Über Nacht waren der Irak, Iran, Afghanistan, der Jemen und Nordkorea zu den Staatsfeinden der gesamten sogenannten demokratischen westlichen Welt geworden, da sie angeblich Verbindungen zu Terrornetzwerken und atomaren Waffen hatten. Beweise waren nicht mehr nötig. Es reichte aus, dass diesen und weiteren Ländern angebliche Verbindungen zu Terrornetzwerken und der angebliche Besitz von Atomwaffen unterstellt wurden, und schon war man legitimiert, diese zu bombardieren und ins Chaos zu stürzen. Der Irak-Krieg wurde von Colin Powell, dem damaligen Außenminister unter Georg Bush, folgendermaßen begründet und auch so vor den Vereinten Nationen gerechtfertigt: Saddam Hussein sei im Besitz atomarer Sprengköpfe und biologischer Waffen, die sich unter anderem auf umgebauten LKWs befänden, und er somit eine weltweite Bedrohung darstellen würde.

Wie wir inzwischen wissen, wurde der Irak dem Erdboden gleich gemacht und der angebliche Diktator zum Tode durch den Strang verurteilt. Das Land stürzte nach der Besetzung durch die USA und die Säbel rasselnden Verbündeten ins Chaos und in Bürgerkriege. Hunderttausende von Menschen mussten sterben und ein Land, in dem vor den Angriffen sicherlich keine Demokratie herrschte, welches jedoch funktionierte, stürzte in die Gewaltspirale.

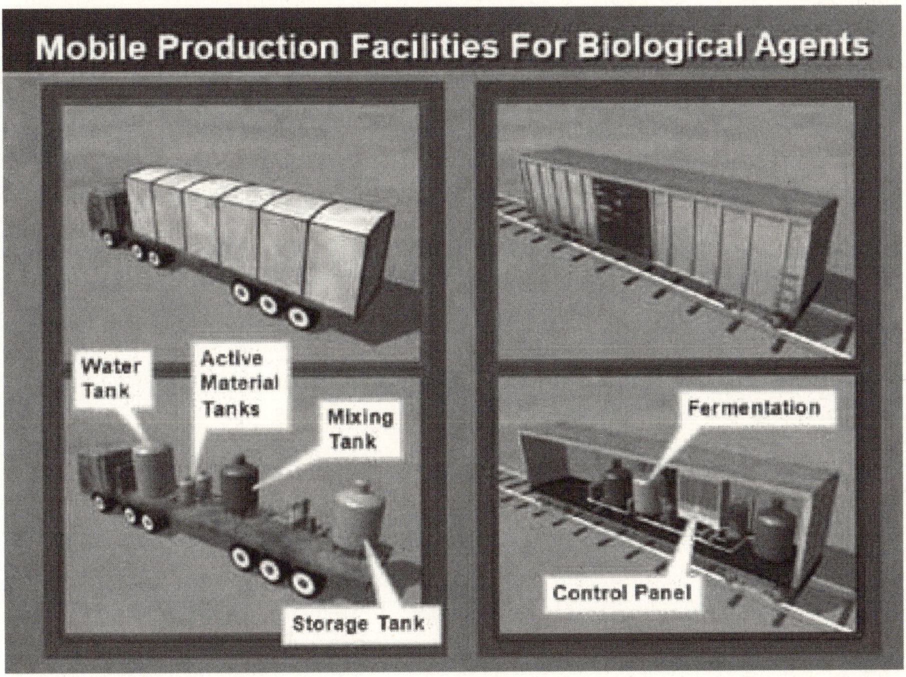

Abb. 6: Fake-Propaganda bezüglich des Irak-Kriegs: Mit diesen lächerlichen Anschuldigungen wurde dem damaligen irakischen Präsidenten Saddam Hussein unterstellt, biologische Waffen herzustellen und zu transportieren.

Egal, wie sehr man sich auch bemühte, es konnte nie eine Verbindung von Saddam Hussein zur Al-Qaida oder sonstigen Terrornetzwerken bewiesen werden, ganz zu schweigen von den Massenvernichtungswaffen, in dessen Besitz der Irak angeblich hätte sein sollen. Im Grunde war es auch vollkommen egal! Der angebliche Diktator wurde von den „Guten" gestürzt und ganz nebenbei das Land mit den riesigen Ölreserven und Schätzen geplündert. Zusätzlich errichtete man über die Jahre hinweg mit dem frustrierten und arbeitslosen Heer den Islamischen Staat (IS), um das Terrormärchen schön aufrecht zu erhalten.

Nicht zu vergessen ist, dass Deutschland mit seinem damaligen Grünen-Minister Oskar Fischer ganz vorne mit dabei war beim Säbel rasseln und Bomben werfen. Die Partei, die sich einmal für den Weltfrieden eingesetzt hat, war an der Ermordung von Tausenden Menschen mitbeteiligt. So viel zur Glaubwürdigkeit dieser Heuchler-Partei und dieser „Gutmenschen".

Kurze Zeit später wurden die „Anti-Terror-Gesetze", die massive Grundrechtseinschränkungen und eine weltweite Überwachung der Bürger zur Folge hatten, verabschiedet. Immer größere Einschnitte in die Grundrechte der Bürger folgten: Überwachung und Kontrolle der Medien, Körperscanner an den Flughäfen, Containerscanner in den Häfen usw., die nie wieder zurückgenommen wurden, ganz zu schweigen von den Abertausenden Drohnenangriffen weltweit. Schon 1990 war die Familie Bush an der Bombardierung des Iraks beteiligt, so nach dem Motto: „Wie der Vater so der Sohn."

Der damalige Kriegseinsatz wurde zudem mit der sogenannten Brutkastenlüge gerechtfertigt:

> *„Als Brutkastenlüge wird die über längere Zeit als Tatsache verbreitete Lüge bezeichnet, dass irakische Soldaten bei der Invasion Kuwaits im August 1990, dem Beginn des zweiten Golfkrieges, kuwaitische Frühgeborene getötet hätten, indem sie diese aus ihren Brutkästen gerissen und auf dem Boden hätten sterben lassen. Diese Behauptung wurde 1990 von Nayirah al-Sabah (auch Naijirah) im Kongress der Vereinigten Staaten kolportiert. Sie hatte Einfluss auf die öffentliche Debatte über die Notwendigkeit eines militärischen Eingreifens zugunsten Kuwaits und wurde unter anderem vom damaligen US-Präsidenten George H. W. Bush und von Menschenrechtsorganisationen vielfach zitiert. Erst nach der US-geführten militärischen Intervention zur Befreiung Kuwaits stellte sich die Geschichte als Erfindung der amerikanischen PR-Agentur Hill & Knowlton heraus. Diese war von der im Exil befindlichen kuwaitischen Regierung bezahlt worden, um eine Rückeroberung Kuwaits mittels Öffentlichkeitsarbeit zu unterstützen.*"(19)

So viel zur Glaubwürdigkeit der US-amerikanischen Regierungen, den Vereinten Nationen, den Menschenrechtsorganisationen und der PR-Agentur Hill & Knowlton. Ach so, apropos PR-Agentur Hill & Knowlton:

> *„Am 14. Juli 2020 hat die amerikanische PR-Agentur Hill & Knowlton gemäß den FARA-Vorschriften eine geplante Kampagne in den USA angemeldet. Ziel dieser Kampagne war, die Autorität der WHO in der amerikanischen Öffentlichkeit zu stärken, damit die Gesundheitsrichtlinien im Zuge der Pandemie-Maßnahmen auf mehr Akzeptanz stoßen.“*[20]

Es sind immer wieder die gleichen Protagonisten und Abläufe, die zur Täuschung der Öffentlichkeit eingesetzt werden. Was glauben Sie, warum Milliarden von Dollars in die Werbung für diese Fake-Pandemie gepumpt wurden? Ohne diese PR-Maßnahmen wäre dieser Betrug im Sande verlaufen und kein Mensch hätte sich impfen lassen.

Dann lassen Sie uns gemeinsam einen Schnelldurchlauf durch diesen besagten „Wundertag“ machen: 19 Terroristen planen einen Anschlag auf das Finanz-Herz der USA, die World Trade Center, und kein Geheimdienst der Welt bekommt diese Planung mit. Halt, angeblich hatten sie etwas mitbekommen und die Regierungen auch gewarnt, aber handfeste Beweise konnten sie nicht vorlegen. Die Frage, die ich mir an diesem Punkt stelle, ist, wofür sind dann die Hunderte von Geheimdiensten weltweit nötig, wenn sie einen so groß angelegten Angriff nicht mitbekommen? Wochen- bzw. monatelang wurde dieser Anschlag geplant, Finanzmittel hin und her verschoben, Pilotenausbildungen absolviert und Abläufe studiert, und kein Geheimdienst bekommt irgendetwas mit – aber über die angeblichen Atomsprengköpfe im Irak wissen sie unverzüglich Bescheid. Diese angeblichen 19 Terroristen verteilen sich auf vier verschiedene Flüge, die sie dann in der Luft, wie schon geschrieben, mit Teppichmessern kapern und abseits ihrer ursprünglich vorgegebenen Routen in ihr Ziel steuern. Das heißt, dass mindestens 1 bis 2 Personen die Flugkapitäne ersetzt haben müssen, um die Flugzeuge überhaupt in ihre Ziele steuern zu können. Die restlichen 2 bis 3 Terroristen pro Flugzeug hielten dann Hunderte von Menschen mit jeweils einem Teppichmesser in Schach. Ich kann mir beim besten Willen nicht vorstellen, dass ein amerikanischer Pilot, der mit einem Teppichmesser bedroht wird, sein Flugzeug in das World Trade Center steuert. Somit hielten drei Terroristen 50 bis 100 Fluggäste pro Flugzeug mit drei Teppichmessern in Schach.

Glauben Sie wirklich, dass sich patriotische amerikanische Bürger von drei Möchtegern-Terroristen mit einem Teppichmesser in Schach halten ließen und dabei zuschauten, wie zwei Hobby-Piloten verschiedene Manöver mit hochtechnologischen Flugzeugen absolvierten, um die Flugzeuge dann in die bekannten Ziele zu steuern?

Gehen wir mal von der Annahme aus, dass an diesem Tag alle Passagiere friedlich und gelassen zuschauten und die Terroristen agieren ließen, angeblich bis auf das vierte Flugzeug, welches durch die Revolte der Passagiere abstürzte. Wie war es möglich, dass die Terroristen, die angeblich nur einen Flugschein auf einer Propellermaschine und absolut keine Praxis-Flugstunden auf einer 767 hatten, Flugmanöver beherrschen, die vielleicht, mit viel Glück, TOPGUN-Piloten, oder zumindest Piloten mit zehntausenden Praxis-Flugstunden hinbekommen hätten? *Renato Stiefenhofer*, jahrzehntelanger Jumbo-Jet- und Air-Force-One-Pilot von Saudi-Arabien, hat in seinem Buch „Lügenmäuler" genau dieses Szenarium in allen Details erklärt, nämlich dass es technisch so gut wie nicht möglich ist, ein solches Flugmanöver hinzubekommen – selbst nicht für die erfahrensten Piloten! Ich zitiere aus seinem Buch *„Lügenmäuler"*:

> *„Nach den Anschlägen haben wir bei meiner damaligen Airline zahlreiche Tests mit ausgebildeten und erfahrenen Hobbypiloten durchgeführt, die die Fluglizenz besaßen, kleine ein- und zweimotorige Vier- bis Zehnsitzer zu fliegen. Diesen Gewinnern eines Preisausschreibens von China Airlines war es vergönnt, einen richtigen Boeing-747-Flugsimulator zu bedienen. Wir setzten sie in den zwanzig Millionen Dollar Flugsimulator und gaben ihnen so viele Informationen wie möglich. Nach ein bisschen üben und mit ein paar Inputs unsererseits schafften*

sie es, einigermaßen einem ILS zu folgen. Das ist das Instrumentenlandesystem, welches das Flugzeug zur Landebahn bringt. Eine Landung schaffte keiner. Alle sind gecrasht. Danach haben wir sie das 9/11 Szenario fliegen lassen, natürlich ohne ihnen etwas zu sagen. Kein einziger schaffte es, die Boeing manuell länger als zwanzig Sekunden, bei deutlich langsameren 670 km/h, stabil im 37-Grad-Querlage-Kurvenflug zu steuern. Ich möchte hier nicht zu technisch werden, aber sie schafften es kaum, wenigstens die Flughöhe und die Flugrichtung im Geradeausflug einigermaßen beizubehalten. Das ist logisch, denn sie waren ja keine ausgebildeten Jetpiloten. Genauso logisch ist, dass auch die von der CIA genannten arabischen Terroristen niemals in der Lage sein konnten, einen Jet zu fliegen, weder von Hand noch mit Hilfe des Autopiloten.“

Das heißt jetzt nicht, dass es nicht möglich war und ist, aber die Wahrscheinlichkeit, dass Hobby-Piloten, die gerade einmal einen Flugschein auf einer Propellermaschine erworben haben und keine Praxis-Flugstunden auf diesen kleinen einmotorigen Maschinen besaßen, es geschafft haben, einen hochtechnologischen 767-Jumbo zielgenau in das World Trade Center zu fliegen, geschweige denn im Sturzflug genau das Pentagon mitten in Washington zu treffen, ist mit Sicherheit nicht hoch. Die Wahrscheinlichkeit, dass dies möglich ist, liegt bei plusminus Null. Aber genau diese Theorie wurde uns von den Regierungen und den Massenmedien verkauft und dazu verwendet, ein weltweites Chaos in Gang zu setzen.

Überblick über das Terrorgeschehen auf der „Wahrheitsplattform“ Wikipedia.(21) Als wichtige Daten des Tagesverlaufs wurden unter anderem veröffentlicht:

Uhrzeit	Ereignis
7:59	Start von American-Airlines-Flug 11 (Boeing 767-223ER) vom Boston Logan International Airport nach Los Angeles

8:14	Start von United-Airlines-Flug 175 (Boeing 767-222) von Boston, Logan International Airport, nach L.A.
8:19	Bodenpersonal erfährt, dass Flug American-Airlines-Flug 11 entführt wurde.
8:20	Start von American-Airlines-Flug 77 (Boeing 757-222) von Washington, D.C, nach Los Angeles
8:41	Start von United-Airlines-Flug 93 (Boing 757-223) von Newark nach San Francisco
8:46	American-Airlines-Flug 11 schlägt im Nordturm des World Trade Center (WTC 1) ein. Ein Unfall wird vermutet. Die Menschen im Südturm werden aufgefordert, an ihrem Arbeitsplatz zu bleiben.
9:03	United-Airlines-Flug 175 schlägt im Südturm (WTC 2) ein. Damit wird der Anschlag den Behörden und Beobachtern klar. Die Evakuierung beider WTC-Gebäude wird eingeleitet.
9:31	In einer Kurzansprache von Florida aus nennt US-Präsident George W. Bush die Ereignisse in New York einen *„augenscheinlichen Terrorangriff auf unser Land"*.
9:37	American-Airlines-Flug 77 schlägt in das Pentagon ein.
9:42	Die FAA erlässt ein Startverbot und einen Landebefehl für alle Inlandsflüge in den USA. Bis 12:15 Uhr landen 4.500 Flugzeuge.
9:45	Das Weiße Haus und das Kapitol werden evakuiert.
9:59	Der Südturm stürzt ein.
10:07	Die Entführer bringen Flug UA 93 bei Shanksville zum Absturz.
10:28	Der Nordturm stürzt ein.

17:20	Das WTC 7 stürzt ein.
20:30	Bush kündigt in einer nationalen Ansprache die umfassende Verfolgung der Täter an.

Gehen wir nun einmal chronologisch die Abläufe des 11.9.2001 gemeinsam durch: Der American-Airlines-Flug 11 (Boeing 767-223ER) startete um 7:59 Uhr von Boston, das Hunderte von Kilometern (nördlich) von New York entfernt ist. Der Flug sollte ursprünglich nach Los Angeles fliegen, was eine völlig andere Flugroute ist als die nach New York! Wenn das Flugzeug seine ursprüngliche Route verändert hätte, dann hätte doch das Bodenpersonal dies unverzüglich mitbekommen müssen, oder etwa nicht? Aber gehen wir einfach mal davon aus, dass das Flugzeug gekapert, die Flugroute geändert wurde und das Bodenpersonal dies erst um 8:19 Uhr mitbekommen hat (20 Minuten später!). Ab diesem Zeitpunkt vergehen weitere 27 Minuten bis zum angeblichen Einschlag ins WTC – 27 Minuten, in denen das Flugzeug seine Route ändert und Kurs auf New York nimmt. Es vergeht fast eine halbe Stunde, das Flugzeug nimmt Kurs auf New York und keine Jagdbomber steigen in die Luft? Glauben Sie wirklich, dass dies möglich wäre? Wie kann man von einem Unfall ausgehen (siehe Wikipedia oben), wenn das Bodenpersonal schon um 8:19 Uhr erfahren hat, dass das Flugzeug entführt, die Route in Richtung New York verändert wurde und dann mit einem für Hobby-Piloten technisch nicht machbaren Manöver in das World Trade Center flog?

Nachdem das erste Flugzeug von Boston entführt wurde und angeblich in das WTC flog, startete ein zweites Flugzeug, der United-Airlines-Flug 175 (Boeing 767-222), von Boston, Logan International Airport, nach Los Angeles, das ebenfalls seine ursprüngliche Flugroute nach dem Start änderte. Und obwohl schon ein erstes Flugzeug entführt und die Flugrichtung nach New York verändert worden ist und es dort angeblich in das WTC geflogen ist, gelingt es, ein zweites Flugzeug ebenfalls seine Flugroute komplett ändern zu lassen, in den Flugraum von New York einzudringen und weitere 17 Minuten später mit einem hoch komplizierten Manöver den zweiten Turm zu erwischen, ohne dass es von Jagdbombern abgeschossen oder abgedrängt wird?! 49 Minuten nach der ersten Entführung!

Also an diesem Tag muss bei der amerikanischen Flugabwehr alles schiefgelaufen sein und bei den „Badeschlappen-Terroristen" alles perfekt. Zufälle gibt es! Sie glauben doch nicht wirklich, dass, nachdem ein angeblicher terroristischer Akt auf New York stattgefunden hat, 17 Minuten später die gleiche Aktion unter den gleichen Umständen möglich gewesen wäre? Der Aberwitz ist jedoch, dass um 9:31 Uhr der wahre Terrorist George Bush in einer Kurzansprache an die amerikanische Bevölkerung von einem terroristischen Akt sprach, somit das gesamte Land in Kriegsbereitschaft war, und 6 Minuten nach seiner Ansprache von „Möchtegern-Hobby-Terroristen" ein weiteres Flugzeug, der American-Airlines-Flug 77 (Boeing 757-222) von Washington D.C. nach Los Angeles, angeblich in den sichersten und am besten geschützten Luftraum der Welt, zielgenau mit einem Sturzflug in das Pentagon gesteuert wurde. Was für ein Zufall, dass genau an diesem Tag alle Sicherheitsmaßnahmen über Washington versagten, obwohl sich das Land schon unter einem terroristischen Angriff und somit in Kriegsbereitschaft befand. Was für ein Pech aber auch!

Sorry, liebe Leserinnen und Leser, es ist mir schon fast peinlich, über diese Ereignisse zu schreiben, da es wirklich sogar dem Dümmsten unter uns auffallen müsste, dass es sich hier um eine Märchenstunde handelt. Sieht so ein Flugzeugabsturz aus, bei dem eine Boeing 757, mit tausenden Kilos von Gepäck, Material, Passagieren, Motoren und zehntausenden Litern Kerosin in ein Gebäude stürzt bzw. fliegt?

An der linken Seite der Wand, der angeblichen Einschlagstelle, kann man nicht mal unter Vergrößerung irgendwelche Schäden erkennen, obwohl die Flügel (Abb. 8) an diesen Wänden eingeschlagen haben sollen. Eine Boeing 757 mit einer Spannweite von fast 40 Metern rast mit Hunderten von km/h in ein Gebäude und man sieht nicht einmal einen Kratzer! Es müsste wie auf einem Trümmerfeld aussehen, aber das Einzige, was wir sehen können, ist ein Loch, das mit Sicherheit nicht von einem Flugzeug stammen kann.

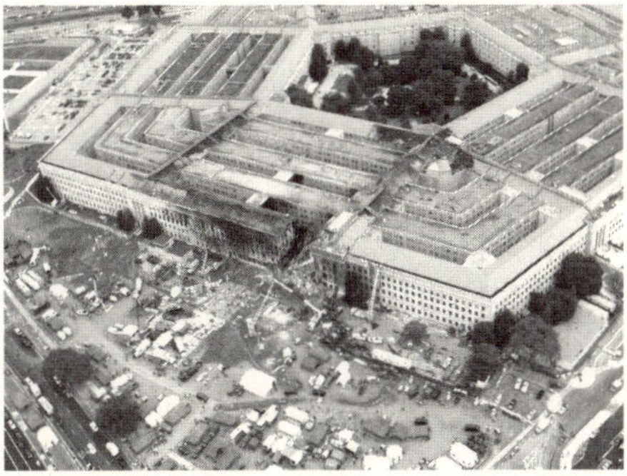

Abb. 7 und 8: Das Pentagon nach dem Anschlag am 11. September 2001, laut Wikipedia!

Es müssten überall um die Einschlagstelle herum Flugzeugteile, Material, Gepäck oder Sonstiges herumliegen. Zehntausende Liter von Kerosin hätten doch einen gewaltigen Brand verursachen müssen? Beim WTC sind angeblich die Aluminiumflugzeuge durch Zentimeter dicken Stahl geflogen und haben Brände verursacht, die das Eisen zum Schmelzen brachten und somit angeblich das World Trade Center einstürzen ließen, und beim Einschlag auf das Pentagon hat das Flugzeug gerade mal den ersten Ring durchschlagen, die Flügel sind wahrscheinlich vorher schon abgefallen und die Brände waren auch sofort gelöscht. Was für eine Verarschung! Um 17:20 Uhr stürzt dann der dritte Turm, das World Trade Center 7 ein, ohne dass irgendein Flugzeug oder Trümmerteile ihn getroffen hätten. Wahrscheinlich wegen zu hohem Windaufkommen!

Liebe Leserinnen und Leser, entschuldigen Sie bitte an dieser Stelle meinen Sarkasmus, und ich garantiere Ihnen, dass ich den vielen Toten und Verletzten dieses Verbrechens meinen ehrwürdigen Respekt zolle, aber an dieser Stelle geht es einfach nicht ohne Sarkasmus. Wie ist es möglich, dass die Regierungen und die Massenmedien immer noch von einem terroristischen Akt sprechen können und jedes Jahr die Angehörigen der Toten mit einer Trauerfeier veräppeln? Es ist nur widerlich!

Lassen Sie uns jetzt aber auf das World Trade Center zu sprechen kommen, wie sie eingestürzt sind, wie seine Bauweise war und was die unzähligen Ungereimtheiten sind. Wir alle kennen die Bilder, die uns von den Medien immer und immer wieder gezeigt wurden, wo Boeing-Flugzeuge vom Typ 767 in die Zwillingstürme flogen. Diese Bilder wurden bis zum Erbrechen in allen Medien gezeigt. Doch sind Sie sicher, dass das, was Sie sahen, tatsächlich dem entsprach, was am 11. September 2001 in New York geschah?

Es gibt unzählige Geschichten über diese Attentate, wer sie wie durchgeführt hat und wer angeblich dahintersteckt. Die offizielle Version des Attentates ist, dass Osama Bin Laden mit seinem Terrornetzwerk Al-Qaida an dem besagten Tag vier amerikanische Flugzeuge von 19 mit Teppichmessern bewaffneten Terroristen kapern ließ. Zwei dieser entführten Flugzeuge flogen in das World Trade Center und eines ins Pentagon (das vierte Flugzeug stürzte ab). Doch was wäre, wenn diese Version komplett erfunden gewesen wäre und die angeblichen Terroristen in den Diensten des amerikanischen Deep State gestanden hätten, im Zusammenspiel mit den amerikanischen Geheimdiensten? Dann wäre, wie schon oben beschrieben, alles, was nach diesem Tag auf der Welt in Bezug auf dieses Attentat passiert ist, ein Verbrechen!

Aber lassen Sie uns in diesem Moment einmal davon ausgehen, dass es tatsächlich 19 islamischen Terroristen gelungen ist, den größten Anschlag aller Zeiten unbemerkt zu planen und umzusetzen. Und lassen Sie uns davon ausgehen, dass an diesem Tag alles perfekt für diese Kidnapper gelaufen ist: eine Flugabwehr existierte an diesem Tag nicht, das Bodenpersonal war am Schlafen, die patriotischen amerikanischen Passagiere ließen

Abb. 9: Die Stahlbauweise der World Trade Center.

sich von ein paar wenigen, mit Teppichmessern „bewaffneten“ Hobby-Terroristen entführen. Und eben diesen Hobby-Piloten, die gerade mal einen Flugschein für einmotorige Kleinflugzeuge ohne Praxis-Flugstunden hatten, ist es gelungen, hochtechno-logische Boeing-Flugzeuge in einem Manöver in die Zwillingstürme zu fliegen, das sogar erfahrenere Berufspiloten an ihre Grenzen bringen würde. Lassen Sie uns von dem gerade beschriebenen und von weiteren Zufällen ausgehen, ok?

Wie war das World Trade Center eigentlich gebaut? Nein, ich meine an dieser Stelle nicht, dass die Zwillingstürme asbestverseucht waren und eine Sanierung in die Milliarden Dollar gegangen wäre. Nein, ich meine den Grundaufbau der Türme. (Abb. 9)

Abb. 10: Wie man gut erkennen kann, handelte es sich bei der Stahlgerüstbauweise um eine Waben-Struktur, die auf zentimeterdicken Stahlsäulen aufgebaut war.

Diese Stahlsäulen wurden zu einer Wabenstruktur zusammengebaut und hielten so die immensen Kräfte der Natur aus, leiteten den gewaltigen Druck des Gewichtes auf den Boden ab und garantierten einen stabilen und sicheren Wolkenkratzer.

Abb. 11: Dieses Foto zeigt, dass die Wände der Stahlsäulen über 10 Zentimeter dick waren!

Abb. 12: Auch dieses Foto zeigt, dass die Wände der Stahlsäulen über 10 Zentimeter dick und somit für ein normales Aluminium-Flugzeug undurchdringbar waren.

Ich habe hier versucht, auf einfache Weise aufzuzeigen, wie das WTC aufgebaut war. Es handelte sich um eine Stahlgerüstbauweise mit mehr als 10 Zentimeter dicken Stahlsäulen, die massivste Bauweise, in der man ein Gebäude zu dieser Zeit bauen konnte – und die Massenmedien und die Politiker wollen uns weismachen, dass ein Aluminiumflugzeug durch diese Stahlkonstruktion geflogen ist!

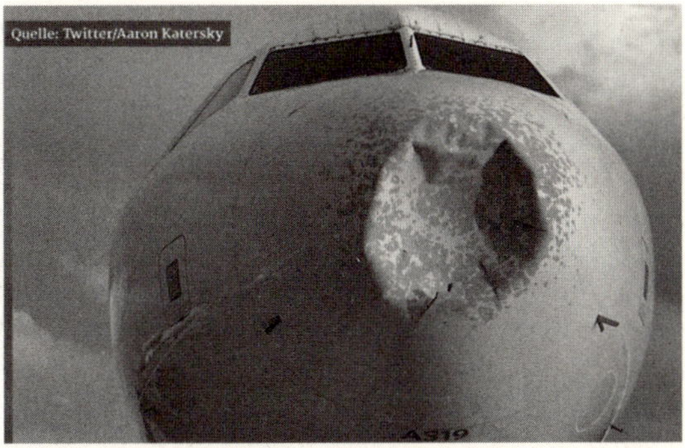

Abb. 13: Ein Flugzeug, nachdem es auf einen Vogelschwarm getroffen ist. Wie soll ein solches Flugzeug die Waben-Struktur der WTC durchschlagen haben?

Wissen Sie, wie ein Flugzeug aussieht, wenn es auf einen Vogelschwarm trifft? Genau so wie in Abb. 13...

Bei einem Flugzeug handelt es sich eigentlich nur um eine fliegende Aluminiumdose, die im Innenraum mit Plastik überzogen ist. Wäre das Flugzeug aus massivem Stahl, dann könnte es gar nicht fliegen. Und so eine fliegende Aluminiumdose soll den Stahlgerüstbau der Zwillingstürme wie Butter durchflogen haben, ohne dass Trümmerteile, Motoren, Gepäck oder Sonstiges an dieser Wabenstruktur hängen geblieben wäre? Es ist physikalisch gar nicht möglich, dass ein Material, das schwächer bzw. weicher als über 10 Zentimeter dicker Stahl ist, diesen Stahl durchschlagen kann. Egal, wie schnell das Flugzeug auch auf die Türme geflogen wäre, es wäre an der äußeren Struktur hängengeblieben. Schauen Sie sich doch die ADAC-Crashtests an, bei denen Autos mit hoher Geschwindigkeit auf eine Stahlwand katapultiert werden. Sie zerbrechen in Tausende von Teilen, ohne der Stahlwand nur den geringsten Schaden zuzufügen. Aber Aluminiumflugzeuge durchbrechen 10 Zentimeter dicke Stahlsäulen?! Das kann, wie schon oben beschrieben, physikalisch gar nicht möglich sein, oder haben Sie schon mal von panzerbrechenden Aluminiumgeschossen gehört?! Nein, sicherlich nicht, denn egal, wie schnell man diese Aluminiumgeschosse auf die Eisenpanzer abfeuern würde – vorausgesetzt, es wäre technisch möglich – sie würden die Panzer-Stahlhülle niemals durchbrechen können. Gerade aus diesem Grund werden Panzergranaten aus Wolfram oder Uran gebaut, welche härter als Stahl sind. Diese Granaten werden dann mit bis zu dreifacher Schallgeschwindigkeit abgefeuert. Aber lassen Sie uns einfach mal davon ausgehen, dass dies alles an diesem „Wundertag" möglich gewesen ist, warum zum Teufel sind dann die Zwillingstürme und das WTC 7 in der Weise eingestürzt, wie sie es uns zeigen?

Angeblich sind an der Einschlagsstelle Feuer ausgebrochen, die die gesamte Wabenstruktur zum Schmelzen gebracht haben sollen. Die gesamte Stahlstruktur wurde zum exakt gleichen Zeitpunkt auf der gleichen Höhe durch die Feuer angeblich so massiv geschädigt, dass sie auf dem gesamten Stockwerk gleichzeitig kollabierten und der Wolkenkratzer wie bei einer gezielten Sprengung in sich zusammenkrachte. Lassen Sie uns von der angeblichen Tatsache ausgehen, dass das Kerosin in den Flugzeugen einen Brand verursacht hat, der mindestens 1.500 Grad Celsius erreicht haben muss, damit der Stahl zu schmelzen begann.

Warum sind dann die Türme nicht zur Seite gefallen? Warum sind dann die Menschen, die man auf Videos und Bildern der Massenmedien an der Einschlagstelle sehen kann, nicht bei diesen Temperaturen kollabiert, geschmolzen und gestorben, wenn dort Temperaturen von über 1.500 Grad Celsius erreicht wurden? Wenn es tatsächlich dazu gekommen ist, dass bestimmte defekte Stahlstrukturen, die darauf ausgelegt waren, Temperaturen bis 1.500 Grad Celsius standzuhalten, kollabierten, wie hoch war dann die Wahrscheinlichkeit, dass alle Stahlstrukturen überall zum selben Zeitpunkt defekt waren und auf den gesamten Stockwerken Temperaturen von über 1.500 Grad Celsius erreicht wurden und diese exakt zum gleichen Zeitpunkt schmolzen? Ich glaube, dass die Wahrscheinlichkeit nicht sehr hoch gewesen wäre, aber lassen Sie uns von dieser Märchengeschichte ausgehen, warum hätte dann der gesamte Wolkenkratzer in sich kollabieren sollen? Wenn dies der Fall gewesen wäre (Schmelzen der Stahlstruktur), dann hätte sich der Wolkenkratzer an der kollabierten Stelle zur Seite neigen und auf die umstehenden anderen Gebäude fallen müssen, was ja nicht passiert ist.

Und warum ist dann das WTC 7 auf die gleiche Weise zusammengebrochen, obwohl dort gar keine großen Feuer ausgebrochen waren und somit die obligatorischen 1.500 Grad Celsius gar nicht erreicht werden konnten, die die Stahlkonstruktion zum Schmelzen benötigte? Obwohl dies nicht der Fall war, kollabierte das WTC 7 auf die gleiche Weise.

Das Erstaunliche ist, obwohl viele Amerikaner an ein Komplott glauben, lassen sie es zu, dass ihre korrupte Regierung und die Massenmedien sie Tag für Tag für dumm verkaufen. Wenn Sie auf Google nach diesen Anschlägen suchen, dann finden Sie fast ausschließlich Berichte der etablierten Medien, die sich über angebliche Verschwörungstheorien lustig machen und die Menschen, die an der offiziellen Theorie Zweifel haben, als Radikale und Schwurbler darstellen.

Und weiter geht es mit der Lügerei: Am Tag nach den angeblichen Attentaten werden dann die Pässe der Attentäter in den Trümmern gefunden, die sie eindeutig als Terroristen identifizieren, jedoch die Flugschreiber (Black Boxes) der Flugzeuge konnten nicht gefunden werden! Moment, angeblich wurden die Flugschreiber von einem Feuerwehrmann gefunden und dem FBI übergeben, aber ausgewertet wurden diese nicht. Merkwürdig ist auch, dass der Flugschreiber der Maschine, die angeblich ins Pentagon flog, zwar gefunden wurde, aber durch den Absturz dermaßen zerstört war, dass die Daten unbrauchbar waren. Aufgrund dieser Schilderung der Attentate werden die Anti-Terror-Gesetze verabschiedet, und die USA zieht gegen alle sogenannten Schurkenstaaten, die die USA bedrohen könnten, in den Krieg. Was für eine lächerliche Märchengeschichte!

Das Thema des Attentats vom 11. September 2001 hat unzählige Verschwörungstheorien hervorgebracht, genauso Hunderte von Büchern, die entweder die These für die Anschläge der Terroristen untermauerten oder versuchten, andere Theorien zu beweisen. Ich möchte das Thema 9/11 nicht allzu sehr ausweiten, aber wie schon oben geschrieben, **war dieses angebliche Attentat der Start-Schuss für die Finanzelite für ihren großen Feldzug „The Great Reset".** Auch wenn man die Bilder immer wieder gezeigt bekommt und diese durch korrupte Kommissionen, terroristische Regierungen und die Leitmedien bestätigt werden, muss das noch lange nicht heißen, dass sie wahr sind.

Das Drehbuch des Attentates war nahezu perfekt: Die Bilder und Videos, die die Medien sofort nach dem Attentat durch vorher installierte Kameras auf nahegelegenen Wolkenkratzern zeigten, die Entführungen der Passagierflugzeuge durch Terroristen, die in einem abgestellten PKW auf dem Flughafengelände angeblich einen Abschiedsbrief mit Pässen hinterlassen haben sollen, die sofortige Identifizierung aller Terroristen durch das FBI, die Gleichschaltung der Medien, das weltweite Säbelrasseln aller angeblich demokratischen Regierungen, die Schuldzuweisungen an das Terrornetzwerk Al-Qaida. Alles scheint für die damalige Zeit fast perfekt gewesen zu sein. Doch war es wirklich so perfekt, wie es uns verkauft wird?

Ich persönlich glaube die offizielle Version der Geschichte in keinem Wort. Es ist offensichtlich, dass es ein Fake-Attentat gewesen ist, auch wenn für dieses Verbrechen viele unschuldige Menschen sterben mussten. Warum waren gerade an diesem Tag nur wenige Tausend Menschen in den Büros des World Trade Centers, obwohl an normalen Tagen 40.000 bis 50.000 Menschen dort ihrer Tätigkeit nachkamen? Warum hat Osama Bin Laden als angeblicher Anführer des Terrornetzwerkes Al-Qaida das Attentat monatelang abgestritten? Würden Sie einen solchen Erfolg abstreiten, wenn Sie als Anführer eines Terrornetzwerkes für einen solchen Anschlag verantwortlich wären? Würden Sie nicht an seiner Stelle Freudentänze machen?

- Warum sind alle drei Türme, wie bei einer geplanten Sprengung, eingestürzt, obwohl dies bei einem angeblichen Anschlag gar nicht möglich ist?

- Warum wurde der Irak mit seinem Anführer Saddam Hussein erst nach über einem Jahr, mit der Begründung des Besitzes von Massenvernichtungswaffen, angegriffen? Und warum wurden diese nie gefunden? Es existiert nicht einmal das kleinste Indiz, obwohl das gesamte Land in Schutt und Asche gelegt worden ist.
- Wie soll es möglich sein, dass sich ein Aluminiumflugzeug durch über 2x10 Zentimeter dicken Stahl bohrt?
- Warum ist das WTC 7 überhaupt eingestürzt, obwohl es dort nur leichte Brände gab und diese mit Sicherheit nicht die Temperatur erreichten, die Stahl schmelzen konnte? Und warum ist es auf die gleiche Weise wie die beiden anderen Türme eingestürzt, quasi implodiert?
- Warum wurden die gesamten Gebäude pulverisiert, obwohl es sich um dicken Stahl handelte? Sie sind in sich zusammengefallen und wurden pulverisiert, wie soll das möglich sein?

Wir stellen fest, dass die Attentate mit Sicherheit nicht so abgelaufen sind, wie sie es uns glauben lassen möchten.

2.2. Doch was ist dann passiert und auf welche Weise?

Vielleicht kurz etwas Kurioses, bevor wir mit dem starken Tobak weitermachen: Wissen Sie, wie hoch das Budget der Kommission war, welches das angeblich schlimmste Attentat aller Zeiten untersuchen durfte? Zirka 15 Millionen Dollar. Und was schätzen Sie, wie hoch das Budget der Lewinsky-Kommission war? Das war die Kommission, die die Blowjobs der Praktikantin Monika Lewinsky untersuchte, die sie während ihrer Arbeitszeit dem ehemaligen Präsidenten der USA, Bill Clinton, verabreichte. Haben Sie es erraten? Richtig, genau das Doppelte, nämlich 30 Millionen Dollar. In Relation gestellt waren die Lewinsky-Blowjobs der Regierung der Vereinigten Staaten doppelt so viel wert wie die Terroranschläge auf das World Trade Center!

So, nun lassen Sie uns mal überlegen, was da wirklich passiert sein könnte, wenn die angeblichen Terror-Anschläge nicht so verlaufen sind, wie sie es uns verkaufen möchten.

Kennen Sie den Film „Running Man" mit Arnold Schwarzenegger? Ja? Nein? Egal, in diesem Film von 1987 können Sie genau erkennen, wie die Medien und TV-Sender Millionen von Zuschauern mit retuschierten Bildern und Videos verarscht und ihnen Ereignisse und Tatsachen in einer Show dargestellt haben, die so nie eingetroffen sind. Sie stellen die Ereignisse so dar, wie sie es für ihre Einschaltquoten benötigen. Wenn Sie den Film nicht kennen, dann empfehle ich Ihnen, den Film auch nicht anzuschauen, denn Sie werden garantiert nichts verpassen. Es ist ein totaler Quatsch-Film mit einem miesen Hauptdarsteller, der seine österreichische Seele schon vor langer Zeit ebenfalls dem Deep State verkauft hat. Mir ist zu diesem Kapitel eben dieser „Mistfilm" als Beispiel eingefallen.

Ich bin überzeugt, dass die Attentate niemals so stattgefunden haben können, wie es unsere Regierungen und die Massenmedien verkaufen wollen. Die Hauptargumente für diese Behauptung habe ich auf den vorherigen Seiten dargestellt. Ich glaube auch nicht, dass überhaupt Flugzeuge in das World Trade Center geflogen sind und diese so dermaßen beschädigt haben, dass es in sich kollabiert bzw. implodiert ist. Meines Erachtens handelt es sich um retuschierte Videos und Bilder. Ich weiß, das ist eine gewagte Aussage, die mich im Ranking der Verschwörungstheoretiker nach oben schießen lassen wird, aber ich wiederhole sie gerne: Meines Erachtens sind nie Boeing-Flugzeuge von „Hobby-Terroristen" in das World Trade Center und in das Pentagon geflogen worden!!! Ich glaube aber auch nicht, dass die drei Türme in New York mit einer präzisen Sprengung zerstört worden sind!

Die Türme des WTC hatten eine Grundabmessung von 63,4 x 63,4 Metern pro Turm. Wenn man das Bild mit der Stahlgerüstbauweise oben betrachtet, kann man von zirka 28 Pfeilern pro Seite ausgehen. Wenn man die Türme gesprengt hätte, dann hätte man jeden Pfeiler auf allen Stockwerken gleichzeitig sprengen müssen. Das wären 28 Pfeiler x 4 Seiten x 110 Stockwerke = 12.320 Sprengsätze, um ein Implodieren eines Gebäudes in der Weise, wie es stattgefunden hat, zu garantieren. Würde man hier nur von der Hälfte der oben berechneten Zahl ausgehen, hätten die Attentäter somit mindestens 10.000 Sprengsätze in den gesamten drei Gebäuden platzieren müssen. Ein solches Unterfangen hätte so gut wie nicht geheim gehalten werden können. Auch die Vorlaufzeit von Tagen, Wochen oder Monaten, die verschiedene Sprengteams benötigt hätten, hätte man meines Erachtens nicht im Geheimen durchführen können. Zusätzlich zu den oben genannten Sprengsätzen, die für die Außenpfeiler benötigt worden wären, müsste man noch die Innenpfeiler der Stahlkonstruktion der Aufzüge mit zirka 50 Pfeilern x 110 Stockwerke = 5.500 Sprengsätze x 2 Türme = zirka 11.000 Sprengsätze hinzurechnen. Würde man auch hier nur von der Hälfte ausgehen, müsste man zu den oben genannten 10.000 Sprengsätzen noch weitere 5.000 Sprengsätze hinzuaddieren. Wie Sie sehen, ist es rechnerisch und theoretisch so gut wie nicht möglich, so ein Attentat in die Praxis umzusetzen. Man hätte Tausende Kilogramm TNT benötigt, die von verschiedenen Sprengteams über Wochen bzw. Monate an den Außen- bzw. Innenpfeilern hätten befestigt werden müssen.

Wenn nur bestimmte Stockwerke gesprengt worden wären, dann wären die Gebäude nicht kollabiert, sondern die Türme hätten sich zur

Seite geneigt und wären auf die anderen Gebäude gefallen. Ich glaube auch nicht, dass die Stahlkonstruktion durch das Feuer zu schmelzen begonnen hat. Pro Stockwerk waren das zirka 150 Stahlpfeiler, die alle gleichzeitig den Siedepunkt von über 1.500 Grad Celsius erreicht haben sollen und dies auf mindestens 5 bis 10 Stockwerken? Insgesamt wären dies über 1.500 Stahlpfeiler, die, egal wo sie auch positioniert waren, exakt zum gleichen Zeitpunkt zu schmelzen begonnen hätten. Es ist so gut wie unmöglich, dass das Feuer sich gleichmäßig auf über 10 Stockwerken verbreitet hat und auf allen brennenden Stockwerken eine Temperatur von über 1.500 Grad Celsius erreicht wurde, und somit alle Stahlpfeiler auf diesen brennenden Stockwerken im selben Moment zu schmelzen begannen. Es hätte immer eine besonders heiße Stelle gegeben, die, wenn diese Theorie stimmen würde, zuerst kollabiert wäre. Somit hätten sich die Türme zur Seite neigen müssen und wären nicht einfach kollabiert. Sie wären zur Seite gekippt und umgefallen.

Für alle „Erbsenzähler“: Die oben genannten Berechnungen sollen als Richtwert dienen und sollen nur zeigen, dass für diese These Tausende von Einzel-Sprengungen nötig gewesen wären und dass dieses somit für mich recht unwahrscheinlich ist. Ich glaube auch nicht, dass ein Flugzeug in das Pentagon geflogen ist!

WAS ZUM TEUFEL IST DANN PASSIERT?

Der Focus berichtete am 11.9.2011 Folgendes:

„So ergab beispielsweise eine Umfrage in den USA aus dem Jahr 2006, dass 40% der Befragten Zweifel an den offiziellen Darstellungen der Ereignisse hatten. Bei einer im Jahr 2003 im Auftrag der Wochenzeitung „Die Zeit“ in Deutschland durchgeführten Umfrage gaben beinahe 70% der Befragten an, sich nicht vollständig über die wahren Hintergründe des 11. Septembers informiert zu fühlen – bei den unter 30-Jährigen waren es sogar 78%. 19% hielten es darüber hinaus sogar für möglich, dass die US-Regierung die Terroranschläge vom 11. September selbst beauftragt hat.“[22]

20 Jahre nach den Anschlägen wird jedoch jegliche abweichende Meinung, die nicht mit der Meinung der Regierung der Vereinigten Staaten oder der Meinung der Massenmedien übereinstimmt, als Verschwörungstheorie abgestempelt. Ein sehr großer Anteil amerikanischer sowie ausländischer Bürger glaubt jedoch die offizielle Version über das angebliche Attentat nicht. Sind das somit alles Spinner und Schwurbler? Viel zu viele Ungereimtheiten stehen mit diesem Attentat in Verbindung, die heute umso mehr ins Lächerliche gezogen werden. Die Konsequenzen, die die Bush-Regierung aus diesem Attentat zieht, haben verheerende Folgen. Die gesamte arabische Welt wird unter dem Vorwand „islamistischer Terrorgruppen" auf den Kopf gestellt. Selbst die Tagesschau berichtet am 11.9.2021 von *„Bushs fatalem Irak-Krieg und den vielen Anschuldigungen von Seiten der amerikanischen Regierung"*, die durch unterschiedliche Kriegseinsätze zu einer Destabilisierung des Nahen Ostens führte, die Mittäterschaft aber nie bewiesen werden konnte. Ganz im Gegenteil: Heute weiß man, dass genau diese militärischen Einsätze zu einem dramatischen Anstieg von terroristischen Gruppen geführt haben. Bevor ich jedoch auf die Frage, was zum Teufel dann vielleicht passiert ist, eingehe, möchte ich auf die gesundheitlichen Spätfolgen eingehen, unter welchen die Rettungskräfte, Polizisten und Anwohner leiden und die durch das Attentat verursacht worden sind. Schädliche Stoffe wie Asbest, Glasfaserteile, Blei und Aluminium „verseuchten" sehr viele Menschen, die sich an diesem und den darauffolgenden Tagen am Ground Zero aufhielten.

> *„Laut einem Artikel vom Ärzteblatt vom 8. September 2021 übersteigt die Zahl der Toten durch Spätfolgen der Terroranschläge vom 11. September 2001 in den USA offenbar die Zahl der Opfer vom Tag des Angriffs. Das teilte der Verwalter des Fonds mit, der nach den Angriffen zur Entschädigung der Opfer aufgelegt wurde. Demnach wurden 3.900 Entschädigungsanträge im Namen von bereits Verstorbenen gestellt. Den Angaben zufolge sind seit 2011 mehr als 67.000 Anträge von Menschen eingegangen, die sich am 11. September in der Nähe eines der Anschlagsorte befanden und in der Folge erkrankten. In den meisten Fäl-*

len handelt es sich um Menschen, die in der Nähe des World Trade Centers lebten oder arbeiteten, als die Türme einstürzten."[23]

Wenn Sie zu den Spätfolgen des Attentates recherchieren, dann stoßen sie zwangsläufig auf unterschiedliche Krebsarten wie Leukämie, multiples Myelom, Prostatakrebs, Lymphdrüsenkrebs, Lungenkrebs und weitere, die angeblich durch die oben aufgelisteten schädlichen Stoffe verursacht wurden und werden. In Hunderten Berichten werden die schädlichen Stoffe einfach so von einer sogenannten Quelle übernommen und als Fakt dargestellt. Nur in spezifischen und tiefgründigen Artikeln können Sie jedoch das Wort „Radioaktivität" in den schädlichen Stoffen finden.[24] Die Fragen, die wir uns hier stellen sollten, sind:

- Warum wurde nach den Anschlägen des 11. Septembers 2001 überhaupt Radioaktivität am Ground Zero gemessen und gefunden?[25] Könnte diese Radioaktivität für die vielen Krebsarten verantwortlich sein?
- Warum konnte man dort überhaupt Radioaktivität messen?
- Und warum wurde am 9. September 2001 ein Erdbeben der Stärke 2,9-3,1 auf der Richterskala, mit dem Epizentrum Manhattan, New York, gemessen? Reiner Zufall?

Ground Zero (englisch für Bodennullpunkt) bezeichnet in der Militärsprache die Stelle senkrecht über dem Explosionsort einer nuklearen Bombe oder Rakete.[26]

Es ist schon erstaunlich, dass die amerikanische Regierung sofort nach dem Attentat die Katastrophenstelle als Ground Zero bezeichnet hat. Was wollte sie uns damit vielleicht unterschwellig kommunizieren, oder war es eine rein zufällige Ausdrucksweise? Wie Sie aus der oben genannten Quelle von Wikipedia lesen können, handelt es sich bei einem Ground Zero also um die Stelle, unter der eine nukleare Bombe gezündet wurde.

Und jetzt vielleicht zur wichtigsten Frage dieses Kapitels: Könnte es vielleicht sein, dass die Türme durch eine thermonukleare Sprengung kollabierten, die unterirdisch unter den Türmen gezündet wurde und somit auch für die Radioaktivität verantwortlich ist?

Wie wir im unteren Bild sehen können, gibt es vier unterschiedliche thermonukleare Sprengungsarten:

1. die atmosphärische nukleare Sprengung
2. die unterirdische
3. in der oberen Atmosphäre
4. unter Wasser

Abb. 14: Unterschiedliche Detonationen von thermonuklearen Sprengungsarten, laut Wikipedia. Sprengung 2 zeigt eine unterirdische Detonation für die Zerstörung von Hochhäusern.

Ist somit beim Bau der World Trade Center ein „Notfallsystem" zur Zerstörung der Zwillingstürme integriert worden? Wurde dem damaligen Bauherren, der New Yorker Hafenbehörde, nur eine Baugenehmigung erteilt, wenn sie für den Katastrophenfall oder für den Abriss einen Plan oder eine zufriedenstellende Methode vorzuweisen hatten?

Im Video, das ich hier verlinke, wird genau dieser These auf den Grund gegangen. Es ist absolut empfehlenswert.

Video 5:
Titel „11 September, die Dritte Wahrheit"
Link www.bitchute.com/video/vXQ0Mfo1SOxe/

Es ist mir bewusst, dass es sich hier um eine wirklich harte Anschuldigung handelt, ich mich damit ziemlich weit aus dem Fenster lehne und mich die Kritiker diesbezüglich in der Luft zerreißen werden. Jedoch sollte man diese Möglichkeit nicht ausschließen.

Für die These der Zündung einer nuklearen Bombe spricht die Tatsache, dass sehr viele Menschen verseucht und sehr krank wurden und an den Folgen starben. Sicherlich kann man diese Todesfälle den oben genannten Ursachen zuschreiben, aber die Tatsache, dass Radioaktivität in New York gemessen wurde, kann man nicht verleugnen.[27] Ebenso wenig die Tatsache, dass am 11. September 2001 ein Erdbeben der Stärke 2,9-3,1 verzeichnet wurde.

Merkwürdig ist sicherlich auch, dass der jüdische Immobilien-Milliardär Larry Silverstein, Vorsitzender der Silverstein Properties, das asbestverseuchte World Trade Center nur wenige Monate zuvor, im Juni 2001, von der New Yorker Hafenbehörde für 99 Jahre pachtete und jeweils für 3,5 Milliarden US-Dollar versicherte. Silverstein Properties wurden nach einem Rechtsstreit mit den Versicherungen (unter anderem auch die Allianz) 7,1 Milliarden Dollar für den Wiederaufbau zugesprochen. Sicherlich nur ein glückliches Händchen und viel Können, oder vielleicht doch kein Zufall?!

Ebenfalls merkwürdig ist auch die Tatsache, dass bis zum 11. September 2001 noch nie ein Hochhaus wegen eines Brandes kollabiert ist. Dass sich Gebäudeteile lösen, Decken einfallen und im Innern alles zerstört wird, ist bei einem Hochhausbrand klar. Aber dass eine Stahlkonstruktion, die Orkanen bis zu 300 km/h und schweren Erdbeben standhalten kann, durch einen Brand kollabiert, wurde, bis auf das Attentat auf das World Trade Center, noch nie gesehen. Selbst beim Hochhausbrand von Madrid am 12. Februar 2005, wo der Brand zirka 24 Stunden lang wütete und das Feuer angeblich Temperaturen von über 800 Grad erreicht hat, kollabierte die Struktur nicht. Dass aber angeblich ein Feuer, das sich in Relation gesehen nur über wenige Geschosse ausgebreitet hatte, in den Zwillingstürmen die Stahlkonstruktion zum Schmelzen brachte und somit die beiden Hochhäuser und das WTC 7 in sich kollabieren ließ, ist schon recht merkwürdig – zumal das WTC 7 so gut wie nicht beschädigt war.

Merkwürdig ist mit Sicherheit auch, dass beim Hochhausbrand von Madrid Temperaturen bis zu 800 Grad Celsius gemessen wurden und in New York die mindestens benötigten 1.600 Grad Celsius, um den Stahl zu schmelzen, über hunderte Meter erreicht wurden, damit die Türme kollabierten.

Ebenfalls merkwürdig ist die Tatsache, dass sich die Stahlkonstruktion im gesamten Hochhaus, das eine Temperatur von über 1.600 Grad Celsius aufwies, im gesamten Gebäude zu Staub zerbröselte. Ja, Sie haben richtig gelesen, die Hochhäuser fielen nicht nur in sich zusammen, sondern zerfielen zu Staub. Warum hätte ein Teil des Hochhauses, das sich Hunderte Meter vom Brandort entfernt befindet, zu Staub zerfallen sollen? Selbst bei der ungeheueren Last der darüberliegenden Stockwerke hätte es keinen chemischen oder physikalischen Grund geben können, dass die Hochhäuser zu Staub zerfallen.

Hierzu möchte ich Ihnen die Webseite von *https://apolut.net/9-11-das-ground-zero-modell* ans Herz legen, die genau diese Thematik untersucht hat und die These einer thermonuklearen Sprengung in allen Details darlegt. Es wäre an dieser Stelle nicht fair von mir, einfach die Arbeit dieser Webseite zu übernehmen, da die Verfasser meines Erachtens eine sehr gute Arbeit im Zusammenhang mit dieser Thematik gemacht haben.

Die Merkwürdigkeiten in Bezug auf die Entführungen und wie diese stattgefunden haben, habe ich am Anfang des Kapitels schon ausführlich dargestellt und möchte es an dieser Stelle nicht nochmals wiederholen. Merkwürdig sind in Bezug auf die Entführung der Flugzeuge alle Punkte im Detail: die Details zur Entführung selbst, die Details zu den Flugkünsten, die Details zum Pentagon und viele weitere Ungereimtheiten, die ich in diesem Kapitel beschrieben habe.

Sicherlich ist auch die Tatsache merkwürdig, dass das Attentat einer terroristischen Gruppe namens Al-Qaida, mit dem angeblichen Anführer Osama Bin Laden, zugesprochen wurde und just diese mit seinem Anführer dieses Attentat über Jahre hinweg leugnete. Welchen Grund hätten sie denn gehabt, dieses Attentat zu leugnen, wenn sie tatsächlich dafür verantwortlich gewesen wären? Und sicherlich merkwürdig ist auch die Tatsache, dass man nach dem Attentat in Windeseile alle Terroristen namentlich identifiziert hatte und ihnen das Attentat mit der dazugehörigen Terrorgruppe zugesprochen wurde. Bekenner-Videos oder tatsächliche Beweise wurden nie gefunden. Nur die Fotos, die von den US-Geheimdiensten veröffentlicht wurden, galten als Beweismittel. Die Liste und Punkte mit den Merkwürdigkeiten könnte ich hier noch seitenweise fortführen. Doch wir sollten uns an dieser Stelle noch folgende Fragen stellen:

2.3. Welche Konsequenzen hatten diese Attentate?

Ist somit jeder Tag und so gut wie jedes Ereignis nach dem 11. September 2001 von den „tatsächlichen“ Terroristen manipuliert und inszeniert worden?

Die Attentate brachten grundlegende Veränderungen auf der ganzen Welt mit sich: Regionen wurden im Namen der Terroristenbekämpfung destabilisiert, Grundrechte ausgehebelt, Kriege, Verfolgung und Überwachung gehörten von diesem Tag an zur Tagesordnung.

Enorme Flüchtlingsströme aus den destabilisierten und umkämpften Regionen/Ländern wurden meines Erachtens bewusst in Gang gesetzt und zusätzlich als Waffe verwendet. Kultur und Religion dienten als Vorwand, um den Terrorismus zu bekämpfen, den man durch Geheimdienste in den Jahren zuvor selbst aufgebaut und in Krisengebieten gezielt eingesetzt hatte (siehe Afghanistan, IS oder Jemen). Milliarden von Euros und Dollars werden von den „heilbringenden“, angeblich demokratischen Ländern in die Rüstungsindustrie investiert. Glauben Sie wirklich, dass dies alles nur Zufall war und ist? Kam da das Attentat vom 11.9.2001 nicht gerade zur rechten Zeit?

Der USA PATRIOT Act wurde am 25. Oktober 2001 vom amerikanischen Kongress nach dem angeblichen terroristischen Anschlag des 11. Septembers 2001 verabschiedet. Ganze drei Tage benötigte der US-Kongress, um ein Anti-Terror-Gesetz auf die Beine zu stellen, wo doch ansonsten Monate bzw. Jahre dafür benötigt werden, um Gesetze oder Gesetzesänderungen zu verabschieden. Recht merkwürdig, denn es entsteht der Eindruck, dass dieses Gesetz schon im Vorfeld vorbereitet wurde und nur noch aus der Schublade gezogen werden musste. Das war doch nicht geplant?! Der USA PATRIOT Act soll die Ermittlungen der Bundesbehörden im Falle einer terroristischen Bedrohung vereinfachen. Hierzu werden bestimmte, auch die Grundrechte betreffende Gesetze eingeschränkt und durch folgende Regelungen ergänzt oder ersetzt:

- *Das Erfordernis, Richter bei Telefon- oder Internetüberwachung als Kontrollinstanz einzusetzen, wurde weitgehend aufgehoben, dadurch werden die Abhörrechte des FBI deutlich erweitert. Der zuständige Richter muss zwar über eine Überwachung informiert werden, er ist jedoch verpflichtet, die entsprechende Abhöraktion zu genehmigen. Telefongesellschaften und Internetprovider müssen ihre Daten offenlegen.*

- *Hausdurchsuchungen dürfen ohne Wissen der betreffenden Person durchgeführt werden.*
- *Die Entscheidung, ob eine Vereinigung als terroristisch eingestuft wird, geht an das Justiz- und Außenministerium über.*
- *Ausländer dürfen wegen der Mitgliedschaft in einer der vom Justiz- und Außenministerium definierten terroristischen Vereinigungen abgeschoben werden.*
- *Das FBI hat das Recht, Einsicht in die finanziellen Daten von Bankkunden zu nehmen, ohne dass Beweise für ein Verbrechen vorliegen.*
- *Der Auslandsgeheimdienst (CIA), der im Gegensatz zum FBI keiner weitreichenden öffentlichen Kontrolle unterliegt, erhält das Recht, auch im Inland zu ermitteln.*(28)

Die Befugnisse der Geheimdienste und der amerikanischen Regierung wurden konsequent, offiziell und inoffiziell weltweit erweitert. Der Verdacht der Mitgliedschaft in einer Terrorgruppe reicht jetzt aus, um ausländische Staatsbürger weltweit zu verhaften und ihnen ihre Grundrechte zu entziehen. Verdächtige können, ohne rechtlich abgesicherte Gerichtsverfahren monate- oder gar jahrelang ohne eine konkrete Anschuldigung oder Beweise in die USA deportiert und dort gegen ihren Willen eingesperrt werden.(29)

Über die Jahre hinweg wurde aufgrund der angeblichen Terrorbekämpfung die rote Linie immer weiter verschoben und grundlegende Menschenrechte wurden nach Belieben verletzt. Kriegshandlungen, Bombardierungen von Staaten und Verletzungen der Menschenrechte werden seit diesem angeblichen terroristischen Anschlag als „normal" eingestuft. Angebliche Terroristen werden jahrelang mit menschenfeindlichen Verhörpraktiken (Waterboarding) gequält, obwohl ihre angebliche Terrormitschuld in vielen Fällen nicht bewiesen werden kann. Demokratische Länder, die einen Menschen ohne Anklage seiner Freiheit berauben und jahrelang in Einzelhaft halten, sind meines Erachtens nicht viel besser als Terroristen.

Es ist anscheinend normal, dass man den Irak beschuldigt, Terrornetzwerke zu unterstützen, Massenvernichtungswaffen zu besitzen und anti-demokratisch zu regieren, ohne jemals irgendwelche stichhaltigen Beweise vorzulegen und daraufhin jahrelang zu bombardieren, Tausende von Menschen zu töten, unrechtmäßig zu besetzen und seine Ressourcen nach Belieben zu plündern.

Und es ist wohl auch normal, Afghanistan 20 Jahre lang in einen Krieg zu verwickeln, Tausende von Menschen zu töten, zu bombardieren, das Land unrechtmäßig zu besetzen, um dann nach 20 leidvollen Jahren das afghanische Volk diesen angeblichen Terroristen zu überlassen und diese noch mit Waffen (angeblich im Wert von über 85 Milliarden US-Dollar) auszustatten, da man sie beim Truppenabzug nicht vernichtet oder mitgenommen hat. Zusätzlich wird dieses Terrorregime auch noch finanziell unterstützt. Selbst die Bundesregierung unter Ex-Kanzlerin Merkel sicherte den Taliban 600 Millionen Euro zu, nachdem der Krieg die Deutschen über 20 Milliarden Euro und 59 Menschenleben gekostet hat.[30]

Da beteiligte sich die ach so demokratische Bundesregierung aktiv, unter dem Deckmantel „Aufbau und Sicherungsmandat", an einem Krieg, der uns eigentlich gar nicht interessieren sollte.

59 deutsche Soldaten mussten in diesem Konflikt ihr Leben lassen, Milliarden von Euro wurden verschwendet und zusätzlich nun ein Terrorregime wie die Taliban von dieser scheinheiligen Bundesregierung mit 600 Millionen Euro unterstützt, und keine Sau in Deutschland regt sich darüber auf. Es wird von einem Großteil der Bürger, von den gleichgeschalteten Politikern im Bundestag und von den Massenmedien als normal eingestuft, dass unsere großartige Ex-Bundeskanzlerin dies alles in den letzten 16 Jahren vollbracht hat.

Normal ist es anscheinend auch, dass unsere Bundeswehr seit Jahren an einem bewaffneten Auslandseinsatz in Mali teilnimmt, dort Millionen von Euros verschwendet werden, junge Soldaten dort ihr Leben lassen, um angeblich WAS zu bewerkstelligen?

Und es ist normal, dass Syrien seit 2011 dem Erdboden gleichgemacht wird, hunderttausende Menschen sterben mussten, Millionen von Menschen dadurch ihre Existenz verloren haben und somit seit Jahren auf der Flucht sind.

Und sicherlich ist es auch normal, dass 2011 in Libyen unter dem scheinheiligen Deckmantel der Sicherheitslage der Machthaber Gaddafi durch Bombenangriffe entmachtet und getötet wurde, obwohl sich das Land in einem stabilen Zustand befand. Seitdem befindet sich das Land Libyen in einem unnötigen und fast aussichtslosen Bürgerkrieg, der Tausende von Menschen das Leben kostete. Die Ressourcen wurden und werden von den Westmächten geplündert, und von Demokratie reden wir erst gar nicht. Libyen ist seit der Entmachtung Gaddafis eine der Hauptflüchtlingsrouten nach Europa geworden. Wahrscheinlich nur ein tragischer Zufall, dass durch diesen unkontrollierten und menschenunwürdigen Flüchtlingsstrom die Europäische Union gespalten wird und Europa seitdem mit Terroranschlägen zu kämpfen hat.

Die Welt war vor dem Eingreifen der westlichen terroristischen Staaten (USA-Frankreich-GB) einigermaßen in Ordnung, und das hing mit der 40-jährigen Gaddafi-Ära zusammen. Sicherlich war Gaddafi kein Kind von Traurigkeit, und sicherlich war seine diktatorische Regierungsform nicht das Beste, was man sich wünschen kann, aber das Land funktionierte, es gab keinen Bürgerkrieg und der Lebensstandard war einer der höchsten Afrikas. Die Ressourcen Libyens wurden zwar geplündert, doch sie kamen der Bevölkerung, wenigstens zum Teil zugute. Es gab eine kostenlose Gesundheitsversorgung, gebührenfreie Bildung für alle Libyer (die höchste Alphabetisierungsrate Afrikas mit 88,4%), der Benzinpreis gehörte zu den niedrigsten der Welt, und es gab ein Wohlstaatsprogramm, das 50.000 Dollar Mitgift für junge Ehepaare und 5.000 Dollar für jedes neugeborene Kind beinhaltete. Aber das Land Libyen wurde aus Sicherheitsgründen und für die Demokratie zerbombt und ins Mittelalter zurückversetzt, Gaddafi und Tausende von Menschen wurden getötet. Wer sind hier die wahren Terroristen? Angeblich handelte es sich bei Gaddafi um eine Gefahr für die Demokratie und die westlichen Länder. Um welche Gefahr es sich hier konkret handelte, wurde nie bewiesen. War auch egal, Hauptsache das Land wurde zerbombt und die Ressourcen konnten ab diesem Zeitpunkt von westlichen Unternehmen und Staaten geplündert werden. Gaddafi war ihnen ein Dorn im Auge, weil er an den perversen Machtspielen der West-Staaten kein Interesse hatte:

> *„Im Jahr 2009 schlug Oberst Gaddafi, der damalige Präsident der Afrikanischen Union, den Staaten des afrikanischen Kontinents vor, auf eine neue, vom amerikanischen Dollar unabhängige Währung umzustellen, das Dinar-Gold. Das Ziel dieser neuen Währung war es, die Öleinnahmen in Fonds umzuleiten, die vom Staat und nicht von amerikanischen Banken kontrolliert werden. Kurz gesagt, um den Dollar nicht weiter für Öltransaktionen zu nutzen. Länder wie Nigeria, Tunesien, Ägypten und Angola waren bereit, die Währung zu wechseln. Im März 2011 aber intervenierte die internationale Koalition in Libyen im Namen der Freiheit. Mit einem exzellenten Management der Öleinnahmen hatte es der libysche Staat geschafft, Hunderte von Tonnen Gold (143 Tonnen laut Wikileaks) und die gleiche Menge an Silber zu lagern. All diese Reichtümer würden Libyen zur einflussreichsten Macht in Afrika machen. Zum Beispiel an Stelle Frankreichs. Mit diesem Gold wollte Gaddafi dem amerikanischen Einfluss bei seinen Öltransaktionen entgehen. Er startete das Dinar-Gold-Projekt, und andere afrikanische Großmächte waren bereit, ihm in diesem Projekt zu folgen. Sowohl ein afrikanischer Traum als auch ein Alptraum der westlichen Finanzen.“*[31]

Das war also die wahre Gefahr, wegen der Gaddafi sterben musste: Gold und Öl?!

Zu Libyen und Gaddafi möchte ich Ihnen an dieser Stelle ein kurzes Video von *auf1.tv* empfehlen:

Video 6:

Titel „Arabischer Frühling“:
Warum Gaddafi wirklich sterben musste“

Link https://auf1.tv/nachrichten-auf1/arabischer-fruehling-warum-gaddafi-wirklich-sterben-musste/

Es ist normal, dass der sogenannte Arabische Frühling, der von den Geheimdiensten der USA organisiert wurde und der zu Unruhen in Ägypten, Algerien und Tunesien führte, Nordafrika destabilisiert und nur zu noch mehr Gewalt und Terror beigetragen hat.

Normal ist es dann anscheinend auch, dass der Ukraine-Konflikt nun mittlerweile zu einem Weststaaten-Russland Konflikt geworden ist, nachdem dort jahrelang gemordet und von den Westmächten gezündelt wurde:

„Laut der Webseite www.beobachter.ch sind die USA seit ihrer Gründung an über 200 Kriegen beteiligt. Die Vereinigten Staaten von Amerika haben in 231 Jahren seit ihrer Gründung, insgesamt 219-mal selbst Krieg geführt, militärisch interveniert oder waren in kriegsähnliche Handlungen verwickelt, beispielsweise über eine Geheimdienstbeteiligung an Terroranschlägen, Putsch- und Umsturzversuchen auf dem Territorium eines anderen Staates. Dabei wurden die USA kein einziges Mal selbst angegriffen. Die nachfolgende Liste

www.beobachter.ch/foren/questions/18765/usa-ueber-200-kriege-seit-ihrer-gruendung.html

verdeutlicht eindrucksvoll, dass die aggressive Politik, wie aktuell gegen Russland im Ukraine-Konflikt, keine Ausnahme darstellt, sondern seit Jahrhunderten Tradition hat. Die systematische Kriegsführung der USA und ihrer Vasallen hat sich mittlerweile zu einem essenziellen und bedeutenden Wirtschaftszweig entwickelt, vergleichbar mit dem Maschinenbau in Deutschland. Rüstungskonzerne sowie die Finanz- und Investmentindustrie verdienen mit Kriegen und bewaffneten Konflikten Milliarden. Wir haben daher allen Grund, uns zu sorgen.“[32]

Seit den Anschlägen vom 11. September 2001 herrscht in über 15 Ländern Krieg, bei denen die USA entweder direkt oder indirekt durch ihre Geheimdienste beteiligt waren und sind. Unter dem verlogenen Deckmantel des Anti-Terror-Gesetzes werden Länder bombardiert, destabilisiert, geplündert und unrechtmäßig besetzt: Seit 2002 der Irak, seit 2002 Afghanistan, seit 2004 die Türkei (Kurden-Konflikt), seit 2005 die Demokratische Republik Kongo, seit 2009 Nigeria, seit 2010 der Jemen, seit 2011 Libyen, seit 2011 Syrien, seit 2012 Mali, seit 2013 Ägypten, seit 2014 die Ukraine, seit 2018 Burundi, seit 2018 Kamerun, seit 2019 Mosambik, seit 2020 Äthiopien sowie seit Jahrzehnten Somalia und Palästina.

Um es hier deutlich auf den Punkt zu bringen: Ich habe keine Vorurteile oder Sonstiges gegen das US-amerikanische Volk, ganz im Gegenteil. In meinen Augen sind sie eigentlich nur zu bemitleiden, da sie nach Jahrhunderten immer noch nicht kapiert haben, was ihre Regierung, ihre Geheimdienste, ihre Waffen- und Rüstungslobby und ihre kriminellen Politiker aus ihrer Verfassung, ihren Werten, aus einem der freiesten und wunderbarsten Länder der Welt gemacht haben. Sie sind zu Sklaven dieser kriegstreibenden Elite geworden, wodurch sie in sehr vielen Ländern als der wahre Terrorfeind der Welt angesehen werden. „Hampelmänner“ wie George Bush (2001-2009), Bill Clinton (1993-2001), Joe Biden (seit 2021) oder Barack Obama (2009-2017), der sogar mit dem Friedensnobelpreis geehrt wurde, obwohl er als oberster Befehlshaber der USA an zahlreichen Kriegshandlungen beteiligt war und Tausende von Menschen durch seine Kriegshandlungen das Leben verloren haben, sind nur noch Marionetten der oben genannten Verbände. Alle oben genannten US-Präsidenten haben aktiv an unterschiedlichen Kriegen teilgenommen und werden in den westlichen Massenmedien als die „heilbringenden Messiasse“ verehrt, obwohl SIE, mit ihren westlichen Verbündeten, die wahren Terroristen sind. Ein Terror-Unterstützer, der einen Friedensnobelpreis bekommt, kann eigentlich nur ein makaberer Witz sein. Glauben Sie wirklich, dass es ein Zufall ist, dass die weltweit größten Rüstungsunternehmen ihren Sitz in den USA haben?

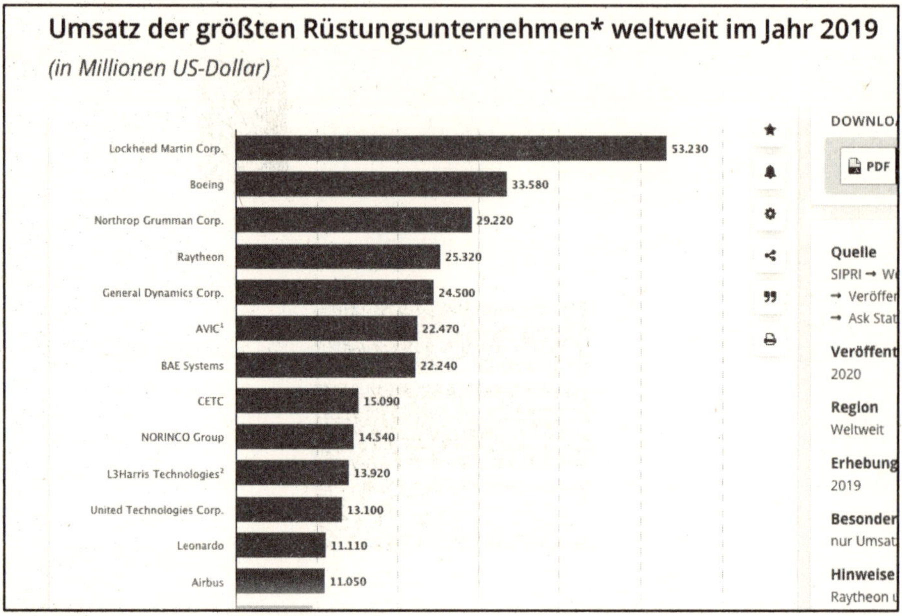

Abb. 15: Umsatz der größten Rüstungsunternehmen weltweit im Jahr 2019. Diese sind mit Sicherheit an keinem Weltfrieden interessiert.

Es ist seit Jahrzehnten ein florierendes Geschäftsmodell für die Rüstungsindustrie und die Finanzelite – und die „Gutmenschen“ glauben noch immer, dass diese Terroristen im Namen der Demokratie diese Länder bombardieren und Menschen ermorden!

Fast 2.000 Milliarden US-Dollar werden weltweit jährlich für Militärausgaben ausgegeben!!! Das ist doch Wahnsinn. Stellen Sie sich mal vor, wie viel Gutes man mit diesem Geld tun könnte.

Selbstverständlich muss dieser gewaltige Kuchen von den Westmächten untereinander aufgeteilt werden, damit jeder einen entsprechenden Anteil bekommt. Selbst die Bundesrepublik Deutschland mit ihren links-liberalen „Gutmenschen“ und ihren ach so sozialen Politikern gehört zu den Top Waffen-Exporteuren der Welt.

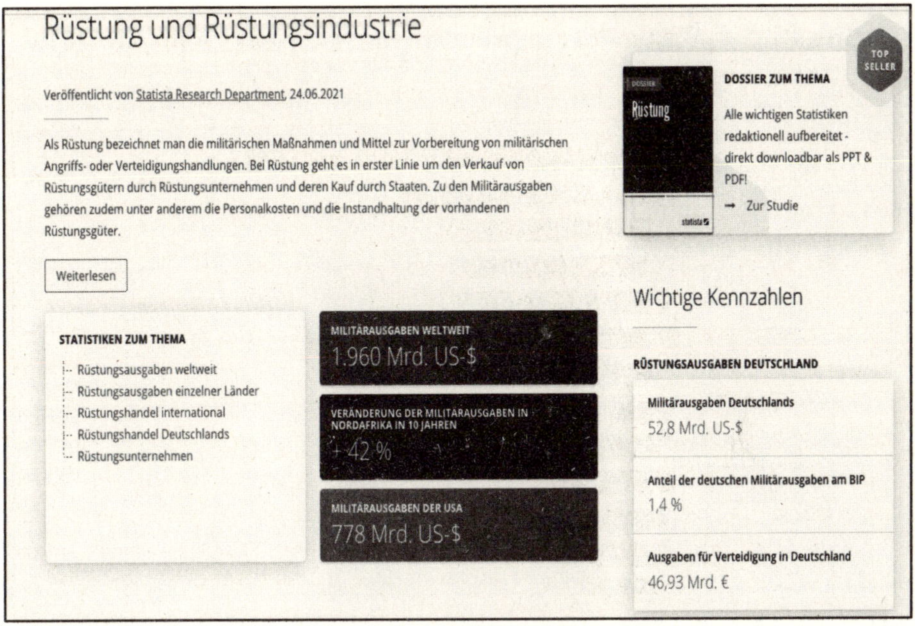

Abb. 16: Die Militärausgaben weltweit steigen von Jahr zu Jahr. Annähernd 2.000 Milliarden Dollar werden jährlich für die Rüstung ausgegeben. Stellen Sie sich einmal vor, was man mit diesem Geld alles Gute auf der Welt machen könnte!

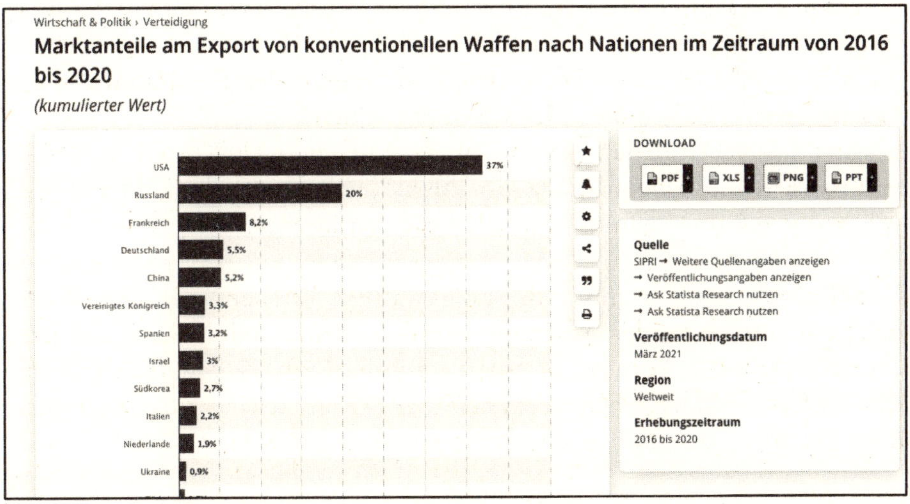

Abb. 17: Marktanteile am Verkauf von Waffen weltweit – und Deutschland auf Platz 4!

Man möchte durch das heuchlerische grüne „Gutmenschen-Verhalten“ die Welt vor einer angeblichen Klimakatastrophe retten (dazu mehr in Band 3) und gehört dann im Waffen- und Rüstungshandel zu den Top-Dealern der Welt und beteiligt sich somit fast an allen Konflikten weltweit. Nur zur Information: Deutschland belegt Platz 4 am weltweiten Waffenhandel. Was für ein verlogenes Verhalten!

„Der Gesamtwert der genehmigten Rüstungsexporte ist im laufenden Jahr (2021) auf einen neuen Rekord gestiegen. Vom 1. Januar bis zum 14. Dezember genehmigte die Bundesregierung Rüstungsexporte im Wert von knapp 9,043 Milliarden Euro, wie aus einer Antwort des Bundeswirtschaftsministeriums auf eine Anfrage der Linken-Bundestagsabgeordneten Sevim Dağdelen hervorgeht. Der bisherige Rekord hatte 8,015 Milliarden Euro im Jahr 2019 betragen. „Ein wahres Gaunerstück.“ Vor wenigen Tagen war bereits bekannt geworden, dass die Regierung von Bundeskanzlerin Angela Merkel (CDU) und ihrem damaligen Vizekanzler Olaf Scholz (SPD) kurz vor der Amtsübergabe am 8. Dezember den Verkauf von drei Kriegsschiffen und 16 Luftabwehrsystemen genehmigt hatte. Wirtschaftsminister Peter Altmaier (CDU) unterrichtete den Bundestag erst einen Tag vor der Wahl von Olaf Scholz zum Kanzler darüber – aber ohne den Wert der Ausfuhren zu nennen.“[33]

Sicherlich ein weiterer Zufall ist, dass die westlichen Länder mit ihren Geheimdiensten am Arabischen Frühling (Algerien und Ägypten) von 2011 beteiligt waren und im Nachhinein genau diese Länder für Deutschland just zu den größten Waffen-Empfängerländern werden. So ganz einfach nach dem Motto: Zuerst destabilisieren und danach Kasse machen.

Sicherlich auch ein interessanter Wert ist die Summe der Militärausgaben Deutschlands für eine Bundeswehr, die von den fähigsten Ministerinnen geleitet wurde, die Deutschland je gehabt hat. Ja, Sie lesen richtig, 52 Milliarden Euro werden jährlich in die Militärausgaben gepumpt!

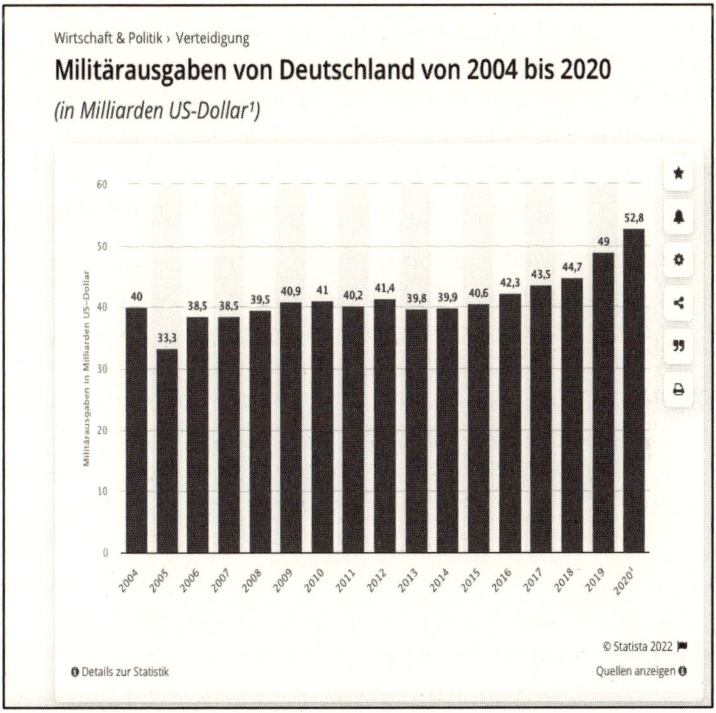

Abb. 18: Militärausgaben Deutschland bis 2020, über 50 Milliarden jährlich. Unsere Ampel-Regierung plant, zusätzliche 200 Milliarden in die Rüstungsindustrie zu pumpen. Die Spirale des Krieges hat begonnen.

„Die Statistik zeigt die Militärausgaben von Deutschland in den Jahren 2004 bis 2020 (alle Angaben beziehen sich auf den Wert des US-Dollars von 2019; Ausnahme: Die Angabe für 2020 bezieht sich auf die Preise von 2020). Laut Quelle beinhalten die Militärausgaben alle Ausgaben für die Streitkräfte (inklusive von Kontingenten zur Friedenssicherung im Ausland), für das Verteidigungsministerium und für Rüstungsprojekte. Im Jahr 2020 betrugen die Militärausgaben Deutschlands rund 52,8 Milliarden US-Dollar."

Ja, liebe Leserinnen und Leser, Sie sehen richtig, da wird an den deutschen Grundschulen am Klopapier gespart, aber für unsere Waffen- und Rüstungslobby sind 52 Milliarden Euro jährlich Peanuts.

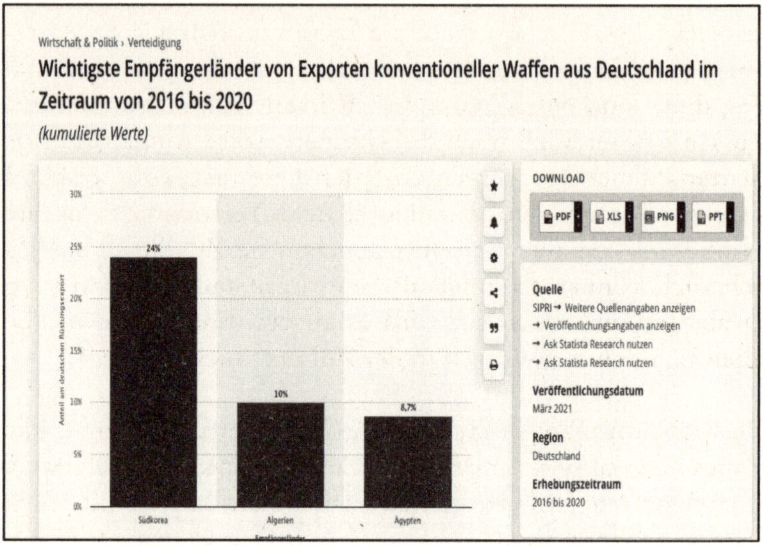

Abb. 19: Wichtigste Empfängerländer von Rüstungsgütern aus Deutschland sind Südkorea, Algerien und Ägypten.

Weitere Klarstellung: Nichts gegen die Kameraden der Bundeswehr, ganz im Gegenteil, schade ist nur, dass euch eure Führer an korrupte Politiker verkauft haben und ihr es mit euch machen lasst! In den letzten 10 Jahren wurden über 475 Milliarden Euro in diese Sparte „investiert", und sie können nochmals über 500 Milliarden Euro für die angebliche Bekämpfung der Corona-Pandemie hinzuaddieren. Über 1.000 Milliarden Euro einfach so versenkt, damit sich eine Finanzelite weiterhin bereichern und ihre Agenda einer New World Order vorantreiben kann. Das aktuelle System wird also sehr überzeugend und für alle deutlich erkennbar unglaubwürdig gemacht… Und dann…? Hierzu ein Dankeschön an unsere tolle Ex-Bundeskanzlerin und unsere großartigen kompetenten Minister und Politiker!

Zusätzlich zu diesen unmittelbaren Konsequenzen wurde nicht nur Deutschland durch viele nicht gerechtfertigte Corona-Maßnahmen (Impfpflicht, Demo-Verbote, Lockdowns, Aushebelung der Grundrechte und viele weitere Punkte) gespalten, sondern in diesem Dilemma befindet sich so gut wie die gesamte Europäische Union. Wir steuern auf eine Katastrophe zu, wo noch die kontinuierlich falsche Asylpolitik (Millionen von Flüchtlingen, die schon da sind und Millionen, die auf dem Weg sind!) und die schizophrene Klimapolitik hinzukommt. Nicht zu vergessen ist hier auch noch die kompetenteste Ampelregierung, die wir je hatten. Sicherlich können Zweifler diese insgesamt geschilderten Ereignisse jetzt noch dem Zufall und dem Terrorismus zuschreiben, doch glauben Sie immer noch an irgendwelche Zufälle in der Politik? Und sicherlich können Sie mich als Schwätzer und Verschwörungstheoretiker abstempeln, trotzdem wird es an den Ereignissen in der Vergangenheit und den Ereignissen in der Zukunft nichts ändern.

Doch wie kann man so einen teuflischen Plan umsetzen, und durch wen ist dies überhaupt möglich geworden? Es ist nur umsetzbar, weil – wie ich in Band 1 ausführlich erklärt habe – die Medien als vierte Gewalt nicht mehr ihren ursprünglichen Auftrag wahrnehmen. Würden sie kritisch und fachgerecht über die Ereignisse der letzten Jahrzehnte berichten, wäre der Bürger über die Wahrheit informiert, und es wäre nie zu diesem Zustand gekommen.

Ich weiß, es gibt eine Menge Leute, und ich kenne selbst viele, die der Regierung und den Massenmedien so gut wie alles glauben. Sie glauben immer noch, dass sie durch „harmlose" Impfungen wieder ihre Freiheit und ihre Grundrechte zurückerhalten werden, doch gerade für diese Menschen wird das Erwachen dramatisch werden! Wenn sie mit einem Chip unter der Haut aus ihrem Tiefschlaf erwachen und als Sklaven der Weltregierung ihre Würstchen auf der Terrasse grillen dürfen.

Keines der oben aufgelisteten Ereignisse ist zufällig passiert und mit Sicherheit auch nicht das Attentat vom 11. September 2001, das die Umsetzung der Neuen Weltordnung eingeläutet hat.

Betrachten wir uns im nachfolgenden Kapitel deshalb nochmals die sog. „vierte Gewalt", ohne die die Idee der Neuen Weltordnung niemals in die Praxis hätte umgesetzt werden können. Und dahinter steckt Absicht!

3. Die PR-Maschinerie der Medien

Irgendwann im Sommer 2021 war ich mit einem geschätzten Jugendfreund, der ein hochbegabter Chemiker ist, einen Kaffee trinken. Wir hatten uns die letzten Jahre ein wenig aus den Augen verloren, trotzdem bestand immer eine tiefe Bindung zwischen uns. Als wir jedoch auf das Thema Corona und die „heilbringende Impfung" zu sprechen kamen, entwickelte sich unser Treffen zu einem offenen Schlagabtausch. Ich konnte die Argumentation meines Freundes in keiner Weise verstehen und war entsetzt, als er mir berichtete, dass er sich für diese Impfung entschieden hätte und dass ihm deswegen kein dritter Arm gewachsen war. Er hatte die Propaganda-Argumentation der Impfbefürworter übernommen, obwohl es sich um einen hochbegabten Menschen handelte. Das Gespräch wurde ab dieser Stelle immer hitziger, und als ich ihn darauf ansprach, ob er denn nicht merken würde, dass es sich um Propaganda handelt, konnte er sich das Lachen nicht verkneifen. Er meinte nur: *„Propaganda? Propaganda wurde im Dritten Reich verwendet, aber doch nicht in dieser Pandemie…"*

Ab diesen Tag schaute ich nun noch aufmerksamer auf die Berichterstattung, wie sie aufgebaut war und wie die Impfung vermarktet wurde. Eigentlich gibt es hierzu nur zwei Möglichkeiten: Entweder ich war bzw. bin ein durchgeknallter Verschwörungstheoretiker, der in allem eine Intrige und Gefahr sieht, oder die Berichterstattung der Medien ist so clever aufgebaut, dass es dem normal sterblichen Massenmedien-Konsumenten nicht auffällt.

Die Antwort war klar, und somit musste ich zusätzlich zum entsprechenden Kapitel in Band 1 nochmals ein weiteres Kapitel über die Medien einbauen.

Das Wort „Propaganda" kommt vom lateinischen Wort „propagare" = „ausbreiten". Als „Propaganda" bezeichnet man die schriftliche oder mündliche Verbreitung von Ideen und Informationen mit dem Ziel, andere Menschen von diesen Ideen zu überzeugen. Eigentlich ist es also eine spezielle Art von Werbung. Durch den Einsatz der Massenmedien kann Propaganda besonders wirksam werden. Propaganda wird oft von politischen Machthabern in autoritären und diktatorischen Staaten eingesetzt. Diese Machthaber wollen das Volk in ihrem Sinne beeinflussen. Sie wollen die Menschen – oft mit falschen Informationen – manipulieren. In der Zeit des Nationalsozialismus gab es in Deutschland sogar den „Reichsminister für Volksaufklärung und Propaganda", der ausdrücklich für Propaganda zuständig war.[34]

Wenn man über „Propaganda" Nachforschungen betreibt, erhält man zwangsläufig die Schlagworte: Ausbreitung von Ideen, Täuschung, Manipulation, autoritäre oder diktatorische Staaten, Drittes Reich, Beeinflussung, Lügen, Verdrehung und Opferung der Wahrheit, Ausgrenzung, Bilder, die zu Waffen werden. Eigentlich nur negative Worte oder Ausdrücke. Ist es somit überhaupt möglich, dass wir uns momentan in einer „Corona-Propaganda" befinden, obwohl wir, laut unserem Bundespräsidenten Frank Walter Steinmeier, im besten Deutschland leben, das es jemals gegeben hat?[35] Wäre es heutzutage möglich, in Europa bzw. in Deutschland der Propaganda-Maschinerie zu verfallen?

„Zu den Medien, die Propagandabotschaften vermitteln können, gehören Nachrichten, Regierungsmitteilungen, historische Darstellungen, pseudowissenschaftliche Analysen, Bücher, Flugblätter, Filme, soziale Medien, Radio, Fernsehen und Plakate."[36]

Wie Sie, liebe Leserinnen und Leser, bereits wissen, sind über 90% unserer Massenmedien in den Händen von nicht einmal 10 Medien-Konglomeraten, die weltweit über die Corona-Pandemie berichten. Diese werden zum Großteil von institutionellen Investoren wie Blackrock, Vanguard oder Gesellschaften in deren Besitz besessen und verwaltet. Wenn somit die Eigentümer von Blackrock und Vanguard an einer Neuen Weltordnung interessiert sein sollten, dann ist es mehr als offensichtlich, dass die Massenmedien in ihrem Besitz genau die Propaganda unter das Volk streut, die ihnen nützlich ist.

Die Journalisten und einzelnen Medien-Unternehmen beziehen ihre Nachrichten in Bezug auf die Corona-Pandemie größtenteils von der Bundesregierung, der WHO, dem RKI, ANP, Reuters oder Project

Syndicate. Wenn diese, wie schon in diesem und im ersten Teil aufgezeigt, alle in einer finanziellen Abhängigkeit zu ihrem Eigentümer stehen, was glauben Sie, wie frei die Berichterstattung tatsächlich sein kann?

Egal, um welche Institution es sich auch handelt, sie stehen alle in einer finanziellen Abhängigkeit zu Vanguard, Blackrock und/oder ihrer Beteiligungsgesellschaften. Wenn diese somit in einer Abhängigkeit stehen, dann werden die Anweisungen der Eigentümer vom Aufsichtsrat über den Geschäftsführer an die Angestellten weitervermittelt und umgesetzt. Ein Redakteur, Reporter oder Journalist hat überhaupt keine Möglichkeit, sich diesen Anweisungen zu widersetzen, da immer ein weiterer Vorgesetzter einen Bericht oder Artikel absegnen muss. Der Spielraum, in dem er sich bewegen darf und kann, ist und wird vorgegeben, je nachdem, wohin die Propaganda bzw. Manipulation gehen muss. Das an dieser Stelle nochmals zur Erinnerung.

Wir haben im vorherigen Kapitel die Propaganda in Bezug auf das Attentat des 11. Septembers 2001 gesehen. Schauen wir uns nun anhand weniger Beispiele einmal die Vorgehensweise der gegenwärtigen Situation an.

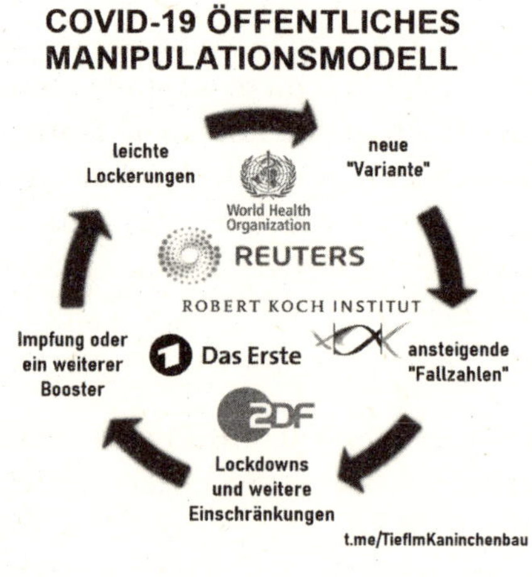

Abb. 20: Das Manipulationsmodell der Elite.

Der Ablauf, den Sie im obigen Bild sehen können, ist seit Anfang dieser Fake-Pandemie immer derselbe. Durch die Massenmedien, die Bundesregierung, die WHO, das RKI und viele weitere Institutionen wird in der Bevölkerung eine Massenangst verursacht. Jegliche anderweitige Meinung wird diffamiert, bekämpft und als Verschwörungstheorie dargestellt. Rechte werden eingeschränkt, und wir befinden uns mittlerweile schon bei der vierten Impfung gegen ein angebliches Virus, das mit einer Grippe gleichzusetzen ist.

Glauben Sie wirklich, dass man eine andere Meinung bekämpfen müsste, wenn es sich um ein tödliches Virus handeln würde?

Glauben Sie wirklich, dass diese sogenannten Verschwörungstheoretiker so dumm sind, dass sie nicht selbst einschätzen können, in welcher Lage wir uns befinden? Wenn es sich tatsächlich um eine tödliche Pandemie handeln würde, dann müsste man keinen Menschen zu einer Impfung mittels Impfpflicht oder Erpressung zwingen. Dann würde es keinen Schwarzmarkt für gefälschte Impfpässe geben, sondern stattdessen für den Impfstoff! Dann müsste man sicherlich nicht das Internet zensieren und kontinuierlich eine Propaganda umsetzen, bei der es eigentlich auch dem Dümmsten auffallen müsste, dass diese nicht der Gesundheit der Bürger dient!

Wie war das in der Vergangenheit gleich nochmal? Hatten da die Propagandisten im Dritten Reich recht oder die sogenannten Verschwörungstheoretiker, die sich nicht anschließen wollten?

Wie war das in der DDR gleich nochmal? Hatte da die Stasi mit ihrer Propaganda recht oder waren es die Verschwörungstheoretiker?

Wie war das gleich nochmal mit dem Irak-Krieg? Hatte da die kriegstreibende Bush-Regierung recht oder waren es die Verschwörungstheoretiker, die sich nicht für diesen Krieg begeistern wollten, da es offensichtlich war, dass es nur um das Öl ging?

Ich könnte Ihnen hier durchaus zahlreiche weitere Beispiele nennen, bei denen im Nachhinein die sogenannten Verschwörungstheoretiker recht behalten haben. Jedoch mussten jedes Mal Tausende oder gar Millionen von Menschen sterben und Jahre vergehen, bis es auch der Dümmste bemerkte!

Und bei dieser Pandemie wird es wieder so laufen. Die regierungstreuen Sklaven werden sich eine Booster-Impfung nach der anderen in den Körper jagen lassen, bis es für die Allermeisten keinen Ausweg mehr geben wird.

Abb. 21: In naher Zukunft…

Sie wähnen sich so gebildet und aufgeklärt, weil sie die korrupte Tageszeitung lesen, Massenmedien konsumieren, mehrere Accounts auf Social-Media-Plattformen besitzen und ein paar Kochbücher im Regal stehen haben. Doch im Grunde sind sie nicht mehr zu retten! Das obere Bild bringt es genau auf den Punkt: Die Menschheit ist so beeinflusst, dass man mittlerweile alles mit ihr machen kann. Sie akzeptieren so gut wie alles, egal, wie unlogisch und krank die Anweisung auch sein mag, nur um nicht ihr eigenes Hirn einschalten zu müssen.

Wären die Massenmedien nicht politisch instrumentalisiert und würden stattdessen korrekt, frei und sauber über Tatsachen berichten, dann wäre dieses Verbrechen der Neuen Weltordnung gar nicht möglich, sondern würde im Keim erstickt.

Dummheit schützt vor Strafe nicht! Das sollten diese Impfbefürworter, Journalisten, Politiker, Ärzte und Dummköpfe nicht vergessen, denn die Zeit wird kommen, in der dieser Schwindel auffliegen und jeder Einzelne zur Rechenschaft gezogen werden wird.

2009

stern

SCHWEINEGRIPPE-IMPFUNG

Experten warnen vor starken Nebenwirkungen

03.08.2009

25 Millionen Deutsche sollen im Herbst gegen die Schweinegrippe geimpft werden. Bei 250.000 Menschen könnten dann Nebenwirkungen auftreten, die in klinischen Studien gar nicht erfasst werden, befürchten Experten. Vor allem für Schwangere und Kinder ist die Impfung risikoreich.

Abb. 22 und 23: Die Zeiten ändern sich eben durch Sponsoring. Was ist nur aus unseren Medien geworden?!

Nein, im oberen Bild handelt es sich nicht um Propaganda. Wer hier Propaganda sieht, muss ein ziemlicher „Verschwörungstheoretiker“ sein, oder nicht? Aber Spaß beiseite: Wie kann man nur auf so eine billige Masche hereinfallen? Ist die Intelligenz der Menschheit wirklich so tief am Boden?

Der Berufsstand der Journalisten hat sich über die Jahre hinweg sehr verändert. Bis vor wenigen Jahren galt ein Journalist als unabhängig und wahrheitsgetreu und die Bürger glaubten an eine ehrliche Berichterstattung. Mittlerweile glaubt mehr als die Hälfte der Bürger kaum noch an eine ehrliche und sachliche Berichterstattung. An dieser Stelle möchte ich eine Zusammenfassung eines Berichtes von Wolfram Weimer, der am 8.7.2021 auf *wirtschaftskurier.de* erschienen ist, mit Ihnen teilen:

„Ein Großteil der Deutschen traut sich nicht mehr, seine Meinung frei zu äußern. Eine aktuelle Allensbach-Umfrage kommt zu dem Ergebnis, dass die Mehrheit der Deutschen die Meinungsfreiheit in Gefahr sieht. Nur noch 45% der Deutschen haben demzufolge das Gefühl, die politische Meinung könne frei geäußert werden. Das ist der niedrigste Wert in einer solchen Allensbach-Umfrage seit 1953.

„Einen guten Journalisten erkennt man daran, dass er sich nicht gemein macht mit einer Sache, auch nicht mit einer guten Sache; dass er überall dabei ist, aber nirgendwo dazugehört." Diese fordernde Beobachtung der Journalisten-Legende Hajo Friedrich ist ebenso klug wie richtig – nur wird sie immer häufiger missachtet. In den vergangenen Jahren haben deutsche Medien sich geradezu lustvoll mit vermeintlich guten Sachen gemein gemacht. Ob Klimapolitik oder Euro-Rettung oder Pegida-Beschimpfung oder Pandemiebekämpfung oder Migranten-Willkommenskultur – zu viele Medien waren zu sehr damit befasst, der jeweils offiziellen Regierungspolitik nicht nur die Mikrofone zu halten, sondern die eigenen Verstärker voll aufzudrehen. Nach einer Studie von infratest dimap (im Auftrag der ‚Zeit') hat mittlerweile die klare Mehrheit der Deutschen, insgesamt 60%, wenig (53%) oder gar kein (7%) Vertrauen in die Medien. Auch das Allensbacher Institut für Demoskopie misst, dass sich nur ein knappes Drittel der Bevölkerung in den Medien ‚ausgewogen' informiert sieht, fast die Hälfte der Bevölkerung empfindet die Berichterstattung als ‚einseitig'. In der Pandemie- oder Klimapolitik betreiben Medien zu gerne monokausale Weltverbesserung, wollen auch hier Teil einer Rettungsaktion der Guten werden und folgen in großer Uniformität allen möglichen Ansagen der jeweiligen Regierungsposition. So wollten Medien monatelang kaum darüber

berichten, dass das Coronavirus womöglich aus einem chinesischen Staatslabor entwichen sein könnte. Ein Hamburger Professor, der eine Faktensammlung zu dieser These veröffentlichte, wurde zum Aussätzigen der Gesellschaft. Anderes Beispiel: Deutschlands Medien verbreiten weithin unkritisch die Behauptung Berlins, die Welt werde sich von der Kernenergie verabschieden und also dem radikalen Beispiel Deutschlands folgen. Dass das glatte Gegenteil der Fall ist und derzeit weltweit so viele Kernkraftwerke neu geplant werden wie nie zuvor, dass selbst Japan die Meiler wieder hochfährt und auch unsere unmittelbaren Nachbarn neue bauen, findet keine Sichtbarkeit in der Öffentlichkeit. Ähnlich verhält es sich in der Euro-, Syrien- oder Ukrainekrise. Der Mainstream unserer Medien folgt blind der Berliner Regierungsperspektive bei diesen Konflikten.“[37]

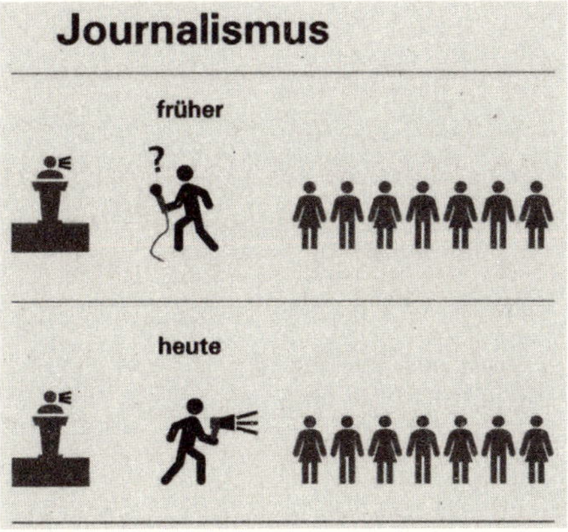

Abb. 24: Journalismus damals und heute. Früher war der Journalismus das Sprachrohr des Volkes. Es wurde hinterfragt und aufgedeckt, leider sind wir heute sehr weit von diesem Punkt entfernt. Die Medien wurden zum Sprachrohr der Politiker und der Elite degradiert.

Die Frage, die wir uns hier stellen sollten, ist: Folgen sie nur blind den Anweisungen oder setzen sie die Anweisungen bewusst blind um?

Klar ist, dass der Berufstand der Journalisten sich über die Jahre hinweg komplett verändert hat. Sie stehen in einer finanziellen Abhängigkeit und haben über die Jahre den Pressekodex an ihre Situation angepasst. (siehe Abb. 24)

Diese Abbildung bringt die eben beschriebene Tatsache auf den Punkt. Aus einem unabhängigen „Tatsachenüberbringer" hat sich der Journalist zu einem Sprachrohr der Bundesregierung verwandelt, von der Glaubwürdigkeit und Seriosität kann keine Rede mehr sein. Wie soll das auch gehen, wenn beispielsweise das links-sozialistische Magazin „Der Spiegel" von der *Bill & Melinda Gates Foundation* im Oktober 2021 eine weitere „Spende" von 2,9 Millionen Euro zugewiesen bekam? Ja, es ist auch richtig, dass die Medien schon immer als Sprachrohr der Regierungen fungiert haben, aber das aktuelle Ausmaß ist extrem. In der heutigen Zeit kommt außer Propaganda so gut wie nichts mehr.

Schauen wir uns an dieser Stelle einmal die Bundespressekonferenz an. Die Bundespressekonferenz e.V. (BPK) ist ein als Verein organisierter Zusammenschluss hauptberuflicher Journalisten, die ausschließlich für deutsche Medien und ständig oder überwiegend aus Berlin berichten.

Die Besonderheit an der Bundespressekonferenz ist: Im Gegensatz zur Praxis in vielen anderen Staaten sind die Hausherren der Bundespressekonferenz **die Journalisten selbst** und nicht die Regierung, Ministerien, Parteien, Verbände, Weltanschauungsgemeinschaften oder einzelne Politiker. Dadurch kommen auch Journalisten, die für ihre kritischen Fragen bekannt sind, stets zu Wort, während in vergleichbaren Veranstaltungen in anderen Staaten diese Journalisten vielfach keine Fragen stellen können.[(38)]

Halten wir an dieser Stelle mal kurz fest: Bei der Bundespressekonferenz handelt es ich um einen Verein, bei dem man Mitglied sein muss, um überhaupt an dieser Befragungsrunde teilnehmen zu dürfen. Somit sollte man davon ausgehen, dass dort kritische Fragen erwünscht wären. Doch leider ist dies nicht immer der Fall, wie wir beim Journalisten Boris Reitschuster miterleben durften.

Unter dem Vorwand von scheinheiligen Unterstellungen wurde dem unabhängigen Journalisten die Mitgliedschaft gekündigt und somit die Berichterstattung von der Bundespressekonferenz verwehrt. Warum?

Was hat dies noch mit unabhängigem Journalismus zu tun? Wo sind hier die unabhängigen Journalisten, die sich angeblich für Meinungs- und Pressefreiheit einsetzen? Bei Boris Reitschuster handelt es sich um einen unabhängigen Journalisten, der sich für Presse- und Meinungsfreiheit einsetzt und neutral über das Vorgehen der Bundesregierung berichtet. Da er sich jedoch nicht als Sprachrohr der Regierung missbrauchen lassen möchte, wird ihm schlichtweg die Mitgliedschaft im oben genannten Verein gekündigt und somit der Zutritt verwehrt.

Den gesamten Fall können sie im unteren Link nachlesen.(39)

Bericht 5:

Titel	Fragen ab jetzt verboten!
Link	https://reitschuster.de/post/fragen-sind-ab-jetzt-verboten/

Was hat dies noch mit Pressefreiheit zu tun? Eigentlich müsste es hier einen kolossalen Aufschrei der Kollegen geben, die sich aber wieder einmal nur als Sprachrohr benutzen lassen. Ist es so schwer zu verstehen, wohin unsere Reise geht? Ist es so schwer zu verstehen, dass unsere Reise direkt in eine grün-sozialistische Diktatur führt? Sehnen sich die Journalisten und Bürger so sehr danach, in einer solchen kontrollierten und diktatorischen Regierungsform zu leben?

Die Medien, und allen voran die Journalisten, werden für die Regierungspropaganda wie Prostituierte benutzt. Der Pressekodex, dem sich eigentlich alle Journalisten verpflichtet fühlen sollten, auch wenn er nur den Charakter einer Selbstverpflichtung hat, wird, wie das Grundgesetz, mit Füßen getreten.

3.1. Inhalt des Pressekodex

Der Pressekodex umfasst 16 Oberpunkte (Stand September 2019):

1. Wahrhaftigkeit und Achtung der Menschenwürde
Die Achtung vor der Wahrheit, die Wahrung der Menschenwürde und die wahrhaftige Unterrichtung der Öffentlichkeit sind oberste Gebote der Presse. Jede in der Presse tätige Person wahrt auf dieser Grundlage das Ansehen und die Glaubwürdigkeit der Medien.

2. Sorgfalt
Recherche ist unverzichtbares Instrument journalistischer Sorgfalt. Zur Veröffentlichung bestimmter Informationen in Wort, Bild und Grafik sind mit der nach den Umständen gebotenen Sorgfalt auf ihren Wahrheitsgehalt zu prüfen und wahrheitsgetreu wiederzugeben. Ihr Sinn darf durch Bearbeitung, Überschrift oder Bildbeschriftung weder entstellt noch verfälscht werden. Unbestätigte Meldungen, Gerüchte und Vermutungen sind als solche erkennbar zu machen. Symbolfotos müssen als solche kenntlich sein oder erkennbar gemacht werden.

3. Richtigstellung
Veröffentlichte Nachrichten oder Behauptungen, insbesondere personenbezogener Art, die sich nachträglich als falsch erweisen, hat das Publikationsorgan, das sie gebracht hat, unverzüglich von sich aus in angemessener Weise richtigzustellen.

4. Grenzen der Recherche
Bei der Beschaffung von personenbezogenen Daten, Nachrichten, Informationsmaterial und Bildern dürfen keine unlauteren Methoden angewandt werden.

5. Berufsgeheimnis
Die Presse wahrt das Berufsgeheimnis, macht vom Zeugnisverweigerungsrecht Gebrauch und gibt Informanten ohne deren ausdrückliche Zustimmung nicht preis. Die vereinbarte Vertraulichkeit ist grundsätzlich zu wahren.

6. Trennung von Tätigkeiten

Journalisten und Verleger üben keine Tätigkeiten aus, die die Glaubwürdigkeit der Presse infrage stellen könnten.

7. Trennung von Werbung und Redaktion

Die Verantwortung der Presse gegenüber der Öffentlichkeit gebietet, dass redaktionelle Veröffentlichungen nicht durch private oder geschäftliche Interessen Dritter oder durch persönliche wirtschaftliche Interessen der Journalistinnen und Journalisten beeinflusst werden. Verleger und Redakteure wehren derartige Versuche ab und achten auf eine klare Trennung zwischen redaktionellem Text und Veröffentlichungen zu werblichen Zwecken. Bei Veröffentlichungen, die ein Eigeninteresse des Verlages betreffen, muss dieses erkennbar sein.

8. Persönlichkeitsrechte

Die Presse achtet das Privatleben des Menschen und seine informationelle Selbstbestimmung. Ist aber sein Verhalten von öffentlichem Interesse, so kann es in der Presse erörtert werden. Bei einer identifizierenden Berichterstattung muss das Informationsinteresse der Öffentlichkeit die schutzwürdigen Interessen von Betroffenen überwiegen; bloße Sensationsinteressen rechtfertigen keine identifizierende Berichterstattung. Soweit eine Anonymisierung geboten ist, muss sie wirksam sein.
Die Presse gewährleistet den redaktionellen Datenschutz.

9. Schutz der Ehre

Es widerspricht journalistischer Ethik, mit unangemessenen Darstellungen in Wort und Bild Menschen in ihrer Ehre zu verletzen.

10. Religion und Weltanschauung

Die Presse verzichtet darauf, religiöse, weltanschauliche oder sittliche Überzeugungen zu schmähen.

11. Sensationsberichterstattung und Jugendschutz

Die Presse verzichtet auf eine unangemessene sensationelle Darstellung von Gewalt, Brutalität und Leid. Die Presse beachtet den Jugendschutz.

12. Diskriminierungen
Niemand darf wegen seines Geschlechts, einer Behinderung oder seiner Zugehörigkeit zu einer ethnischen, religiösen, sozialen oder nationalen Gruppe diskriminiert werden.

12.1 Berichterstattung über Straftaten (gültig seit 22. März 2017)
In der Berichterstattung über Straftaten ist darauf zu achten, dass die Erwähnung der Zugehörigkeit der Verdächtigen oder Täter zu ethnischen, religiösen oder anderen Minderheiten nicht zu einer diskriminierenden Verallgemeinerung individuellen Fehlverhaltens führt. Die Zugehörigkeit soll in der Regel nicht erwähnt werden, es sei denn, es besteht ein begründetes öffentliches Interesse. Besonders ist zu beachten, dass die Erwähnung Vorurteile gegenüber Minderheiten schüren könnte.

13. Unschuldsvermutung
Die Berichterstattung über Ermittlungsverfahren, Strafverfahren und sonstige förmliche Verfahren muss frei von Vorurteilen erfolgen. Der Grundsatz der Unschuldsvermutung gilt auch für die Presse.

14. Medizin-Berichterstattung
Bei medizinischen Themen ist eine unangemessene sensationelle Darstellung zu vermeiden, die Hoffnungen oder Befürchtungen beim Leser erwecken könnten. Forschungsergebnisse, die sich in einem frühen Stadium befinden, sollten nicht als abgeschlossen oder nahezu abgeschlossen dargestellt werden.

15. Vergünstigungen
Die Annahme von Vorteilen jeder Art, die geeignet sein könnten, die Entscheidungsfreiheit von Verlag und Redaktion zu beeinträchtigen, ist mit dem Ansehen, der Unabhängigkeit und der Aufgabe der Presse unvereinbar. Wer sich für die Verbreitung oder Unterdrückung von Nachrichten bestechen lässt, handelt unehrenhaft und berufswidrig.

16. Rügenveröffentlichung
Es entspricht fairer Berichterstattung, vom Deutschen Presserat öffentlich ausgesprochene Rügen zu veröffentlichen, insbesondere in den betroffenen Publikationsorganen bzw. Telemedien.[40]

Können Sie im oben aufgeführten Pressekodex noch die Berichterstattung unserer Massenmedien erkennen? Was hat unsere Berichterstattung noch mit dem Pressekodex zu tun, dem sich eigentlich alle Journalisten verpflichtet fühlen sollten? Wir sprechen hier doch von zwei unterschiedlichen Welten. Die Realität, die uns mit Gesetzen, Verordnungen und Verpflichtungen vorgegaukelt wird, und die Realität, wie sie im alltäglichen Leben tatsächlich stattfindet. Die Propaganda-Maschine unserer Bundesregierung hat Ausmaße erreicht, die der sozialistischen DDR gleichzusetzen sind.

Ich zitiere aus der DDR-Berichterstattung zur Kommunalwahl am 7. Mai 1989:

„Für die Wahlvorschläge der Nationalen Front der Deutschen Demokratischen Republik wurden 12.182.050 gültige Stimmen abgegeben, das sind 98,85 %. Wahlbeteiligung 98,77%.“(41)

Video 7:
Titel Wahlfälschung bei der DDR-Kommunalwahl 1989
Link www.youtube.com/watch?v=Lc1bpYTj6r4

Dem Zuschauer wurde eine Wahlbeteiligung von fast 100% vorgegaukelt und der Nachrichtensprecher belog bewusst seine Mitbürger, die wiederum zum Großteil auch wussten, dass sie belogen werden. Was für eine irre Propaganda! Die DDR-Führung verkündete ihr offizielles Ergebnis von 98,85% stolz, auch wenn sie bei diesen Wahlen unter den magischen 99,8% der Vorwahlen blieben. Sie wollten glaubwürdig bleiben, hieß es im Nachhinein!

So, nun möchte ich mit Ihnen ein Interview mit *Michael Kretschmer*, dem Ministerpräsidenten von Sachsen, teilen, welches er am 22.12.2021 der „Welt“ gegeben hat:

Video 8:

Titel	Nach Bund-Länder-Gipfel: „Beschlüsse sind für die, die mit der Pandemie beschäftigt sind, zutiefst beunruhigend."
Link	www.welt.de/politik/deutschland/video235834774/Michael-Kretschmer-Sachsens-Ministerpraesident-im-WELT-Interview.html

„Die Omnikron-Variante ist ansteckender als die Masern. Wir haben eine pandemische Lage nationaler Tragweite… Auf der anderen Seite haben wir Menschen, die wirklich gegen den Rechtsstaat und die gegen unsere Form des Zusammenlebens sind, und auch dagegen, dass man wissenschaftlichen Institutionen, die neutral und unabhängig sind, vertraut… die alles leugnen, infrage stellen und diskreditieren. Und da bin ich der Zivilbevölkerung und den Bürgermeistern dankbar, die jetzt stopp sagen, so nicht! 99,8% der Bürger gehen nicht spazieren und stehen hinter den Maßnahmen, bei allen Einschränkungen und bei aller Kritik. Die Krankenhäuser sind voll, die Intensivstationen sind voll!"(42)

Michael Kretschmer

Tja, ich würde mal sagen, in diesem Interview kann man die gute, alte DDR-Propaganda-Schule erkennen. Was macht eigentlich der Reporter in diesem Interview, außer dem Minister die „richtigen" Fragen zu stellen und das Mikrofon zu halten? Wäre es nicht seine Aufgabe gewesen, Herrn Kretschmer, laut dem Pressekodex, die tatsächliche Situation, die gerade in Sachsen herrschte, zu präsentieren?

Die Bürger sind mehr als unzufrieden und immer mehr Menschen in immer mehr Städten und Dörfern gehen auf die Straße. Da Demonstrationen nicht genehmigt werden, gehen die Bürger in Sachsen und in vielen anderen Bundesländern abends gemeinsam spazieren. Aber fast 100% der Bürger sind mit seinen Maßnahmen zufrieden? Halleluja, Gott sei Dank hat Sachsen den Ministerpräsidenten Kretschmer.

Was sind die tatsächlichen Zahlen der Krankenhäuser? Welche pandemische Notlage? Nur in diesem kurzen Zitat könnte man dem Herrn Minister Hunderte Fragen stellen, die jedoch von dem Journalisten nicht gestellt werden, sondern Herrn Kretschmer wird eine Bühne geliefert, um den Bürgern falsche Tatsachen zu präsentieren und Angst zu schnüren. So einfach funktioniert heutzutage Propaganda.

Die Massenmedien und die Journalisten werden zu Handlangern der Politiker degradiert. Aber wehe, wenn irgendjemand gegen das System opponiert, da sind sie mit ihren Berichten und Verleumdungen sofort zur Stelle. Da wird jeglicher Kritikpunkt aus den tiefsten Schubladen herausgezogen, nur um das „Opfer“ zu diskreditieren. Da stürzt man sich mit allem, was man hat, auf das Opfer, frei nach dem Motto: Egal wie, aber die Seriosität muss sofort zerstört werden! Und in den allermeisten Fällen handelte es sich bei den Kritikern natürlich um gefährliche Rechtsradikale, die aus Deutschland wieder ein Nazi-Deutschland machen möchten. Und schon ist dem Opfer ein Täter geworden, und alles ist wieder in Ordnung... Haha, dass aber die Berichterstattung in Deutschland schon lange nichts mehr mit einer neutralen Berichterstattung zu hat, fällt immer noch viel zu wenigen Menschen auf.

„Die Berichterstattung deutscher Leitmedien über die Corona-Pandemie war teilweise unkritisch. Zu diesem Schluss kommt eine gemeinsame Studie der Ludwig-Maximilians-Universität München und der Gutenberg-Universität Mainz, die am Montag (8.11.2021) bei einer Veranstaltung der Rudolf-Augstein-Stiftung in Berlin vorgestellt wurde. In ihrer Studie stellten die Wissenschaftler unter anderem fest, zwischen dem tatsächlichen Pandemiegeschehen und der Berichterstattung habe zeitweise nur ein loser Zusammenhang bestanden. Nicht Ärzte und Wissenschaftler, sondern Politiker hätten zumeist im Fokus der Berichterstattung gestanden, wie die Forscher betonen. Allerdings soll dabei nicht gleichmäßig über unterschiedliche Positionen aufgeklärt worden sein. ‚Unter den politischen Akteuren dominierten die Unionsparteien, während über die Oppositionsparteien kaum berichtet wurde.‘“[43]

Was für ein Wunder, dass man überhaupt mal eine Studie findet, die kritisch über die Massenmedien und die Einheitsregierung berichtet.

Schauen Sie sich doch einmal das Internet an. Egal, was man auf einer deutschen Suchmaschine (z.B. Google) sucht, die ersten drei bis vier Seiten sind fast nur mit Massenmedien und bezahlten Faktencheckern besetzt. Hat das noch mit neutraler Berichterstattung zu tun? Meinungstrends oder Umfragen, die wiederum von den Massenmedien finanziert werden, werden als die ultimative Wahrheit dargestellt. Die Propaganda-Maschinerie ist voll aufgedreht, und die Handlanger und der Großteil der Journalisten sind daran beteiligt.

„Korruption im Journalismus ist ein altes Problem, das in der heutigen Zeit immer mehr unter den Teppich gekehrt wird. Eine Gefälligkeit unter Kollegen, ein kostenloses Wochenende in den Bergen oder eine Dauerleihgabe der letzten Generation eines Handys ist da nur die allerkleinste Spitze des Eisberges. Zusätzlich bekommen die Journalisten die sogenannte rote Linie von der Redaktion und der Geschäftsleitung deutlich aufgezeigt. Sie wissen ganz genau, in welchem Radius sie sich bewegen und berichten dürfen, was erwünscht und was nicht erwünscht ist. In einer gerichtlichen Auseinandersetzung in Kalifornien hat Facebook zugegeben, dass die Faktenchecker keine Fakten checken, sondern vielmehr nur ihre Meinung zum Ausdruck bringen. Ein Journalist hatte Facebook wegen Verleumdung verklagt, da den Menschen doch ein anderer Eindruck vermittelt wird. Das ist völlig irreführend, oder vielleicht anders ausgedrückt: Es wird nur Propaganda vermittelt. Zu den Myriaden von Brandmarkungen von angeblichen Fake-News sagt Facebook: ‚Die Kennzeichnungen selbst sind weder falsch noch diffamierend; sie stellen vielmehr eine geschützte Meinung dar.' Die Züricher Zeitung fragte in einem Bericht vom 19.11.2020 folgendes: Social-Media-Plattformen wie Facebook oder Twitter unterziehen Beiträge einem Faktencheck. Doch wer kontrolliert eigentlich diese Prüfinstanz?“(44)

Wer entscheidet über die Richtigkeit eines Artikels oder einer Meinung? Wer setzt die Parameter, nach denen ein Post, ein Bericht, eine Webseite oder eine Meinung als wahr oder als unwahr abgestempelt wird?

Und hier schließt sich wieder der Kreis. Die Regierung im Zusammenspiel mit den Tech-Unternehmen setzt die Parameter und entscheidet, was für den Bürger gut und was für den Bürger schlecht ist. Na dann, viele Grüße an die Demokratie und an die Meinungs- und Pressefreiheit.

„Selbst der Generaldirektor der Weltgesundheitsorganisation (WHO) hielt sich gar für berufen, vor der Gefahr einer „Infodemie" zu warnen, er meinte damit allen Ernstes ein Überangebot an Informationen, „von denen manche irreführend oder sogar schädlich sein können. Das Regionalbüro der WHO in Europa sprach davon, dass sich eine „unüberschaubare Menge an Informationen (...) auf unterschiedliche Weise negativ auf die menschliche Gesundheit auswirken" könne. Aber kann es zu viel Wissen geben? Das klingt gefährlich nach Bücherverbrennung oder Bildersturm, das ist der Sound von Regimen, die sich nur noch an der Macht halten können, indem sie Meinungsfreiheit radikal unterdrücken. Die Regierungen schaffen einen gesetzlichen Rahmen, in welchem Debattenorte im Netz, aber auch virtuelle Räume des gesammelten Wissens und des Austausches von Meinungen beschnitten werden sollen – von Faktenfindern."[45]

Ende 2021 fand ein Kampf gegen die zensurfreie Messenger-Plattform „Telegram" statt, die noch nicht unter dieser staatlichen Reglementierung der Faktenchecker und somit der Regierungen steht. Die neue Bundesinnenministerin Nancy Faeser, die nur seit wenigen Wochen im Amt ist, kündigt dem Messenger-Dienst den Kampf an, da sich auf Telegram angeblich rechtsradikale Corona-Leugner in Chats versammeln, Fake News verbreiten und zu Demonstrationen aufrufen.

Das ist Zensur nach alter kommunistischer Art, wo Andersdenkende diskriminiert, verleumdet, zensiert und verfolgt werden müssen. Eigentlich sollten wir solche Vorgehensweisen nur aus diktatorischen Regimen kennen, doch im besten Deutschland aller Zeiten hat ein solches Vorgehen oberste Priorität. Es gibt momentan in Deutschland nichts Wichtigeres, als im Kampf gegen Telegram auf europäischer Ebene Verbündete für die Zensur zu finden. Leider oder vielleicht Gott sei

Dank ist dies bei Telegram nicht ganz so einfach, da Telegram seinen Firmensitz in Dubai, in den Arabischen Emiraten, hat. Unter dem scheinheiligen Vorwand des Netzwerkdurchsetzungsgesetzes versucht man, Telegram wie auch Facebook oder Twitter unter die Fittiche der Regierungen zu bringen, um augenscheinlich unerwünschte Meinungen zu zensieren. Das bedeutet, dass offensichtlich strafbare Inhalte innerhalb von 24 Stunden gelöscht werden müssen. Doch nochmals, wer bestimmt hier, was strafbare Inhalte sind? Ist es ein strafbarer Inhalt, wenn ich einen wissenschaftlich fundierten Bericht eines Professors poste, der sich öffentlich gegen die Corona-Maßnahmen positioniert? Anscheinend ja, denn wie wir schon wissen, sind andere Meinungen, die im Widerspruch zur Meinung der Bundesregierung stehen, nicht erwünscht und dürfen somit nicht gelesen bzw. gepostet werden. Ich weiß nicht, wie es Ihnen dabei geht, aber ich werde mir das nicht gefallen lassen!

Abb. 25: Die kranke Gesellschaft. Der Bürger wird 24 Stunden lang durch und mit einer destruktiven Propaganda-Maschinerie bombardiert…

3.2. Propaganda-Beispiele der Mainstream-Medien

Liebe Leserinnen und Leser, lassen Sie uns in diesem Kapitel, gemeinsam einen Blick auf unterschiedliche Propaganda-Beispiele werfen, die das letzte Jahr über die Gemüter der Bürger bewegten und in einigen Fällen die Maßnahmen unserer tollen Bundesregierungen gestützt haben.

Sicherlich können Sie sich an die „Operation Kleeblatt“ vom November 2021 erinnern, als angeblich schwerst an Covid-19 erkrankte Patienten mit einem Rettungshubschrauber von einem Bundesland ins andere verlegt wurden. Die gesamte Medienlandschaft schlug im November 2021 wegen Überlastungen der Intensivstationen durch Covid-19-Patienten Alarm. Horrorszenarien wurden prognostiziert und von Überbelegungen sowie Triagen wurde berichtet.

Abb. 26 und 27: Man kann sich ja mal irren… Propaganda zur Einschüchterung des Volkes.

Das Bild in Abb. 26 wurde von der Bildzeitung und von weiteren unterschiedlichen Medien verwendet, um den Abtransport der Patienten zu dokumentieren. Das Erstaunliche an dieser Märchen-Geschichte ist, dass so gut wie keine Verlegungen aufgrund von Covid-19 stattfanden, stattdessen stammt das obere Bild der „Bild Zeitung“ von einem Pressetermin am 6. Januar 2021, als Mitarbeiter der DRF die Isolationstrage EpiShuttle der Presse vorstellten.

So einfach werden dramatische Schlagzeilen zusammengebastelt. Das Lächerliche daran ist, dass sie sich nicht einmal mehr die Mühe machen, die Propaganda zu verschleiern. Ihnen müsste doch klar sein, dass irgendwelche Internet-Freaks alles nachrecherchieren, aber das ist ihnen egal. Man benötigt Nachrichten, die die Bürger weiterhin verängstigten und in Panik versetzten, und somit wird eben eine Schlagzeile gebastelt. Die Booster-Kampagne musste ja am Laufen gehalten werden. Lassen Sie uns an dieser Stelle einen Blick in das Intensivregister DIVI werfen, über das ich schon ausführlich in Band 1 geschrieben habe. Obwohl Tausende Intensiv-Betten das Jahr über reduziert wurden, bestand im November 2021 kein Grund zu Panik. Es waren immer noch Tausende Intensivplätze frei, ohne die Reservebetten hinzuzurechnen.

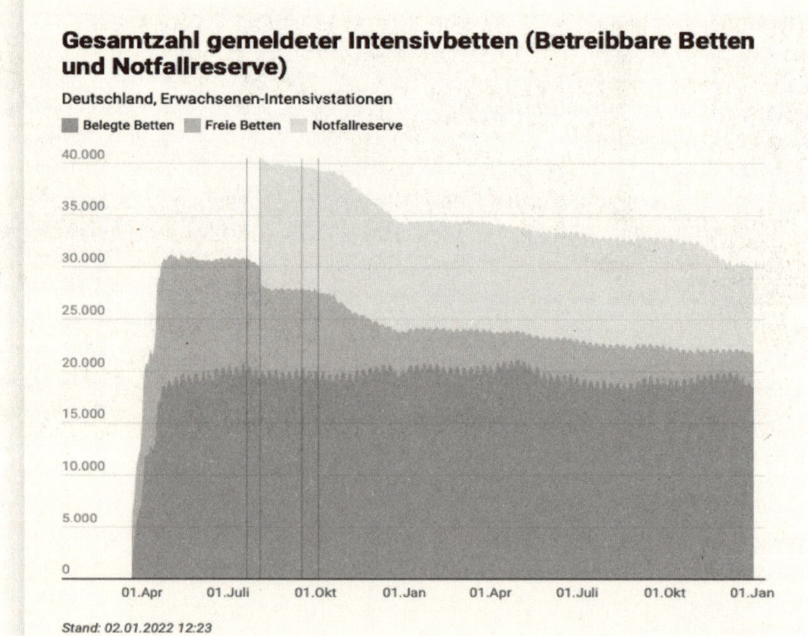

Abb. 28: Übersicht Gesamtzahl gemeldeter Intensivbetten. Im oberen Bild können Sie deutlich erkennen, dass in Deutschland über die gesamte Plandemie kein Bettennotstand vorhanden war.

Zudem sollten wir nicht vergessen, dass durch das Krankenhausnotfallgesetz den Krankenhäusern nur Zuschüsse durch den Bund gewährt werden, wenn diese eine mindestens 75%ige Auslastung der Intensivstationen nachweisen können!

„Laut dem Lagebericht des RKI gab es im November 2021 1.755 Patienten, die durch und wegen Covid-19 hospitalisiert werden mussten.“(46)

Wie kann die Bundesregierung somit von einem Notfall und von Triage sprechen? Es ist alles, von Anfang an, auf Lügen und Betrug aufgebaut.

Schauen wir uns ein weiteres Beispiel für Propaganda-Maßnahmen der Regierungen und der Massenmedien an: Sicherlich können Sie sich an „die Bilder von Bergamo“ erinnern, die in allen Medien ausgestrahlt und von vielen deutschen Politikern fast täglich zitiert wurden.

Mit diesem Bild vom März 2020 wurde die Gefahr von Covid-19 konkret: Emanuele di Terlizzis Schnappschuss von nächtlichen Leichentransporten in Bergamo.

(Foto: Emanuele di Terlizzi)

Abb. 29: Mit diesem Bild vom März 2020 wurde der angebliche Schrecken von Bergamo und die vielen Covid-19-Toten dem Bürger verkauft. Das Bild ist kein Fake, jedoch wurden nur die Toten abtransportiert, die über Tage und Wochen nicht eingeäschert wurden. Steckte da vielleicht ein Plan dahinter?

Abb. 29 zeigt einen Militär-Konvoi von 13 Fahrzeugen, der angeblich die Särge der Covid-19-Toten aus Bergamo, Italien, abtransportierte. Dem Zuschauer wurde suggeriert, dass die Lage in Italien so bedrohlich war, dass die Hunderten bzw. Tausenden Toten von Bergamo, die der Pandemie zum Opfer fielen, vom italienischen Militär nachts heimlich abtransportiert werden mussten, da die Krankenhäuser und Friedhöfe die hohe Anzahl der Toten nicht mehr stemmen konnten. Dem Zuschauer und Leser wurde das Bild einer dramatischen Pandemie mit unzähligen Toten vermittelt. Selbst unser Gesundheits-Prophet Karl Lauterbach erwähnte des Öfteren diese Maßnahmen und Bilder.

„Ehrlicherweise gilt: 80% unseres Erfolgs waren die Horrorbilder aus Italien. Sie geraten in Vergessenheit. Daher braucht es jetzt eine gute Strategie.“(47)

Karl Lauterbach

Doch von welchem Erfolg spricht hier Gesundheitsminister Lauterbach? Meint er vielleicht den Erfolg, die Menschen in Angst und Schrecken versetzt zu haben?

Um welche Maßnahmen handelt es sich hier tatsächlich? Das italienische Militär wurde in der Nacht vom 18.3.2020 in Bergamo (und danach in einigen anderen italienischen Städten) nicht eingesetzt, um überwältigend viele Leichen abzutransportieren, sondern aus Angst vor dem „Killervirus“. Den Angehörigen, die allesamt in strenger Quarantäne verharren mussten, war es bei Androhung drakonischer Strafen verboten, sich, wie sonst üblich, um ihre Verstorbenen zu kümmern. Lokale Akteure beschlossen die unverzügliche Einäscherung der Seuchenopfer. Weil normalerweise lediglich knapp die Hälfte der Verstorbenen kremiert wird, reichten die Kapazitäten des Ofens im Zentralfriedhof von Bergamo nicht aus. Die Leichen mussten also zu Friedhöfen in der Umgebung gebracht werden. Logistisch und sicherheitstechnisch war dazu anscheinend nur das italienische Heer in der Lage. Der nächtliche Transport, der dem makabren Bild die unvergleichliche Dramatik gab, geschah vor allem, um den Vorgang so gut es ging zu verheimlichen. Erreicht wurde damit das Gegenteil.(48)

Die Wucht dieser Propaganda-Maßnahmen hatte weltweit verheerende Konsequenzen, da Politiker in den USA, Frankreich sowie in Deutschland unverzüglich strikte Corona-Maßnahmen wie Lockdowns veranlassten. Wie kann es sein, dass Regierungen nicht über diese Maßnahmen Bescheid wussten? Oder war es so gewünscht? Zusätzlich wurden weitere Horror-Bilder aus Italien dieser Mitteilung beigemischt, und die perfekte Staats-Propaganda war fertig. Warum wurde den Zuschauern im Nachhinein nicht die Wahrheit mitgeteilt?

Weil genau solche Bilder für diese Fake-Pandemie dienlich sind. Die schrecklichen Ereignisse waren weit weg und doch um die Ecke, und somit kam der „Gutmensch“ in Deutschland überhaupt nicht auf die Idee, dass es sich eventuell um gestellte Bilder handeln könnte. Es ist schon erstaunlich, wie einfach man den Zuschauer hinters Licht führen kann.

Mainstream-Medien-Berichterstattung, vor allem im Fernsehen, in aller Kürze von mir zusammengefasst:

- Impfen ist gut.
- Impfen schützt.
- Impfen macht frei.
- Impfen ist gesund.
- Impfen hat keine Nebenwirkungen.
- Impfen hat keine Langzeitfolgen.
- Ungeimpfte sind unrein, rechts, egoistisch, unsolidarisch und wegzusperren.
- Impfen kostet nichts.
- Impfen ist gelebte Solidarität.
- Impfen hilft selbst dann, wenn es nicht hilft.
- Impfen ist Pflicht.
- Impfpflicht jetzt.
- Es ist doch nur ein Piks.[49]

Liebe Leserinnen und Leser, ich muss Ihnen gestehen, dass es für mich wirklich nicht nachvollziehbar ist, wie ein mündiger Bürger auf eine solche Propaganda-Aktion hereinfallen kann. Klar verstehe ich die Angst und den Druck, aber sich einem Gen-Experiment zu unterziehen, bei dem schon Tausende von Toten und Millionen von schweren Impfnebenwirkungen zu verzeichnen sind, kann doch nicht die Lösung sein.

Vielleicht verdienen es diese Impf-Junkies nicht anders?! Es tut mir wahnsinnig leid, aber an dieser Stelle habe ich echt keine anderen Worte mehr übrig.

Glauben die wirklich, dass sich ein mündiger Bürger wegen einer Grippe alle drei Monate mit einer mRNA-Gen-Spritze impfen lassen muss? Solange diese Propaganda-Maschinerie am Laufen ist und solange Millionen von Schwachköpfen sich für eine Impfung anstellen, wird dieser Genozid nicht mehr zu stoppen sein.

Bevor wir jedoch auf den heimlichen Medienmogul Bill Gates zu sprechen kommen, der weltweit Gelder in Millionenhöhe an die Presse verteilt, möchte ich Ihnen die letzte Top-Propaganda-Aktion des Jahres 2021 vorstellen. Diese hätte sicherlich den Hauptpreis gewonnen!

Sicher können Sie sich an die bewegenden Bilder aus Kabul vom August 2021 erinnern, als Menschen den Flughafen stürmten, auf die Landebahnen rannten und sich an eine US-Maschine hängten? Um es hier gleich klarzustellen: Ich mache mich nicht über das Leid der Menschen in Afghanistan lustig, ganz im Gegenteil, es ist eine Schande für die international Gemeinschaft, dass dieses wunderbare Land nach 20 Jahren Krieg für die angebliche Demokratie und gegen den angeblichen Terrorismus einer terroristischen Vereinigung wie den Taliban, inklusive einer militärischen Kriegsausrüstung von über 80 Milliarden US-Dollar überlassen und mit Förder-Milliarden unterstützt wird.

Nein, ich mache mich über die Berichterstattung und die Propaganda-Maschinerie lustig, die uns von den Massenmedien verkauft wird. Es ist schon eine Beleidigung für mündige Bürger, aber den dummen „Gutmenschen“ kann man eben alles verkaufen!

Abb. 30: Party auf dem Rollfeld? Das Bild soll die angebliche Massenpanik in Kabul darstellen.

Video 9:

Titel	Afghans Run Alongside U.S. Military Plane At Kabul Airport
Link	www.youtube.com/watch?v=kaJvgUpZtNI&t=25s

Über den obigen Link können Sie sich das Video in voller Länge anschauen, inklusive dem Sturm auf die Flughafenhalle. Diese Bilder gingen tagelang durch alle Medien weltweit und wurden als echt verkauft. Doch sind sie es tatsächlich?

Abb. 31: Die Propaganda ist nur noch lächerlich. Dieses Bild wurde von den Medien verwendet, um den Sturm der Flüchtende in Kabul zu dokumentieren.

Abb. 32: Das gleiche Bild wie in Abbildung 31, jedoch handelt es sich bei diesem angeblichen Ansturm um Fans, die ins AT&T-Stadion in der USA eingelassen werden.

Massenmedien wie die „ABC News" aus Australien und viele weitere Medien sendeten spezielle Taliban-Interviews, inklusive dieser dramatischen Bilder.

Dann lassen Sie uns auch hier gemeinsam einen tieferen Blick auf die Ereignisse von Kabul werfen: Der Bericht startet damit, dass Hunderte bzw. Tausende von Menschen in die Flughafenhalle stürmen, um sich in Sicherheit zu bringen. Wenn man jedoch die Szene genauer betrachtet, handelt es sich bei den Stürmenden nicht um Menschen, die die Flughafenhalle in Kabul stürmen, sondern um Fans der „Dallas Cowboys" vom Spiel Cowboys vs. Seahawks am 6.1.2019, die in das AT&T-Stadium stürmen.

Video 10:

Titel	Cowboys vs. Seahawks Fans storm into AT&T Stadium
Link	www.youtube.com//watch?v=IgdA37ioz_8

Ja, man kann im Bild sogar deutlich den Verkaufsstand der Trikots erkennen, und ja, es handelt sich um das gleiche Bild und Szenarium.

Und jetzt mal eine ganz dumme Frage: Wenn die Massenmedien in ihren Berichten schon über dieses angebliche Ereignis (Sturm der Flughafenhalle) gelogen haben, warum sollte dann der Rest der Berichterstattung echt sein? Sie bauen einfach bei den Evakuierungsbildern irgendwelche Bilder aus der Vergangenheit ein, und schon haben sie einen tollen und echten Bericht. Es ist verrückt, aber so lächerlich einfach agiert dieses Lumpenpack, und der deutsche „Gutmensch“ glaubt die Geschichte.

Wie verhält es sich mit dem Video, in dem angeblich afghanische Bürger auf dem Rollfeld einer US-Maschine hinterherlaufen? Das wurde in unseren öffentlich-rechtlichen Medien hoch und runter gezeigt.

Lassen Sie uns auch hier gemeinsam einen tieferen Blick auf dieses Ereignis werfen: Im Internet kursierte die Anschuldigung, dass viele Betrachter davon überzeugt waren, dass es sich nicht um eine echte Boeing C-17 Globemaster III handeln würde. Selbstverständlich wurde diese These von den liberalen und unabhängigen Faktencheckern sofort widerlegt und bestritten.

Abb. 33 und 34: Bild-Gegenüberstellung mit einer richtigen C-17 Globemaster III.

Das ist die Szene, die den Bürgern als echt verkauft wurde. Hunderte flüchtende Afghanen laufen einer auf der Rollbahn zum Start ansetzenden Maschine hinterher. Sie rennen in ihren Badeschlappen unter den Tragflügeln mit, lachen und winken in die Kamera.

Es ist schon erstaunlich, dass total verzweifelte Menschen auf einem Rollfeld lachend und winkend in die Kamera schauen, aber es kann ja sein! Weitere Menschen sitzen unter den Turbinen auf der Reifenabdeckung und fühlen sich so dermaßen in Sicherheit, dass sie ein Handy aus der Tasche ziehen und wahrscheinlich die letzten Abschiedsgrüße nach Kabul versenden. Ich habe Ihnen zum Vergleich die „echte" USA-Air Force Boeing C-17A Globemaster III 02-1109 (Abb. 34) herausgesucht. Dabei möchte ich gar nicht groß auf den Punkt eingehen, ob es sich bei dem Flugzeug in der Flughafenszene von Kabul um eine Gummi-Attrappe handelte oder ob das Flugzeug Fake war oder nicht, denn wer mit Idioten herumdiskutiert, wird automatisch auch zum Idioten. Aber so sieht eine echte C-17 aus.

Eine solche Maschine benötigt eine Startgeschwindigkeit von über 200 km/h, und die Medien wollen uns verkaufen, dass Menschen sich beim Start an die Maschine gehängt haben sollen. Wie soll das denn funktioniert haben? Wahrscheinlich haben sie zu viele Teile von „Mission Impossible" gesehen, denn anders kann ich mir das nicht erklären. Und eine kurze Frage zwischendurch: Können Sie in den Berichten der Massenmedien die Turbinen dieser enormen Maschinen sehen bzw. erkennen? In Abb. 35 können Sie eine C-17 kurz nach dem Start sehen. Wo hätten sich da bitteschön die Menschen hinhängen können?

Aber lassen Sie uns zurück zu den Turbinen kommen. In Video 11 sehen Sie eine Boeing C-17, die zum Start ansetzt. Das Geräusch der Turbinen ist ohrenbetäubend, und man kann deutlich das Pfeifen der Motoren hören. Man hört deutlich die Power und den Schub der vier Motoren.

Abb. 35: Eine C-17 Globemaster III kurz nach dem Start.

Video 11:

Titel	Amazing C-17 Globemaster III close-up takeoff with amazing engine sound
Link	www.youtube.com/watch?v=TSKx6ZgKyAc

Apropos Schub und Wind: Können Sie in diesem Video irgendwelche Windveränderungen erkennen? Menschen stehen direkt unter den Turbinen, wo ein ohrenbetäubender Lärm herrschen müsste, und bekommen vom Schub der gewaltigen vier Motoren überhaupt nichts mit, und auch der Lärm macht ihnen gar nichts aus?! Weder die Flüchtenden vor den Turbinen noch die Menschen, die direkt hinter oder unter den Turbinen standen, bekamen irgendetwas vom Schub ab.

Haben Sie, als Sie in den Urlaub geflogen sind, vielleicht schon einmal die Erfahrung gemacht, dass Sie an einer parkenden Passagier-Maschine vorbeilaufen mussten, welche die Motoren angeworfen hatte, während die Passagiere noch einstiegen? Schon diese Power, dieser Wind und dieser Lärm sind gewaltig. Aber die Flüchtenden aus Kabul haben von alldem nichts mitbekommen, und man kann auch nichts davon in dem Video erkennen.

Zudem komme ich nicht umhin, Ihnen noch ein weiteres Video zu zeigen bzw. zu empfehlen. Viele von uns kennen noch die englische Sendung „Top Gear", in der drei „ältere" Herren mit Autos Rennen fahren oder sich irgendwelche Dummheiten einfallen lassen. Und in einer Sendung von 2010 mit dem Titel „Car vs Boeing 747 Engine | Top Gear" haben sich diese Jungs etwas ganz Spezielles einfallen lassen: Sie haben hinter den Turbinen einer auf dem Rollfeld stehenden 747-Passagiermaschine eines bzw. mehrere Autos quer an einem Stahlseil gezogen, da es sicherlich zu gefährlich gewesen wäre, selbst zu fahren. Sie wollten dadurch das Resultat des vollen Schubes einer 747 austesten. Was hier jetzt fairerweise zum Afghanistan-Video gesagt werden muss, ist, dass die C-17 auf dem Rollfeld sicherlich nicht den vollen Schub ansetzte. Aber zurück zum Video von Top Gear: Was glauben Sie, was das Resultat war? Ja, ganz richtig, die Autos wurden durch den Schub zerfetzt und durch die Luft geschleudert, aber die Menschen in Afghanistan haben von einer noch größeren Maschine mit noch mehr Power nicht einmal den geringsten Windstoß abbekommen!

Wie lässt sich das erklären? Aber sicherlich finden die Faktenchecker-Helden auch für diese These eine plausible Antwort…

Video 12:
Titel Car vs Boeing 747 Engine/Top Gear
Link www.youtube.com/watch?v=ZJ9uWsvR1I0

Hier zum Abschluss dieser Märchengeschichte noch ein Bild einer startenden C-17 Maschine, bei der Sie den gewaltigen Schub deutlich erkennen können. (Abb. 36) Aber auf dem Rollfeld von Kabul war sicherlich alles schon sauber gekehrt worden, bevor die US-Maschine zum Start ansetzte!

Liebe Leserinnen und Leser, auch bei dieser Propaganda-Nachricht kann man eigentlich nur noch den Kopf schütteln. Sicherlich wollten die Produzenten und die Massenmedien die Dramatik der Situation in Kabul hervorheben, aber hätten sie dies nicht auch mit einer normalen und reellen Berichterstattung tun können? Es geht immer nur um die Manipulation der Bürger, und mit dieser Art der Berichterstattung wollte man das komplette Versagen des Militäreinsatzes verschleiern.

Die Frage, die ich mir hier stelle, ist: Warum ist diese Art Berichterstattung heutzutage überhaupt möglich?

Abb. 36: Eine C-17 Globemaster III kurz nach dem Start. Der Schub der Turbinen ist gewaltig.

3.3. Die 5 Gründe für die Beteiligung der Massenmedien

Meiner Meinung nach gibt es 5 Gründe, warum sich die Medien sich an diesem perversen Spiel beteiligen und von ihrem Ehren-Kodex, einer neutralen Berichterstattung, abweichen:

Grund 1:
Weil sie unter den Fittichen der Finanzelite stehen, die ihren Plan, den Great Reset, seit Jahren umsetzen. Die großen Medienhäuser gehören zwangsläufig einem Konglomerat an und unterstehen somit automatisch den Anweisungen ihrer Hauptaktionäre, die, wie wir schon mehrmals lesen konnten, Vanguard, Blackrock und institutionelle Investoren sind.

Zu diesem Punkt gibt es einen großartigen Bericht vom 3. Januar 2022, den der Journalist Boris Reitschuster geschrieben hat und der die oben genannte These auf den Punkt bringt.

> *„Lange war es nur ein Bauchgefühl – jetzt gibt es handfeste Belege, zumindest in einem Fall: Die Medien, die eigentlich den Staat kontrollieren sollen, stecken mit ihm unter einer Decke. Der Chef der Ringier-Mediengruppe hat seinen Redaktionen Regierungstreue verordnet – wie jetzt durch seine Aussagen in einem Video zu belegen ist, das eigentlich geheim bleiben sollte. Zitat: „Wir wollen die Regierung unterstützen durch unsere mediale Berichterstattung, dass wir alle gut durch die Krise kommen.“*[(50)]

Ringier ist ein in mehreren Ländern tätiges Medienunternehmen mit Sitz in der Schweiz und rund 6.800 Mitarbeitern. Seit Januar 2006 berät der deutsche Altkanzler Gerhard Schröder den Konzern. In der Schweiz gibt Ringier unter anderem die Magazine *Blick*, *Blick am Abend*, *SonntagsBlick*, *blick.ch* und die *Blick App* heraus. In Mitteleuropa betreibt Ringier mehrere Gemeinschaftsunternehmen in der Medienbranche mit dem deutschen Axel-Springer-Konzern. Bis 2016 gehörten in Deutschland Cicero und Monopol zu dem Schweizer Unternehmen…

In dem Geheimvideo, über welches das Portal „Nebelspalter" berichtet, erklärt Ringier-CEO Marc Walder im kleinen Kreis das, was so viele ahnen, aber noch mehr für unmöglich halten. Er sagt in dem Filmausschnitt sinngemäß, dass er seine Redaktionen weltweit angewiesen hat, auf jegliche Kritik an der offiziellen Corona-Politik zu verzichten und stattdessen strammen Regierungskurs zu halten.

Video 13:

Titel	Ringier-CEO Marc Walders Befehl an die Redaktionen, in der Pandemie die Regierung zu unterstützen
Link	www.youtube.com/watch?v=rw1fJoe2YzI

Tatsächlich sind die Ringier-Medien, wie das Portal schreibt,

„allen voran die Blick-Gruppe, (…) das Megafon des Staates, wenn es um die amtliche Corona-Politik geht. Zwischen der Zürcher Dufourstraße, wo Ringier zu Hause ist, und Gesundheitsminister Alain Berset im Berner Bundeshaus scheint eine Standleitung zu bestehen. Regelmäßig berichten die Ringier-Medien vorab, was Berset in der Bundesratssitzung des kommenden Tages einbringen wird. Kritik am staatlichen Handeln und zu kritischer Berichterstattung gäbe es wahrlich Anlass genug – diese sucht man in den Ringier-Medien aber vergeblich.
„Der Eindruck beim Lesen", so Nebelspalter, Blick & Co. seien „regierungstreu bis zum Abwinken". Statt objektiv und kritisch zu berichten, „betätigen sich die Ringier-Medien lieber als verlängerter PR-Arm von Berset und seinem Bundesamt für Gesundheit (BAG)."

Die hier zu hörende Aussage machte Walder am 3.2.2021 im Rahmen der Gesprächsreihe „Inspirational Talk" der *Schweizerischen Management Gesellschaft*. Thema: „Digitale Transformation @Ringier".

Das Wortprotokoll und die Reaktion von Walder können Sie in dem Artikel des „Nebelspalter"(261) nachlesen.

„Die Recherche des „Nebelspalters" zu den Aussagen von Ringier-Chef Marc Walder sorgt schweizweit (und auch in Deutschland) für Schlagzeilen. Die Kritik an Walder und seiner Haltung ist gross. Der Ringier-Mitbesitzer hatte in einer Gesprächsreihe im Februar letzten Jahres gesagt: „Wir hatten in allen Ländern, wo wir tätig sind – und da wäre ich froh, wenn das in diesem Kreis bleibt – auf meine Initiative hin gesagt: „Wir wollen die Regierung unterstützen durch unsere mediale Berichterstattung, dass wir alle gut durch die Krise kommen. Was der CEO eines der grössten Medienunternehmen der Schweiz da zum Ausdruck bringt, ist eine journalistische Bankrotterklärung."

Der Nebelspalter

Besonders brisant: Bei einer Volksabstimmung über ein „Maßnahmenpaket zugunsten der Medien" am 13. Februar 2022 wurde es auch um eine Vervielfachung der Subventionen an private Medien von 53 auf 178 Millionen Franken jährlich gehen. Ausgerechnet Ringier wäre einer der wichtigsten Profiteure.

Wie Sie im oberen Bericht lesen können, trifft dieser Skandal genau den Punkt, den die sogenannten Verschwörungstheoretiker seit Jahren anprangern: Die Medien werden als Berichterstatter der Politiker verwendet und sind Teil dieser Agenda. Ohne diese korrupten Medien und Journalisten gäbe es keine Covid-19-Pandemie, und an einen Great Reset wäre nicht einmal zu denken. Es ist mir bewusst, dass ich in manchen Abschnitten unheimlich hart gegen die Medien schreibe, aber es ist nun mal eine Tatsache, die nur die hörigen Impf-Junkies nicht wahrhaben möchten und sich in ihrer Dummheit oder vielleicht Gutgläubigkeit an ihrem eigenen Untergang beteiligen.

Grund 2:
Weil sie von privaten Spenden von sogenannten Philanthropen, Milliardären und NGOs abhängig gemacht wurden und somit auf sie angewiesen sind.

Stellen Sie sich einmal folgende Situation vor: Sie sind Verleger einer Zeitung und haben seit Jahren mit sinkenden Verkaufszahlen und sinkendem Vertrauen ihrer Leserschaft zu kämpfen. Die Zeiten sind hart und der Konkurrenzkampf ist gewaltig. Dann bekommen Sie über irgendwelche „Bekannte“ einen Tipp, dass Sie sich als Verlag oder Zeitung bei der *Bill & Melinda Gates Foundation* bewerben können, um über irgendwelche an den Haaren herbeigezogene Themen zu schreiben, um damit Spenden zu erhalten. Also nochmal einfacher ausgedrückt: Sie bewerben sich beim „alten Onkel Gates“, schreiben über irgendwelche Themen, die kein Schwein interessieren, und bekommen dafür Millionen von Dollars an Spenden. Würden Sie einen solchen Deal verschmähen und unter bestimmten Umständen nicht auch einfach mal wegschauen, anstatt über den „alten Onkel Gates“ zu berichten? Sie würden ja nicht lügen, sondern Sie schreiben einfach nur nicht darüber! Das Ganze hört sich fast wie eine Märchengeschichte an, aber in der heutigen Medienlandschaft ist dies durchaus gang und gäbe.

MintPress konnte mittels Durchsicht von über 30.000 Zuschüssen in der Datenbank der *Bill & Melinda Gates Foundation* Hunderte von sogenannten Spenden an Medienhäuser nachweisen. Die Gesamtsumme belief sich auf weit über 300 Millionen US-Dollar.(51) Nur von der Gates-Foundation wurden einfach so über 300 Millionen Dollar für undurchsichtige Projekte an unterschiedliche Medienhäuser weltweit verteilt. Zu dieser gewaltigen Summe können Sie aller Voraussicht nach noch weitere Hunderte Millionen Dollar anderer NGOs oder Stiftungen hinzurechnen, die durch sogenannte Spenden die Medienlandschaft in Abhängigkeit bringen.

Früher nannte man das KORRUPTION, aber heute handelt es sich ja nur um Spenden!

> *„Zu den Empfängern dieses Geldes zählen viele der wichtigsten Nachrichtenagenturen Amerikas, darunter CNN, NBC, NPR, PBS und The Atlantic. Gates sponsert auch eine Vielzahl einflussreicher ausländischer Organisationen, darunter die BBC, The Guardian, The Financial Times und The Daily Telegraph im Vereinigten Königreich; prominente europäische Zeitungen wie Le Monde (Frankreich), Der Spiegel (Deutschland) und El País (Spanien); sowie große globale Sender wie Al-Jazeera.“*

MintPress

Auszahlungen der Gates-Foundation direkt an Media Outlets:

- NPR – $ 24.663.066
- The Guardian (einschließlich The Guardian.org) – $ 12.951.391
- Cascade Public Media – $ 10.895.016
- Public Radio International (PRI.org/TheWorld.org) – $ 7.719.113
- The Conversation – $ 6.664.271
- Univision – $ 5.924.043
- Der Spiegel (Deutschland) – $ 5.437.294
- Project Syndicate – $ 5.280.186
- Education Week – $ 4.898.240
- WETA – $ 4.529.400
- NBC Universal Media – $ 4.373.500
- Nation Media Group (Kenia) – $ 4.073.194
- Le Monde (Frankreich) – $ 4.014.512
- Bhekisisa (Südafrika) – $ 3.990.182
- El País – $ 3.968.184
- BBC – $ 3.668.657
- CNN – $ 3.600.000
- KCET – $ 3.520.703
- Population Communications International (population.org) – $ 3.500.000
- The Daily Telegraph – $ 3.446.801
- Chalkbeat – $ 2.672.491
- The Education Post – $ 2.639.193
- Rockhopper Productions (Großbritannien) – $ 2.480.392
- Corporation for Public Broadcasting – $ 2.430.949
- UpWorthy – $ 2.339.023
- Financial Times – $ 2.309.845
- The 74 Media – $ 2.275.344
- Texas Tribune – $ 2.317.163
- Punch (Nigeria) – $ 2.175.675
- News Deeply – $ 1.612.122
- The Atlantic – $ 1.403.453

- Minnesota Public Radio – $ 1.290.898
- YR Media – $ 1.125.000
- The New Humanitarian – $ 1.046.457
- Sheger FM (Äthiopien) – $ 1.004.600
- Al-Jazeera – $ 1.000.000
- ProPublica – $ 1.000.000
- Crosscut Public Media – $ 810.000
- Grist Magazine – $ 750.000
- Kurzgesagt – $ 570.000
- Educational Broadcasting Corp. – $ 506.504
- Classical 98.1 – $ 500.000
- PBS – $ 499.997
- Gannett – $ 499.651
- Mail ans Guardian (Südafrika) – $ 492.974
- Inside Higher Ed. – $ 439.910
- BusinessDay (Nigeria) – $ 416.900
- Medium.com – $ 412.000
- Nutopia – $ 350.000
- Independent Television Broadcasting Inc. – $ 300.000
- Independent Television Service, Inc. – $ 300.000
- Caixin Media (China) – $ 250.000
- Pacific News Service – $ 225.000
- National Journal – $ 220.638
- Chronicle of Higher Education – $ 149.994
- Belle and Wissell, Co. – $ 100.000
- Media Trust – $ 100.000
- New York Public Radio – $ 77.290
- KUOW – Puget Sound Public Radio – $ 5.310(260)

Zusammengerechnet belaufen sich diese Spenden auf insgesamt

166.216.526 US-Dollar.

Das Geld wird im Allgemeinen für Themen verwendet, die Gates am Herzen liegen. Die Gates-Foundation hat auch fast 63 Millionen US-Dollar an Wohltätigkeitsorganisationen gespendet, die eng mit großen Medien verbunden sind. Gates zeichnet auch weiterhin verantwortlich für ein breites Netzwerk investigativer Journalismus-Zentren mit einem Gesamtvolumen von knapp über 38 Millionen US-Dollar, von denen mehr als die Hälfte an das in Washington D.C. ansässige *International Center for Journalists* floss, um afrikanische Medien auszubauen.

Zu diesen Zentren gehören:

- International Center for Journalists – $ 20.436.938
- Premium Times Center for Investigative Journalism (Nigeria) – $ 3.800.357
- The Pulitzer Center for Crisis Reporting – $ 2.432.552
- Fondation EurActiv Politech – $ 2.368.300
- International Women's Media Foundation – $ 1.500.000
- Center for Investigative Reporting – $ 1.446.639
- InterMedia Survey Institut – $ 1.297.545
- The Bureau of Investigative Journalism – $ 1.068.169
- Internews-Network – $ 985.126
- Communications Consortium Media Center – $ 858.000
- Institute for Nonprofit News – $ 650.021
- The Poynter Institute for Media Studies – $ 382.997
- Wole Soyinka Center for Investigative Journalism (Nigeria) – $ 360.211
- Institute for Advanced Journalism Studies – $ 254.500
- Global Forum for Media Development (Belgien) – $ 124.823
- Mississippi Center for Investigative Reporting – $ 100.000

„Darüber hinaus setzt die Gates-Foundation Presse- und Journalismusverbände mit mindestens 12 Millionen US-Dollar in bar ein. Zum Beispiel hat die National Newspaper Publishers Association – eine Gruppe, die mehr als 200 Filialen vertritt – 3,2 Millionen US-Dollar erhalten."

Die Liste dieser Organisationen umfasst:

- Education Writers Association – $ 5.938.475
- National Newspaper Publishers Association – $ 3.249.176
- National Press Foundation – $ 1.916.172
- Washington News Council – $ 698.200
- American Society of News Editors Foundation – $ 250.000
- Reporters Committee for Freedom of the Press – $ 25.000

Zu den Zuschüssen der Gates-Foundation in Bezug auf die Ausbildung von Journalisten gehören:

- Johns Hopkins University – $ 1.866.408
- Teachers College, Columbia University – $ 1.462.500
- University of California Berkeley – $ 767.800
- Tsinghua University (China) – $ 450.000
- Seattle University – $ 414.524
- Institute for Advanced Journalism Studies – $ 254.500
- Rhodes University (Südafrika) – $ 189.000
- Montclair State University – $ 160.538
- Pan-Atlantic University Foundation – $ 130.718
- World Health Organization – $ 38.403
- The Aftermath Project – $ 15.435

Von der Gates-Foundation unterstützte Medienprojekte:

- European Journalism Centre – $ 20.060.048
- World University Service of Canada – $ 12.127.622
- Well Told Story Limited – $ 9.870.333
- Solutions Journalism Inc. – $ 7.254.755
- Entertainment Industry Foundation – $ 6.688.208
- Population Foundation of India – $ 5.749.826
- Participant Media – $ 3.914.207
- Réseau Africain de l'Education pour la Santé – $ 3.561.683
- New America – $ 3.405.859
- AllAfrica Foundation – $ 2.311.529

- Steps International – $ 2.208.265
- Center for Advocacy and Research – $ 2.200.630
- The Sesame Workshop – $ 2.030.307
- Panos Institute Westafrika – $ 1.809.850
- Open Cities Lab – $ 1.601.452
- Harvard University – $ 1.190.527
- Learning Matters – $ 1.078.048
- The Aaron Diamond Aids Research Center – $ 981.631
- Thomson Media Foundation – $ 860.628
- Communications Consortium Media Center – $ 858.000
- StoryThings – $ 799.536
- Center for Rural Strategies – $ 749.945
- The New Venture Fund – $ 700.000
- Helianthus Media – $ 575.064
- University of Southern California – $ 550.000
- World Health Organization – $ 530.095
- Phi Delta Kappa International – $ 446.000
- Ikana Media – $ 425.000
- Seattle Foundation – $ 305.000
- EducationNC – $ 300.000
- Peking Guokr Interactive – $ 300.000
- Upswell – $ 246.918
- The African Academy of Sciences – $ 208.708
- Seeking Modern Applications for Real Transformation (SMART) – $ 201.781
- Bay Area Video Coalition – $ 190.000
- PowHERful-Stiftung – $ 185.953
- PTA Florida Congress of Parents and Teachers – $ 150.000
- ProSocial – $ 100.000
- Boston University – $ 100.000
- National Center for Families Learning – $ 100.000
- Entwicklungsmedien International – $ 100.000
- Ahmadu Bello University – $ 100.000

- Indonesian eHealth and Telemedicine Society – $ 100.000
- The Filmmakers Collaborative – $ 50.000
- Foundation for Public Broadcasting in Georgia Inc. – $ 25.000
- SIFF – $ 13.000

„Zusammengenommen belaufen sich diese von Gates gesponserten Medienprojekte auf insgesamt 319,4 Millionen US-Dollar. Diese nichterschöpfende Liste weist jedoch deutliche Mängel auf, sodass die tatsächliche Zahl zweifellos weit höher liegt. Erstens werden Sub-Grants nicht gezählt – Gelder, die von Empfängern an Medien auf der ganzen Welt gegeben werden. Und während die Gates-Foundation eine Offenheit über sich selbst pflegt, gibt es tatsächlich nur wenige öffentliche Informationen darüber, was mit den Geldern aus jedem Stipendium passiert, abgesehen von einer kurzen, ein oder zwei Sätzen umfassenden Beschreibung, die von der Stiftung selbst auf ihrer Website verfasst wurde. Es wurden nur Spenden an Presseorganisationen selbst oder Projekte gezählt, die anhand der Informationen auf der Website der Gates-Foundation als Medienkampagne identifiziert werden konnten, sodass Tausende von Zuschüssen mit einem medialen Element in dieser Liste nicht auftauchen.“[52]

So, liebe Leserinnen und Leser, ich hoffe, ich konnte Ihnen einen kleinen Überblick über die Geldspenden der *Bill & Melinda Gates Foundation* geben und wie sie durch Millionen von Dollars die Medienlandschaft zu ihren Gunsten verändern. Die Medienhäuser und die Mehrzahl der Journalisten stehen in einer Abhängigkeit und müssen notgedrungen bei diesem perversen Spiel mitspielen. Klar, sie hätten immer noch die Möglichkeit des Boykotts, aber dies würde zu einem Verlust oder aber zumindest einer Kappung der Geldflüsse führen. Wie soll es unter solchen Umständen zu einer Objektivität von Seiten der Medienhäuser kommen? Das ist so gut wie nicht möglich, außer Sie glauben wirklich noch an den Weihnachtsmann und denken, dass die Spenden ohne eine Beeinflussungsabsicht geflossen sind.

Wie Sie in der oberen Liste sehen können, hat „Der Spiegel“ insgesamt fast 5,5 Millionen Dollar an Spenden von der Gates-Foundation erhalten. Schauen Sie mal nach, wie viele kritische Berichte der Spiegel in den letzten Jahren über die *Bill & Melinda Gates Foundation* verfasst und veröffentlicht hat. Na, sind Sie darauf gekommen? Gar keine, was für ein Zufall!

Der Spiegel hat es nach seinem Skandal mit seinem Reporter Claas Relotius, der seit 2011 nach eigenen Angaben mindestens 60 Artikel verfälscht, verändert und/oder nicht wahrheitsgemäß berichtet hat, veröffentlicht. Es wurde gelogen, dass sich die Balken bogen, und der brave Leser wirft diesem Blatt bis heute noch sein Geld in den Rachen. Na ja, man muss im Leben nicht alles verstehen.

Was glauben Sie, was aus diesem Medienhaus geworden wäre, wenn es sich um ein Unternehmen gehandelt hätte, welches der AfD nahegestanden hätte? Sie hätten es in den Ruin getrieben! Aber bei der sogenannten „Linken“ ist das nicht so schlimm, da kann das schon mal passieren. Ach so, vielleicht sollte man an dieser Stelle erwähnen, dass Regierungstreue sich doch irgendwann bezahlt macht:

„Christiane Hoffmann, gebürtige Hamburgerin, Jahrgang 1967, wurde von den Grünen als stellvertretende Regierungssprecherin der neuen Ampelkoalition benannt. Sie war seit Anfang 2013 für den SPIEGEL tätig, als stellvertretende Leiterin des Hauptstadtbüros, als Zuständige für Meinungsbeiträge und zuletzt als politische Autorin, mit Schwerpunkt Außen- und Sicherheitspolitik.“[53]

Wie klein doch die Welt im Journalismus ist, aber sicherlich sind das alles nur Zufälle. Es ist immer das Gleiche… Die Medienhäuser sind schon seit vielen Jahren nicht mehr unabhängig, und die Redakteure befolgen nur die Richtung, die von oben vorgegeben wird. Das stinkt alles so nach Korruption und Prostitution, aber sicherlich sehe ich mal wieder Geister, die es nicht gibt.

Grund 3:
Weil es sich bei den gleichgeschalteten öffentlich-rechtlichen Medien um Institutionen handelt, die die Anweisungen der Einheitsregierung gehorsam umsetzen und sich im Gegenzug mit fürstlichen Gehältern, die durch die Zwangsgebühren finanziert werden, entlohnen dürfen.

Hans Peter Siebenhaar hat in einem Artikel vom 29.8.2017 die obere These auf den Punkt gebracht. Ob er heute noch zu diesem Artikel stehen und diesen immer noch so schreiben würde, weiß ich nicht, aber es lohnt sich auf jeden Fall, ihn zu lesen:

„Auch strukturell ist die gegenseitige Abhängigkeit allgegenwärtig. Die fein nach „schwarz“ und „rot“ sortierten Aufsichtsgremien der Anstalten sorgen seit jeher dafür, dass bei der Besetzung von Spitzenpositionen politisch nichts daneben geht. Die Staatsnähe zahlt sich für beide Seiten aus. Die Politik erhält die mediale Plattform des Gebührenrundfunks, und der Gebührenrundfunk seine Milliarden von den Bürgern durch die uneingeschränkte Rückdeckung der Politik. Mit der Einführung der Haushaltsgebühr 2013 haben die regierenden Parteien einen Automatismus der Finanzierung geschaffen, der im digitalen Medienzeitalter immer stärker an den Bedürfnissen der Bürger vorbeigeht. Aus der katholischen oder evangelischen Kirche kann schließlich jeder Bürger bei Bedarf austreten, bei ARD und ZDF muss er hingegen bis zum Sankt-Nimmerleins-Tag zahlen. Die Umstellung – von einem der Nutzung abhängigen System der Gerätegebühr hin zu einer Zwangsfinanzierung – erweist sich aber zunehmend als historischer Fehler. Denn seitdem wächst und wächst die Entfremdung zwischen Bürgern und Rundfunkanstalten. Ähnlich wie der Vatikan reden die Intendanzen der Rundfunkanstalten zwar seit Jahren immer wieder von Reformen, Bürgerdialog und Transparenz. Einige der Oberen wie beispielsweise die ARD-Vorsitzende und MDR-Intendantin Karola Wille meinen es mit ihren Modernisierungsideen durchaus ernst. Doch ähnlich wie Papst Franziskus in der Kurie von Rom scheitert auch die amtierende ARD-Vorsitzende Wille an den Widerständen der Betonfraktion im eigenen Senderverbund.“[54]

Hans-Peter Siebenhaar, Redakteur beim „Handelsblatt“

Dieses Vorgehen gleicht dem Motto: *„Eine Hand wäscht die andere."*

„Zur „Förderung der digitalen Transformation des Verlagswesens, zur Förderung des Absatzes und der Verbreitung von Abonnementzeitungen, -zeitschriften und Anzeigenblättern" stellt der Bund maximal 220 Millionen Euro bereit, davon 20 Millionen Euro in diesem Jahr, die restlichen 200 Millionen Euro in künftigen Haushaltsjahren. Mit dem Geld solle die „Medienvielfalt und -verbreitung" gefördert, der Journalismus gestärkt und der „dringend gebotene Transformationsprozess im Bereich der Abonnementzeitungen" befördert werden. Die Grüne Ekin Deligöz spricht von einer „Blamage für die Koalition". Unklar sei nicht nur, wie der Antrag in den Plan gekommen sei, sondern auch, wie aus den im Jahr 2019 in einer ähnlichen Nacht- und Nebelaktion beschlossenen 40 Millionen Euro jetzt 220 Millionen Euro geworden seien, kritisiert Deligöz."(55)

Es werden großzügig Steuergelder an Unternehmen verteilt, die SED-Maßnahmen dieser Bundesregierung für gut heißen. Aber sicherlich können wir uns auf eine unabhängige Berichterstattung verlassen. Ich glaube, zu dieser These brauche ich nichts mehr hinzuzufügen!

Grund 4:
Weil sich ein gewisser Teil der Medien bzw. Journalisten durch Parteizugehörigkeit und Ideologie an diesem Wahnsinn beteiligt. Sie sind fest davon überzeugt, das Richtige zu tun, und schauen einfach nicht über ihren Tellerrand.

Grund 5:
Weil es viel zu viele Mitläufer gibt und diese aus Feigheit und Bequemlichkeit nicht gegen den Strom schwimmen möchten. Mitlaufen ist da viel einfacher und bringt viel weniger Probleme mit sich. Wundert es Sie dann noch, dass in einer Meinungsumfrage vom 2.1.2022, die vom Meinungsforschungsinstitut INSA durchgeführt wurde, ein bedenkliches Ergebnis für die Politik herausgekommen ist?

„57% der Befragten antworteten mit „Nein" auf die Frage, ob sie noch Vertrauen in die offiziellen Infektionszahlen hätten."(56)

Mehr als die Hälfte hat jetzt schon kein Vertrauen mehr in die Politik. Was glauben Sie, was geschehen wird, wenn noch mehr Menschen dahinterkommen, dass sie die letzten Jahrzehnte unentwegt nur belogen wurden? Auf diesen Tag freue ich mich jetzt schon! Was müsste nun mit diesen Lügnern, diesen Medienkonglomeraten, diesen Redakteuren und Journalisten, diesen Politikern, dem RKI und dessen Antreiber passieren? Sind es nicht diese Institutionen und Personen, die Fake News und falsche Berichte veröffentlichen, um die Maßnahmen der Bundesregierung zu stützen und den Great Reset voranzutreiben? Sind es nicht diese Institutionen und Personen, die Angst und Schrecken in der Bevölkerung verbreiten? Wie kann mit diesen Menschen in der Zukunft überhaupt noch ein Zusammenleben stattfinden, nachdem sie die Bürger in Bezug auf eine tödliche Giftspritze jahrelang belogen haben?

Die Vermischung zwischen den Philanthropen, den Medien, den Politikern und der Pharmaindustrie ist eigentlich für jeden Menschen, der noch ein wenig Hirnschmalz im Kopf hat, klar ersichtlich. Alle diese und weitere Bereiche decken sich gegenseitig, investieren ineinander und korrumpieren sich täglich. Der Übergang zwischen diesen Bereichen ist fließend und Abgrenzungen sind nicht mehr zu erkennen. Politiker werden Lobbyisten, Medien-Manager investieren in die Pharmaindustrie, und alles und jeder ist irgendwie miteinander vernetzt:

„Der Vorsitzende und ehemalige Chief Executive Officer (CEO) der Nachrichtenagentur Reuters – James C. Smith – ist ein Top-Investor und Vorstandsmitglied des Pharmariesen Pfizer. Er wurde 2014 in den Vorstand gewählt und ist Mitglied der Ausschüsse für Corporate Governance und Wissenschaft und Technologie von Pfizer. Die Nachricht wirft ernsthafte Interessenkonflikte auf, da Unternehmensmedien wie Reuters weiterhin für Pfizer-Produkte werben, Pharmaunternehmen vor Kritik schützen und Skeptiker zum Schweigen bringen. Allein im letzten Jahr (2020) hat Reuters mehr als 22.000 Artikel veröffentlicht,

in denen Pfizer erwähnt wird. Das Unternehmen hat nur 8.191 Artikel zu Moderna und 18.000 zu Johnson & Johnson veröffentlicht. Viele der Artikel über Johnson & Johnson waren im Gegensatz zu ihrer Pfizer-Berichterstattung negativ."[57]

Tja, liebe Leserinnen und Leser, unsere Gesellschaft benötigt dringend einen Great Reset, aber nicht zugunsten dieser Psychopathen, sondern zugunsten der Bürger. Solange wir eine solche Medienlandschaft auf der Welt und in Deutschland haben, wird sich nie etwas ändern. Ganz im Gegenteil: Wir werden uns Tag für Tag einem sozialistischen Regime annähern, das die Bürger in eine totale Überwachung und Versklavung zwingen wird.

In diesem Kapitel habe ich über sehr große Ereignisse geschrieben wie den Terrorakt 9/11 oder den angeblichen Besitz von Massenvernichtungswaffen des Irak. Jedoch schummeln die Medien nicht nur bei diesen großen Ereignissen, sondern die PR-Maschinerie ist in allen Bereichen voll im Gange. Egal, um was es sich handelt, es wird durch die PR immer so dargestellt, dass es den Politikern nutzt.

Das Lächerliche an dem Ganzen ist, dass diese Lügner mit so gut wie keinen Konsequenzen zu rechnen haben. Noch nicht! Da wird wochenlang Panik und Angst in der Bevölkerung geschnürt, es werden Lügen verbreitet, und wenn dann doch die Wahrheit ans Licht kommt, dann entschuldigt man sich mit irgendwelchen scheinheiligen Ausreden, und die große Verarschung geht auf einem anderen Kanal weiter!

Abb. 37: Es wird gelogen, dass sich die Balken biegen…

Zur PR-Maschinerie der Medien und der Politiker möchte ich Ihnen einen

Bericht vom Norddeutschen Rundfunk (NDR) aus dem Jahre 2009 ans Herz legen. Schon damals berichtete der NDR darüber, wie die Massenmedien durch die PR der Politiker verwendet wurden. Es wundert mich, dass damals so offen darüber berichtet wurde, und dass dieser Beitrag überhaupt noch im Netz zu finden ist.

Video 14:

Titel	Verdeckte Lobbyarbeit als Manipulation zum Nutzen von Politik und Wirtschaft (ZAPP NDR)
Link	www.youtube.com//watch?v=LF__pl5Sl5g

Dieses Kapitel möchte ich mit den Worten der DDR-Bürgerrechtlerin Bärbel Bohle abschließen:

„'Alle diese Untersuchungen', sagte sie, ‚die gründliche Erforschung der Stasi-Strukturen, der Methoden, mit denen sie gearbeitet haben und immer noch arbeiten, all das wird in die falschen Hände geraten. Man wird diese Strukturen genauestens untersuchen – um sie dann zu übernehmen.'
Als wir verblüfft schwiegen, fuhr sie fort: „Man wird sie ein wenig adaptieren, damit sie zu einer freien westlichen Gesellschaft passen. Man wird die Störer auch nicht unbedingt verhaften. Es gibt feinere Möglichkeiten, jemanden unschädlich zu machen. Aber die geheimen Verbote, das Beobachten, der Argwohn, die Angst, das Isolieren und Ausgrenzen, das Brandmarken und Mundtot machen derer, die sich nicht anpassen – das wird wiederkommen, glaubt mir. Man wird Einrichtungen schaffen, die viel effektiver arbeiten, viel feiner als die Stasi. Auch das ständige Lügen wird wiederkommen, die Desinformation, der Nebel, in dem alles seine Kontur verliert.“[58]

4. Die Machenschaften der Politik

„Vor ein paar Tagen ging ich in den Zoo.
Die Sonne schien, mir war ums Herz so froh.
Vor einem Käfig sah ich Leute stehn.
Da ging ich hin, um mir das näher anzusehn.

Nicht Füttern stand auf einem großen Schild.
Und bitte auch nicht reizen, da sehr wild.
Erwachsene und Kinder schauten dumm.
Und nur ein Wärter schaute grimmig und sehr stumm.

Ich fragte ihn, wie heißt denn dieses Tier?
Das ist die Freiheit, sagte er zu mir.
Die gibt es jetzt so selten auf der Welt.
Drum wird sie hier für wenig Geld zur Schau gestellt.

Ich schaute und ich sagte, lieber Herr.
Ich sehe ja nichts, der Käfig ist doch leer.
Das ist ja grade, sagte er, der Gag.
Man sperrt sie ein und augenblicklich ist sie weg.

Die Freiheit ist ein wundersames Tier.
Und manche Menschen haben Angst vor ihr.
Doch hinter Gitterstäben geht sie ein.
Denn nur in Freiheit kann die Freiheit Freiheit sein.

Denn nur in Freiheit kann die Freiheit Freiheit sein...“[59]

Video 15:

Titel	Georg Danzer – Die Freiheit 1979
Link	www.youtube.com/watch?v=IMqh31bW8cU

Das Lied von Georg Danzer (1979) trifft den heutigen Stand der Dinge genau auf den Punkt. Die Bedingungen, die momentan in Deutschland und in vielen Teilen der Welt vorherrschen, haben mit Freiheit und Demokratie sehr wenig zu tun. Vielleicht waren wir Menschen die Freiheit schon zu sehr gewohnt und wahrscheinlich an manchen Tagen auch von ihr gelangweilt? Wie heißt es nochmal so schön: Man weiß erst, was man hatte, wenn man es verloren hat! Freiheit, was ist schon Freiheit? Klar, kann man sich über verschiedene Ansichten streiten, für manche verkörpert das kommunistische System Chinas die ultimative Freiheit und für andere das Leben vor der Covid-19-Pandemie, aber sicher ist an dieser Stelle die Tatsache, dass, wenn man die Freiheit einsperrt, sie keine Freiheit mehr ist.

Das Verrückte an dieser Geschichte ist, dass wir ALLE unsere Freiheit für ein angeblich tödliches Virus geopfert haben, das nicht einmal die Sterblichkeitsrate einer Grippe hat. Quellenangaben oder Ähnliches spare ich mir an dieser Stelle, denn wer es bis hier noch nicht kapiert hat, der ist eh nicht mehr zu retten. Sind wir eigentlich alle wahnsinnig geworden, dass wir alle uns unsere Freiheit von ein paar korrupten Politikern nehmen lassen?

Es ist doch nicht normal,

- dass wir uns seit zwei Jahren durch immer wiederkehrende Lockdowns und Ausgangssperren einsperren lassen;
- dass wir uns seit zwei Jahren ununterbrochen durch die Massenmedien, egal ob Fernsehen, Print, Internet oder Radio, nur noch mit Angst, Tod, Virus oder Ähnlichem beschallen lassen;
- dass wir gesunde Menschen aus dem öffentlichen Leben ausgrenzen und diese keinen Zugang mehr zu Cafes, Restaurants, Familie oder Ähnlichem haben;
- dass sich gesunde Menschen einem Gen-Experiment unterziehen und sich innerhalb eines Jahres schon dreimal haben impfen lassen (für 2022 warten drei weitere Booster-Impfungen!);

- dass unsere Kinder nicht mehr gemeinsam spielen und nicht mehr zur Schule gehen dürfen, nur weil sie vielleicht einen Schnupfen bekommen könnten;
- dass die gesamte Bevölkerung mit Schutzmasken voller Bakterien und Viren herumlaufen muss, da es so gut wie unmöglich ist, diese kontinuierlich zu wechseln;
- dass uns unsere Grundrechte genommen wurden und die Idioten das auch noch gut finden;
- dass wir darum bitten müssen, dass wir gegen irgendwelche Maßnahmen demonstrieren oder spazieren gehen dürfen;
- dass sich Menschen gleicher Hautfarbe, gleicher Nationalität, gleicher Religion und sogar gleichem Fußball-Club gegenseitig diskriminieren, nur weil ein Teil sich nicht mit einem Impfstoff impfen lassen möchte, der kein Impfstoff ist, sondern ein Gen-Experiment darstellt;
- dass ich dieses Buch über dieses besch… Thema schreiben und ein Jahr lang meine gesamte Freizeit in dieses Projekt stecken musste, nur um irgendwelche hirnlosen Geschöpfe davon zu überzeugen, dass wir komplett verarscht werden!

Diese Liste könnte wieder einmal meterlang fortgeführt werden, aber ich glaube, Sie haben verstanden, worauf ich hier hinaus möchte. Wir sind an einem sehr gefährlichen Punkt angelangt, und die allermeisten Menschen haben dies noch nicht einmal ansatzweise verstanden. Sie laufen durchs Leben, sind mit ihren Social-Media-Kanälen beschäftigt, vergeuden den Großteil ihres Tages mit einem Job, den sie nicht lieben und der ihnen keinen Spaß macht, glauben den Massenmedien und denken, die Weisheit mit Löffeln gefressen zu haben.

Doch im Grunde sind es nur kleine, arme Geschöpfe, die zur Schlachtbank geführt werden und sich auch noch dafür anstellen und darauf freuen. Sie schließen sich tagelang ein, haben nur den nötigsten Kontakt mit Menschen, tragen kontinuierlich irgendwelche virenverseuchten Masken und stehen bei Wind und Wetter in einer Schlange, um sich von einem sogenannten Impf-Doktor spritzen zu lassen, der über 150 Euro die Stunde für diesen Wahnsinn bezahlt bekommt. Und der größte Witz dabei ist, sie denken, dass sie besonders schlau, patriotisch und solidarisch seien. Wie tief kann der einzelne Mensch eigentlich sinken?

In diesem Kapitel werden wir ein wenig hinter die Kulissen der Politik schauen, da ohne sie dieses Dilemma gar nicht vorhanden wäre. Würden diese Parasiten ihren Job machen, für den sie eigentlich eine Menge Geld bekommen, dann gäbe es keine Pandemie, keine Impfung, keine Gewalt und vor allem keine Spaltung der Gesellschaft – auch wenn es laut unserem neuen Bundeskanzler Scholz keine Spaltung im besten Deutschland aller Zeiten gibt, doch zu ihm kommen wir später noch.

Der Großteil der Menschen glaubt, dass unsere Grundrechte etwas Gottgegebenes sind, doch sie vergessen, dass für unsere Grundrechte und unsere angebliche Demokratie Tausende oder sogar Millionen von Menschen sterben mussten. Schauen Sie sich doch einmal die Länder an, in denen es keine Grundrechte und keine Demokratie gibt, und wie die Menschen dort wie Vieh behandelt werden.

Was glauben Sie, wie unsere Zukunft ohne Grundrechte aussehen wird? Unser Grundgesetz wurde von unseren Vorfahren mit viel Blut, Leid und Schmerz erkämpft, nicht, um nicht das Volk vor dem Volk zu schützen, sondern um das Volk vor den Politikern zu schützen. Das Grundgesetz wurde geschrieben, um das Leben in unserem Land auf einem anständigen und akzeptablen Niveau für jedermann zu gestalten und nicht dafür, dass korrupte Politiker unser Grundgesetz wegen eines „Grippe-Virus“ außer Kraft setzen und sich zudem noch daran bereichern.

Wie schon des Öfteren in diesem Werk geschrieben: Es ist noch nicht zu spät, aber jeder Tag, den wir verstreichen lassen, entfernt uns weiter von unseren Rechten und unserer Freiheit!

„Laut einer repräsentativen Umfrage vom Meinungsforschungsinstitut policy matters vom Oktober 2021 im Auftrag der Körber-Stiftung ver-

trauen nur 50% der Deutschen der Demokratie, 30% vertrauen ihr weniger bis gar nicht". 68% haben kein Vertrauen in den Bundestag und in die Bundesregierung, und 80% vertrauen den Parteien nicht mehr."[(60)]

Das sind doch erschreckende Zahlen, die jeden Politiker und jeden Bürger aufschrecken lassen sollten!
Handelt es sich somit bei über 50% der deutschen Bevölkerung um rechtsradikale, faschistische Verschwörungstheoretiker?

Nein, liebe Leserinnen und Leser, in vielen Berichterstattungen möchte man uns dies vielleicht weismachen, aber ich bin mir sicher, dass es sich nicht um Faschisten handelt. Es sind Bürger, die einfach die Schnauze voll von den Politikern und deren verlogener Politik haben, so wie Sie und ich. Wir haben mit 736 Abgeordneten das zweitgrößte Parlament der Welt. Nur noch China mit 2.980 sogenannten Vertretern des Volkes hat mehr Abgeordnete. Der Kosten-Apparat dieser in vielen Fällen ungebildeten Schmarotzer bläht sich von Legislaturperiode zu Legislaturperiode immer mehr auf.

Der Witz ist, dass diese Politiker durch den Fraktionszwang gar nicht das Volk für Gesetzesbestimmungen vertreten, sondern die Parteien. Da es sich bei unserer sogenannten Ampel-Koalition um eine Mehrheit im Bundestag handelt, können diese ohne große Widerstände Gesetze erlassen und/oder verändern. Nur in ganz seltenen Fällen wird dieser Fraktionszwang aufgehoben und Abgeordnete dürfen dann „frei" entscheiden. Um es hier auf den Punkt zu bringen: Der Bürger wählt eine Partei, diese entscheidet mit ihrem Parteivorsitzenden und ihren Mitgliedern über einzelne politische Punkte, aber bei Koalitionsverhandlungen, die hinter verschlossenen Türen stattfinden, werden die Wahlversprechungen unter den Tisch gefegt, und jeder versucht sich ein Stück von der Torte zu holen. Beim Koalitionsvertrag kommt dann ein Zusammenschluss von drei Parteien und Ideologien zusammen, den fast kein Wähler mitbekommt, geschweige denn versteht, da es sich um

Hunderte von Seiten handelt. Die Hauptsache ist, irgendwie gemeinsam zu regieren und sich dabei die Taschen vollzustopfen. Da jucken die Versprechungen von vor der Wahl keinen Menschen mehr und man kann so abstimmen, dass es für die Parteien und die Koalition passt.

Minister-Posten werden an irgendwelche Partei-Vorsitzenden und/oder Funktionäre verteilt, auch wenn sie von dem jeweiligen Bereich absolut keine Ahnung haben. Die Hauptsache ist, irgendwie mit irgendjemandem ein Amt zu besetzen und das Unternehmen Deutschland immer mehr in Richtung Abgrund zu führen, währenddessen man sich dabei die Taschen vollstopft.

Sie denken, dass ich hier vielleicht zu hart und vielleicht auch unfair urteile? Aber können Sie mir vielleicht sagen, was eine Frau von der Leyen, eine Frau Kramp-Karrenbauer und jetzt eine Frau Lambrecht im Verteidigungsministerium verloren haben? Oder eine Frau Baerbock im Außenministerium? Das ist doch nur peinlich! Oder was hat der Sozialpädagoge Herr Özdemir im Bundesministerium für Ernährung und Landwirtschaft zu suchen?

Was hat ein Herr Lauterbach im Gesundheitsministerium verloren, nachdem ihn schon sein ganzes Leben irgendwelche Lobby- und Pharmaskandale begleiten? (Darüber habe ich schon in Band 1 geschrieben.)

Versuchen Sie einmal, sich als Bäcker zu bewerben, ohne dass Sie eine Bäckerausbildung abgeschlossen haben. Glauben Sie, dass Sie die Anstellung bekommen würden? Für fast alle Jobs wird eine qualifizierte Ausbildung benötigt oder zumindest gewünscht, nur für unsere Minister-Posten gilt dies nicht?!

Video 16:

Titel	Neue Bundesregierung: „Geschlechterwahn" statt Qualifikation
Link	www.guidograndt.de/2021/12/21/neue-bundesregierung-geschlechterwahn-statt-qualifikation-video/

„Die wirtschaftliche Leistung, das Bruttoinlandsprodukt (BIP) der Bundesrepublik Deutschland, belief sich im Jahr 2020 auf 3.367 Milliarden Euro.“[61]

Dieses Bruttoinlandsprodukt – zuzüglich Kredite, Bürgschaften und weitere Maßnahmen – wird von Berufspolitikern verwaltet, die in ihren Lebensläufen so gut wie keine Praxis-Berufserfahrung in der Innen- und Außenwirtschaft, Controlling, Menschenführung bzw. Team-Building, Finanzwesen und Weiteres vorzuweisen haben. Selten haben diese Politikerinnen und Politiker irgendeine tiefgründige Berufserfahrung in ihrem Ministerfeld vorzuweisen, außer, dass sie seit Jahren Berufspolitiker sind. Und genau diese Menschen verwalten 3,4 Billionen Euro und über 83 Millionen Bürger. Können solche Entscheidungen gutgehen?

Die Lösung, wenn wir eine richtige suchen wollten, wäre doch, diese Posten mit praxiserfahrenen Top-Managern zu besetzen und nicht mit Berufspolitikern. Das gleiche Bild zieht sich doch durch den ganzen Bundestag. Abgeordnete, die keine Berufserfahrung, geschweige denn ein Studium haben und zudem weit über 10.000 Euro monatlich plus Spesen verdienen, entscheiden über Menschen, die Millionen von Euro managen und top ausgebildet sind!

Das kann doch eigentlich nur ein Witz sein! Würden Sie ein Unternehmen, für das Sie vollständig haften, einem Menschen zur Führung überlassen, der noch nie in diesem Sektor gearbeitet hat?

Klar, das kann möglicherweise auch gut gehen, aber sich nur auf das Glück zu verlassen, ist einfach nur Leichtsinn. Aber in unserem Bundestag ist dies gang und gäbe, und dann wundern wir uns, dass 80% der Bürger kein Vertrauen mehr in die Parteien haben!

Dann lassen Sie uns einmal ein Auge auf die Bundestagswahlen vom September 2021 werfen und schauen, wie viele Bürger tatsächlich, laut dem Wahlergebnis, hinter dieser großartigen Ampelkoalition stehen:

„Die Bundesrepublik Deutschland hat zum Stand 30.6.2021, 83.129.285 Einwohner[(62)]*, von denen 61.181.072 Bürger wahlberechtigt sind.“*[(63)]

Das entspricht 74% der in Deutschland lebenden Bürger. 26% der in Deutschland lebenden Menschen sind somit nicht wahlberechtigt (minderjährig, Ausländer). Von den insgesamt wahlberichtigten Bürgern haben 46.854.508 Bürger bei den Bundestagswahlen angeblich ihre Stimme abgegeben.

„83.129.285 Einwohner
61.181.072 Wahlberechtigte = 74%
46.854.508 Wählende = 77% der Wahlberechtigten, aber nur 56% der Gesamteinwohner

Somit haben 44% der Bürger in Deutschland aus unterschiedlichen Gründen nicht an der Wahl 2021 teilgenommen.
minus 492.495 ungültige Stimmen = 46.362.103 gültige Stimmen.

Davon erhielten:
12.234.690 SPD = 26,4% der gültigen Stimmen, jedoch nur 14,7% auf die Einwohner
10.451.524 CDU = 22,5% der gültigen Stimmen, jedoch nur 12,6% auf die Einwohner
6.495.611 Grüne = 14% der gültigen Stimmen, jedoch nur 7,8% auf die Einwohner
4.695.611 AfD = 10,1% der gültigen Stimmen, jedoch nur 5,7% auf die Einwohner
4.042.951 FDP = 8,7% der gültigen Stimmen, jedoch nur 4,9% auf die Einwohner
2.788.048 CSU = 6,0% der gültigen Stimmen, jedoch nur 3,4% auf die Einwohner
2.307.536 Linke = 5,0% der gültigen Stimmen, jedoch nur 2,8% auf die Einwohner.“[(64)]

Die „Ampel-Koalition“ (SPD/Grüne/FDP) kommt somit auf 22.773.252 Stimmen und bildet laut unserer Verfassung die Regierung in unserem Parlament. Es müssen sich somit drei unterschiedliche Parteien zu einer Einheitspartei über einen Koalitionsvertrag zusammenschließen, um überhaupt eine Mehrheit zu erhalten. Auf die Gesamteinwohnerzahl bezogen, entspricht dies aber nur einem prozentualen Anteil von 27%! Kann man hier noch von Demokratie sprechen?

Selbstverständlich werden sich jetzt die Völkerrechtler das Maul zerreißen, aber wenn man logisch darüber nachdenkt, dann müssen sich drei unterschiedliche Parteien zusammenschließen, tricksen, ihre Wahlversprechen brechen, und das alles nur, um ganze 27% der Bevölkerung zu repräsentieren. 73% der Bevölkerung in Deutschland hat aus unterschiedlichen Gründen diese Mehrheits-Koalition NICHT gewählt und der Großteil kann sich mit dieser auch nicht identifizieren.

Schauen Sie sich einmal die CSU in Bayern an, wo der „Möchtegern-König“ Söder auf die Gesamteinwohnerzahl Deutschlands gerade mal 3,4% der Stimmen bekommen hat und trotzdem in allen Massenmedien vertreten ist.

Was möchte ich mit diesen Zahlen und Vergleichen überhaupt verdeutlichen? Diese Art von Wahlen, die Demokratie und sogenannte Staatsführung stinkt und muss dringendst reformiert werden. Alle Parteien setzen die gleiche Agenda um, und da macht es keinen Unterschied mehr, ob man überhaupt wählt. Am Ende kommt immer der gleiche Mist heraus.

Sie haben alle die gleiche Agenda:

- Kampf gegen den Klimawandel
- Erleichterte Asylpolitik, unkontrollierte Einwanderung
- Bekämpfung der Covid-19-Pandemie mittels Impfungen, Einschränkungen der Bürger und derer Grundrechte
- und selbstverständlich den Kampf gegen rechts.

Man könnte fast den Eindruck bekommen, dass die AfD, die von den anderen Parteien im Bundestag als faschistisch und rechtsradikal eingestuft wird, absichtlich gegründet wurde, damit diese sozialistische Machtergreifung nicht zu sehr ins Auge fällt. Die Ausrede, sich gegen den rechten Feind zu verbünden, kann somit immer verwendet werden. Wenn das nicht ein einfaches Regieren ist!

Abb. 38: Die heutigen Nazis: Die Bürger, die sich für die Grundrechte und Freiheit einsetzen sind Nazis. Wie kann man einen solchen Mist glauben?

2017 zog die AfD in den Bundestag ein und seitdem hat sich der Kampf gegen diese Partei durch die restlichen Parteien verstärkt. Milliarden von Euro werden investiert, um diese angebliche Bedrohung von rechts zu bekämpfen. Doch kommt die tatsächliche Bedrohung wirklich von rechts? Egal, was öffentlich oder in Debatten im Parlament gegen die Marschrichtung dieser Einheitspartei geäußert wird, es gilt als rechtsradikal. Wenn die Bürger für ihre Grundrechte auf die Straße gehen, dann sind sie rechtsradikal. Wenn man sich eine geordnete Asylpolitik wünscht, dann ist man rechtsradikal.

Das kann es doch nicht sein?! Egal, was man äußert oder schreibt, was dieser Einheitspartei und ihren Dogmen nicht genehm ist, gilt als rechtsradikal. Unter Einheitspartei meine ich den Zusammenschluss aller Parteien, außer der AfD. Wo ist da die Opposition? Wo ist da die Kontrolle der Regierung, wenn so gut wie alle Parteien im gleichen Boot sitzen? Eine Demokratie kann nur durch eine starke Opposition funktionieren. Und als Opposition hat Deutschland nur noch die AfD, die bekanntermaßen als rechtsradikal abgestempelt wird. Es ist eine Vetternwirtschaft auf Bundes- und Landesebene, die sich wie ein roter Faden bis zur Dorfpolitik durchzieht.

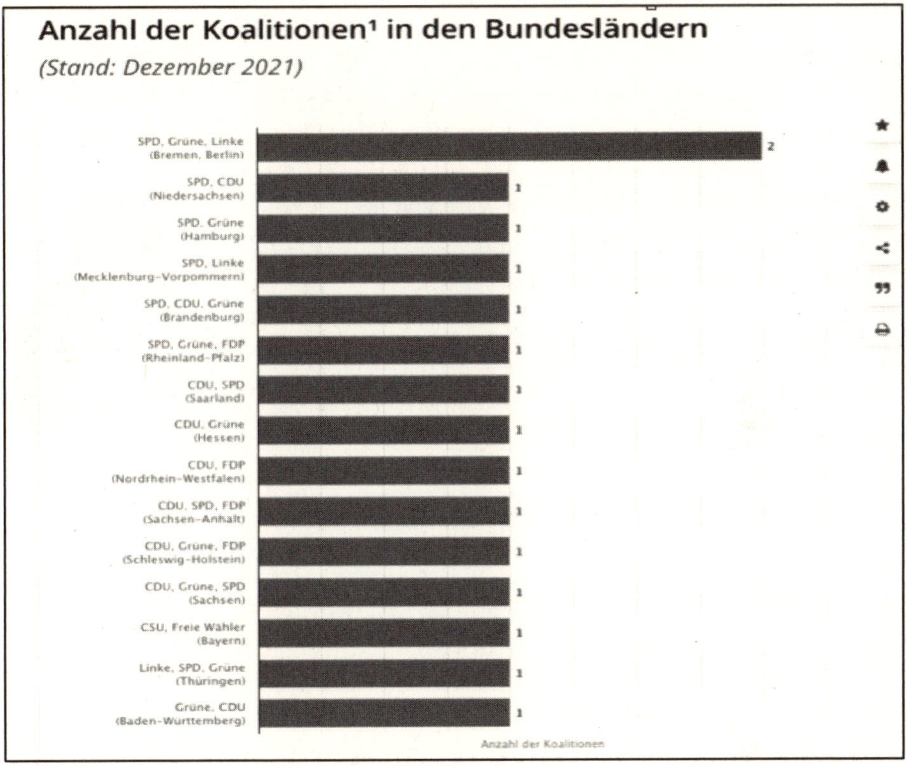

Abb. 39: Anzahl der Koalitionen in den Bundesländern. Sie können nur durch ihre Koalitionen regieren. Ohne Koalitionen gäbe es in diesem Land keine Mehrheit mehr.

Schauen Sie sich einmal das Bundesland Sachsen an. Das Kabinett Kretschmers besteht aus der CDU, den Grünen sowie der SPD. Oder das Kabinett Bouffier in Hessen oder Kretschmann in Baden-Württemberg: CDU und Grüne. Egal, in welches Bundesland Sie schauen, es sind immer die gleichen Zusammenschlüsse: Die CDU/CSU, die SPD, die Grünen, die Linke und die FDP haben sich zu einer Einheitspartei zusammengeschlossen, die eine linke, sozialistische „Gutmensch-Klimapartei" repräsentiert.

Wie war das gleich nochmal in der DDR, die von der Einheitspartei SED als Diktatur geführt wurde? Sie wissen, dass sie allein keine Mehrheit mehr bekommen und somit haben sie sich unter der Bundeskanzlerin Merkel à la DDR-Art zu einer Einheitspartei zusammengeschlossen. Es ist im Grunde egal, welche Partei Sie wählen, am Ende kommt immer die gleiche Mischpoke dabei heraus, die sich im Parlament dann gegenseitig den Rücken freihält. Es ist und bleibt nur eine Show für die Medien und das arbeitende Volk – abgesehen davon, dass die Marionetten im Bundestag ohnehin nichts zu bestimmen haben, denn die wahren Entscheidungsträger sitzen sicherlich nicht im Bundestag. Das ist eine Muppet-Show, die für den einfachen Bürger inszeniert wird, damit er weiterhin schön seine Steuern bezahlt, seine Bundesliga glotzt und denkt, dass er in einem demokratischen Land mitbestimmen darf.

„Diejenigen, die entscheiden, sind nicht gewählt, und diejenigen, die gewählt werden, haben nichts zu entscheiden.“[(65)]

Horst Seehofer

Und genau das ist der Punkt, auf den wir im Laufe dieses Kapitels schrittweise noch zu sprechen kommen. Selbst die Parteispenden haben bei der Bundestagswahl Rekordsummen erreicht. Die unterschiedlichen Lobby-Verbände sowie Dax-Unternehmen aus den unterschiedlichsten Bereichen spenden in der Regel jährlich allen Parteien (außer der AfD und der Linken). Warum wohl? Es ist doch klar und offensichtlich, dass sich diese Verbände und Unternehmen einen direkten Draht zu den angeblichen Abstimmungsträgern im Bundestag erschleichen möchten. Oder glauben Sie, dass diese einfach nur aus Gefälligkeit spenden?!

Auf dieser Webseite[(262)] sind die Unternehmen aufgelistet, die „Abgeordnetenwatch“ freiwillig Auskunft zu ihren Spenden erteilt haben. Ersichtlich ist, dass an alle Parteien gleichmäßig gespendet wird, man möchte schließlich niemanden verärgern. Zu den Parteispenden kommt noch massenhaft Sponsoring hinzu, solange dieses unter den meldepflichtigen 50.000 Euro bleibt, denn Sponsoring und Parteispenden über 50.000 Euro müssen nur dem Bundestag gemeldet werden. Wenn da beispielsweise ein Pharma-Unternehmen den Parteitag einer Partei finanziell unterstützt, dann muss das somit nicht gemeldet werden, solange der Betrag unter der oben genannten Summe liegt.

Was ist denn schon dabei, wenn ein Pharma-Unternehmen wie Pfizer den Parteitag der CDU mitfinanziert und anschließend durch die Beschlüsse in der Covid-19-Pandemie Milliarden mit dem Impfstoff verdient?! Das ist sicherlich nur ein weiterer Zufall und mit Sicherheit keine Gefälligkeit oder Ähnliches.

Abb. 40: Das tägliche Geschäft mit dem Sponsoring. Der CDU-Parteitag wird von Pandemie treibenden Unternehmen gesponsert. Das ist sicherlich nur ein Zufall und hat nichts zu bedeuten...

„Für die Parteien kann sich die Vermietung von Ständen lohnen. Beim 70. Parteitag der FDP im April 2019 erzielte die parteieigene Agentur Pro Logo GmbH mit der Vermarktung einen Netto-Gesamterlös von 282.280 Euro. Davon wurden nach Abzug der Kosten 90.000 Euro unmittelbar der FDP überlassen, wie ein Parteisprecher mitteilte. Das Sponsoring trägt also zur Finanzierung der Parteien bei – und sollte deshalb transparent gemacht werden.“(66)

Abgeordnetenwatch

Nur die wenigstens Spender unterstützen dabei gezielt nur eine Partei mit ihrer Spende. Schauen wir uns mal dieses Vorgehen speziell bei der *Deutschen Vermögensberatung* an.

Diese spendete im Jahr 2021:

- 100.000 Euro am 17/8/21 an die SPD
- 100.000 Euro am 20/8/21 an die Grünen
- 300.000 Euro am 13/7/21 an die CDU
- 150.000 Euro am 07/7/21 an die FDP(67)

Sicherlich hat es nichts zu bedeuten, dass alle Parteien dieser sogenannten Einheitspartei zufrieden gestellt werden…

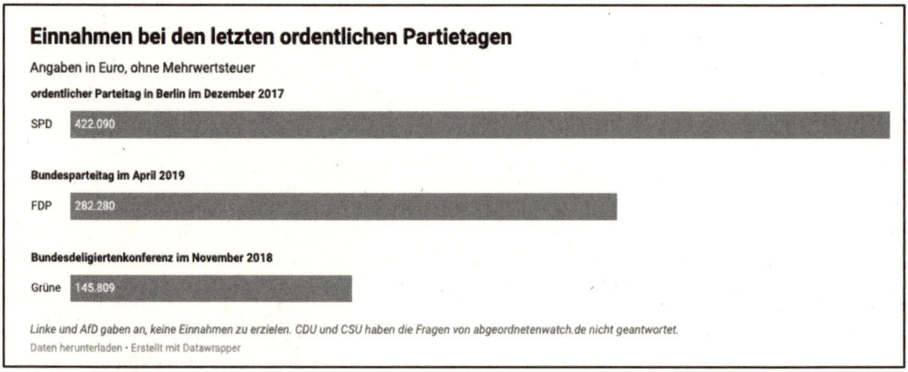

Abb. 41: Hier gibt's nichts zu sehen, ist doch nur Geld. Einnahmen der SPD, FDP und der Grünen auf ihren ordentlichen Parteitag. Es ist überall das Gleiche!

4.1. Lobbyismus in Germany

Ein weiteres heißes Thema in Bezug auf Spenden und Sponsoring ist das Thema Lobbyismus.

> *„Laut dem ZDF besitzen 764 Lobbyisten in Berlin einen Hausausweis für den Bundestag. Insgesamt dürfte es sogar mehr als 5.000 Interessenvertreter in Berlin geben.*[68]
> *Lobbyismus, Lobbying oder Lobbyarbeit ist eine aus dem Englischen (lobbying) übernommene Bezeichnung für Interessenvertretung in Politik und Gesellschaft, bei der Interessengruppen („Lobbys") – vor allem durch die Pflege persönlicher Verbindungen – versuchen, die Exekutive oder Legislative* ***zu beeinflussen****. Außerdem wirkt Lobbying durch Öffentlichkeitsarbeit auf die öffentliche Meinung ein. Dies geschieht vor allem mittels der Massenmedien. Einer Erhebung der Bürgerbewegung Finanzwende zufolge umfasst allein die Lobby der Finanzbranche (Banken, Versicherungen, Fonds) über 1.500 Mitarbeiter, mit einem Budget von mindestens 200 Millionen Euro jährlich."*[69]

Aber nein, wo denken Sie denn hin. Selbstverständlich haben diese Tausende von Lobbyisten mit Taschen voller Geld absolut keinen Einfluss auf die Entscheidung der Abgeordneten. Sie pflegen nur Kontakte, trinken gemütlich einen Kaffee zusammen und setzen sich für die Rechte und Interessen der Bürger ein. Ein Schelm, der Böses dabei denkt. Auf die Frage, wie viele Lobbyisten in Brüssel tätig sind, gibt es allerdings keine klare Antwort.

Abb. 42: Lobbyisten sind doch nur Wohltäter. Das Bild der Lobbyisten hat sich mit den Jahrzehnten nicht groß verändert…

„Schätzungen beginnen bei 15.000 aktiven Lobbyisten und erstrecken sich auf über 50.000 Einflussnehmende.“(70)

Das sind doch ungeheuerliche Zahlen! Bis zu 50.000 Lobbyisten sind in Brüssel für unterschiedliche Interessen unterwegs. Wahnsinn!

Nachfolgend lesen Sie ein paar Fälle oder auch irrtümliche Anschuldigungen zum Bereich Lobbyismus. Selbstverständlich handelt es sich nur um ganz wenige Einzelfälle…

Fernsehauftritt:
Ärzte-Lobbyist verteidigt Schmiergeld für Mediziner
„Ein ganz normales, natürliches Verhalten“: Mit diesen Worten kommentierte der Vizepräsident der Bundesärztekammer, Frank-Ulrich Montgomery, die Zahlungen des Pharmakonzerns Ratiopharm an Mediziner – ein klarer Widerspruch zur Berufsordnung der Ärzte in Deutschland. Was war passiert? Im Jahr 2005 wurde bekannt, dass das Pharmaunternehmen Ratiopharm systematisch Ärzte mit Geld oder Geschenken dazu brachte, die hauseigenen Präparate bevorzugt zu verordnen. Die Staatsanwaltschaft Ulm eröffnete 3.000 Ermittlungsverfahren, gab die meisten inzwischen aber an die örtlich zuständigen Staatsanwaltschaften ab.“(71)

Corona-Maskengeschäfte:
Ermittlungen gegen Lobbyistin Andrea Tandler
„Fast schien es, als dämmere der Skandal um die Schweizer Maskenfirma Emix langsam vor sich hin: Zwei Jung-Unternehmer, neu im Geschäft mit Schutzmasken, hatten es in der Maskenkrise 2020 geschafft, dem Bund mithilfe einer CSU-Connection dringend benötigte Schutzausrüstung zu Mondpreisen anzudrehen. Auch Bayern und NRW kauften dort ein; Gesamtvolumen der öffentlichen Hand: rund 730 Millionen Euro. Doch die Ruhe trog. Die Staatsanwaltschaft München hat nach Mitteilung des bayerischen Justizministeriums auf Anfrage der Landtags-Grünen ein Ermittlungsverfahren gegen Andrea Tand-

ler eröffnet, Tochter des früheren CSU-Ministers Gerold Tandler. Und damit nicht genug: Am Dienstagmorgen bekam Tandler unerwarteten und ungebetenen Besuch im Büro, laut „Süddeutscher Zeitung" präsentierte ihr die Staatsanwaltschaft einen Durchsuchungsbeschluss. Dabei soll Tandler binnen weniger Wochen 30 bis 50 Millionen Euro Provision verdient haben."[72]

Spätestens seitdem Olaf Scholz Bundeskanzler ist, ist die Linie der Partei in Sachen Corona-Politik bekannt:
„Impfen, impfen, impfen. Der Bundeskanzler beabsichtigt gar, eine allgemeine Impfpflicht einzuführen. Vor diesem Hintergrund ist es nur wenig erstaunlich, dass der Parteitag unter anderem von dem Pharmaunternehmen Pfizer und dem Tech-Giganten Microsoft gesponsert wurde. Daraus machte die Partei kein Geheimnis. Ganz im Gegenteil!"[73]

Geheimvertrag Pfizer/EU:
Um Milliarden überteuert, Staaten haften, Wirkung unklar
„Nachdem vor wenigen Tagen der Twitter-User „Ehden" die Verträge von Pfizer mit Albanien und Brasilien ausgehoben hat, wurde uns von anonymer Quelle der vollständige und unzensierte Vertrag der EU mit Pfizer/Biontech übermittelt. Wie zu vermuten war, beinhaltet dieser weitgehend denselben Wahnsinn, wie die bisher bekannten Verträge: Der Steuerzahler haftet für alles. Topaktuell ist das Thema der Preisgestaltung. Während Brasilien 10 US$ und Albanien 12 US$ pro Dosis bezahlen müssen, hat sich die EU gleich einmal für 17,50 bzw. 13,50 Euro verpflichtet (Seite 20). Ausgerechnet heute wurde eine Preiserhöhung auf 19,50 Euro bekanntgegeben. Ein guter Tag für die Vertragsoffenlegung. Der Vertrag zwischen der Europäischen Union, unterzeichnet durch Stella Kyriakides, EU-Kommissarin für Gesundheit sowie Pfizer und BioNtech, liegt nun vollständig – inklusive aller Anhänge - vor. Datiert ist er auf den 20. November 2020. Er trägt die EU-Dokumentnummer SANTE/2020/C3/043 – SI2.838335. Kein Wunder, denn die Vertragsinhalte belegen, was schon die Verträge mit Bra-

silien und Albanien gezeigt hatten: Die Verträge sind mutmaßlich sittenwidrig, versuchen die Hersteller über geltendes Recht zu stellen und bürden den Steuerzahlern alle nur erdenkbaren Haftungen und Pflichten auf, während die Hersteller entlastet werden.“[(74)]

An heikler Stelle im Ampel-Vertrag taucht plötzlich der Name vom Chef-Lobbyisten auf:
„Der Koalitionsvertrag der Ampel steht. Doch eine Ungereimtheit bleibt: Wer hat ihn tatsächlich geschrieben? Zuletzt geändert wurde das Dokument jedenfalls von einem, der an den Verhandlungen offiziell gar nicht beteiligt war: DGB-Boss Reiner Hoffmann. Hoppla! Da ist was schiefgegangen. Gegen 14.30 Uhr erhielten Journalisten den Koalitionsvertrag der Ampel per E-Mail. Angehängt war eine Word-Datei mit 177 Seiten Ampel-Prosa. Wer sich jedoch auf die Datei-Informationen durchklickte, stellte überrascht fest, dass ein Gewerkschafter als letzter Autor des Koalitionspapiers registriert war. Nicht irgendein Gewerkschafter. DGB-Boss Reiner Hoffmann höchstpersönlich hatte das Word-Dokument zuletzt geändert. Als Autor und Besitzer des Dokuments ist Olaf Scholz' Finanzstaatssekretär Wolfgang Schmidt eingetragen. Bei Schmidt ist es nachvollziehbar, dass er als Scholz-Vertrauter am Koalitionsvertrag mitwerkelte. Aber darf Gewerkschafter Hoffmann das?“[(75)]

Logischerweise handelt es sich bei den oben aufgelisteten Beispielen nur um „Einzelfälle“, die man sicherlich nach genauerer Betrachtung widerlegt und nicht weiterverfolgt hat. Für mich persönlich ist aber „die Top 1“ der letzte Bericht über den Lobbyisten Hoffmann, der am Koalitionsvertrag mitgewerkelt hat. Einfach klasse!

Ein weiteres Thema, über das man in Deutschland nur hinter vorgehaltener Hand sprechen darf, ist Wahlbetrug und Wahlmanipulation! So etwas gibt und gab es in Deutschland noch nie, selbst in der DDR war Wahlbetrug kein Thema und alles lief korrekt und sauber ab, oder?

Josef Stalin sagte einmal: „*Die Leute, die die Stimmen abgeben, entscheiden nichts. Die Leute, die die Stimmen zählen, entscheiden alles.*“ Und genau das ist der Punkt – abgesehen davon, dass es sich nur um eine Show handelt! Aber um dem Bürger, wie schon geschrieben, die Illusion zu lassen, müssen die Zahlen dementsprechend angepasst werden. Wahlbeteiligungen bis zu 150% sind in Deutschland keine Seltenheit mehr und werden dann irgendwie nach den Wahlen zurechtgerückt. Auf dieser Webseite(263) können Sie die Sammlung von Fälschungen und Wahlpannen nachlesen. Dabei handelt es sich nur um diejenigen, die zufällig entdeckt und aufgedeckt wurden, die Dunkelziffer wird um ein Vielfaches höher liegen.

Das gleiche Bild konnten wir bei den Präsidentschaftswahlen in den USA im November 2020 sehen, wo Ex-Präsident Trump den amtierenden Präsidenten Biden und seine Partei des Betrugs bezichtigte. Die Untersuchungen in den USA, vor allem im Bundesstaat Pennsylvania, sind noch im Gange. Wir dürfen gespannt sein, was in ein paar Jahren darüber berichtet werden wird. Sicherlich interessant zu wissen ist, dass die *Wahltechnologie von Scytl*(76), die in der USA für die Wahlen verwendet wird, die gleiche ist, die in Deutschland, in der Schweiz, in Spanien, Frankreich und in vielen weiteren Ländern auch Verwendung findet. Ich möchte hier nichts unterstellen (oder vielleicht doch?), aber wenn in den USA jemals ein Wahlbetrug auch nur annähernd nachgewiesen werden kann, dann wird's lustig. Da ist dann durchaus die Frage gerechtfertigt: Wenn in den USA Wahlbetrug stattgefunden hat, warum sollte dann in den anderen Ländern alles rechtens zugehen? Lassen wir uns von der Zukunft überraschen!

Aber nochmals zurück zu unserem gewählten Bundeskanzler Scholz und seinen Ministern, die angeblich die Bürger der Bundesrepublik repräsentieren sollten. Bundeskanzler Scholz erhielt mit seiner Partei, der SPD, bei den Bundestagswahlen 9/2021 folgende Anzahl an Wählerstimmen: 12.234.690 Stimmen.

- Von den **gesamten Bundesbürgern** 83.129.285 haben somit 70.894.595 Bürger Bundeskanzler Scholz nicht gewählt (=85%).
- Von den **Wahlberechtigten** 61.181.072 Bürgern haben 48.946.382 (=79%) wahlberechtigte Bürger Bundeskanzler Scholz nicht gewählt.
- Von den **gültigen Stimmen bei der Wahl** 46.362.413 haben 34.127.413 (=73.6%) Wähler Bundeskanzler Scholz nicht gewählt.

Frage: Wie kann ein Bundeskanzler mit diesen Voraussetzungen die Bürger der Bundesrepublik Deutschland überhaupt repräsentieren?

Wenden wir dasselbe bei Außenministerin Baerbock an. Frau Baerbock erhielt mit den Grünen 6.495.611 Stimmen.

- Von den **gesamten Bundesbürgern** 83.129.285 haben somit 76.633.674 Bürger Außenministerin Baerbock nicht gewählt (= 92,2%).
- Von den **Wahlberechtigten** 61.181.072 Bürgern haben 54.685.461 (= 89,4%) Außenministerin Baerbock nicht gewählt.
- Von den 46.362.413 **gültigen Stimmen** haben 39.866.802 (=86%) der Wähler Außenministerin Baerbock nicht gewählt.

Auch hier sei die Frage erlaubt: Wie kann eine Außenministerin mit diesen Voraussetzungen die Bürger der Bundesrepublik Deutschland repräsentieren?

Apropos repräsentieren: Stellen Sie sich einmal folgende Situation vor: Sie bewerben sich bei einem neuen Arbeitgeber auf eine sehr wichtige und vertrauenswürdige Anstellung. Nach dem ersten Vorstellungsgespräch findet dann die Personalabteilung im Zusammenspiel mit Kritikern heraus, dass ihr Lebenslauf in sehr vielen Punkten nicht mit der Realität übereinstimmt und irreführend dargestellt ist. Tätigkeiten und Mitgliedschaften sind frei erfunden. Daraufhin reichen Sie einen verbesserten Lebenslauf ein, und weitere Ungereimtheiten kommen auf den Tisch. Zusätzlich kommt an die Öffentlichkeit, dass Sie ein sogenanntes Bildungsprogramm beim Weltwirtschaftsforum mit dem Abschluss zum „Young Global Leader“ absolviert haben, mit dem Ziel, eine sozialistische Weltregierung mit voranzutreiben.

„Denn die 40-jährige Politikerin Baerbock hat in den letzten Wochen einen Fehler nach dem anderen aneinandergereiht. Sie hat ihren Lebenslauf aufgehübscht und beispielsweise Mitgliedschaften in Vereinen angegeben, obwohl sie dort bloß spendet. Dass sie ihr Studium der politischen Wissenschaften zudem bloß mit dem Vordiplom abschloss, hat sie bis vor Kurzem verheimlicht. Baerbock sät mit dem frisierten Lebenslauf ohne Not Zweifel an ihrer Glaubwürdigkeit. Die geschönten Passagen im Curriculum Vitae passten die Grünen unter Anwendung der Salamitaktik an – fast täglich musste ein weiterer Punkt korrigiert werden, nachdem Zeitungen immer neue Ungereimtheiten aufgedeckt hatten. Dass Baerbock kürzlich Nebeneinkünfte in Höhe von mehr als 20.000 Euro an die Bundestagsverwaltung nachmelden musste, wirft auch kein allzu gutes Bild auf die Kanzlerin in spe, die gerade in diesem Punkt für volle Transparenz wirbt.“(77)

Luzerner Zeitung

Massenhaft falsche Angaben im Lebenslauf (Hochstapelei), nicht gemeldete Nebeneinkünfte, eine Mitgliedschaft bei einem Verein, welcher das Ziel einer sozialistischen Weltregierung zu etablieren verfolgt, Plagiatsvorwürfe (Betrug), und trotzdem bekommt diese vertrauenswürdige Politikerin das Amt der Außenministerin. Was glauben Sie: Hätten Sie den oben genannten Job mit diesen Voraussetzungen bekommen? Nein, ganz sicher nicht! Aber unter dem heuchlerischen Anschein, das Weltklima retten zu wollen, ist in Deutschland alles möglich. Und genau das ist das Problem. Diese verlogene Politikerin spiegelt die deutsche Politik wider.

Dieses obere Zahlenspiel könnten wir hier an dieser Stelle für das gesamte Kabinett machen. Es würden immer solche verheerenden Zahlen herauskommen. Dabei kommt es immer darauf an, wie man das fast leere Glas betrachtet. Ob es zum Teil gut gefüllt ist, laut den Medien und den Politikern, oder ob das Glas so gut wie leer ist. Es ist immer eine Ansichtssache, und das Wahlergebnis kann man eben auf verschiedene Arten sehen.

Tatsache ist, dass diese Bundesregierung meilenweit von ihren Bürgern entfernt ist. Sie lebt in einer anderen Sphäre, die nichts mit der Realität der Bürger gemein hat.

Der Kommentar eines Lesers der Zürcher Zeitung vom 4.6.2021 bringt es in wenigen Zeilen genau auf den Punkt:

Hartmut Schmidt vor 2 Monaten

Frau Baerbock ist in ihrem Persönlichkeitstyp das Produkt der westdeutschen Wohlstandsverwahrlosung. Sie lebt mit ihrer Familie, ihren Freunden und Bekannten in einer "Blase" von Gesinnung, in der es keine realen Probleme wie Armut, Leistungsdruck, Arbeit bis zur Erschöpfung und mehr gibt. Das Geld kommt in der Regel leistungslos vom Staat, der Strom aus der Steckdose und die Milch aus dem Supermarkt. Frau Baerbock ist das Produkt der "spätrömischen Dekadenz", wie schon Westerwelle es prognostizierte. Die Bürger in der ehemaligen DDR sind anders sozialisiert und immun gegen diesen Typ von "Besserwessie". Dies zeigen die mageren Ergebnisse der Grünen dort. Den Westfeutschen fehlt bis auf Ausnahmen dieser Erfahrungshintergrund. Sie sind häufiger blind gegenüber autokratischen Systemen, haben weniger gesunden Menschenverstand und strotzen vor moralischer Überlegenheit. Sie werden ihre Lektion noch lernen...

Abb. 43: Darf man das sagen? Abdruck eines Leserbriefes.

Werfen wir nun einen Blick auf die Parteien selbst, die angeblich die Bundesbürger im Bundestag vertreten.

„Ein Idiot ist ein Idiot. Zwei Idioten sind zwei Idioten. Zehntausend Idioten sind eine politische Partei."

Quelle unbekannt

Dieses Zitat wurde Franz Kafka zugeschrieben, aber ob er es gesagt hat, ist nicht zu beweisen. Trotzdem bringt es die Realität auf den Punkt. Im Deutschen Bundestag sind momentan (Stand 2022) 7 Parteien vertreten: Die Linke, die CDU, die CSU, die SPD, die FDP, die Grünen und die AfD. Wie weiter oben schon geschrieben, handelt es sich jedoch eigentlich um eine große Einheitspartei, die von der Sozialistin Merkel zusammengewürfelt wurde. Das System und das Vorgehen der DDR wurde eins zu eins auf die BRD kopiert. Einzelne Parteien schließen sich durch angebliche Koalitionsverträge mehr oder weniger freiwillig zusammen, um gemeinsam eine Mehrheit im Bundestag zu erzielen.

„Die Einheitspartei der DDR war die SED (Sozialistische Einheitspartei Deutschlands), die 1946 in der sowjetischen Besatzungszone (SBZ) durch den Zusammenschluss der KPD (Kommunistische Partei Deutschlands) und der SPD (Sozialdemokratische Partei Deutschlands (SPD) entstand. Die SED beherrschte Politik, Wirtschaft und Gesellschaft in der DDR in allen Bereichen."[78]

Vielleicht noch einmal in anderen Worten ausgedrückt: Die SED war die Partei, die für jahrzehntelanges Leid, Gewalt, Folter, Mord, Ausgrenzung, Verrat, Spionage und Hunger unserer DDR-Bürger verantwortlich war. Es gibt da auch nichts zu beschönigen, denn wir haben es ja selbst miterlebt, in welch katastrophalem Zustand die DDR war, als die Mauer fiel. Selbst nach über 30 Jahren Aufbauarbeit und Milliarden an Zuschüssen ist der Osten immer noch weit im Rückstand.

Es gibt aber trotzdem immer noch Menschen, die dieser Zeit nachtrauern. Meines Erachtens handelt es sich da um ein klares Stockholm-Syndrom. Wie kann man einer Zeit hinterhertrauern, in der man sogar von seinem eigenen Partner bespitzelt und verraten wurde? Wo Freiheit nur eine Ideologie war und Unterdrückung der Bevölkerung zur Tagesordnung gehörte? Wo das höchste der Gefühle ein Trabi und ein Ostseeurlaub auf dem Zeltplatz, selbstverständlich unter ständiger Beaufsichtigung der Stasi, war?

Der einzige Unterschied zur DDR war und ist heute noch, dass die deutsche Einheitspartei noch nicht offiziell gegründet worden ist, sondern sich nur inoffiziell aus einzelnen Parteien mit Koalitionsverträgen zusammensetzt. Jedoch sind die Ziele, die Werte, die Aufgaben und das Vorgehen dieser einzelnen Parteien absolut identisch. Bei der Bundestagswahl 9/2021 konnte man absolut keinen Unterschied in den Fernsehauftritten der Parteien erkennen, als sie ihre Wahlprogramme vorstellten. Sie waren alle gleich gepolt: der Kampf gegen die Klimakrise, Pandemie-Bekämpfung nach der Vorstellung des Weltwirtschaftsforums und der Eliten, Stärkung der Europäischen Union und selbstverständlich der gemeinsame Kampf gegen rechts.

Im Grunde ist es egal, ob Sie die SPD oder die CDU gewählt haben, das Ziel, das die einzelnen Parteien verfolgen, ist immer das Gleiche: die Versklavung der Bürger.

Zwischen der heutigen BRD und der ehemaligen DDR sehe ich keinen großen Unterschied mehr:

- Gleichgeschaltete Medien, die die Propaganda der Einheitspartei verbreiten.
- Zensur, Medienkorruption und nicht vorhandene Meinungsfreiheit sind an der Tagesordnung.
- Versammlungsfreiheit wird mit den absurdesten Argumenten verboten und durch „befehlsgeile Polizisten“ unterbunden.
- Regierungskritiker werden diffamiert, verfolgt und wirtschaftlich ruiniert.
- Der Bundestag wird von den Politikern einer Einheitspartei geführt, die Würde und Anstand in der Garderobe vergessen haben.
- Nachrichtendienste und Polizei, die pflichtbewusst die Befehle ausführen, ganz wie damals! Nur, dass sie damals als Stasi bezeichnet wurden.
- Gewalt, Impfpflicht und Unterdrückung gehören zum täglichen Brot und werden unter dem Vorwand einer Fake-Pandemie am Leben gehalten.

- Die Wirtschaft galoppiert in eine Rezession und die Inflation hat die 10%-Marke schon seit Wochen überschritten, auch wenn man uns durch den getürkten Warenkorb was anderes verkauft.
- Die Angst und die Verzweiflung der Menschen hat Ausmaße erreicht, die man eigentlich nur bei Völkern unter Kriegsbedingungen kennt. Aber unsere Politiker setzen sich doch nur für ihr Volk ein…

Das Ziel der Eliten mit ihren korrupten Politikern ist seit Jahrhunderten dasselbe: Die Unterdrückung, Ausbeutung und Versklavung ihrer Völker! Hierzu möchte ich Ihnen ein hervorragendes Video von der Webseite *www.freiwilligfrei.info* empfehlen, mit dem Titel „Anleitung zur Versklavung – Die Jones-Plantage“. Der Einzige Unterschied zu diesem Video und der heutigen Zeit ist, dass die heutigen Sklaven weiß sind!

Video 17:

Titel	Anleitung zur Versklavung – Die Jones-Plantage
Link	www.youtube.com/watch?v=cdYqxZnXv_Q

Und nun folgt, wie versprochen, ein kleiner Schnelldurchlauf durch die Parteien im Deutschen Bundestag:

4.2. Die christlichen Parteien Deutschlands

Die CDU und die CSU werden im Verbund als Schwesterparteien oder Union bezeichnet. Ihre politische Ausrichtung ist laut Wikipedia auf Mitte-rechts verortet, obwohl sie sich in der Realität mit der SPD oder den Grünen zur Regierungsbildung vereint. Wie kann eine christliche Partei, die für die angeblichen Werte der Mitte-rechts-Wähler und -Bürger steht, mit Parteien koalieren, die für eine links-sozialistische Ideologie stehen? Schon diese Tatsache nimmt doch dieser angeblich christlichen Partei jede Seriosität.

> *„Sie bezeichnet sich als christliche Partei, da sie sich dem christlichen Menschenbild ausdrücklich verpflichtet fühlt.“*[79]

Eigentlich stand die CDU einst für eine konservative christliche Partei, die sich für das Wohlergehen ihrer Flügel-Bürger einsetzte. Die Familie und das Vaterland waren ein Gut, das es zu verteidigen galt. Der angebliche Kampf galt nicht den Rechten, sondern den Sozialisten und somit den Linken.

Bei den Abb. 44, 45 und 46 handelt es sich um Wahlplakate aus der nahen Vergangenheit, welche die politischen Werte dieser Partei darstellten.

Abb. 44, 45 und 46: Waren das noch Zeiten, als die CDU noch Werte hatte. 16 Jahre Merkel haben die CDU zu einer sozialistischen Partei umgepolt.

Wie kann es dann unter der Ära Merkel zu einer Koalition mit den Grünen, den Linken oder der SPD kommen? Ist das nicht ein Verrat am deutschen Volk und den eigenen Wählern? Oder wird hier ganz bewusst ein Plan verfolgt?

Hier eine von mir frei erfundene Geschichte, die aber meines Erachtens den Nagel auf den Kopf trifft: Herr Mörkel ist sein gesamtes Leben lang auf einem Bauernhof aufgewachsen, wo Massentierhaltung auf dem untersten Niveau betrieben wurde. Seine ganze Jugend setzte sich Herr Mörkel für die Massentierhaltung, Tiere ohne Rechte und Gewinnmaximierung durch Massentierhaltung ein. Er schaffte es auch in die Partei, die just diese Grundsätze propagierte. Durch sein Engagement und seinen Fleiß schaffte es Herr Mörkel bis zum Propagandachef dieser Partei. Es machte ihm nichts aus, dass die Tiere unter schrecklichsten Bedingungen gehalten, gequält und ermordet wurden. Nein, ganz im Gegenteil: Er liebte es, Fleisch in allen nur erdenklichen Arten zu konsumieren. Er war begeisterter „Grillier“ und schaffte es sogar zum Grillmeister seines Dorfes. Doch die Zeiten änderten sich, und um in der Politik Karriere zu machen, war es nötig, dass sich Herr Mörkel einer größeren Partei anschloss. Zu dieser Zeit wurde Herr Mörkel von der Fleischlobby gesponsert und unterstützt, die das Ziel hatte, den Veganismus in Deutschland zu unterbinden und es zur Pflicht zu machen, täglich Fleisch zu konsumieren. Der Plan stand fest: Herr Mörkel wurde Mitglied in der größten Partei Deutschlands, die „Deutsche Christliche Veganerpartei“. Durch die Verbindungen der Fleischlobby-Elite und ihrem Netzwerk, dem Weltwirtschaftsforum, schaffte es Herr Mörkel ziemlich schnell, Karriere zu machen und wurde kurze Zeit später zum Minister ernannt. Seine Vorliebe für den Fleischkonsum und seine Verbindungen zur Fleischlobby wurden gekonnt durch die Massenmedien, die von der Fleischlobby leicht zu korrumpieren waren, unter den Teppich gekehrt. Sie standen somit auch nicht zur Debatte. Selbst dann nicht, wenn sich Herr Mörkel als Minister einer veganen christlichen Partei öffentlich für den Fleischkonsum einsetzte oder selbst konsumierte. Es schien, als ob die Menschen und Wähler hypnotisiert waren. Er konnte sich alles erlauben, und seine

Fehler und Fehltritte, die mit Sicherheit nicht der christlichen Veganerpartei dienten, wurden ignoriert und/oder entschuldigt. Nach wenigen Jahren wurde Herr Mörkel dann zum Bundeskanzler ernannt, und um eine Mehrheit im Bundestag zu erhalten, koalierte die „Deutsche Christliche Veganerpartei" mit der „Partei für Tierexperimente". Einige Bürger und Wähler konnten diesen Zusammenschluss nicht ganz verstehen und hinterfragten leise, wie es denn sein könnte, dass ein überzeugter Fleischesser Parteivorsitzender einer Veganer-Partei werden konnte und mit einer Partei, die sich für Tierexperimente einsetzte, koalierte? Diese wurden jedoch schnell als Nazis und rechtsradikales Gesindel abgestempelt, und somit wurden diese Fragen immer weniger gestellt. Mit der Zeit wurden weitere Minister und Führungspolitiker der „Deutschen Christlichen Veganerpartei" durch überzeugte Fleischesser und/oder Anhänger der Partei für Tierexperimente ersetzt. Nach über 15 Jahren gab es in den öffentlichen Ämtern so gut wie keine christlichen Veganer mehr. Der gesamte Bundestag war korrumpiert, der Staat dem Bankrott nahe, die Inflation schon im zweistelligen Bereich, und von der Demokratie war nichts mehr übrig. Um aber das Volk komplett zu Fleischfressern zu versklaven, schloss man sich dem Plan einer Fake-Pandemie an, die sogar den letzten Veganer in die Sklaverei treiben sollte.

Ende der Geschichte.

Die Situation der CDU kann man eigentlich nur mit Sarkasmus erklären. Die obere Geschichte scheint verrückt, aber wenn man die letzten 16 Jahre der Merkel-Regierung in Deutschland betrachtet, dann wird sie zur Realität. Eine junge Kommunistin, die sich für den Kommunismus in der DDR als FDJ-Propaganda-Sekretärin eingesetzt und sich dem Kommunismus verschworen hatte, wurde Mitglied der CDU, obwohl sie als Kommunistin sicherlich nicht viel mit dem Christentum gemeinsam hatte. Alle Werte und vor allem der politische Kontext und Inhalt haben sich seit ihrer Wahl zur Bundeskanzlerin komplett nach links verschoben. Gekonnt wurden Koalitionen mit sozialistischen Parteien geschmiedet und die gesamte CDU auf Linkskurs gesteuert. Jegliche Kritiker wurden und werden als Nazis oder Rechtsradikale diffamiert. Und obwohl die CDU als familienfreundlich und kritisch in der Asylpolitik galt, änderte sich durch ihre Wahl alles. Die CDU wurde von Frau Merkel zu einer sozialistischen, grünen Gender-Partei umgemodelt, wovon sich diese Partei, wenn überhaupt, nur sehr schwer erholen wird. Glauben Sie immer noch an Zufälle?

Dieses Vorgehen war kein Zufall, sondern von langer Hand in allen Details von den Sozialisten geplant und sorgfältig umgesetzt. Sie glauben doch nicht wirklich, dass es Zufall war, dass eine Ex-SED- Funktionärin Bundeskanzlerin der Bundesrepublik Deutschland wurde? Und unser neuer Bundeskanzler wird den Ruin Deutschlands, den Frau Merkel begonnen hat, mit seinen Koalitionspartnern nach alter sozialistischer Manier vollenden. Das sehe nicht nur ich so, sondern das können Sie anhand der Entwicklung der Mitgliederzahlen der CDU deutlich erkennen.

In den letzten 20 Jahren hat sich die Mitgliederzahl der CDU fast halbiert. Glauben Sie, dass eine solche Mitgliederflucht passiert, wenn Mitglieder mit ihrer Partei und mit ihrem Vorsitz zufrieden sind? Die Zahl der Mitglieder sind von 14.167.561 (2002) auf 8.775.471 (2021) geschrumpft! Das ist ein Schwund von fast 40%! Wen wundert das?

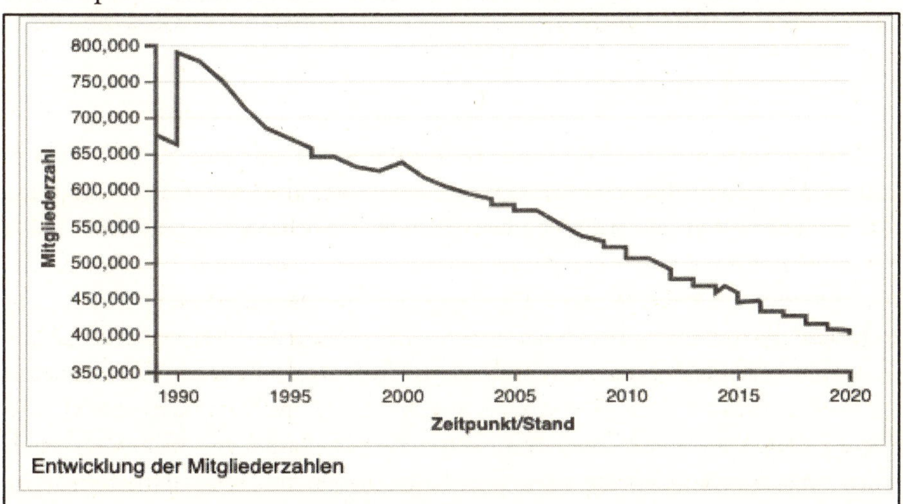

Abb. 47: Was ist hier los? Mitglieder-Schwund bei der CDU. Wen wundert es noch? Die Mitglieder-Zahlen haben sich so gut wie halbiert. Der Zerfall dieser Partei ist nicht mehr zu stoppen.

Glauben Sie immer noch, dass der Zerfall dieser Partei Zufall ist? Ich würde eher sagen, dass die Genossin Merkel hervorragende Arbeit geleistet hat. Die CDU wird nach der Covid-19-Pandemie komplett zusammenbrechen, wenn auch die allerletzten und treuesten Mitglieder kapieren, dass sie von Frau Merkel und ihren Ministern an die Sozialisten verkauft worden sind.

> *„Laut einer Studie der Freien Universität Berlin von 2005 bekennen sich gegenwärtig 51% der CDU-Mitglieder zur katholischen Konfession, 33,3% geben ein evangelisches Bekenntnis an und 15,7% fühlen sich keiner Kirche zugehörig.“*[(80)]

Das ist ein totaler Witz, fast 85% der Mitglieder der CDU sind christlich und ihre langjährige Vorsitzende Merkel scherte sich einen Dreck um das Christentum. Doch genau diese sogenannten Mitglieder sind mitschuldig an der Misere Deutschlands, da sie es durch ihr fehlendes Rückgrat erlaubt haben, dass die Sozialistin Merkel Deutschland an die Sozialisten verkauft hat. Für eine Regierungsbildung war ihnen keine Koalition zu dreckig und sie sind es auch, die diese Frau jahrelang gedeckt und unterstützt haben.

Das gleiche Bild ergibt sich in der Corona-Pandemie, die nur möglich war, weil aus der CDU und ihren Mitgliedern ein verweichlichter, grüner „Gutmenschen-Haufen“ geworden ist. Die wahren Christ-Demokraten würden sich im Grabe umdrehen, wenn sie von dieser Respektlosigkeit dem deutschen Volk gegenüber erfahren würden.

Dr. Markus Krall bringt es mit seinem Twitter-Post vom 29.8.2021 auf den Punkt:

> *„Das Hauptproblem unseres Landes ist, dass die Skandale, die unsere politische Klasse produziert, das Land nicht mehr erschüttern, weil der Bürger von den Parteien gar nichts anderes mehr erwartet als skandalöses Verhalten. Man könnte es als Inflation der Abstumpfung bezeichnen.“*[(81)]

In diesem Zitat ist eigentlich schon alles gesagt worden. Die Politiker schweben in einer anderen Sphäre, weit über dem Volk, und so gut wie kein Skandal erschüttert ihr Dasein. Es ist eine Schande, aber in Deutschland und Europa heutzutage gang und gäbe. Es ist eine Schande, dass die deutschen Bürger so etwas mit sich machen und sich zu verwahrlosten grünen Eunuchen transformieren lassen.

Skandale und Vetternwirtschaft waren bei der großen Koalition der CDU mit der SPD an der Tagesordnung, und das wird mit Sicherheit mit der neuen Regierung nicht enden.

„Seit 2005 wurden unter Frau Merkel zusätzlich 4.600 neue Stellen geschaffen.“[(82)]

Alle möglichen Positionen wurden durch treues Personal, das der Regierung besonders nahestand oder ihr von Nutzen war, erweitert. Allein im Jahre 2021 wurden 200 neue Stellen mit der Besoldungsstufe B3 (8.762 €) oder sogar B6 (10.412 €) aus dem Hut gezogen.

„'Eigentlich gehört es zu den politischen Gepflogenheiten, dass Top-Jobs in Ministerien und Behörden im Jahr einer Bundestagswahl nur noch in Ausnahmefällen neu besetzt werden. Der Grund liegt auf der Hand: So soll bei einem Machtwechsel vermieden werden, dass neue Minister mit möglicherweise illoyalen Mitarbeitern in der Verwaltung arbeiten müssen. Es entspricht der politisch gebotenen Zurückhaltung, dass eine geschäftsführende Bundesregierung eine künftige Bundesregierung nicht durch Personalmaßnahmen unangemessen präjudiziert', erklärt ein Regierungs-Sprecher auf Anfrage.“[(83)]

Aber bei der Regierung Merkel war das kein Problem, schließlich musste man Parteifreunden noch zu einem goldenen Lebensabend mit Top-Gehältern verhelfen. Eine sozialistische Diktatur kann man eben nicht allein aufbauen, da sind treue Gehaltsempfänger, die sich die Taschen vollstopfen, vonnöten. So ganz nach dem Motto: Eine Hand wäscht die andere! Da ist es auch egal, ob man die Wahl gewinnt oder nicht, die führenden Positionen sind bestens abgedeckt und die Gehälter durch die Steuern der Untertanen gesichert.

Ein weiteres Beispiel für den „Selbstbedienungsladen BRD“ sind die Kosten, die die ehemalige Umweltministerin Svenja Schulze für „externe Beratung“ in den vergangenen Jahren angeblich ausgegeben hat.

„Das Bundesumweltministerium unter Svenja Schulze (SPD) gerät wegen Zahlungen an externe Berater in Erklärungsnot. Wie der „Spiegel“ berichtet, gibt das SPD-Ministerium an, kein Geld für externe Berater ausgegeben zu haben. Nun kommt heraus: Das stimmt so wohl nicht. Der Bundesrechnungshof hatte die Angaben des Ministeriums überprüft und sei zu einem anderen Ergebnis gekommen. In dem Bericht des Rechnungshofs, aus dem der „Spiegel“ zitiert, ist für den Zeitraum von 2014 bis 2018 von einer Summe von mindestens 600 Millionen Euro die Rede.“[(84)]

Da hat man Tausende von Angestellten im öffentlichen Dienst, und trotzdem werden über 600 Millionen für externe Beratungsdienste in Anspruch genommen und die Öffentlichkeit belogen? Da wäre es wirklich mal interessant zu erfahren, an wen diese Gelder geflossen sind und in welchem Zusammenhang sie mit Frau Schulze stehen.

Doch der „Oberhammer“ ist sicherlich der goldene Ruhestand der Ex- Kanzlerin Merkel:

„’Merkel soll ein üppiges Büro erhalten – und neun Mitarbeiter. Hoch dotierte Beamte und zwei Chauffeure’, wie der Spiegel und andere Medien aus einem Schreiben des Bundesfinanzministeriums an die neue Bundestagspräsidentin Bärbel Bas (SPD) zitieren. Demnach sollen sowohl der zukünftige Büroleiter als auch sein Stellvertreter in der Besoldungsgruppe B6 eingestuft sein. Das bedeutet ein monatliches Grundgehalt von 10.412 Euro plus Zuschläge. Auch die anderen sieben Mitarbeiter (zwei Referenten, zwei Sachbearbeiter, ein Bürosachbearbeiter und zwei Chauffeure) sind sicher nicht ohne Gehalt zur Mitarbeit bereit. Zusammen kommen alle Büromitarbeiter den Berichten zufolge auf ein Monatsgehalt von mehr als 46.000 Euro: auf das Jahr gerechnet kommen so mehr als 554.000 Euro zusammen, auf Kosten der Steuerzahler. Indirekte Kosten und Merkels Pension gar nicht mitgerechnet.“[(85)]

Kann mir jemand erklären, was diese Frau noch im Bundestag zu suchen hat? Ist der Aufbau einer sozialistischen Einheitsregierung noch nicht ganz vollbracht? So ganz nach dem kommunistischen, chinesischen Vorbild?

Wir können uns sicherlich auf einige Überraschungen freuen, während es den Steuerzahler jährlich Millionen kosten wird. Tja, ganz nach dem Motto: Zuerst stopfen wir uns die Taschen voll und wenn der Bürger kein Brot hat, dann soll er eben Kuchen essen.

Selbst die gewährten Corona-Hilfen werden nun vom Bund über die Banken zurückgefordert. Angeblich sollen es Stand Januar 2022 schon an die 300 Millionen Euro sein, die zurückgefordert werden. Da wurden schnell und unbürokratisch Corona-Hilfen gewährt, um sich die Zustimmung der Selbstständigen zu erschleichen, und nun werden diese zum Teil zurückgefordert, nachdem die angestrebten Maßnahmen umgesetzt worden sind. Was für ein Pech, doch im Grunde geschieht es diesen Menschen ganz recht, auch wenn sie mir leidtun. Sie haben sich mit wenigen Euro kaufen lassen und es zugelassen, dass die Bundesregierung ihre drakonischen Maßnahmen wie Lockdowns und Beschränkungen umgesetzt hat.

Den Abschluss dieses Kapitels möchte ich mit dem Propaganda-Größenwahn des „Königs von Bayern“, Ministerpräsident Söder, krönen.

Selbstverständlich sind die gestellten Bilder von Herrn Söder und von Kim Jong-il, dem Herrscher Nord-Koreas, nur zufällig entstanden, und die Ähnlichkeit ist rein zufällig so verblüffend.

„Die glücklichen Sklaven sind die erbittertsten Feinde der Freiheit.“

Maria von Ebner-Eschenbach[(86)]

Abb. 48 und 49: Größenwahn oder nur Zufall, dass sich Herr Söder wie Kim Jong-il, dem ehemaligen Herrscher Nord-Koreas, darstellen lässt?

4.3. Die Linke – Sehnsucht nach drüben

„Die Linke ist eine demokratisch-sozialistische Partei.“[87]

Sie entstand am 16. Juni 2007 durch Verschmelzung der SPD-Abspaltung WASG und der Linkspartei PDS. Letztere war im Juni 2005 durch Umbenennung aus der SED-Nachfolgepartei PDS hervorgegangen. Vielleicht kurz zur Erinnerung: Die SED war eine marxistisch-leninistische Partei, die für die sozialistische Diktatur in der ehemaligen DDR verantwortlich war. Millionen deutscher Bürger wurden durch sie unterdrückt, überwacht und belogen. Hunderte, wenn nicht gar Tausende, wurden ermordet und gefoltert. Die legislative, exekutive und judikative Gewalt war dieser Einheits-Partei untergeordnet und somit sozialistisch. Wie kann man hier noch von Demokratie sprechen?

Um es gleich deutlich auf den Punkt zu bringen: Obwohl Tausende bzw. Millionen von Menschen unter einer kommunistischen Diktatur jahrzehntelang leben und leiden mussten, sitzen die Abgeordneten dieser Partei im Deutschen Bundestag. Durch „Hütchenspiele“ wurde aus der SED die PDS, die dann wiederum umbenannt wurde zu *Die Linke*. Das kann eigentlich nur ein schlechter Witz sein. Diese Politiker pfeifen auf die Demokratie und benützen dieses fiktive Wort „Demokratie“ nur, um ihre kommunistischen Ziele weiterhin zu verfolgen. Da ist es doch mehr als logisch, dass sich die Menschen und das Denken in dieser Partei über die Jahre nicht groß verändert hat, letztendlich wurde nur der Parteiname einer fiktiven Demokratie angepasst.

Abb. 50: Ach wie gut, dass niemand weiß, dass die SED nie abgeschafft wurde…

„Es gehe nicht darum, „irgendwelche makabren arithmetischen Vergleiche aufzustellen, eine Art doppelte Buchführung des Horrors, eine Hierarchie der Grausamkeit." Die rund 100 Millionen Opfer des Kommunismus gegenüber rund 25 Millionen Opfern des Nationalsozialismus seien jedoch ein Faktum. Dieses solle „zumindest zum Nachdenken über die Ähnlichkeit anregen, die zwischen dem NS-Regime, das seit 1945 als das verbrecherischste System des Jahrhunderts angesehen wird, und dem kommunistischen besteht, dessen Legitimität auf internationaler Ebene bis 1991 unangefochten war, das bis heute in bestimmten Ländern die Macht innehat und nach wie vor über Anhänger in der ganzen Welt verfügt." Der Historiker Courtois listete in seiner Einleitung Schätzwerte für durch Kommunisten getötete Menschen auf, die er als „grobe Annäherungen, basierend auf inoffiziellen Quellen" kennzeichnete:

- *Sowjetunion: 20 Millionen*
- *Volksrepublik China: 65 Millionen*
- *Vietnam: 1 Million*
- *Nordkorea: 2 Millionen*
- *Kambodscha: 2 Millionen*
- *Osteuropa: 1 Million*
- *Lateinamerika: 150.000*
- *Afrika: 1,7 Millionen*
- *Afghanistan: 1,5 Millionen*
- *die internationale kommunistische Bewegung und kommunistische Parteien ohne Regierungsmacht: um 10.000."*[(88)]

Jeder, der immer noch an das Links-rechts-Schema glaubt, sollte sich die oben aufgelisteten Zahlen mal durch den Kopf gehen lassen. Vielleicht sollte er sich an dieser Stelle auch Gedanken darüber machen, warum im Wort „Nationalsozialismus" das Wort Sozialismus drinsteckt! Eines ist an dieser Stelle klar, der Kommunismus ist die tödlichste und schrecklichste Ideologie, die es jemals gegeben hat.

Aber in unserem Bundestag sitzen linke, kommunistische Politiker, die mit dem Finger auf die AfD und die Impfverweigerer zeigen und diese als Nazis beschimpfen. Also entweder sitze ich im falschen Film oder ich habe hierzu wirklich keine Worte mehr. Mir ist der Intellekt der linken Wählerschaft echt ein Rätsel. Der Kommunismus hat außer Leid, Hunger und Tod in der Vergangenheit nichts gebracht, und diese Menschen träumen immer noch von einer linken Ideologie.

Was hat eine Sahra Wagenknecht in dieser Partei verloren? Ich habe ihren YouTube-Kanal abonniert und schaue mir ihre Videos schon seit Monaten regelmäßig an, und ich muss Ihnen gestehen, ich finde sie gut. Aber was hat diese Frau in dieser Partei verloren? Sie könnte doch mit ihrer Intelligenz ganz anders Geld verdienen! Warum tut sie sich das an?

Bei den Bundestagswahlen 9/2021 hat diese Partei 2.307.536 Stimmen erhalten und somit ein Ergebnis von 4,98% und zog durch „Hütchenspiele" der Direktmandate und Aufrundung trotzdem in den Bundestag ein. Tja, was nicht passt, wird eben im besten Deutschland aller Zeiten passend gemacht! Im besten Deutschland aller Zeiten ist es auch ganz normal, dass man in der Vergangenheit Mitglied der SED war und in den allermeisten Fällen auch Informant der Stasi.

„Es kommt nicht mehr allzu oft vor, dass der Staatssicherheitsdienst bundesweit in die Schlagzeilen gerät. Die SPD-Politikerin Manuela Schwesig hat es geschafft, dass sich mehrere große Medien in diesen Tagen (11/2021) mit dem seit über 30 Jahren aufgelösten DDR-Geheimdienst beschäftigten. „Schwesigs Regierung hat ein Stasi-Problem" titelte das reichweitenstarke Portal t-online. Und die Tageszeitung DIE WELT sekundierte: „Lange Stasi-Schatten auf Schwesigs rot-roter Koalition". Grund dafür ist Schwesigs Entscheidung, die Koalition mit der CDU aufzugeben und stattdessen mit der Linken zu regieren. Deren Landesvorsitzender Torsten Koplin war zu DDR-Zeiten ein Informant des Staatssicherheitsdienstes. Erstmals in der Geschichte des ostdeutschen Bundeslandes war damit ein früherer Stasi-Mitarbeiter federführend an den Verhandlungen über das künftige Regierungsprogramm beteiligt. In der DDR war Koplin ein überzeugter Anhänger des SED-Regimes. Nach seinem Dienst im Stasi-Wachregiment arbeitete er zu-

nächst als Kfz-Schlosser und FDJ-Sekretär. Sein Betrieb bescheinigte ihm 1985 einen „ausgeprägten Klassenstandpunkt" und „völlige Abgrenzung" zur westlichen Ideologie."[89]

Doch bei der Linken-Ideologie ist das kein Problem, da werden beide Augen zugedrückt und jegliche Teilnahme an der Stasi verharmlost, wie bei unserer ehemaligen Kanzlerin. Das kennen wir doch von unserer Ex-Bundeskanzlerin. Warum werden nicht alle Stasi-Akten der Politiker für die Öffentlichkeit freigegeben? Was haben sie denn zu verheimlichen? Als mündiger Bürger muss ich mir da die Frage stellen, von wo tatsächlich in Deutschland die Gefahr kommt? Sicherlich bringt der Rechtsextremismus auch seine Gefahren mit sich, doch sitzen momentan Politiker im Bundestag, die einer rechtsextremen Partei angehören? Nein, ganz sicher nicht. Keine Sorge, auf die AfD werden wir später noch zu sprechen kommen. Mit Sicherheit handelt es sich bei der AfD nicht um eine extreme Nazi-Partei wie die der Linken, die jahrzehntelang mit der SED an der Unterdrückung und Ermordung der Menschen in der DDR beteiligt war.

„Spätestens jetzt muss aber noch mal in den Kampf gegen rechts investiert und weiter Millionen Euro locker gemacht werden: Die Bundesregierung zählt mehr „links" kategorisierte politische Gewalt als vergleichbare Taten aus dem rechten Spektrum. Das geht aus einer Antwort der Bundesregierung auf eine Kleine Anfrage der AfD-Fraktion hervor, in der nach politisch motivierten Gewalttaten gefragt wurde. Den Angaben zufolge gab es von Januar bis September 2021 genau 836 politisch links motivierte Gewaltdelikte, die Mehrzahl Körperverletzungen und Widerstandsdelikte, sowie 715 politisch rechts motivierte Gewaltdelikte, die Mehrzahl Körperverletzungen."[90]

Aber laut den Massenmedien befinden wir uns in einer Notlage mit den Rechten, die unbedingt mit allen Mitteln bekämpft werden müssen. Warum wird der Linksextremismus nicht genauso hart bekämpft wie der Rechtsextremismus? Warum werden im Kampf gegen links nicht auch Millionen locker gemacht und der Verfassungsschutz wegen jeder

Kleinigkeit angeheuert? Warum wird in den deutschen Qualitätsmedien nicht vor Linksextremismus gewarnt? Warum geht man Koalitionen mit der LINKEN ein?

Um es hier klar auf den Punkt zu bringen: Ich verabscheue jeglichen Extremismus, egal woher er kommt!

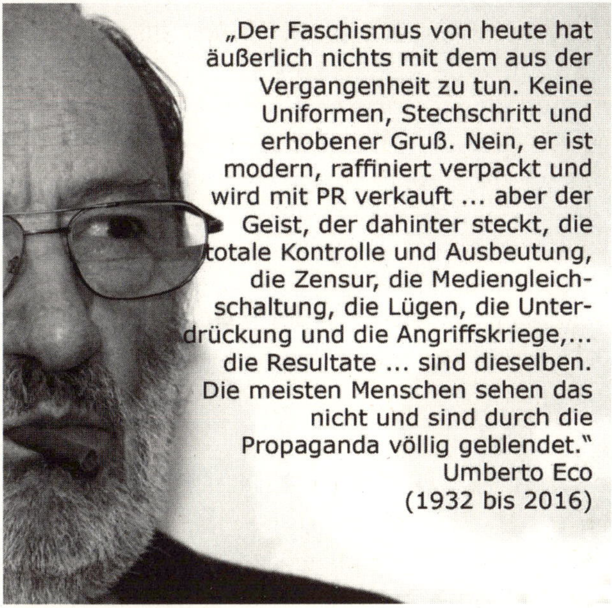

Abb. 51: Sicherlich nur ein Schwurbler, Umberto Eco bringt in einem Satz das Thema Propaganda auf den Punkt.

> *„Es ist Faschismus, was wir erleben – ZDF-Mann Hahne spricht Klartext. Ich hätte nie gedacht, dass ein prominenter Jude* (Henryk M. Broder; A.d.V.) *in Deutschland Opfer des rot-grün-schwarzen Faschismus wird. Das ist ja Faschismus, was wir jetzt erleben. Ich habe bewusst geschrieben „rot-grün-schwarz". Sie haben doch keinen Unterschied mehr. Oder sehen Sie einen Unterschied zwischen Herrn Kretschmann, Herrn Söder und irgendjemand von der SPD? Ich sehe*

ihn nicht! Man blendet die Wahrheit völlig aus, jedes Nachdenken wird einfach ausgeblendet. Bertolt Brecht hat wunderschön gesagt: „Wer die Wahrheit nicht kennt, ist ein Dummkopf, wer sie aber kennt und sie zur Lüge erklärt, ist ein Verbrecher." Mit diesem Satz, der von Linksaußen kommt, ist eigentlich alles gesagt.«(91)

Boris Reitschuster

Jetzt mal eine ganz dumme Frage: Zu wem gehört eigentlich die Antifa? Antifa (Akronym für antifaschistische Aktion) ist ein „*Oberbegriff für verschiedene, im Regelfall eher locker strukturierte, ephemere autonome Strömungen der linken bis linksextremen Szene*". Die Antifa ist die Gruppierung, die sich gewaltsam im Kampf gegen den angeblichen Faschismus engagiert und Städte wie Hamburg beim G20-Gipfel am 7/8. Juli 2017 teilweise in Schutt und Asche legte, Häuser und Autos verbrannte und mit Gewalt gegen die Polizei vorging. Haben Sie schon jemals eine Demonstration von den angeblichen Rechtsradikalen gesehen oder gehört?

„Die Antifa zeigt sich als gewaltbereite, bezahlte Demonstrationsstruktur, die offenbar «gemietet» werden kann. Recherchen des als Russland-getreuen Propagandasender diffamierten TV-Kanals „RT" zufolge besteht die Antifa aus mehreren Organisationen, von der Antifa-GmbH über die Antifa-Gewerkschaft bis hin zum Antifa-Verein. ***Diese erhalten Geld von der deutschen Bundesregierung, den Parteien SPD, CDU und den Grünen sowie einzelnen sozialistisch-kommunistisch-orientierten Verbänden.*** *Die Antifa wäre damit eine von der Regierung bezahlte gewaltbereite Einheit, die geheim und abseits rechtsstaatlicher Strukturen von den etablierten Zentrumsparteien eingesetzt wird, um unliebsame Demonstrationen und Meinungsäußerungen in der Bevölkerung zu bekämpfen. Einen nicht unerheblichen Teil der Gelder erhält diese Einheit über angeblich „gegen rechts" bereitgestellte öffentliche Mittel aus den Landes- und Bundeshaushalten. So wurde die Antifa beispielsweise eingesetzt, um die friedlichen Demonstrationen der PEGIDA im Januar und der LEGIDA im Februar anzugreifen, worauf auf diese Drohung hin die Demonstrationen abgesagt werden muss-*

ten. Verständlich wird nun auch, warum die Polizei die gewaltbereiten Antifa-Einheiten gewähren und strafrechtlich unbehelligt lässt. Dass sich die Einsätze der Antifa gegen unliebsame Personengruppen in Deutschland egal welcher politischen Ausrichtung stellen, zeigten die Antifa-Einsätze gegen die Compact-Veranstaltung von Jürgen Elsässer, der seinerzeit als Chefredakteur der 68er-Zeitung ‚Konkret' bekannt wurde. Dass einzelne Antifa-Kämpfer dies sogar beruflich tun, zeigte die Lohnabrechnung eines Kämpfers und der gebotene Stundensatz von 25 Euro pro Stunde zuzüglich Auslands- und Nachtzuschläge."[92]

Um das hier klar auf den Punkt zu bringen: Sie bezahlen Ihre Steuern und Abgaben, damit die Bundesregierung und die Parteien eine Schlägertruppe finanziell unterstützen können, damit diese die „indirekten" Anweisungen im sogenannten Kampf gegen rechts umsetzen können. Hallo?! Ich dachte, wir befinden uns im besten Deutschland, das es jemals gegeben hat?

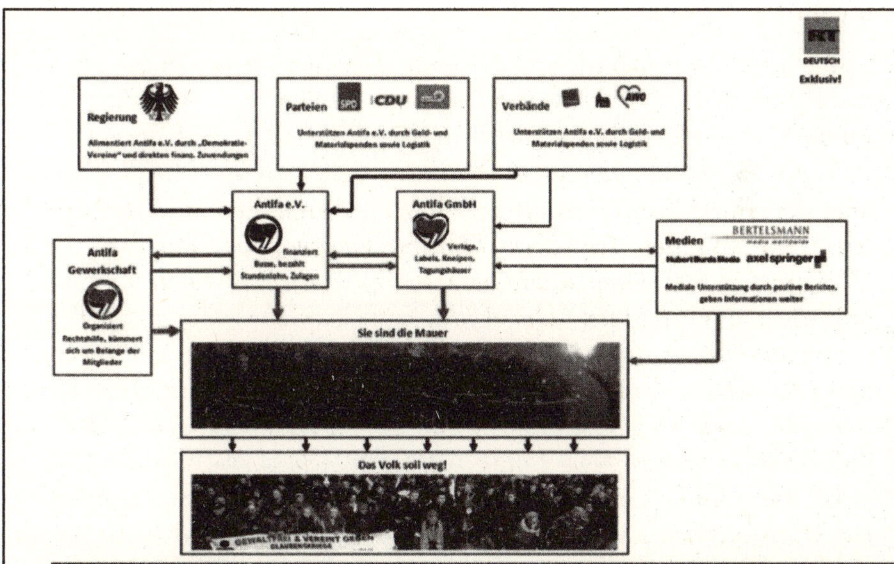

Abb. 52: Das Bild zeigt die finanzielle und rechtliche Unterstützung der Antifa in Deutschland durch die Regierung und die Parteien. Eine extremistische Gruppierung, die durch den Verfassungsschutz beobachtet wird, wird von der Regierung und den Parteien selbst finanziert!

„In Deutschland reicht die Palette der antidemokratischen oder zumindest stark antidemokratisch beeinflussten Gruppen von anarchistisch orientierten Autonomen über Maoisten und Trotzkisten bis zu alten Stalinisten, orthodoxen Marxisten und DDR-Nostalgikern, die sich etwa in der Deutschen Kommunistischen Partei oder der ‚Vereinigung der Verfolgten des Naziregimes – Bund der Antifaschistinnen und Antifaschisten' engagieren. Letztere ist jahrelang von einem ehemaligen Stasi-Spitzel geführt worden. Das deutsche Bundesamt für Verfassungsschutz hält auf Anfrage fest, dass nicht alle Personen und Gruppen, die sich als antifaschistisch bezeichnen, ‚automatisch ein Fall für den Verfassungsschutz' seien. Allerdings machte „Die Welt" diese Woche publik, dass die deutschen Verfassungsschützer in Bund und Ländern derzeit mindestens 47 Antifa-Gruppen als extremistisch einstufen."[93]

4.4. SPD – *„I love Kommunismus“*

Bei der SPD handelt es sich um die älteste bestehende Partei Deutschlands, ihre Wurzeln reichen weit in das 19. Jahrhundert zurück. Im Laufe der Jahrzehnte wandelte sich die SPD von einer **sozialistischen Arbeiterpartei** zu einer linken Volkspartei. Marketingtechnisch wandelte sich somit die SPD von einer sozialistischen Arbeiterpartei zu einer Volkspartei bis hin zu einer sozialdemokratischen Volkspartei. So ganz einfach nach dem Motto: Wir passen uns der Zeit an, an das, was zum jeweiligen Zeitpunkt benötigt wird. Ich möchte hier gar nicht groß auf die glorreiche Geschichte dieser Partei eingehen, die ohnehin so angepasst wird, wie es die Partei benötigt, sondern mit der Rolle, die sie heute innehat und in der nahen Vergangenheit spielte.

Während der nationalsozialistischen Diktatur wurde die SPD 1933 verboten und 1945 in der sowjetischen Besatzungszone mit der Kommunistischen Partei Deutschlands (KPD) zur Sozialistischen Einheitspartei Deutschlands (SED) vereinigt. Warum sie gerade mit der Kommunistischen Partei vereinigt wurde, ist an dieser Stelle sehr interessant. Handelte es sich nicht um einen Zwang, sondern vielleicht eher um eine freiwillige, ideologische Entscheidung? Die heutige Nähe zur linken, kommunistischen, sozialistischen Ideologie kann an dieser Stelle höchstwahrscheinlich keiner abstreiten.

1959 kam dann im Westen der Wandel von der Arbeiterpartei zur Volkspartei, denn man wollte die eigene linke Ideologie nicht nur unter die Arbeiter streuen, sondern das gesamte Volk damit beglücken.

> *„Nach der Bestandsangabe vom April 2018 hatte die SPD 457.700 Mitglieder, 54% der SPD-Mitglieder sind älter als 60 Jahre, 8% sind jünger als 30 Jahre. 68% der Mitglieder sind männlich, 32% weiblich. 34% Rentner, 23% Beamte, 15% Angestellte, 8% Arbeiter, 5% Arbeitslose, 5% Hausfrauen, 4% Selbständige, 2% Freiberufler, 2% Schüler und 2% ohne Angaben.“*[(94)]

Zusammenfassend kann man da sagen, dass über 50% der Mitglieder über 60 Jahre sind und fast 60% der Mitglieder aus Rentnern und Beamten besteht. Das ist ein sehr interessanter Punkt, denn…

„von den über 60-Jährigen wählten 34% die SPD. Bei Wählerinnen/Wählern mit formal niedriger Bildung war die Partei mit 33% vergleichsweise stark. Bei den Rentnerinnen/Rentnern erhielt sie 35% Zustimmung. Weniger groß fiel die Unterstützung für die SPD bei jüngeren Wählerinnen/Wählern, Beamtinnen/Beamten und Selbstständigen aus. Bei den unter 35-Jährigen verlor sie sogar gegen den Trend im Vergleich zur letzten Wahl und erreichte nur eine Zustimmung von 15%.“(95)

Hat es vielleicht damit zu tun, dass sie genau von der Wählerschicht gewählt wurde, die am meisten die Massenmedien konsumieren? Zählt man nun zu den 34% der über 60-Jährigen die über 60-Jährigen hinzu, die nicht gewählt haben, dann kommt man sicherlich auf weit über 50% der Wähler.

„Bei der Bundestagswahl 2017 waren insgesamt 61,7 Millionen Menschen wahlberechtigt. Davon waren mehr als jeder Dritte über 60 Jahre, etwa die Hälfte zwischen 30 und 59 Jahren und nur jeder Siebte jünger als 30 Jahre alt.“(96)

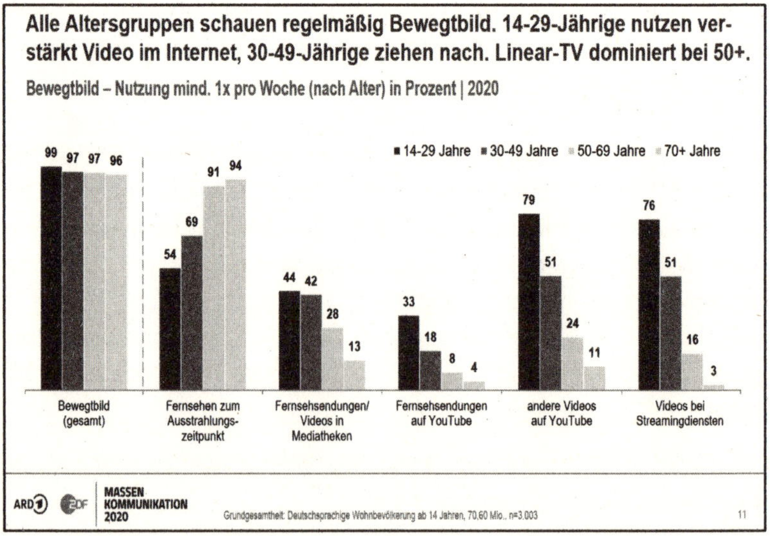

Abb. 53: Das Ende naht. Die Regierungen müssen das Internet unter ihre Kontrolle bringen, ansonsten werden sie untergehen. Das obere Bild verdeutlicht, dass die jüngeren Menschen sich von der öffentlich rechtlichen Propaganda-Maschinerie loslösen.

Da wurde marketingtechnisch hervorragende Arbeit geleistet, denn wer konsumiert die Massenmedien am häufigsten? Genau, die Rentner sowie Menschen mit niedriger Bildung. Da war es ein leichtes Spiel, diese Personengruppe durch entsprechende TV-Formate und Print-Medien in die richtige Richtung zu lenken, um dadurch das entsprechende Wahlergebnis zu erzielen. Und genau mit diesen beiden Gruppen kann die SPD sicherlich ein starkes Deutschland für die Zukunft aufbauen: mit den Rentnern und den Unterbelichteten. Und dies sind auch die Gruppen, die sich am wenigsten gegen Ungerechtigkeit wehren. Bei jungen und gebildeten Menschen liegt die SPD nicht gut im Trend. Warum wohl? Ganz einfach, weil genau diese Gruppen sich von den leeren Versprechungen dieser Partei nicht hinters Licht führen lassen. Der SPD ist es genauso wie der CDU egal, mit welchen anderen Parteien der deutschen Einheitspartei sie koaliert. Mit allen Parteien, die im Bundestag vertreten sind (außer der AfD), wurde und wird koaliert. Nach dem Motto: Was juckt mich mein Partner, die Hauptsache ist doch, dass ich irgendwie regieren kann – wenn es allein nicht geht, dann eben mit irgendeinem Partner! Egal, ob die Linke, die CDU/CSU, die Liberalen oder die Grünen. Egal, ob links oder rechts, die Hauptsache ist doch, dem deutschen Volk seine sozialistischen Werte unterzujubeln.

Was man an dieser Stelle bereits zusammenfassen kann, ist, dass es sich bei der SPD um eine extrem linke Partei handelt, die der ehemaligen SED in vielen Punkten sehr ähnelt. Die Demokratie wird sehr gerne in den Werten dieser Partei hervorgehoben, obwohl man sich am liebsten eine sozialistische Führung wünscht.

Die Nähe zur SED der ehemaligen DDR zeigen auch die Verhandlungsgespräche 1984 bis 1989, die 1987 in eine gemeinsame Erklärung mündeten:

„In den Gesprächen wurden gesellschaftstheoretische, weltanschauliche und politische Grundfragen diskutiert.“(97)

Wie kann man mit einer sozialistischen Partei gemeinsame Sache machen, wenn man nicht selbst hinter diesen Dogmen steht? Obwohl die SED für einen diktatorischen, sozialistischen Staat stand, wurde zuerst mit anscheinend erzwungenen Maßnahmen mit der SED kooperiert und viele Jahre später dann freiwillig.

Um es hier einmal ganz deutlich auf den Punkt zu bringen: Bei der SPD handelt es sich meines Erachtens um eine sozialistische Partei, die in der Vergangenheit unter verschiedenen Umständen mit der sozialistischen Partei SED kooperierte. Das zeigen auch die gemeinsam verwendeten Symbole in den Wahlkämpfen.

„Die Frankfurter SPD hat ihr Parteilogo auf Wahlkampfplakaten mit genau dem Symbol ergänzt, welches der Sozialistischen Einheitspartei Deutschlands in der ehemaligen DDR als Wappen diente: zwei ineinandergreifende Hände. Diese stehen bekanntlich für die Zwangsvereinigung von SPD und KPD zur SED und damit für die Nomenklatura einer Partei, die im Unrechtsstaat der DDR die Oberherrschaft über alle Institutionen innehatte und für Schießbefehl und Mauertote an der innerdeutschen Grenze verantwortlich war.“(98)

Frankfurt/Main, 16.02.2021

Frankfurter SPD im Wahlkampf mit SED-Symbolik

BFF fordern unmissverständliche Distanzierung

Abb. 54: Brüderlich Hand in Hand. SPD benutzt für ihren Wahlkampf das Symbol der SED.

Es ist eine Schande, was sich diese Partei erlaubt, und ein Schlag ins Gesicht für all die Menschen, die unter der schrecklichen Diktatur der SED ihre Liebsten verloren haben. Aber wie wir schon wissen, dürfen sich die linken Parteien, Medien und Menschen heutzutage im besten Deutschland, das es jemals gegeben hat, alles erlauben. Stellen Sie sich mal den Aufschrei der Parteien und der Medien vor, wenn die AfD mit Nazi-Abzeichen auf ihrem Parteitag werben würde.

Selbstverständlich kann man den Kommunismus mit dem Nationalsozialismus vergleichen, und wenn Sie das Kapitel über „Die Linke“ gelesen haben, dann sollten Sie jetzt wissen, dass der Kommunismus bei Weitem mehr Tote und Gewalttaten vorzuweisen hat als der Nationalsozialismus.

Wissen Sie, dass die Vorgänger-Partei der NSDAP, die DAP (Deutsche Arbeiter Partei) vom Sozialisten Anton Drexler gegründet wurde? Anton Drexler galt auch als Mentor Adolf Hitlers! Aus der DAP wurde dann die NSDAP (Nationalsozialistische Deutsche Arbeiterpartei), welcher ebenfalls der Sozialist Drexler vorsaß, und zwar bis zu dem Zeitpunkt, als Adolf Hitler den Vorsitz übernahm.

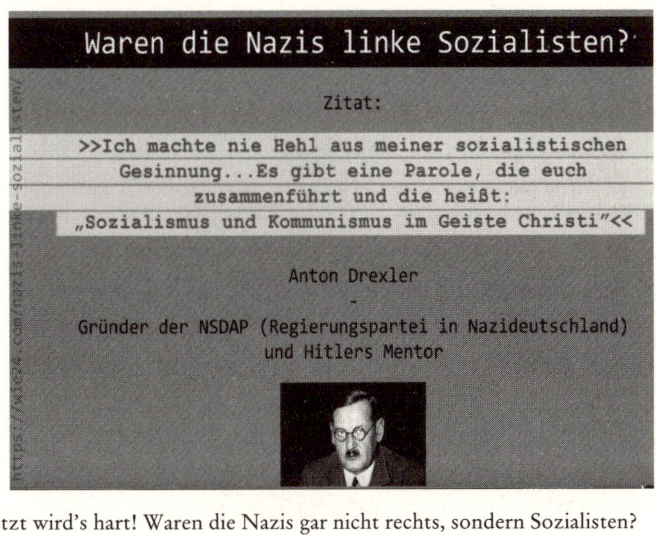

Abb. 55: Jetzt wird’s hart! Waren die Nazis gar nicht rechts, sondern Sozialisten?

Baute somit die Ideologie der Nazis auf dem Sozialismus auf? Und waren die Nazis somit links?

Für Dokumentationszwecke und zur wissenschaftlichen Recherche möchte ich Ihnen folgendes Video empfehlen:

Video 18:

Titel	Doku/Die Nazis waren links und nicht rechts!
Link	www.youtube.com/watch?v=TKyQlwEzNX0

Der Kommunismus sowie der Sozialismus gehören zu den verlogensten politischen Ideologien, die es jemals gegeben hat. Und gerade deswegen passt die SPD auch sehr gut in diese Ideologie, auch wenn sie sich gerne als DIE demokratische Partei verkauft.

Das zeigt auch folgendes Zitat auf der SPD Webseite:

„An den Gerüchten um eine Corona-Impfpflicht ist nichts dran. „Ein für alle Mal: Eine Corona-Impfpflicht stand nie im Gesetzentwurf, zu keinem Zeitpunkt“ und werde auch nicht kommen, stellt SPD-Fraktionsvizin Bärbel Bas klar. Vor allem von rechter Seite werden Fake News und Verschwörungstheorien wie diese im Netz verbreitet. Es wäre auch absurd, eine Impfpflicht im Bundestag zu beschließen, wo es doch bisher überhaupt keinen Impfstoff gibt“, so die SPD-Fraktionsvizin weiter. Der Bundestag befasst sich an diesem Donnerstag mit einem Gesetzentwurf zu weiteren Maßnahmen im Gesundheitswesen, um Folgen der Corona-Epidemie abzumildern. Anfang der Woche hatte die SPD gegenüber Gesundheitsminister Spahn (CDU) durchgesetzt, dass die Immunitätsdokumentation aus dem Gesetzentwurf gestrichen wird. Es kann und es wird keine Impfpflicht geben. SPD-Fraktionsvizin Bas sagte: „Auch dann, wenn wir einen Impfstoff haben und mehr über eine mögliche Immunität wissen, gilt für uns: Es darf keine Zwei-Klassen-Gesellschaft von Infizierten und Nicht-Infizierten geben.“ Sie betonte: „Es kann und es wird keine Impfpflicht geben.“[(99)]

2G-Plus im Bundestag - Saalverbot für ungeimpfte Abgeordnete

bild.de

2G-Plus im Bundestag - Saalverbot für ungeimpfte Abgeordnete

Bundestags-Präsidentin Bärbel Bas schafft für die 736 Abgeordneten Fakten.

6:00 nachm. · 11. Jan. 2022 · Zapier.com

Abb. 56: Sie verarschen uns, wo es nur geht. Nicht geimpfte Staatsvertreter dürfen die Bürger nicht mehr im Bundestag vertreten!

Corona

SPD will Ende Januar Eckpunkte für Impfpflichtgesetz vorlegen

Bei der Impfpflicht ist Kanzler Scholz in der Defensive. Jetzt legt die SPD-Fraktion einen ersten Zeitplan vor. Das ursprüngliche Ziel wird aber weiterhin verfehlt.

11. Januar 2022, 19:58 Uhr / Quelle: ZEIT ONLINE, dpa, jfw / 112 Kommentare /

Artikel hören

Abb. 57: Wir versprechen dem Volk, die Impfpflicht kommt (nicht)! Das war eines der Wahlversprechen der SPD vor den Wahlen im September 2021.

So viel zu den Wahlversprechungen der SPD, dass es zu keiner Impfpflicht der deutschen Bevölkerung kommen wird. Sie haben die Wähler und Bürger vorsätzlich belogen und getäuscht, und ihr Wahlversprechen, dass es zu keiner Impfpflicht kommen wird, ist wenige Monate nach ihrer Wahl über Bord geworfen worden. Wenn das mal keine verlogenen Heuchler sind, dann erklären Sie mir bitte, um was für einen Menschenschlag es sich hier handelt. Aber genau in diesen Menschenschlag passt unser heutiger Bundeskanzler Scholz, der grundsätzlich nach dem Motto *„Was interessieren mich meine Wahlversprechungen und mein Geschwätz von gestern.“* agiert.

„Selbstverständlich sollte man das Mitwirken unseres heutigen Bundeskanzlers in unterschiedlichen Skandalen in der Vergangenheit nicht groß überbewerten. Es ist auch nicht weiter schlimm, dass Herr Scholz als ehemaliger Bürgermeister von Hamburg die Einstellung des CUM-EX Verfahrens forderte.“(100)

cicero.de

Gefällt mir

Olaf Scholz und Peter Tschentscher: tiefenentspannt dank Hamburger SPD-Filz? / dpa

Dammbruch bei Cum-Ex-Ermittlungen

„Wir haben einen Kanzler, der ein Lügner ist“

Überraschung im Cum-Ex-Prozess: Ein Ex-Banker der Hamburger Warburg-Bank hat ein Geständnis abgelegt. Der Investigativ-Journalist Oliver Schröm spricht von einem Dammbruch. Im Interview erklärt

Abb. 57: Olaf Scholz wird im Cum-Ex-Fall als Lügner beschuldigt.

Die Geschichte zwischen Scholz und Christian Olearius, dem Miteigentümer der in die Cum-Ex-Affäre verwickelten Warburg-Bank, ist lang und verzwickt. Eine ausführliche Schilderung ist nachzulesen unter Quelle(264).

„Scholz hat mehrfach die Unwahrheit gesagt, er hat das Parlament belogen, und seine angeblichen Erinnerungslücken sind äußerst unglaubwürdig. Juristisch ist er damit bislang durchgekommen. Bleibt das so? Kann die Cum-Ex-Affäre ihm noch gefährlich werden, ihn gar die Kanzlerschaft kosten?“(101)

Und es ist auch nicht weiter schlimm, dass dieser Finanzskandal und der Wirecard-Betrug – als Herr Scholz Bundesfinanzminister war – den deutschen Steuerzahler viele Milliarden Euro kostete. Man kann ja mal im Eifer des Gefechtes ein paar Details vergessen?!

Selbst bei der Pressekonferenz vom 21.12.2021 nahm es Herr Scholz mit den Zahlen nicht ganz so genau.

„*Fast 60 Millionen Deutsche sind inzwischen vollständig geimpft, ohne dass wir von schweren Nebenwirkungen oder langfristigen Einschränkungen erfahren hätten.*“[(102)]

Olaf Scholz

Tabelle 1: Anzahl gemeldeter Verdachtsfälle von Nebenwirkungen oder Impfkomplikationen und Melderate pro 1.000 Impfungen nach Impfung mit den einzelnen COVID-19-Impfstoffen in Deutschland im Zeitraum vom 27.12.2020 bis 30.11.2021

Impfstoff	Meldungen Verdachtsfälle gesamt	schwerwiegend (Anteil % der Gesamtmeldungen zu dem Impfstoff)	Melderate pro 1.000 Impfungen insgesamt	Melderate für schwerwiegend pro 1.000 Impfungen
Comirnaty	113.792	16.874 (14,8 %)	1,2	0,17
Spikevax	28.289	1.924 (6,8 %)	2,7	0,18
Vaxzevria	46.325	6.147 (13,3 %)	3,6	0,48
COVID-19 Vaccine Janssen	7.758	925 (11,9 %)	2,2	0,27
Impfstoff unbekannt	810	326 (40,2 %)		
Gesamt	**196.974**	**26.196 (13,3 %)**	**1,6**	**0,2**

Abb. 59: Die Anzahl der gemeldeten Verdachtsfälle von Nebenwirkungen der einzelnen Covid-19Impfstoffe in Deutschland zum 30.11.2021.

Leider weist der obere Impfbericht des Paul-Ehrlich-Instituts eine ganz andere Realität aus. Fast 200.000 Verdachtsfälle, wovon 30.000 schwerwiegend sind, sind laut Herrn Scholz nicht erwähnenswert. Und das sind hier nur die gemeldeten Fälle. Die Realität sieht sicherlich noch gravierender aus!

Tabelle 2: Anzahl und Melderate der gemeldeten Todesfälle für die einzelnen COVID-19-Impfstoffe

Impfstoff	Todesfälle	Melderate für Todesfälle pro 1.000 Impfungen
Comirnaty	1.427	0,02
Spikevax	80	0,01
Vaxzevria	307	0,02
COVID-19 Vaccine Janssen	52	0,02
Unbekannter Impfstoff	53	
Gesamt	**1.919**	**0,02**

Abb. 60: Gemeldete Todesfälle der diversen Impfstoffe.

Selbstverständlich hat Herr Scholz auch nicht von den fast 2.000 Todesfällen erfahren, die unmittelbar mit der Covid-19-Impfung im Zusammenhang stehen. Unmittelbar bedeutet, dass der Todesfall innerhalb einer bestimmten Zeit erfolgen muss, damit dieser als Covid-19-Impf-Todesfall ausgewiesen werden darf. Was ist mit den ganzen Todesfällen, die nicht unmittelbar erfolgen und nicht in diese Statistik mit einberechnet werden? Was können wir also von der Aussage des Herrn Scholz halten? Belügt er das deutsche Volk absichtlich? Wurden ihm diese Daten nicht übermittelt? Oder kann er sich nur nicht mehr daran erinnern?

Wie kann dieser Mann überhaupt Bundeskanzler sein und die Bürger seines Landes vertreten? Mein Eindruck ist, dass Herr Scholz in einer ganz anderen Sphäre schwebt. Er gibt sich bürgernah, obwohl er dies in keinster Weise ist. Er weiß nicht einmal, wie viel ein Liter Benzin kostet. Unfassbar, aber wahr, wo lebt dieser Mann?

Video 19:
Titel Olaf Scholz kennt den Spritpreis nicht/Die Richtigen Fragen
Link www.youtube.com/watch?v=BtezTQv66kM

Wie sollen dieser Mann und seine Partei die Probleme des einfachen Volkes lösen können? Ganz salopp ausgedrückt: Weil sie die Probleme des Volkes nicht interessieren! Diese Politiker leben und regieren auf einem anderen Stern, und sie scheren sich nicht um die Sorgen und Ängste der Bevölkerung. Elfriede Handrick (SPD Wustermark) hat dies im *ZDF heute journal* mit ihrer Aussage über die Ängste und Sorgen der Bevölkerung eindeutig bestätigt.

Video 20:

Titel	ZDF heute journal-Elfriede Handrick-SPD Wustermark: Die Sorgen und Nöte der Bevölkerung
Link	www.youtube.com/watch?v=PYOSUIZm6vI

> *„Ich finde es auch nicht richtig, dass man da immer die Sorgen und Nöte der Bevölkerung ernst nehmen muss. Was haben die denn für Sorgen und Nöte? Ich kann das nicht verstehen.“*[(103)]
>
> Elfriede Handrick

Selbstverständlich wurde das Interview vom *ZDF heute-Journal* falsch wiedergegeben, und die gute Frau Handrick interessiert sich sicherlich für die Sorgen und Nöte der Bevölkerung! Bei ihrem monatlichen Gehalt plus Spesen kann sie sicherlich die Sorgen der Bevölkerung ganz gut verstehen…

Ganz gut verstehen kann die Frau Handrick sicher auch, dass allein 2020 im besten Deutschland aller Zeiten über 45.000 Obdachlose auf der Straße gelebt haben. Und sicherlich kann die gute Frau Handrick auch die ganzen Bürger verstehen, die es kaum schaffen, mit dem Mindestlohn zu überleben. Sicherlich! Aber es ist ja nicht die Schuld dieser Politiker, dass sie die Sorgen und Nöte der Bevölkerung nicht verstehen, sondern es ist die Schuld des deutschen Volkes, welches das mit sich machen lässt. Da ist es dann auch normal, dass man eine angebliche Betrügerin, der man den Doktortitel aberkannt hat, zur Bürgermeisterin von Berlin wählt. Es kann doch mal passieren, dass man bei einer Doktorarbeit ein paar Plagiate nicht angibt. Aber als Bürgermeisterin wird sie ganz bestimmt einen guten Job machen…

An die „Top 1“ der angeblichen Skandale kommt in dieser Partei im Moment allerdings keiner ran: Ladies und Gentlemen, an dieser Stelle habe ich die große Ehre, Ihnen den Gesundheitsminister der Bundesrepublik vorstellen zu dürfen. Herrn Lauterbach habe ich schon in Band 1 ein ganzes Kapitel gewidmet, aber ich kann der Versuchung einfach nicht widerstehen, hier nochmals kurz auf diesen Top-Professor einzugehen. Kennen Sie das legendäre Interview von Frank Spieth „Wutrede über Karl Lauterbach – Gesundheitsminister“?

Abb. 61: Eine Betrügerin wird zur Bürgermeisterin gewählt.

Video 21:
Titel Politiker über Corona-Hysteriker Karl Lauterbach: „Ist der faulste Abgeordnete, den ich kenne.“
Link www.youtube.com/watch?v=YyCWkRIH-GY

Die Nominierung des Herrn Lauterbach zum Gesundheitsminister war das Beste, was dem deutschen Volke passieren konnte! Das Narrativ der Fake-Pandemie wird in sich zusammenbrechen, und mit diesem Zusammenbruch werden wir uns ein für alle Mal von diesem Herrn befreien.

Prognosen, Zahlen und Fakten werden von Herrn Lauterbach nach Belieben umgemodelt oder verdreht. Er widerspricht sich in jedem Interview und kapiert in keinster Weise, dass er nur von der Elite, die den Great Reset vorantreiben will, missbraucht und benutzt wird. In bestimmten Situationen tut er mir schon fast leid, da ich einfach nicht glauben kann, dass es sich bei Herrn Lauterbach um einen schlechten Menschen handelt. Ganz im Gegenteil: Er kapiert einfach nicht, was um ihn herum tatsächlich geschieht. In seiner kindlichen Gutgläubigkeit sagt er auch in vielen Interviews ungewollt die Wahrheit:

„Frage Interviewer: Es kann nicht sein, dass es darum geht, dass sich Politiker mit einem kritischen Thema beliebt machen, sondern es geht hier um Gesundheitsfragen. Was ist falsch, hier die Wahrheit zu sagen? Antwort Lauterbach: „Die Wahrheit also, die Wahrheit führt in sehr vielen Fällen zum politischen Tod. Ich bitte Sie!"[(104)]

Karl Lauterbach im WDR-Interview „Könnes kämpft"

Sie wissen ganz genau, dass sie, wenn eines Tages die Wahrheit über ihr Handeln an die Öffentlichkeit kommen wird, einen politischen Tod erleiden werden. Es wird das Ende der Einheitspartei Deutschlands sein. Ein Post von Adrian Bauer, Geschäftsführer und Referent der Uni St. Gallen, bringt diese Situation genau auf den Punkt:

„Es gibt kein Zurück mehr! Das Überleben aller politischen und medialen Akteure hängt von der Existenz dieser Pandemie ab! Ohne Pandemie kann der gesamte Staatsapparat nur noch zurücktreten. Gibt es keine Pandemie, gibt es auch kein Vertrauen mehr in irgendeine Institution dieses Staates. Ein gesellschaftlicher Super-GAU! Und darum gibt es die Pandemie. Sie wird gebraucht! Allein schon, um die immensen Schäden zu rechtfertigen, die durch die Maßnahmen gegen die Pandemie entstanden sind. Ein Rückzieher ist unmöglich. Und es ist egal, welcher weitere Schaden durch die Aufrechterhaltung der Pandemie noch entstehen wird. Hier wird nämlich nicht die Bevölkerung vor einer Krankheit geschützt. Hier schützt sich eine Regierung vor den Konsequenzen der eigenen Fehler – auf Kosten der Bevölkerung."[(105)]

Die Pandemie wird nicht mehr enden, denn das würde den politischen Tod dieser Akteure und dieser heuchlerischen Parteien bedeuten. Aber sie werden es nicht verhindern können, höchstens verzögern. Der „Top-Post" von Herrn Lauterbach über die Impfpflicht kann ich Ihnen einfach nicht vorenthalten – siehe Abb. 62.

Also, wo ist hier die Logik? Sie wollen schnell eine Impfpflicht einführen, da sie sonst in ein paar Monaten überflüssig würde. Hallo! Wäre es hier nicht logischer, einfach auf die Durchseuchung der Bevölkerung zu setzen und ein paar Monate abzuwarten? Aber wie Sie schon wissen, es geht hier nicht um Logik, sondern um eine Agenda, und ein Teil dieser Agenda ist eben, die Bevölkerung mit einem mRNA-Gen-Impfstoff zu verseuchen!

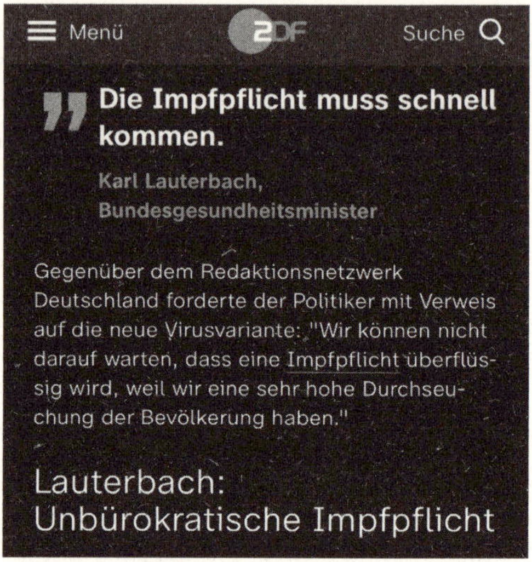

Abb. 62: Das Sprachrohr der Lügner.

Zum Schluss aber auch noch die gefährliche und unberechenbare Seite des Herrn Lauterbach:

Abb. 63: Wahnsinnig oder was? Das Grundgesetzt ist somit in Deutschland Vergangenheit.

Es ist zwar „verboten", die Corona-Fake-Pandemie mit dem Dritten Reich zu vergleichen, obwohl wir in einem demokratischen Land leben und eigentlich freie Meinungsäußerung durch das Grundgesetz garantiert ist. Aber da wir im besten Deutschland leben, das es jemals gegeben hat, darf nur das geschrieben werden, was der Einheitspartei Deutschlands lieb und genehm ist. Alles andere wird durch den Staatsschutz bekämpft. Erinnert Sie das vielleicht an irgendetwas?

> *„Noch in der Nacht entschieden Hitler, Göring, Goebbels und von Papen in kleiner Runde, eine Notverordnung ausarbeiten zu lassen, die tags darauf dem Reichskabinett als Entwurf vorlag. Am späten Nachmittag unterschrieb Reichspräsident Hindenburg die „Verordnung zum Schutz von Volk und Staat" vom 28.2.1933, mit der wesentliche Grundrechte der Verfassung wie Freiheit der Person, die Unverletzbarkeit der Wohnung, das Post- und Telefongeheimnis, die Meinungs- und Versammlungsfreiheit, das Vereinigungsrecht sowie die Gewährleistung des Eigentums außer Kraft gesetzt wurden.*"[(106)]
>
> Michael Wildt, „Die Ambivalenz des Volkes"

Aber die Corona-Pandemie darf nicht mit der damaligen Zeit verglichen werden, denn ansonsten könnte man ja vielleicht irgendwelche Gemeinsamkeiten mit der damaligen Zeit erkennen! So viel zur Demokratie und der freien Meinungsäußerung in Deutschland.

Dieser Vergleich passt der Regierung nicht, und somit wird man durch die Anschuldigung, dass man die damaligen Verbrechen verharmlosen würde, angeklagt.

Als ich mit dem Schreiben dieses Kapitels beschäftigt war, haben die Massenmedien hinter vorgehaltener Hand über die Scholz-Akte in der DDR berichtet. An dieser Stelle kann ich Ihnen diesen Einblick einfach nicht verwehren. Selbstverständlich haben die Medien den neuen Bundeskanzler als Opfer der Bespitzelung dargestellt. Doch war es tatsächlich so? Welche Rolle hatte Herr Scholz tatsächlich bei der Informationsbeschaffung der DDR, da man ihm bei seinen Ost-Reisen den roten Teppich ausrollte und er von allen Vorzügen profitieren durfte? Warum wurde seine Akte in Bezug zur Stasi vernichtet? Von WEM?

ROTER TEPPICH IM OSTEN, BESPITZELT IM WESTEN

Stasi-Akte Scholz

Als Juso-Vize in der DDR: Olaf Scholz (Mitte) 1987 mit FDJ-Chef Eberhard Aurich (kniend) in Wittenberg
Foto: Privat

Abb. 64: Stasi-Akte Scholz. Roter Teppich im Osten, warum wohl?

Wie sagt es ein armenisches Sprichwort? *„Ein Mann, der die Wahrheit spricht, braucht ein schnelles Pferd!"*

Abschließen möchte ich dieses Kapitel mit einer Video-Empfehlung der Maischberger-Sendung vom 17.4.2012 über bzw. mit Prof. Lauterbach. Studiogast Dr. Berger nimmt Herrn Lauterbach hier ganz schön in die Mangel. Eins kann man sicherlich sagen, eine solche Maischberger-Sendung würde man in der heutigen Zeit nicht wieder ausstrahlen.

Video 22:

Titel	Maischberger – Vorsicht, Medizin
Link	www.youtube.com/watch?v=6tv8SZplccE

4.5. FDP – Die Umfaller

„Die FDP ist eine liberale Partei in Deutschland, die im politischen Spektrum im Bereich Mitte bis Mitte-rechts eingeordnet wird."

Wie eine frei-demokratische Partei eine Koalition mit einer sozialistischen Partei wie der SPD und mit der „Weltretter-Partei", den Grünen, eingehen kann, ist für viele Menschen ein Rätsel. Die FDP ist momentan (Januar 2022) wieder einmal in der Kritik, da sie, wie schon 2009, ihre Wahlversprechen nicht gehalten hat. Aber das ist eigentlich in Deutschland nichts Neues und inzwischen schon ein Standardvorgehen.

„Wenige Monate nach der Bundestagswahl 2009 verlor die Partei stark an Rückhalt. Die Zustimmung sank von Rekordwerten Ende September 2009 von knapp 15% auf 5% im Juni 2010. Vor der Regierungsübernahme mit der CDU 2009 glaubten viele, dass eine schwarz-gelbe Koalition gut zusammenpassen würde, doch nach dem in Rekordzeit ausgehandelten Koalitionsvertrag wurde zwischen verschiedenen Flügeln von CDU, CSU und FDP bald über viele Themen kontrovers diskutiert, beispielsweise über Steuersenkungen, die Zukunft der Kernenergie, die Gesundheitsprämie bei der Krankenversicherung, den EU-Beitritt der Türkei und über das Arbeitslosengeld II."[107]

Das Wahlversprechen im Jahre 2009 (Steuersenkungen) wurde nicht gehalten, und der Skandal, oder vielleicht eindeutiger ausgedrückt: das kriminelle Vorgehen, unter falschem Namen Parteispenden in die Kasse der Partei zu schleusen, kostete die FDP die oben genannten Prozentpunkte. Aber da ein solches Vorgehen, zumindest in Deutschland, toleriert wurde und wird, war nach wenigen Jahren Gras über diesen Betrug und die nicht eingehaltenen Wahlversprechen gewachsen.

Um ihr ramponiertes Image von 2009 wiederherzustellen, verzichtete die FDP angeblich auf eine Jamaika-Koalition mit der CDU/CSU im Jahre 2017 und somit auf die Regierungsbildung.

den Bundestagswahlen im September 2021 war dann das Jahr für DP und den Vorsitzenden Christian Lindner gekommen. Das lprogramm war viel versprechend, doch wieviel von den herrlichen hlversprechungen in Zusammenarbeit mit der SPD und den Grünen ach der Wahl und der Koalitionsbildung eingehalten werden kann, ist nehr als fraglich.

Das Wahlprogramm der Freien Demokraten zur Bundestagswahl 2021

Unser Land braucht einen Neustart. Wir glauben, dass es moderner, digitaler und freier werden muss. Mit unserem Wahlprogramm zeigen wir Freie Demokraten wie das gelingen kann. Als Stimme des Fortschritts und der Freiheit wollen wir die Krise gemeinsam mit den Bürgerinnen und Bürgern bewältigen und Deutschlands Potentiale entfesseln. Werden wir das Land, das in uns steckt.

Unsere Ideen für eine bessere Politik und unsere Lösungen für die drängendsten Probleme unseres Landes finden Sie auf fdp.de/vielzutun.

Abb. 65: Das Wahlprogramm der FDP im Jahr 2021.

Die Haupt-Wahlversprechungen gingen von Steuererleichterungen, Senkung der Steuerlast (kommt beim Steuerzahler immer gut an!), Bürokratieabbau, Digitalisierung (auch immer gut!), Einhaltung der Schuldenbremse (na klar!), bis zum Schutz der Grundrechte der Bürger, und in Bezug auf die Corona-Politik sprach man von einer klaren Öffnungsstrategie sowie über Kritik an den Einschränkungen der Menschen (kommen wir noch speziell darauf!).

Nicht zu vergessen: Der unermüdliche Einsatz gegen eine Impfpflicht steht auf der „To-Do-Liste“ einer liberalen Partei ganz oben. Selbst das Welt-Klima wollte man in Zusammenarbeit mit den Grünen retten und den Verbrennungsmotor unbedingt erhalten, obwohl die Abschaffung des Verbrennungsmotors eines der Zugpferde der Grünen ist. Wenn das nicht gute Nachrichten für die Wähler sind.

Abb. 66: FDP-Stimmanteile nach Altersgruppen

Gerade bei Selbstständigen, Freiberuflern, leitenden Angestellten und Beamten kommen diese Wahlversprechungen immer gut an, da diese in der FDP-Wählerschaft überproportional vertreten sind. So nach dem Motto: jung, aufgeklärt und intelligent. Wenn dann das Meiste nach der Wahl nicht eingehalten werden kann, dann ist es nicht so schlimm, denn die „Gebildeten" waren zumindest unter sich.

Jetzt lassen wir mal den Sarkasmus beiseite, ich finde die FDP gar nicht so schlecht, und das Wahlprogramm ist eigentlich ein klares MUSS in der heutigen Zeit, aber leider im heutigen Politiksumpf zum Großteil nicht umsetzbar. Vor allem auch, weil die FDP enorme Kompromisse eingehen muss, um überhaupt als dritte Partei mitregieren zu dürfen. So ganz nach dem Motto: Sie wird für die Regierungsbildung benötigt, aber danach ist sie eher ein Übel!

Lassen Sie uns doch einmal einen Blick auf das Wahlversprechen von Herrn Lindner bezüglich der allgemeinen und speziellen Impfpflicht werfen. Für eine liberale Partei sollte es doch ein MUSS sein, gegen einen solchen Gesetzentwurf zu stimmen, oder etwa nicht? Zumal sich auch Herr Lindner in vielen Talkshows gegen eine Impfpflicht ausgesprochen hat – siehe dazu auch ein Video, in dem sich Christian Lindner explizit gegen eine Impfpflicht positioniert. Mehr noch, er verspricht es den Passanten vor der Bundestagswahl!

> *„Bei einem Wahlkampf-Besuch in NRW spricht ein Bürger den FDP-Vorsitzenden an: „Herr Lindner, ich habe einen Mitgliedsausweis von Borussia Dortmund. Da habe ich meine Mitgliedschaft gekündigt.“*
> *Es kommt zu einem Gespräch. „Wieso das?“, fragt Lindner. „Weil ich als Ungeimpfter diskriminiert werde“, antwortet der Mann. Dazu Lindner: „Da können Sie zur FDP kommen. Wir sind nämlich der Auffassung, dass Ungeimpfte nicht diskriminiert werden sollen.“ Und führt aus: „Meine Meinung ist: In einer Gesellschaft, wo so viele geimpft sind, kann der Ungeimpfte sich höchstens selbst gefährden. Deshalb sollen auch im Herbst Ungeimpfte zum Beispiel in die Gaststätte gehen können, vielleicht mit der Voraussetzung eines negativen Tests, den sie aber nicht bezahlen müssen, sondern die Solidargemeinschaft.“*
> *Als eine Frau fragt, ob Lindners Wort auch nach der Wahl gelte, gibt sich der FDP-Chef selbstbewusst: „Das sage ich vor den Wahlen und nach den Wahlen.“ 2017 haben Sie gesehen, dass die FDP nach den Wahlen sogar bereit ist, „Nein“ zu sagen zu einer Regierung, wenn sie ihre Zusagen brechen müsste.*“[108]

Video 23:
Titel Das Internet vergisst nie...
Link www.youtube.com/watch?v=OMPmRod9aKU

Die Einstellung von Herr Lindner und der liberalen Partei vor der Regierungsbildung gegenüber einer vermeintlichen Impfpflicht war eindeutig. In vielen Berichten und Talkshows der Massenmedien wurde seine Einstellung gegen eine allgemeine Impfpflicht als liberaler Grundsatz verbreitet. Doch wie sieht die Realität nun nach nur wenigen Monaten aus? Wenn er dieses Versprechen gebrochen hat, dann kann man sich auf sein Wort und das Wort der Liberalen wieder einmal nicht verlassen. Das hier mal in aller Deutlichkeit!

Video 24:
Titel Impfpflicht: Ampel will Abstimmung ohne Fraktionsdisziplin/WDR Aktuelle Stunde
Link www.youtube.com/watch?v=hiL9K4Nxbdw

Wie sieht nun die Realität im Januar 2022 aus? Wie hat sich Herr Lindner und die FDP nach der Koalitionsbildung zum Thema Impfpflicht positioniert?

Video 25:
Titel FDP-Chef Lindner bei Bild Live: „Meine Richtung ist die einer Impfpflicht"
Link www.bild.de/politik/inland/politik-inland/fdp-chef-lindner-bei-bild-live-meine-richtung-ist-die-einer-impflicht-78417768.bild.html

Woooooow, das ging aber schnell! Kaum in der Regierung, und nur wenige Monate später vergisst man seine eigenen Wahlversprechen. Eigentlich ganz normal für diese liberale Partei, oder etwa nicht? Wäre es jetzt hier an dieser Stelle eine Beleidigung, diesen Mann als einen Betrüger und Lügner zu bezeichnen? Dann lassen Sie uns mal schauen, ob dieser Herr Lindner schon Nägel mit Köpfen gemacht hat. Am 10. Dezember 2021 gab es, nur wenige Tage nach der Regierungsbildung, schon die erste Abstimmung einer Gesetzesvorlage.

„Stärkung der Impfprävention gegen COVID-19, Gesetzentwurf Fraktionen SPD, Bündnis 90/Die Grünen und FDP: Entwurf eines Gesetzes zur Stärkung der Impfprävention gegen COVID-19 und zur Änderung weiterer Vorschriften im Zusammenhang mit der COVID-19-Pandemie." In der Drucksache 20/188 vom 6.12.2021 kann man die entsprechende geforderte Lösung nachlesen:

Seite 4: B. Lösung
„Aus medizinisch-epidemiologischer Sicht ist eine sehr hohe Impfquote in Situationen, in denen Beschäftigte Kontakt zu vulnerablen Personengruppen haben, essenziell. Die Impfung reduziert das Risiko, sich mit SARS-CoV-2 zu infizieren und SARS-CoV-2 an andere Menschen

zu übertragen, substanziell. In den genannten Einrichtungen Tätige können durch eine Impfung dazu beitragen, das Risiko einer COVID-19-Erkrankung auch für die vulnerablen Personen so weit wie möglich zu reduzieren. Zum Schutz der öffentlichen Gesundheit und vulnerabler Personengruppen vor einer COVID-19-Erkrankung wird vorgesehen, dass in bestimmten Einrichtungen und Unternehmen tätige Personen geimpft oder genesen sein oder ein ärztliches Zeugnis über das Bestehen einer Kontraindikation gegen eine Impfung gegen COVID-19 besitzen müssen. Für bestehende und bis zum 15. März 2022 einzugehende Tätigkeitsverhältnisse ist die Vorlagepflicht bis zum 15. März 2022 zu erfüllen. Neue Tätigkeitsverhältnisse können ab dem 16. März 2022 nur bei Vorlage eines entsprechenden Nachweises eingegangen werden."(109)

Und was glauben Sie, wie wohl die FDP abgestimmt hat? Bis auf drei Abgeordnete haben **alle** für eine Impfpflicht für bestimmte Berufsgruppen gestimmt! (Abb. 68)

Die Ampel-Koalition hat am Mittwoch, dem 8. Dezember 2021 ihre Arbeit offiziell aufgenommen, und am 10. Dezember 2021 bei der Gesetzes-Abstimmung wurde eines der Hauptversprechen der FDP gebrochen.

Abb. 67: Was jucken mich meine Versprechungen von gestern. FDP-Chef Lindner hat vor den Wahlen im September 2021 den Wähler versprochen, sich gegen eine Impfpflicht einzusetzen.

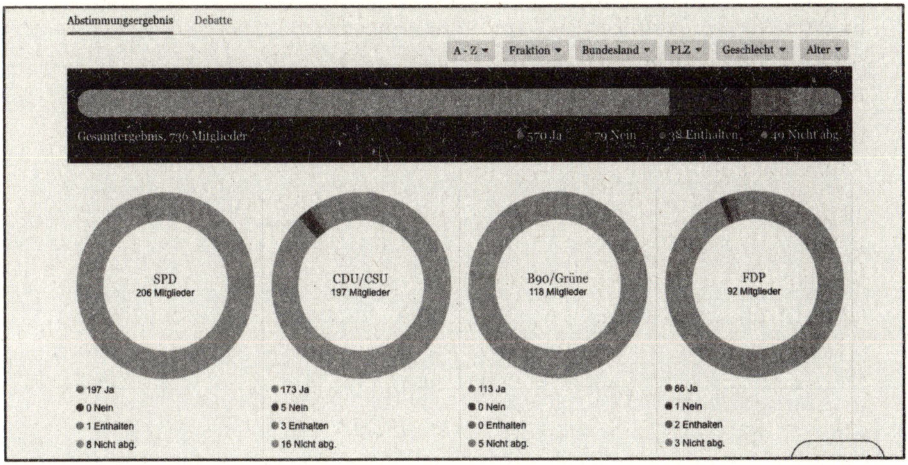

Abb. 68: Lindner stimmt für die Impfpflicht in Deutschland. Eigentlich ist das schon Betrug gegenüber seinen Wählern.

Und wie hat unser Fraktionsvorsitzender Lindner wohl abgestimmt? Pflichtbewusst mit einem klaren JA!!! Wenn das kein Weltrekord ist! So schnell hat noch keine Partei ihr Wahlversprechen gebrochen.

Abb. 69: FDP-Abgeordneter Kubicki setzt sich für das Volk ein.

Rechtsanwalt Wolfgang Kubicki war doch einer der Liberalen, der sich gegen eine Fortsetzung der Pandemie-Notlage ausgesprochen hatte, oder etwa nicht? Und bei der Abstimmung am 25.8.2021 stimmte Herr Kubicki einfach nicht ab. Was war wohl geschehen?

> *„Die FDP hält eine Verlängerung der Pandemie-Notlage jedoch für verfassungswidrig. „Die Bundesregierung hat uns auf unsere Nachfrage nicht einmal ansatzweise überzeugend darlegen können, dass eine Überlastung des Gesundheitssystems absehbar droht“, sagte Parteivize Wolfgang Kubicki dem RedaktionsNetzwerk Deutschland (RND). Dies sei aber die zwingende rechtliche Voraussetzung für die Verlängerung dieser Notlage.“*(110)
>
> Wolfgang Kubicki

Also, liebe Leserinnen und Leser, jetzt wird es immer bunter. Jetzt fordert der FDP-Vize Kubicki auch noch den Rücktritt von „König Söder“ in Bayern, da dieser angeblich die Bürger mit falschen Corona-Zahlen getäuscht hätte.

RND REDAKTIONSNETZWERK DEUTSCHLAND

NEWSLETTER: "DER TAG" - JETZT ABONNIEREN UPDATES MEIN RND

Wolfgang Kubicki • Markus Söder • FDP

Falsche Corona-Zahlen? FDP-Vize Kubicki fordert Söders Rücktritt

- Stellvertretender FDP-Bundesvorsitzender Wolfgang Kubicki will, dass Markus Söder zurücktritt.
- Der bayerische Ministerpräsident habe die Öffentlichkeit getäuscht.
- Hintergrund ist ein Streit um die Darstellung von Corona-Inzidenzen nach Impfstatus.

07.01.2022, 17:38 Uhr

Abb. 70: Alles nur Show. Auch Söder hat mit falschen Corona-Zahlen Angst und Schrecken verbreitet. Was waren die Konsequenzen? Keine!

Es ist nur ein Kasperletheater, das, wie schon geschrieben, für den gutgläubigen „Gutmenschen" aufgeführt wird. Sie machen öffentlich Versprechungen, die sie sofort nach der Regierungsbildung brechen. Es ist ihnen egal, was die Bürger denken und glauben, Hauptsache, sie bekommen Wählerstimmen, damit sie irgendwie mitregieren dürfen. Was für elendige Heuchler!

Abschließend möchte ich noch kurz auf den Nachtragshaushalt 21 eingehen, bei der man der ehemaligen „GROKO" im Nachhinein noch 60 Milliarden genehmigte, obwohl eines der Wahlversprechen von Herrn Lindner die Schuldenbremse war. Aber auf der Seite des Bundesfinanzministeriums wird diese nachträgliche Verschuldungsgenehmigung als Booster verkauft.[111] Immer nach dem gleichen FDP-Motto: Vor der Wahl hui und nach der Wahl pfui!

„Die FDP hatte – noch in der OPPOSITION– ihr jetziges Vorgehen in der REGIERUNG als VERFASSUNGSWIDRIG bezeichnet: Nämlich die Bildung von über Neuverschuldung finanzierten Rücklagen; sowie die Zweckentfremdung von Corona-Mitteln für Klimazwecke. Und auch die UNION ist heute überzeugt davon, dass ihr EIGENES, völlig ANALOGES Vorgehen als Regierungspartei 2020/21 nun plötzlich rechtswidrige „Finanzakrobatik" war (Zitat eines CSU-Kollegen). Sie will nun sogar –offenbar im Zustand des Gedächtnisverlustes – ihr EIGENES TUN von damals, das heute das der AMPEL ist, nachträglich per Klage in Karlsruhe prüfen lassen. Das könnte man sich nicht ausdenken. Die Bildung von schuldenfinanzierten RÜCKLAGEN ist natürlich GENERELL rechtswidrig. Das sagen nicht nur der gesunde ökonomische Rechtsverstand und die AfD – sondern auch der ehemalige Präsident des Verfassungsgerichts Kirchhoff und der Bundesrechnungshof, der haushälterische Verfassungsgrundsätze wie Jährlichkeit und Klarheit verletzt sieht. Prof. Schwarz von der Uni Würzburg erklärt ebenfalls das Offensichtliche: „Verfassungswidrig: Eine unzulässige Umgehung der Schuldenbremse." Sogar der FDP-nahe Staatsrechtler Gröpl schrieb dazu im Handelsblatt: „Verfassungsbruch par excellence."[112]

Peter Böhringer im Bundestag, 16.12.2021

Wir können das Kapitel über die FDP und Herrn Lindner an dieser Stelle getrost schließen. Eines ist jetzt schon sicher: Die Wahlversprechungen von Christian Lindner wurden nur wenige Tage bzw. Monate nach der Wahl gebrochen. Haben Sie, liebe Leserinnen und Leser, etwa etwas anderes erwartet? Nein, sicherlich nicht, da wundert es somit niemanden, dass das Thema Schuldenbremse und Sparen sofort nach der Regierungsbildung unter den Teppich gekehrt wurde. Die Ampel-Koalition und somit auch die FDP sind ohne Zeitverzögerung sofort in die Fußstapfen der vorherigen Regierung getreten und werfen mit beiden Händen die Steuergelder der Bürger aus dem Fenster:

„Der Hofstaat des Bundeskanzlers wird verdoppelt. Das Bundeskanzleramt, die schon heute mit 25.347 Quadratmetern Nutzfläche größte Regierungszentrale der westlichen Welt – rund achtmal größer als das Weiße Haus, zehnmal größer als Downing Street No.10, dreimal größer als der Élysée-Palast – wird um märchenhafte 100 Prozent vergrößert. Auf der gegenüberliegenden Spreeseite entsteht ein 25.600 Quadratmeter Neubau mit eigenem Kindergarten, Wintergärten und Hubschrauberlandeplatz. Der ursprüngliche Kostenrahmen von 485 Millionen Euro wird nach jetzigem Stand um mindestens 115 Millionen Euro übertroffen. Die Zahl der Parlamentarischen Staatssekretäre hebt die neue Regierung auf ein neues Rekordniveau, weil nun drei unterschiedliche Parteien bedient werden müssen. 37 dieser pekuniär lukrativen Posten wurden installiert, so viele wie nie zuvor. Sie alle sind Zweimalverdiener, da sie auch als Bundestagsabgeordnete weiter ihr Geld einstreichen. Insgesamt hat sich das Budget der Bundestagsabgeordneten, das ihre Diäten, ihre Büro-Mitarbeiter, ihre Spesen und die Fahrbereitschaft beinhaltet, von 510 Millionen Euro im Jahr 2000 auf rund eine Milliarde Euro im Jahr 2021 nahezu verdoppelt. Auch die Exekutive in Berlin weist ein rasantes Wachstum auf. Während die Bundesministerien 2014 annähernd 2,5 Milliarden Euro für Personal und Verwaltung ausgegeben hatten, bewegen sich diese Ausgaben nun in der Höhe von vier Milliarden Euro. Die Zahl der Beamten in den Ministerien stieg von 14.000 auf 24.000 innerhalb der vergangenen zwei Dekaden.“[113]

4.6. Bündnis 90/Die Grünen – alles Heuchler, oder was?

„Die Grünen wurden 1980 gegründet und entstammten der Anti-Atomkraft- und Umweltbewegung, den Neuen sozialen Bewegungen, der Friedensbewegung und der Neuen Linken der 70er Jahre. Als „grundlegende Alternative" zu allen etablierten Parteien angetreten, betonten die Grünen in ihrem ersten Parteiprogramm von 1980 ihren Charakter als ökologisch, sozial, basisdemokratisch und gewaltfrei. Während der Nachhaltigkeitsgedanke im Kern konservativ ist, stehen die Grünen gesellschaftspolitisch für linksliberale Konzeptionen und Positionen.“(114)

Die Grünen stehen somit politisch noch weiter links als die SPD. Eigentlich kann noch weiter links als die SPD nur noch kommunistisch-sozialistisch bedeuten.

Laut Wikipedia gelten Grünen-Wähler als überdurchschnittlich gebildet, sind jung und haben ein überdurchschnittliches Haushaltseinkommen. So nach dem Motto: Ich fahre einen SUV, kaufe Bio und trenne meinen Müll. Was dann mit dem Plastikmüll passiert, interessiert mich aber nicht mehr.

Abb. 71 und 72: Die Grünen sind nur Heuchler. Millionen von Tonnen an Plastik gelangen in die Natur und in die Meere aufgrund der unnötigen Corona-Maßnahmen, die die Grünen vehement unterstützen und vorantreiben.

Wenn aber überdurchschnittlich gebildet sein bedeutet, linkssozialistisch zu wählen, dann weist das deutsche Bildungsprogramm sicherlich erhebliche Mängel auf. In den letzten hundert Jahren gab es kein einziges Land auf der Welt, in dem der Kommunismus Friede und Wohlstand hervorgebracht hätte, aber unsere deutschen „Gebildeten" glauben anscheinend auch noch an den Osterhasen. Wenn überdurchschnittlich gebildet zu sein bedeutet, eine Hochstaplerin zu wählen, die am sozialistischen Young-Global-Leaders-Programm des Weltwirtschaftsforums teilgenommen hat, das einen globalen Great Reset anstrebt, dann sollten sich gerade diese hochgebildeten Menschen wirklich ernsthafte Gedanken über ihre Bildung machen.

Bei den Bundestagswahlen 9/2021 haben die Grünen 6.469.081 Stimmen erhalten, 14% der gültigen Stimmen, jedoch nur 7,8% bezogen auf die Gesamteinwohnerzahl Deutschlands. Momentan befindet sich diese Partei im Allzeithoch und hat bei den Bundestagswahlen 2021 das allerbeste Ergebnis in ihrer Geschichte erreicht, obwohl über 90% der Einwohner Deutschlands sie nicht gewählt haben bzw. sich nicht mit ihrer Politik identifizieren. Hauptschwerpunkte der Partei sind der Atomausstieg, der Kohleausstieg und die Welt-Klima-Rettung. Zu diesem fulminanten Erfolg der Partei hat sicherlich der weltweite „Klima-Hype" mit beigetragen.

Auf das Thema „Klima-Rettung" der Grünen, was tatsächlich hinter diesem Märchen steckt und vor allem WER, werde ich in meinem nächsten Buch (Teil 3) gesondert eingehen, da es ansonsten den Rahmen dieses Buches sprengen würde. Was ich jetzt aber schon sagen kann ist: *„Es ist nicht alles Gold was glänzt."*

Weitere Schwerpunkte der Partei sind die multikulturelle Gesellschaft, die unkontrollierte Masseneinwanderung, die Lesben- und Schwulenpolitik, die Öffnung der Ehen und weitere Ziele zur Spaltung und Zerrüttung der deutschen Gesellschaft nach einem sozialistischen Verbotsprinzip. Dies zeigt auch der überdurchschnittliche Anteil von

Konfessionslosen (42%). Wie dieses mit der gewünschten unkontrollierten Masseneinwanderung von muslimischen Flüchtlingen schon in der nahen Zukunft vereinbart werden soll, ist ein interessantes Thema. Ich bin mir sicher, dass wir diesbezüglich noch spannende Momente in Deutschland erleben werden.

Mit dem Grundsatzprogramm von 2002 verabschiedete sich Bündnis 90/Die Grünen vom strikten Pazifismus und schloss völkerrechtlich legitimierte Gewalt gegen Völkermord und Terrorismus nicht länger kategorisch aus, was auch den Bosnien-Krieg, die Zerstörung Afghanistans, den Irak-Krieg, die Bombardierung Libyens und die weltweiten Waffenlieferungen, zum Beispiel in die Ukraine, rechtfertigen soll. 1998 beteiligte sich Deutschland, nachdem *Joschka Fischer* (Die Grünen) Außenminister geworden war, offiziell an der Bombardierung Serbiens und am Afghanistan-Krieg. So viel zum Pazifismus der Grünen.

Das leidige Thema ist bei allen Parteien immer das Gleiche: Sobald sie mit in der Regierung sitzen, werden alle Versprechungen und Grundwerte vergessen und man passt sich dem Sumpf an. In diese Gesellschaft fügt sich unsere neue Abgeordnete der Grünen, Saskia Weishaupt, sehr gut ein, als sie Schlagstöcke und Tränengas gegen andersdenkende Demonstranten forderte. Die Zeit des Grünen-Pazifismus muss sicherlich sehr lange her sein! Sitzt man erst einmal im Bundestag, dann bekommt man plötzlich einen Sinneswandel, und die ursprünglichen Versprechen und Werte sind da ganz schnell vergessen. Das sind dann genau die Menschen (vor allem die „Möchtegern-Pazifisten"), die dann unverzüglich die Methoden fordern, die sie selbst ihr ganzes Leben lang verabscheut und bekämpft haben, oder etwa nicht?

Da wundert es einen auch nicht, dass der gesundheitspolitische Sprecher der Bundestagsfraktion von Bündnis 90/Die Grünen, Janosch Dahmen, die Impfpflicht ab 16. März 2022 im Gesundheitswesen notfalls mit der Bundeswehr umsetzen möchte. Dabei brachte der Gesundheitspolitiker die sogenannte Amtshilfe für die Durchsetzung des Gesetzes ins Gespräch: *„Das haben wir in der Pandemie ja viel eingesetzt."*

So könne beispielsweise der Bund über die Bundeswehr oder auch andere kommunale und Landesbehörden mit Personal unterstützen, wenn vorübergehend eine große Anzahl an Entscheidungen in diesem Bereich anstünden, so Dahmen.(115)

Abb. 73: Unsere Elite im Bundestag. Menschen ohne jegliche berufliche und soziale Kompetenz fordern den Einsatz von Schlagstöcken gegen friedliche Demonstranten, die sich für die Grundrechte und Freiheit einsetzen.

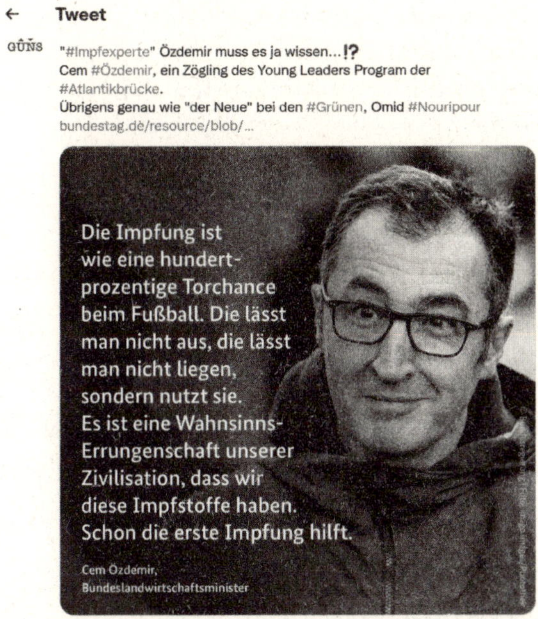

Abb. 74: Das Volk benötigt Beispiele, die sie verstehen. Lügende Politiker müssen zur Rechenschaft gezogen werden.

Abb. 75: Menschen, Bürger, Omis und Opis werden von der schwarzen Staatsmacht auf Demonstrationen für ihre angebliche Gesundheit niedergeprügelt.

Erwähnenswert finde ich auch, dass Grünen-Berufspolitiker ohne beruflichen Abschluss die hochgebildete Wählerschaft im Bundestag bei Fragen zur Finanz- und Wirtschaftspolitik vertreten dürfen. Das muss man nicht verstehen, oder? Auch nicht die Wahl 2022, als Ricarda Lang und Omid Nouripour zum Partei-Vorsitz der Grünen gewählt wurden. Zwei Studienabbrecher wurden zur Parteispitze der „Hochbegabten" gewählt. Dass sich da die sogenannten „hochbegabten Wähler" dieser Partei nicht verarscht vorkommen? Was ist nur aus dieser Friedenspartei geworden?

„Eine junge Frau ohne Migrationshintergrund und ohne berufliche Kompetenz jenseits ihrer Partei führt mit einem nicht mehr ganz jungen Migranten ohne berufliche Kompetenz jenseits der Partei die Grünen. Seit 2013 bekleidet Herr Nouripour das Amt des außenpolitischen Sprechers und seitdem gilt er als Experte für Außenpolitik. So schloss er zwar die militärische Bekämpfung der Terrororganisation Islamischer Staat (IS) nicht kategorisch aus, jedoch wandte er sich gegen die Bewaffnung der kurdischen Kämpfer im Krieg gegen sie. Wirtschaftssanktionen gegen Russland befürworte er hingegen. Ferner sprach er sich für einen EU-Beitritt der Ukraine aus, was angesichts der aktuellen Geschehnisse wohl kaum umsetzbar ist. Besonders unrühmlich ist der Politiker, der auch die iranische Staatsbürgerschaft besitzt, in Erinnerung geblieben, als er noch im Beirat der Deutsch-Palästinensischen Gesellschaft (DPG) saß. Diese sympathisierte offen mit der antisemitischen BDS-Aktion, die zum Boykott israelischer Produkte aufrief.
Im April 2013 brachte Nouripour mit anderen Mitgliedern der Grünen-Fraktion eine Kleine Anfrage in den Deutschen Bundestag ein, die auf eine Kennzeichnung von Gütern aus israelischen Siedlungen abzielte. So sollte sichtbar gemacht werden, ob ein Produkt aus einer israelischen Siedlung oder von einem palästinensischen Produzenten stammt. Der deutsch-iranische Publizist und Sprecher der „Green Party of Iran", Kazem Mousavi, sagte hierzu: „Ein Abgeordneter des demokratischen Bundestages darf nicht die schlimmste rassistische Kampagne unserer Zeit, BDS, fördern und unterstützen. Die Mitgliedschaft des iranischstämmigen Bundestagsabgeordneten Nouripour im Beirat der an-

ti-israelischen DPG schadet nicht nur der deutschen Politik, sondern unterstützt zuallererst das Holocaustleugner-Regime im Iran. Einen besonderen Bezug scheint der Moslem Nouripour zur Scharia zu haben, denn diese möchte er in Teilen in Deutschland einführen. Wer ist also dieser Herr Nouripour? Ein Mann, der keinerlei berufliche Erfahrung jenseits der Parteiarbeit hat. Ein Politiker, der Teile der Scharia im Grundgesetzes sehen möchte. Und eine Person, die offenkundig ein Problem mit Israel zu haben scheint.“[116]

Abb. 76: Unsere „Elite“ als Vertreter des Volkes – ohne fachliche und soziale Kompetenz. Deutschland steht vor dem Abgrund.

Halleluja, da ist ja eine Führungsspitze beisammen! Der Deutsch-Moslem, der einen Teil der Scharia in das deutsche Grundgesetz aufnehmen möchte, und die Bisexuelle, die Deutschland grundlegend transformieren möchte. Dieses heuchlerische „Gutmensch-Verhalten" ist jedoch kein Einzelfall, sondern es zieht sich wie ein roter Faden durch diese verlogene Partei.

„Das Beispiel Boris Palmer: Geht es ums Impfen, kann es dem Tübinger Oberbürgermeister nicht schnell genug gehen. Gegenüber „Bild"-TV forderte er die sofortige Impfpflicht – und hatte auch gleich seine Patentlösung zur Durchsetzung parat: „Man könnte die Pensionszahlung, die Rentenzahlung oder eben den Zutritt zum Arbeitsplatz abhängig machen von der Vorlage eines Impfnachweises bis spätestens 15. Januar. Dann wüssten alle Bescheid und ich bin sicher, es gäbe kaum noch Impfverweigerer. Einer Impfskeptikerin ging dies zu weit. Sie bezichtigte Palmer auf Facebook einer totalitären Gesinnung und zog Nazi-Vergleiche. Die Corona-Impfung sei eine „prophylaktische Gentherapie, die Palmer euphemistisch als Impfung bezeichnet". Dem Tübinger Rathauschef ging dies zu weit – und er packte die verbale Bazooka aus. Die Userin sei „komplett ignorant, für Leute wie Sie muss die Impfpflicht her. Wenn nötig, bis zur Beugehaft."[117]

„Ricarda Lang ist seit November 2019 stellvertretende Bundesvorsitzende und frauenpolitische Sprecherin von Bündnis 90/Die Grünen und seit 2022 Parteivorsitzende. Vorher gab sie die Sprecherin im linksradikalen Grünen-Kindergarten. Die 27-jährige kann zwar auf keinerlei berufliche Erfahrungen und keinerlei abgeschlossene Berufsausbildung – Lang versuchte sich 5 Jahre lang, erfolglos, an einem Studium der Rechtswissenschaften – zurückblicken, legte aber eine astreine grüne Parteikarriere hin, die sie nun in den Deutschen Bundestag spülte. Ricarda Lang, das gut genährte, abschlusslose, bisexuelle Grünengewächs, will nicht nur der Partei ihrer grünen Genossen vorsitzen. Sie hat nicht weniger vor, als unsere Gesellschaft „umzubauen". Ob diese Gesellschaft das auch will, das schert die grüne Wuchtbrumme nicht die grüne Bohne."[118]

Abb. 77: Deutschland ist gerettet. Unsere Grünen Katrin Göring-Eckardt, Claudia Roth, Ricarda Lang und Annalena Baerbock vertreten international das deutsche Volk.

Na, liebe Leserinnen und Leser, was glauben Sie wohl, was diese vier Damen (Katrin Göring-Eckardt, Claudia Roth, Ricarda Lang und Annalena Baerbock) im oberen Bild gemeinsam haben? Ja, Sie haben es sicherlich erraten, diese hochintelligenten und hochbegabten Damen vertreten die hochintelligente Wählerschaft im deutschen Bundestag, obwohl sie selbst keine beruflichen Qualifikationen vorweisen können. Sie sind nie in der Wirtschaft über einen längeren Zeitraum irgendeiner Tätigkeit nachgegangen und können nur ein abgebrochenes Studium vorweisen.

„Ganz rechts auf dem Bild oben sehen wir Annalena Baerbock, Jahrgang 1980. Annalena Baerbock begann im Jahr 2000 an der Universität Hamburg ein Studium der Politikwissenschaft, das sie nach 4 Jahren ohne Abschluss abbrach. Anschließend erwarb sie in London einen fragwürdigen Master innerhalb von nur einem Jahr, und das in einem Studiengang, in den man sich gegen eine fünfstellige Summe einkaufen musste. Ihre Master-Arbeit, die wohl nur einen Mini-Umfang hatte und nie irgendwo veröffentlicht wurde, ist laut der Hochschule in London nicht mehr auffindbar und gilt als verschwunden.“[(119)]

Studienabschluss hin oder her, bei den „Linken“-Grünen ist das nicht so wichtig. Wichtig für die Politik-Karriere ist, das Welt-Klima retten zu wollen, die Abschaltung der Kernkraftwerke, damit man gezwungen ist, in den Nachbarländern teuren Atomstrom einzukaufen, sowie den Zerfall der deutschen Gesellschaft voranzutreiben. Alles andere sind nur kleine Nebensächlichkeiten. Vonnöten ist, sich den Gegebenheiten im Bundestag anpassen zu können, und selbstverständlich gilt das, was von der bösen rechtsradikalen AfD im Bundestag gefordert wird – nämlich die Transparenz von Nebeneinkünften – nicht für die Grünen-Abgeordneten. So einfach nach dem Motto: Vorne hui, hinten pfui! Aber als Vizepräsidentin des Deutschen Bundestages kann man das ja mal vergessen. Jedoch ist das leider kein Einzelfall, selbst Cem Özdemir (Bundesminister für Ernährung und Landwirtschaft) und Annalena Baerbock (Außenministerin) haben vergessen, größere Summen ihrer Nebeneinkünfte dem Bundestag zu melden.

DERWESTEN

Grüne fordern sofortige Transparenz von Nebeneinkünften

Berlin (dapd). Die Grünen haben eine sofortige Transparenz von Nebeneinkünften gefordert. "Die sogenannte Causa Steinbrück ist ein Paradebeispiel für heuchlerische Politik und für einen Auftakt in einen Wahlkampf, in dem offensichtlich der Zweck die Mittel heiligt", sagte die Grünen-Bundesvorsitzende Claudia Roth am Montag

Daher forderten sie, dass "sofort umfassende Transparenz hergestellt" werde. "Transparenz ist für uns Ausdruck einer lebendigen und starken Demokratie", sagte Roth. Nebentätigkeiten sollten daher für monatliche Einkünfte und Jahreseinkünfte in mindestens zwölf Stufen veröffentlicht werden.

08.10.2012 um 14:50 Uhr

RND REDAKTIONSNETZWERK DEUTSCHLAND

Claudia Roth meldet Nebeneinkünfte von mehreren Tausend Euro nach

- **Die Grünen-Politikerin Claudia Roth hat Nebeneinkünfte nachgemeldet.**

Laut den Angaben auf ihrer Bundestagsseite handelt es sich um eine Sonderzahlung der Stufe zwei, die sie 2013 während ihrer Zeit als Parteivorsitzende der Grünen erhalten hat. Die Stufe zwei umfasst Zahlungen zwischen 3500 und 7000 Euro.

24.08.2021, 12:23 Uhr

Abb. 78 und 79: Man wird ja mal was vergessen dürfen!? Transparenz und Gesetze gelten nur für das Volk. Unsere grünen Volksvertreter leben auf einem anderen Stern.

Das kann man im Eifer des Gefechts schon einmal vergessen, und sicherlich waren es für diese beiden Spitzenpolitiker keine allzu großen Summen. Was sind schon große Summen? Wichtig ist, sich in der neuen Ampelkoalition sauber einzuführen.

„Die Ampelkoalition will sich 176 neue Stellen in der Bundesregierung genehmigen. Das geht aus einer Vorlage des Parlamentarischen Staatssekretärs im Finanzministerium, Florian Toncar (FDP), für den Bundestag-Haushaltsausschuss hervor. Sie liegt dem RedaktionsNetzwerk Deutschland (RND) vor. Danach sollen in den Leistungsebenen im Kanzleramt, den Ministerien sowie im Präsidialamt insgesamt 81 zusätzliche Stellen geschaffen werden, darunter mehrere in der höchsten Besoldungsstufe B11 (14.808 Euro brutto).“(120)

Abb. 80 und 81: Alles nur zum Wohle des Volkes…

Wenn man schon einmal am großen Fressnapf sitzt, dann müssen Parteigenossen umgehend befriedigt werden. Da ist es nicht so wichtig, dass Tausende von Unternehmern die Corona-Hilfen zurückbezahlen müssen, obwohl die Regierung etwas komplett anders versprochen hatte[121], oder „dass zwischen März und Ende Mai 2021 bis zu 500 Kinder nach Suizidversuchen bundesweit stationär auf Intensivstationen behandelt werden“[122] mussten, da sie mit den verfassungsfeindlichen Grundrechtseinschränkungen der Covid-19-Fake-Pandemie nicht zurechtkamen.

Wichtig ist erst einmal, im Bundestag richtig abzustimmen und die überdurchschnittlich gebildeten Genossen zu befriedigen. Ich kann es mir an dieser Stelle einfach nicht verkneifen, doch ganz kurz noch auf die Klimapolitik der Grünen-Partei, einzugehen.

„Pünktlich zur Jahreswende hat Deutschland die vergleichsweise modernen und leistungsfähigen Atomkraftwerke in Brokdorf (Schleswig-Holstein), Grohnde (Niedersachsen) und Gundremmingen (Bayern) stillgelegt. Am Abend des 31.12.2021 wurden die Kabel der Netze gekappt. Und pünktlich am späten Abend des 31.12., und sage keiner, die Bürokratie würde irgendwann ruhen, hat die EU-Kommission ein Entschlusspapier verschickt, wonach Atom und Gas in die sogenannte Taxonomie aufgenommen werden sollen. Es geht um eine Art Öko-Siegel. Investoren wie Fonds-Gesellschaften können sich dann zukünftig damit rühmen, dass sie „grün“, „ökologisch“ und „nachhaltig“ investieren, wenn sie Gelder in den Bau von Atomkraftwerken investieren. Gleichzeitig ist die Taxonomie-Verordnung Voraussetzung dafür, dass Atomkraftwerke über den „Green Deal“ der EU und auch der Europäischen Zentralbank gefördert werden können. Dabei geht es um viel Geld. Rund 1.000 Milliarden Euro will die EU bis 2050 in den kohlenstofffreien Umbau der europäischen Wirtschaft investieren; Deutschland ist daran mit rund einem Viertel beteiligt (250 Milliarden). Das bedeutet: Während Deutschland aus der Kernkraft aussteigt, werden 250 Milliarden Euro vom deutschen Steuerzahler gezielt in den Ausbau der Kernkraftwerke in den Nachbarstaaten investiert.“[123]

Das ist eben die heuchlerische „Gutmensch-Methode“ der Grünen-Politiker und ihrer hochgebildeten Wähler. Da werden in den nächsten Jahrzehnten dreistellige Milliarden-Beträge für den Bau von Atomkraftwerken in der EU frei gemacht, und die deutschen Atomkraftwerke werden abgeschaltet. So einfach ist das Ganze, die Hauptsache ist, die deutsche Wirtschaft mit aller Gewalt zu zerstören.

Jetzt können wir aber endlich gesünder und sicherer leben in Deutschland, nachdem die Grünen endlich an ihr Ziel, das Abschalten der Atomkraftwerke, gelangt sind. Da kann uns auch nichts Weiteres mehr passieren, sollten europäische Kraftwerke irgendeinen Schaden erleiden. Deutschland ist raus und somit ist die Welt sicherer geworden. Da ist es auch egal, dass ausländische Atomkraftwerke nur wenige Kilometer hinter der deutschen Grenze positioniert sind! Uns wird im Zweifelsfall sicherlich nichts passieren, sollte es zu Störungen kommen!

Wir retten jetzt das Weltklima, indem wir große Teile unserer deutschen Landschaft mit Windrädern verschandeln, mit diesen auch noch Tiere töten und indem wir mit Lastenrädern die Wirtschaft ankurbeln. Das Wallstreet Journal nennt das: „*World's Dumbest Energy Policy*". Hauptsache, unser Gewissen ist befriedigt, wenn wir das nächste Mal unseren SUV aus der Garage fahren und bei *amazon* irgendeinen Quatsch kaufen.

Das ist kein Fortschritt, sondern ein gewaltiger Rückschritt ins Mittelalter. Fortschritt wäre gewesen, eine Technologie zu fördern, die futuristisch, grün und hocheffizient ist, und nicht diesen Quatsch. Leider werden aber diese Patente und Technologien nicht gefördert und zudem noch unter Verschluss gehalten.

Was will man aber von den „Grünen Pfeifen" im Bundestag schon groß erwarten können. Es geht nicht um das Klima oder „grüne" Technologien, sondern das Business ist Politik und Geld.

Liebe Leserinnen und Leser, ich muss Ihnen gestehen, dass es für Autoren immer Passagen im Manuskript gibt, die nicht so viel Spaß machen. In meinem ersten Teil war es der Teil mit Herrn Prof. Lauterbach, der mich zutiefst anwiderte. In diesem Teil ist es definitiv das Kapitel über die Grünen. Dieses dumme, ignorante und heuchlerische Weltrettungsgehabe ist einfach nicht auszuhalten, und die deutschen Bundesbürger machen schon „Sitz" und „Platz" und schauen der Zerstörung und Zerstückelung Deutschlands einfach zu.

In einigen Jahren werden sich die Deutschen wegen der Corona-Politik und deren Folgen sowie der grün-sozialistischen Zerstörungs-Politik wieder einmal zutiefst schämen müssen.

- Sie lassen es zu, dass unter dem Vorwand des „Multikulti" Millionen von muslimischen Sozialhilfeempfängern – die auf die Werte dieser Gesellschaft pfeifen – dieses Land in Gewalt und Misswirtschaft treiben.
- Sie lassen es zu, dass unter der scheinheiligen Lüge der Klimarettung die deutsche Wirtschaft und Natur zerstört wird.
- Sie lassen es zu, dass Grundwerte wie Familie, Glaube und Bildung durch ignorante „Gutmenschen" zu einer Gender-, Schwulen-, Lesben- und Was-weiß-ich-noch-Gesellschaft transformiert werden.
- Sie lassen es zu, dass diese sozialistische Ampelkoalition die Auflösung Deutschlands als souveränen Staat plant:

„Die neue Bundesregierung plant eine Art Vereinigte Staaten von Europa, in denen die einzelnen Länder von souveränen, natürlich gewachsenen Staaten zu Bundesstaaten der EU degradiert werden. Auf Seite 131 des Koalitionsvertrags bekundet die Ampel ihren festen Willen, die EU „zu einem föderalen europäischen Bundesstaat" umzuwandeln. Das heißt, die souveränen Staaten und Nationen sollen aufgelöst werden, um die Vereinigten Staaten von Europa – vermutlich werden sie vielmehr eine Art EUDSSR werden – zu gründen."[(124)]

Wer hat diese Politiker dazu ermächtigt? Wissen das die deutschen Bundesbürger? Welcher hochbegabte Wähler liest schon einen Koalitionsvertrag, der Hunderte von Seiten lang ist? Im Koalitionsvertrag steht:

„Wir machen Politik für eine Gesellschaft des Respekts. Eine Gesellschaft, die Vielfalt als Stärke begreift und jeden Lebensentwurf anerkennt. In der der Staat den Bürgern auf Augenhöhe begegnet."

Das kann beim besten Willen nur ein Witz sein. Da werden Bürgern seit über zwei Jahren wegen einer Grippe die Grundrechte verwehrt, sie werden eingesperrt, und es werden Existenzen zerstört, und diese Heuchler schreiben, dass sie den Bürgern auf Augenhöhe begegnen! Im Grunde handelt es sich nur um grüne Faschisten, nichts weiter.

Können Sie sich noch an die Demonstrationen „My Body my Choice" erinnern, als Feministinnen das Recht einer Frau auf Selbstbestimmung über ihren Körper vertraten, was Entscheidung bzgl. Sexualität, Ehe und Fortpflanzung angeht?

Abb. 82 und 83: *My Body My Choice*, aber nur wenn es passt. Bei den Corona-Maßnahmen gilt selbstverständlich dieses Motto nicht mehr.

Meines Erachtens ist das ein durchaus berechtigtes Anliegen, bei dem sich die grüne Partei an vorderster Front dafür einsetzte. Selbst unsere heutige Außenministerin Annalena Baerbock setzte sich für dieses Recht auf der Straße ein. Da war es ganz normal, dass ein Mensch selbst über seinen Körper zu entscheiden hat. Aber bei der Corona-Politik sind es Impfverweigerer, Schwurbler, Ignoranten und rechtsradikales Pack. Wie schnell man wieder einmal seine nie dagewesenen Werte vergisst. Man kann sie nur vergessen, wenn man nie daran geglaubt hat.

Selbst bei der „Black-Live-Matters“-Bewegung stand man an vorderster Front. Die Sache mit George Floyd war mit Sicherheit tragisch und bedauernswert, aber dass inzwischen Polizeigewalt gegen Impfverweigerer eingesetzt wird, interessiert an dieser Stelle keinen dieser hochbegabten grünen Wähler und Politiker. Man braucht nur einmal zu „googeln“, und die Suchergebnisse überschlagen sich mit Anteilnahme der Grünen, wenn es um farbige Menschen (People of Color) geht. Aber die Gewalt gegen die Impfverweigerer ist da eine andere Sache! Sie kann medial nicht für die Grünen ausgeschlachtet werden und somit schaut man großzügig darüber hinweg. Einfach mal wirken lassen! Es ist bei den Grünen-Politikern auch normal, einen Tweet abzusetzen, in dem man sich über den Tod eines AfD-Politikers freut und ihn posthum als Nazi bezeichnet.

„Corona hat mehr gegen die Nazis getan als die Sicherheitsbehörden.“[125]

Social-Media-Post von Jürgen Kasek

Was muss im Kopf eines Menschen vorgehen, der sich über das Leid und den Tod eines Mitmenschen so dermaßen freut, dass er das öffentlich mit einem Tweet bekundet?

Das Kapitel über die Grünen möchte ich mit dem „glorreichen Antrag“ der Grünen auf der Mitgliederversammlung von 1980 schließen. Auf dieser Mitgliederversammlung fand sich eine Mehrheit für den Antrag, der die Paragrafen 174 und 176 aus dem Strafgesetzbuch streichen wollte. §176 „sexueller Missbrauch von Kindern“, §174 „Sexueller Missbrauch von Schutzbefohlenen“.[126]

Warum wohl Grünen-Mitglieder für die Streichung dieser beiden Paragrafen waren, kann ich Ihnen an dieser Stelle nicht sagen, und dass Sie am Missbrauch von Kindern beteiligt waren, möchte ich an dieser Stelle nicht behaupten. Aber wie zum Henker kommt es einem Menschen in den Kopf, diese Paragrafen aus dem Strafgesetz zu wollen? Wieso forderten die Grünen damals, Sex mit Kindern straffrei zu stellen? Wie ist es möglich, dass man auf einer Mitgliederversammlung der Grünen eine Mehrheit für einen solchen wahnwitzigen Vorschlag erhalten kann?

„Das Ministerium für Staatssicherheit (MfS) der DDR hat mit Kinderpornografie einflussreiche Persönlichkeiten in Westeuropa erpresst. Das erklärt der ehemalige Verbindungsoffizier zwischen dem früheren sowjetischen Geheimdienst KGB und dem MfS, Wanja Götz, in einer eidesstattlichen Versicherung, die der „Welt" vorliegt. Zu den Erpressten gehören Politiker, Richter und Industrielle, von denen einige nach wie vor Einfluss in den westlichen Demokratien haben."[127]

Abb. 84: Das Thema Kindermissbrauch ist momentan nicht so wichtig, aktuell müssen wir das Weltklima retten und in den Ukraine-Krieg eingreifen.

Wer waren diese Politiker? Um welche Richter handelt es sich? Warum wurde dieser Sumpf nie trockengelegt? Warum hat die Öffentlichkeit nie erfahren, welche West-Politiker wegen Kinderpornografie von der Stasi erpresst wurden? Da setzt man sich für die Welt-Klima-Rettung ein, aber bei Kinderpornografie und Kinderhandel schaut man großzügig darüber hinweg. Warum wohl?

Kurz bevor dieses Buch ins Lektorat ging, machte das „Sektenmitglied" des Weltwirtschaftsforums Annalena Baerbock wieder Schlagzeilen. Am 8. Februar 2022 wurde bekannt, dass die Greenpeace-Chefin, die Amerikanerin Jennifer Morgan, ins deutsche Auswärtige Amt berufen wird. Zunächst ab 1. März 2022 als Sonderbeauftragte für internationale Klimapolitik, offensichtlich um der Installation der WEF-Marionette einen idealistischen Anstrich zu geben. Erst danach soll die US-Amerikanerin Staatssekretärin werden. Nichts demonstriert den US-Protektorats- und Globalisten-Vasallenstatus Deutschlands mehr als die Implantierung einer von Klaus Schwab und seinem Weltwirtschaftsforum (WEF) gebrieften Globalistin direkt ins deutsche Außenamt. Werden da deutsche Interessen vertreten? Wohl kaum.

Hier soll die „Neue Weltordnung" durchgezogen und der „Great Reset" vorangetrieben werden. Die Berufung der Amerikanerin ins deutsche Außenministerium ist ein Tabubruch und zugleich ein Markenzeichen des politischen Handelns der politischen Linken. Eine Klimalobbyistin und dazu eine Amerikanerin sollen im Außenministerium deutsche Interessen vertreten? Der Vorgang ist hochumstritten und wirft gleich mehrere Fragen auf: Die Kritiker werfen der Außenministerin vor, eine Lobbyistin ins Ministerium zu holen. Hinzu kommt, dass es sich hierbei um eine Ausländerin handelt, deren Einbürgerung nun beschleunigt ablaufen soll, damit sie den Posten antreten kann.

Aus den geschilderten Gründen ist die Berufung der Greenpeace-Chefin Jennifer Morgan auf eine Top-Position im Auswärtigen Amt mehr als nur eine Laune einer überambitionierten Außenministerin, die den Anspruch hat, das Weltklima retten zu wollen. Die Berufung der Klimalobbyistin ist ein Tabubruch!

Dass die Greenpeace-Chefin mit der Annahme ihrer Berufung in dieses Amt, gegen die Statuten ihres bisherigen Arbeitgebers verstößt, ist dabei nur eine weitere böse Pointe. Dort heißt es:

> *„Greenpeace ist überparteilich und völlig unabhängig von Politik, Parteien und Industrie. Deshalb müssen Greenpeacer*innen jeden potenziellen, tatsächlichen oder den Anschein eines Interessenkonflikts vermeiden."*(128)

Das Ganze ist an Lächerlichkeit kaum noch zu überbieten. Doch gerade diese Interessenlosigkeit unsererseits wird uns und unsere Kinder schon in der nahen Zukunft teuer zu stehen kommen.

Sie ziehen Schritt für Schritt ihre Agenda durch, und niemanden interessiert es. Was von diesem Land in der Zukunft noch übrigbleiben wird, darüber lässt sich an dieser Stelle nur spekulieren.

Abb. 85: Ist natürlich nur Zufall, dass Klaus Schwab (WEF) bei den Grünen seine Finger im Spiel hat.

4.7. AfD – Alles Show?

„Die AfD ist angeblich eine rechtspopulistische und rechtsextreme politische Partei und wurde am 14.03.2013 in Berlin gegründet."[129]

Liebe Leserinnen und Leser, ich möchte ganz ehrlich zu Ihnen sein. Ich habe tagelang über die AfD recherchiert, Reden im Bundestag angehört, unzählige Artikel gelesen, und eigentlich wollte ich an dieser Stelle eine Lanze für die AfD und ihre Vorsitzende Alice Weidel brechen. Nach meinen Recherchen habe ich zahlreiche Seiten über diese Partei und ihre Vorsitzende geschrieben, war mir dann aber bei der Überarbeitung dieses Kapitels nicht mehr sicher und habe weitere Nachforschungen betrieben.

Ich bekam dann von einem sogenannten „Insider" Informationen übermittelt, die ich leider an dieser Stelle noch nicht veröffentlichen kann, da mir zum jetzigen Zeitpunkt noch die nötigen Beweise fehlen, die mich aber zu einem Umdenken anstießen! Ich fand immer mehr Widersprüche, die meine Anfangsüberzeugung und meinen Enthusiasmus Richtung null gehen ließ und die Informationen des Insiders teilweise bestätigten. In den Reihen der AfD gibt es sicherlich sehr gute Menschen und Politiker, die ihre Aufgabe im Bundestag ernst nehmen, sich für das deutsche Volk einsetzen und mit Sicherheit keine Nazis sind. Und ich bin davon überzeugt, dass sie es auch ehrlich und ernst meinen.

Trotzdem sehe ich hinsichtlich des Zeitpunkts der Gründung der AfD und ihrer Gründungsmitglieder einen gewaltigen Widerspruch: Alle Gründungsmitglieder waren zuvor jahrelang CDU-Mitglieder und vereinzelt auch politisch für die CDU tätig – auch in der Merkel-Ära. Zusätzlich waren sie komplett im System verankert und für alle diejenigen Institutionen, Unternehmen oder Sonstiges tätig, die momentan für die Covid-19-Fake-Pandemie und den kommenden Sozialismus in Deutschland mitverantwortlich sind. Der Zusammenschluss der Gründungsmitglieder kommt mir nicht ganz koscher vor, denn auch in der Politik gibt es keine Zufälle.

Die Frage, die wir uns stellen sollten, ist: War die Gründung der Partei vielleicht von einer bestimmten Führung der BRD geplant, um absichtlich eine Spaltung der Bevölkerung voranzutreiben und das Problem des angeblichen Rechtsextremismus auf den Tisch zu bringen? Bis zur Gründung der AfD gab es dieses Problem so gut wie nicht, bis auf ein paar Glatzen mit Springerstiefeln.

Kann es vielleicht sein, dass die AfD absichtlich gegründet wurde, um einen politischen Ruck in Richtung links zu vollziehen? Schauen Sie sich doch die Situation momentan an: Jegliche Kritik, jegliche Anregung, jegliches Buch oder jegliche Äußerung, die der Linken-Regierung und ihren Anhängseln nicht passt, wird als rechtsextrem ausgelegt und man ist sofort ein Nazi. Spaziergänger, die nicht mit den Maßnahmen der Regierung einverstanden sind, werden als rechtsradikales Gesindel abgestempelt. Glauben Sie wirklich, dass Kritiker Nazis sein möchten? Ich kann Ihnen an dieser Stelle eines garantieren: Ich möchte ganz sicherlich kein Nazi sein, genauso wenig wie ich ein Kommunist sein möchte! Das ist doch totaler Blödsinn!

Demokratie lebt von Kritik und Anregungen – egal ob angeblich links- oder rechtsradikal –, und wenn es das nicht mehr geben darf, dann steht es für unsere Demokratie ganz schlecht. Aber wenn es offiziell eine rechtsradikale „Buhmann-Partei“ im Bundestag gibt, dann kann man sie doch für alles verantwortlich machen. Alles, was von ihr kommt, kann man als Gefahr darstellen, anschließend dann Milliarden freimachen für den Kampf gegen den angeblichen Rechtsextremismus, und letztendlich alles schön in Richtung Linkssozialismus verschieben.

In Deutschland ist inzwischen fast jeder Impfverweigerer ein Skeptiker, ein Rechtsradikaler und ein Nazi. Kann das Zufall sein? Ist es Zufall, dass jetzt auf einmal jeder ein versteckter Nazi ist, nur weil er sich nicht impfen lassen möchte? Kann dieser gewaltige Wandel wirklich nur Zufall sein?

Ich kann Ihnen an dieser Stelle nicht beweisen, dass die Gründung der AfD mit dieser Absicht vollzogen wurde, aber hinterfragen darf man ja wohl noch.

Inoffizielle Quellen munkeln zudem von einer Verstrickung der AfD mit US-Geheimdiensten. Eine andere Quelle sagte mir, dass die AfD bewusst gegründet wurde, um die Menschen wieder an die Wahlurne zu bringen, die sich bereits von der Demokratie verabschiedet haben und gar nicht mehr wählen gehen. Wir haben zwar keine Mindestquote, die für eine Wahl notwendig ist, doch wenn es irgendwann einmal unter 40% sind, kommt das einem Bankrott gleich. Was man nicht möchte, ist, dass die Menschen die Demokratie an sich in Frage stellen (obwohl es ja beispielsweise auch Monarchien als anerkannte Staatsformen gibt). Und seit es nun die AfD gibt, gehen wieder viele Menschen zur Wahl, die rechts der CDU angesiedelt sind bzw. die sich von der massiv nach links gerückten CDU verabschiedet hatten und keine NPD wählen wollten. Und somit bleibt das „System" erhalten…

„Wenn Wahlen irgendeine Bedeutung hätten, würde man uns nicht erlauben, sie abzuhalten."

Mark Twain, amerikanischer Schriftsteller

Was daran wahr oder nur spekulativ ist, werden wir vielleicht in der nahen Zukunft erfahren.

Auf der Webseite der AfD bezieht man auf jeden Fall ganz klar Stellung zum Thema Familie. Ob diese Vorstellung veraltet, rassistisch oder Sonstiges ist, möchte ich an dieser Stelle nicht beurteilen. Aber für die AfD besteht die Familie eindeutig aus Vater, Mutter und Kindern.[130]

Wie kann es dann sein, dass die Vorsitzende der AfD eine lesbische Lebensgemeinschaft mit Kindern hat? Ich habe damit kein Problem, aber das ist doch ein Widerspruch zu ihren eigenen Forderungen. Und wenn Sie sich hier schon widersprechen, wo noch?

Ich finde Frau Dr. Alice Weidel wirklich klasse, hochbegabt und hochintelligent, genauso wie ich Sahra Wagenknecht toll finde, aber das ist doch ein Widerspruch in sich?! Ist die AfD überhaupt die richtige Partei für ihre Vorsitzende oder schaden sie sich nur gegenseitig?

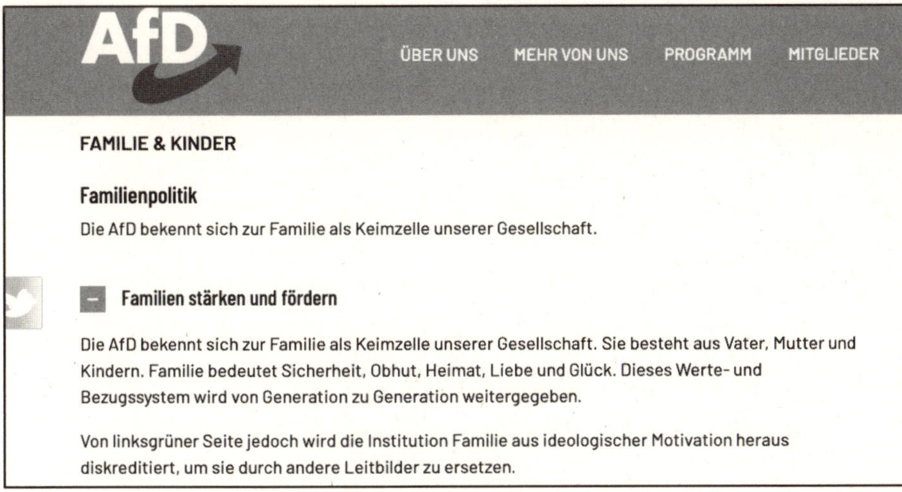

Abb. 86: Verdammt! Die Parteivorsitzende Alice Weidel steht im totalen Widerspruch zu den Partei-Grundsätzen.

Ein weiterer Widerspruch war die mögliche Koalition mit den Alt-Parteien. Wie kann eine AfD-Vorsitzende im Bundestag offen sein für eine Koalition mit der von mir so genannten Einheitspartei? Hätten Sie durch eine solche Konstellation nicht ihre eigenen Wähler verraten? Wenn von den anderen Parteien ein Signal gekommen wäre, dann hätten sie mit diesen Parteien, von denen sie täglich als Nazis beschimpft werden, eine Koalition gebildet. Hallo?! Das ist doch nicht kohärent! Sie decken die betrügerischen Mechanismen der anderen Parteien täglich auf, und dann sind sie für eine Koalition bereit? Das Ganze stinkt doch gewaltig.

Meines Erachtens müsste sich die AfD mehr als Volkspartei positionieren, sich von ihrem rechten „Brüll-Image“ lösen und eine Koalition mit diesen sozialistischen Linksparteien kategorisch ablehnen. *„Lieber nicht mitregieren als mit diesen Parteien!“*, das muss das Motto sein!

Von einem Großteil der Bevölkerung wird sie, so wie sie sich momentan präsentiert, als eine rechtsextreme Partei betrachtet. Obwohl meines Erachtens das Programm dieser Partei nur die logische Konsequenz eines denkenden, voll-mündigen Menschen ist. Ich persönlich sehe darin nichts Faschistisches, ganz im Gegenteil: Das Problem ist die Vergangenheit dieser Partei, die stinkt.

Vielleicht sollte sich Frau Weidel Gedanken darüber machen, eine eigene Partei zu gründen – eine Partei, die wirklich modern, mittig-rechts und volksnah ist. So nach dem Beispiel der Giorgia Meloni in Italien (Fratelli D'Italia). Make Germany great again, Alice!

Tatsache ist, dass sich momentan annähernd 20 Millionen Wähler nicht durch die Parteien im Bundestag repräsentiert und verstanden fühlen.

Ich kann an dieser Stelle keine Lanze für die AfD brechen und hoffe wirklich, dass ich mich in der Beurteilung dieser Partei irre. Ich würde mir wünschen, dass sie wirklich einen Gegenpol darstellen könnte, doch ich befürchte, dass sie ohne einen gewaltigen Image-Wechsel vom Volk nicht akzeptiert wird. Es müsste PR-technisch ein gewaltiger Wandel vollzogen werden, wenn sie nicht eines Tages als „Buhmann"-Partei komplett aus dem Bundestag ausgeschlossen werden will (der Verfassungsschutz ist schon dran!). Ob sie das genau so sehen und dafür bereit sind, keine Ahnung, wir werden sehen.

Bemerkenswert ist nichtsdestotrotz eine Rede, die Martin Sichert von der AfD am 18.11.2021 von der Zuschauertribüne des Bundestags gehalten hat. Sie wissen ja, wir leben im besten Deutschland, das es jemals gegeben hat.

Video 26:

Titel	Martin Sichert Rede vom 18.11.2021 – Infektionsschutzgesetz, Impfpassfälschung
Link	www.youtube.com/watch?v=98kpPp_750c

4.8. Was verdient eigentlich ein Bundestagsabgeordneter bzw. Politiker?

Lassen Sie uns nun einen gemeinsamen Blick auf die sogenannten Entschädigungen werfen, die unsere Abgeordneten für ihre so anstrengende bzw. mühevolle Arbeit erhalten. Eines kann ich an dieser Stelle schon mal sagen: Eigentlich müsste man sie mit Gold aufwiegen für die Arbeit, für den Einsatz, für den Schweiß, den Sie jeden Tag für ihr so heiß geliebtes Volk und Vaterland abliefern. Die Aufwandsentschädigung, die unsere Abgeordnete auf Bundes- bzw. Landesebene erhalten, ist viel zu niedrig, und meines Erachtens sollte man sie mindestens verdoppeln. Sarkasmus Ende!

Abgeordnete erhalten keinen Lohn oder Gehalt, sondern das Volk muss ihnen für ihre so mühevolle Arbeit dankbar sein, und somit erhalten sie eine **Aufwandsentschädigung. Diese beträgt seit dem 1. Juli 2021 10.083 Euro/Monat.** Diese sogenannte Aufwandsentschädigung ist nicht steuerfrei und muss als Einkommen nach dem Einkommensteuergesetz versteuert werden. Jedoch können Werbungskosten, wie z.B. Fahrten zum Bundestag usw., geltend gemacht werden.

Abgeordnete zahlen keine Beiträge zur Renten- und Arbeitslosenversicherung und müssen somit nur noch entweder eine private Krankenversicherung oder eine freiwillige gesetzliche Krankenversicherung abschließen.

„Darüber hinaus erhalten Abgeordnete, auch Parlamentarier genannt, beispielsweise Geld für die Teilnahme an Tagungen und Sitzungen. Das sind dann Aufwandsentschädigungen nach bundes- oder landesrechtlicher Regelung und als solche steuerfrei. Zahlreiche Bundestagsabgeordnete beziehen auch noch Nebeneinkünfte, zum Beispiel durch Sitze in Aufsichtsräten von Firmen oder als Berater von Unternehmen. Solche Nebeneinkünfte sind meldepflichtig und werden besteuert. Laut dem Onlineportal „abgeordnetenwatch.de“ haben rund 200 der etwas mehr als 700 Bundestagsabgeordneten in der laufenden Wahlperiode mindestens eine bezahlte Nebentätigkeit gemeldet – mit Einkünften zwischen 1.000 Euro und über einer Million Euro im Jahr.“[131]

Lassen Sie uns hier mal einen kleinen Stopp einlegen. Abgeordnete arbeiten unermüdlich für das deutsche Volk und können **Nebeneinkünfte** aus Beratertätigkeiten, Büchern, Auftritten und allen möglichen Aktivitäten erwirtschaften, ohne dass dies auf ihre Aufwandsentschädigung Einfluss nimmt. Das heißt, sie dürfen so viel dazuverdienen, wie sie nur können, ihre sogenannte Aufwandsentschädigung ist davon nicht betroffen – auch dann nicht, wenn man wegen der Zusatzjobs weniger Zeit im Bundestag verbringt. Versteuert werden muss nur am Jahresende.

Wenn aber ein Hartz-IV-Empfänger (Arbeitslosengeld-II-Empfänger), der aufgrund der Corona-Maßnahmen der Bundesregierung seinen Job verloren hat, seine Selbstständigkeit aufgeben musste, eventuell eine Insolvenz durchstehen muss, depressiv geworden ist, sich beim Job-Center melden muss, dann darf dieser nur 100 Euro im Monat dazuverdienen. Wenn er mehr dazuverdient, wird ihm dies von dem lächerlichen Grundbetrag von 449 Euro pro Monat abgezogen. Das soll mal einer verstehen! Die, die sich die Taschen vollstopfen, dürfen auf Staatskosten immer noch mehr dazuverdienen. Aber jemand, der in einer „beschissenen" Notlage steckt, dem wird alles, was er über 100 Euro im Monat dazuverdient, abgezogen.

In Abb. 87 können Sie die Einkünfte der meldepflichtigen Nebentätigkeiten der Bundestagsabgeordneten nach Partei-Zugehörigkeiten sehen. Das sind doch nur weit über 30 Millionen! Kein Grund, sich aufzuregen, bei vielen Abgeordneten der CDU/CSU kommen ja die Nebeneinkünfte nur aus Maskendeals oder anderen Vermittlungsgeschäften.

> *„Der Anteil der Abgeordneten des Deutschen Bundestags, die bei der Bundestagsverwaltung eine bezahlte Nebentätigkeit angemeldet haben, war nie so groß wie am Ende der laufenden Wahlperiode. Zugleich ist die Höhe der gemeldeten Nebeneinkünfte in den vergangenen Jahren sprunghaft angestiegen. Das ist das Ergebnis einer aktuellen Studie der Otto-Brenner-Stiftung."*[132]

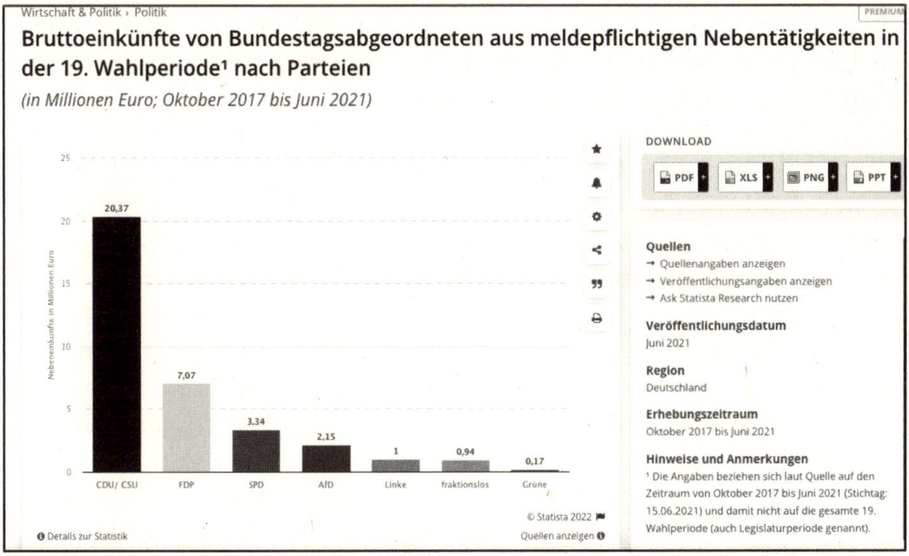

Abb. 87: Bruttoeinkünfte aus meldepflichtigen Nebeneinkünfte von Bundestagsabgeordneten in Millionen.

Nicht mit eingerechnet sind Nebeneinkünfte (z.B. aus Maskendeals), Tantiemen usw., die über ein Dritt-Unternehmen abgerechnet werden. Nein, wo denken Sie da hin, das ist mit Sicherheit keine Korruption.

Abb. 88: Ist doch nur Kleingeld. Abgeordnete verdienen Hunderttausende Euros neben ihrem Mandat als Bundestagsabgeordneter. Riecht das nicht nach Korruption?

Hier ein paar Beispiele aus dem Artikel von Josephine Andreoli, der am 7.8.2020 auf *www.abgeordnetenwatch.de* veröffentlicht wurde.

Das sind keine Einzelfälle, sondern im Bundestag gang und gäbe, und laut J. Andreoli *„sind die tatsächlichen Einkünfte nicht nachvollziehbar"*.

„Bundestagsabgeordnete bekommen in Berlin ein kostenlos eingerichtetes Büro mit Telefon- und Internetanschluss. Dazu kommt ein jährlicher Betrag von 12.000 Euro als ***Sachbezugsleistung****, der beispielsweise für Büromaterial, Laptops, mandatsbezogene Fachbücher und die IT-Ausstattung eines Wahlkreisbüros verwendet werden kann."*(133)

„Gemäß §12 Abs. 2 AbgG erhalten die Bundestagsabgeordneten eine ***Kostenpauschale****, die insbesondere zur Bezahlung von Bürokosten von Wahlkreisbüros außerhalb des Sitzes des Deutschen Bundestages (Miete, Porto, Inventar, Literatur), Mehraufwendungen für Unterkunft und Verpflegung am Sitz des Bundestages und bei Reisen, Fahrtkosten für Fahrten in Ausübung des Mandats, soweit sie nicht erstattet werden, und sonstige Kosten für andere mandatsbedingte Aufwendungen (Repräsentation, Einladungen, Wahlkreisbetreuung usw.) dient. Die Kostenpauschale beträgt seit 1. Januar 2019 monatlich 4.418,09 Euro. Da die Kostenpauschale lediglich der Erstattung von mandatsbedingten Aufwendungen dient, ist sie steuerfrei und gilt nicht als Einkommen. Zudem ist sie nicht pfändbar."*
Zur Bewältigung der Aufgaben in Berlin und im Wahlkreis haben die Abgeordneten das Recht, auf Kosten des Bundestages ***Mitarbeiter*** *bis zur Gesamthöhe von 22.795 Euro im Monat zu beschäftigen.*
Zusätzlich sichert Art.48 Abs. 3 Satz 2 GG den Abgeordneten die freie Nutzung aller ***staatlichen Verkehrsmittel in 1. Klasse*** *und selbstverständlich übernimmt der Staat die* ***Hälfte der Krankenversicherung****.*
Nach dem Ende des Mandats erhalten die ehemaligen Abgeordneten ein zu versteuerndes ***Übergangsgeld****, welches der Wiedereingliederung in ihrem früheren Beruf dienen soll. Für jedes Jahr der Mandatsausübung wird das Übergangsgeld einen Monat lang ausgezahlt, höchstens jedoch*

für 18 Monate. Die Höhe richtet sich nach der jeweils aktuellen Abgeordnetenentschädigung.
Ein ehemaliger Abgeordneter erhält momentan für ein Jahr im Bundestag ein Übergangsgeld von 9.541,74 Euro, für 18 Jahre und mehr stehen ihm insgesamt 171.751,32 Euro zu (zu zahlen in 18 Monatsraten à 9.541,74 Euro). Inhaber bestimmter Funktionen (Mitglieder des Parlamentspräsidiums, Fraktionsvorsitzende, Ausschussvorsitzende etc.) erhalten erhöhte Abgeordnetenentschädigungen (Funktionsbezüge).
Die Abgeordneten erhalten auch eine ***Altersentschädigung.*** *Die Altersentschädigung bemisst sich nach der monatlichen Abgeordnetenentschädigung (§ 11 Abs. 1 AbgG).*"[134]

Abgeordnetenentschädigungen der deutschen Landesparlamente [Bearbeiten | Quelltext bearbeiten]

Jeweilige Bezüge (ohne Cent-Beträge), Stand November 2021, Quelle jeweilige Landtage

Parlament	Diäten [Euro/Monat]	Aufwandspauschale [Euro/Monat]	Versorgungsaufwendungen [Euro/Monat]	Mitarbeiterpauschale [Euro/Monat]
Landtag von Baden-Württemberg	7.972	2.302	1.913	10.897
Bayerischer Landtag	8.519	3.589	–	8.866
Abgeordnetenhaus von Berlin	6.532	2.664	–	4.598
Landtag Brandenburg	7.604	1.003	1.856	4.619
Bremische Bürgerschaft	5.150	–	795	–
Hamburgische Bürgerschaft	3.555	540	–	3.289
Hessischer Landtag	8.297	966	–	5.240
Landtag Mecklenburg-Vorpommern	6.466	1.587	–	4.726
Niedersächsischer Landtag	7.175	1.456	–	3.560
Landtag Nordrhein-Westfalen	9.603	–	2.453	8.984
Landtag Rheinland-Pfalz	6.992	1.280 (*)	–	4.064
Landtag des Saarlandes	6.238	1.459	–	–
Sächsischer Landtag	5.943	3.898 - 4.389	–	8.128
Landtag von Sachsen-Anhalt	7.230	1.914	–	4.129
Landtag Schleswig-Holstein	8.886	–	1.500	3.425
Thüringer Landtag	6.036	2.037 - 2.845	–	3.831
Zum Vergleich: Bundestag	10.012	4.560	–	22.795

(*) zzgl. Reisekosten

Abb. 89: Tabelle der Entschädigungen für die Vertreter des Volkes.

Auf einen Blick sieht das monatlich folgendermaßen aus:

- Aufwandsentschädigung 10.083 Euro
- + Sachbezugsleistung einmalig jährlich 12.000 Euro pro Mandat 4x12.000 = 48.000 Euro
- + Kostenpauschale 4.418,09 Euro
- + kostenlose öffentliche Verkehrsmittel 1. Klasse
- + Mitarbeiter 22.795 Euro
- + Hälfte der Krankenversicherung
- + Übergangsgeld jährlich 9.541,74 Euro
- + Altersentschädigung
- + Nebeneinkünfte
- + erhöhte Aufwandsentschädigung für Mitglieder des Parlamentspräsidiums, Fraktionsvorsitzende, Ausschussvorsitzende etc.
- + Einkünfte durch Parteifunktionen, wie zum Beispiel Corona-Entschädigungen (kein Witz!), Partei-Vorsitz oder Ähnliches.

Zur Information: Wir haben in der Legislaturperiode 2021-2025 736 Bundestagsabgeordnete. Die Gesamtsumme können Sie sich selbst ausrechnen!

Hierzu ein kurzes Video von Stephan Brandner, einem der drei Bundessprecher der AfD im Deutschen Bundestag:

Video 27:

Titel	Stephan Brandner – So viel verdienen Politiker wirklich – Bundestag AFD Fraktion
Link	www.youtube.com/watch?v=JF4SPBFYQh8

Wissen Sie, liebe Leserinnen und Leser, ich persönlich glaube nicht, dass unsere Abgeordneten auf Bundes- und Landesebene zu viel Geld verdienen, sondern das Hauptproblem ist meines Erachtens, dass die Politiker in Deutschland vergessen haben, wo ihr Platz ist. Sie haben vergessen, dass der Bürger der BRD ihr Arbeitgeber ist und nicht umgekehrt.

- Es kann nicht sein, dass die Politiker als Angestellte des Volkes die Bürger einsperren, bevormunden, erziehen, bestrafen, beleidigen, kontrollieren, verraten, belügen, als Nazis beschimpfen und zu einer Impfung zwingen wollen. Vielleicht probieren Sie das mal an Ihrem nächsten Arbeitstag mit Ihrem Arbeitgeber aus.
- Es kann nicht sein, dass unsere Politiker die Gelder mit der Schaufel aus dem Fenster werfen, ohne persönlich dafür haftbar gemacht zu werden.
- Es kann nicht sein, dass diese Politiker sich in unserem Namen an irgendwelchen Kriegen beteiligen oder andere Staaten beleidigen, sanktionieren oder Ähnliches.
- Es kann nicht sein, dass Politiker der BRD Verträge abschließen oder Handlungen tätigen, die dann dem Volk nicht offengelegt werden.
- Es kann nicht sein, dass Politiker über alles und jeden in der Bundesrepublik entscheiden. Sie haben vergessen, wo ihr Platz ist, und das ist sicherlich einer der Gründe, warum sich die BRD vor dem Kollaps befindet. Die Demokratie, die wir momentan in Deutschland haben, stinkt gewaltig, und unsere Politiker verhalten sich unehrenhaft und falsch.
- Es kann nicht sein, dass eine Partei und ihre Politiker in den Bundestag gewählt werden und dann dort nach Belieben irgendwelche Gesetze und Marschrichtungen für die Zukunft vorgeben, die dann durch die Polizei, den Verfassungsschutz, die Beamten und die Nachrichtendienste umgesetzt und dem Volk aufgezwungen werden.

So nach dem Motto: *„Verfassungsschutz sieht bei Corona-Protesten neue Szene von Staatsfeinden.“*

„Der Präsident des **Bundesamtes für Verfassungsschutz**, *Thomas Haldenwang, erkennt unter den Demonstranten gegen die Corona-Politik auch eine neue Szene von Staatsfeinden.“*[(135)]

Was erlaubt sich dieser Herr Haldenwang überhaupt? Millionen von Bürgern, die brav ihre Steuern zahlen, aber nicht mit den Corona-Maßnahmen einverstanden sind, als Staatsfeinde zu bezeichnen?!

Nein, Herr Haldenwang, der Grund, warum Sie ihr üppiges Gehalt bekommen, ist, dass diese angeblichen Staatsfeinde ihre Steuern zahlen. Sie sind der Angestellte des Volkes und nicht umgekehrt, nur mal so zur Erinnerung. Es kann nicht sein, dass eine Studie des Bundesministeriums für Bildung und Forschung zeigt, dass das chinesische Sozialkredit-System bis 2030 auch in Deutschland eingeführt werden könnte. Wer hat dies entschieden? Wird hier also doch die Agenda 2020 vom Weltwirtschaftsforum umgesetzt?[136]

Wer kann einen solchen Mist in Deutschland wollen? Unsere Politiker? Mit welchem Recht?

Es kann nicht sein, dass diese Strauchdiebe unter dem scheinheiligen Vorwand eines Grippe-Virus und eines bedenklichen und zu ihren Gunsten gemachten Infektionsschutzgesetzes den Menschen die Grundrechte genommen haben. Die Grundrechte, die nach dem Leben selbst das höchste Gut eines jeden Menschen sind!

Was erlauben sich diese Politiker? Doch wie immer ist es nicht ihre Schuld. Die Schuld liegt ganz allein beim deutschen Volk! Die Menschen sind zu bequem und zu feige, um für ihre Grundrechte zu kämpfen, nachdem sie seit zwei Jahren drangsaliert, belogen, betrogen, kontrolliert, sanktioniert, bestohlen, geschlagen und beleidigt worden sind. Was für erbärmliche Feiglinge sind wir eigentlich?

Wir sind Sklaven dieses Systems. und wie Einstein schon zu sagen pflegte: *„Der größte Feind der Freiheit sind zufriedene Sklaven."*

Wir lassen uns Schritt für Schritt alles nehmen und hoffen, dass sie vielleicht doch noch ein wenig Erbarmen mit uns haben werden.

Haben Sklaventreiber Erbarmen mit ihren Sklaven?

4.9. Das Kastensystem in der BRD

Wir befinden uns in Deutschland seit vielen Jahren in einer Art Kastensystem mit unterschiedlichen Ebenen, das über die Jahrzehnte aufgebaut wurde:

- Kaste 1: Die Elite
- Kaste 2: Das politische Establishment
- Kaste 3: Das Beamtentum (inklusive pensionierte Beamte)
- Kaste 4: Das arbeitende, Steuer zahlende Volk (Selbstständige, Angestellte)
- Kaste 5: Die Rentner
- Kaste 6: Arbeitslose, Studenten, Flüchtlinge, Obdachlose, Menschen am Existenzminimum

Das ganze System in der BRD ist auf der Arbeitsleistung der Kaste 4 aufgebaut. Diejenigen, die am meisten zur Kasse gebeten werden, die höchsten Steuern und Abgaben entrichten und am meisten arbeiten, halten dieses kranke Sklaven-System am Laufen.

Laut dem Bund der Steuerzahler waren es 2018 zirka 46 Millionen Bürger, die in diese Kaste fielen. Jedoch zahlen 25% und somit 11,5 Millionen von diesen 46 Millionen Bürgern annähernd 80% der Einkommenssteuer.[137]

Der hohe Standard in Deutschland kann über die Jahre hinweg nur gehalten werden, wenn diese Steuerzahler weiterhin brav ihre Abgaben und Steuern entrichten und der Steuerzahler gehorsam zur Arbeit gehen. Wiederum bedeutet das, dass 75% nur 20% der Einkommensteuer entrichten, da es sich um Mittel- bis Geringverdiener handelt. In der Realität würde man sagen, dass es sich um Arbeiter/Angestellte handelt, die leicht über dem Existenzminimum bzw. am Existenzminimum leben. Und genau diese Kaste/Gruppe wird durch die verheerenden Corona-Maßnahmen am meisten geschädigt. Wie wahnsinnig ist das?!

Haben Sie schon einmal von Beamten gehört, die durch die Corona-Maßnahmen finanzielle Einbußen erlitten haben? Ihren Job verloren haben? Ihre Selbstständigkeit aufgeben mussten? Nein, ganz sicherlich nicht! Der, der am meisten zur Gesellschaft beiträgt, wird am meisten drangsaliert, besteuert, kontrolliert und bestraft. Was glauben Sie, wie lange das noch gut gehen wird?

Zusätzlich steigt die Verschuldung von Tag zu Tag an, es gibt immer mehr Rentner (im Jahre: 2020, 25,84 Millionen!!!) und Pensionäre[(138)], die Arbeitslosenzahlen steigen, die Inflation bewegt sich schon im zweistelligen Bereich und die Zahl der Hilfe suchenden Flüchtlinge erhöht sich von Monat zu Monat.

Die Durchschnittsrente im Jahre 2021 beläuft sich in Deutschland übrigens auf 1.538 Euro monatlich brutto.[(139)]

> *„Der auffälligste Unterschied zwischen Beamtenpension und gesetzlicher Rente ist die Höhe der Bezüge. So erhält beispielsweise ein verbeamteter Lehrer in Bayern (Besoldung A13), der bis zum Ruhestand noch 35 Jahre zu arbeiten hat, eine Pension von 3.138,62 Euro brutto, wohingegen ein angestellter Lehrer gleichen Alters (Tarifgruppe TV-L E13) 1.495,81 Euro gesetzliche Rente bekommt. Letzteres ebenfalls brutto, da diese bei Rentenbeginn voll besteuert wird. Beamte erhalten als Pension maximal 71,75% ihres Bruttogehalts, das sie während der zwei Jahre vor dem Ruhestand bezogen haben. Die durchschnittliche überwiesene gesetzliche Rente liegt im Schnitt jedoch bei 982 Euro im Monat, wie aus einer Antwort des Sozialministeriums auf eine Anfrage der Linksfraktion hervorgeht!“*[(140)]

Und, wie wird diese Pension finanziert? Na klar, aus den Steuereinnahmen, die die Angestellten und Arbeiter der Kaste 4 entrichten dürfen, damit die Personen, die sie ihr ganzes Leben lang geknechtet haben, einen ruhigen Lebensabend genießen dürfen, solange die Rentner Pfandflaschen und Essensreste sammeln gehen dürfen!

Wie lange kann dieses kranke System mit diesen unfähigen Politikern noch aufrechterhalten werden? Die Angestellten träumen von einer Rente, die sie in 30 oder 40 Jahren vielleicht erhalten werden, obwohl sie eigentlich ganz genau wissen sollten, dass das System am Ende ist.

Durchschnittliche Bruttomonatsruhegehälter für Versorgungsempfänger ab 65 Jahren im Januar 2019:		
	Männer	**Frauen**
unmittelbarer Bundesbereich		
Beamte und Richter	3.300 Euro	2.770 Euro
Berufssoldaten	3.280 Euro	3.590 Euro
sonstiger Bundesbereich		
Bundeseisenbahnvermögen	2.420 Euro	2.290 Euro
Postnachfolgeunternehmen	2.370 Euro	2.100 Euro
übrige Bundesbereiche	3.350 Euro	2.600 Euro
Länder/Kommunen/Sozialversicherung		
Landesbereich	3.490 Euro	2.910 Euro
kommunaler Bereich	3.340 Euro	2.740 Euro
Sozialversicherung	3.220 Euro	2.680 Euro

Abb. 90: Bruttomonatsruhegehälter der Staatsdiener. Nachdem man dem Staat jahrzehntelang gedient hat (gegen das Volk), verdient man auch eine üppige Pension, die das Volk zu entrichten hat.

Trotzdem wählen sie ihren Peiniger und Sklaventreiber, gehen weiterhin schön zur Arbeit und bezahlen die höchsten Steuern weltweit. Wieso lassen sie das mit sich machen? Die Elite, weltweit und auch in Deutschland, ist nur an ihrem Ziel interessiert, das sie durch das politische Establishment umgesetzt bekommt.

Somit sind die Wahlprogramme und die Politiker nicht für das Wohl der Bürger entwickelt bzw. ausgewählt worden, sondern nur, um ihre Agenda voranzutreiben. Die Politiker (Kaste 2) erlassen Gesetze und Verordnungen, damit alle weiteren Kasten geschröpft und überwacht werden können, mit Ausnahme der Beamten. Für diesen Job haben sie den deutschen Beamten aus dem Hut gezaubert, der die Anweisungen von oben pflichtbewusst umsetzt, da seine Vergütung und seine Pension wesentlich höher ist als das Durchschnittseinkommen und die Rente des Arbeiters und Angestellten. Der arbeitenden und steuerzahlenden Bevölkerung wird durch die aktive Teilnahme an den Wahlen das Gefühl von Mitbestimmung und Zugehörigkeit vermittelt, damit sie die Politiker wählt, die dann die Gesetze erlassen, die sie wiederum überwachen und schröpfen. Es ist ein endloses perverses Spiel, in dem sich der Bürger sein eigenes Grab schaufelt.

Das ganze System ist nur mit Erniedrigung, Überwachung, Kontrolle, Strafe und Lügen aufrechtzuerhalten.

„Zum 30. Juni 2020 gab es in Deutschland 1.716.900 Beamte, die wiederum in unterschiedliche Besoldungsstufen, Berufszweige und Laufbahngruppen unterteilt sind.“(141)

Hauptaufgabe dieser Beamten ist es, das kranke System der Politik aufrechtzuerhalten und zu überwachen. Dadurch erhalten sie, wie die Politiker selbst, eine Vielzahl von Vergünstigungen während ihrer Dienstzeit und nach ihrem Ausscheiden. Für ihr Pflichtbewusstsein bekommen sie ein paar Krümel von der Sahnetorte ab.

Eigentlich wollte ich an dieser Stelle auf die Unterschiede zwischen Beamten und Bevölkerung eingehen, aber dafür ist mir momentan meine Zeit echt zu schade. Die Vorzüge des Beamtentums können Sie bei Interesse im Web nachlesen und eventuell mit Ihrem Angestelltenverhältnis oder den unteren Kasten vergleichen.

„Der durchschnittliche Netto-Jahresarbeitslohn von ledigen Arbeitnehmern ohne Kinder in Deutschland im Jahre 2021 belief sich auf 24.539 Euro“, das entspricht 2.044 Euro netto.“(142)

Jedoch entspricht dieser Wert leider bei Millionen von Menschen, die bei Weitem nicht dieses Netto-Gehalt erhalten, nicht den Tatsachen. Vergessen Sie nicht, dass der Mindestlohn in Deutschland im Jahre 2022 9,82 Euro pro Stunde beträgt. Bei einer 40-Stunden-Woche sind das 1.768 Euro brutto im Monat (180 Stunden)!

Die Realität sieht in Deutschland leider so aus, dass es viele Angestellte, Arbeiter und Rentner mit ihrem Monatsgehalt nicht bis zum Monatsende schaffen. Was ist somit die Lösung der Politiker? Nein, sie senken sicherlich nicht die Steuern und/oder setzen sich für weniger Abgaben für das Volk ein. Nein, ganz sicher nicht.

Richtig, sie erhöhen die Zahl ihre Polizeikräfte auf Bundes- und Landesebene. Zusätzlich wird ein Heer von Angestellten sowie privaten Sicherheitsdiensten in den Ordnungsämtern eingestellt, damit diese die Verschärfung der Maßnahmen kontrollieren. Die Schlinge zieht sich immer weiter zu!

> *„Von 243.982 Polizisten im Jahre 2012 wurde das Merkel-Heer auf 336.600 Polizisten zum September 2020 erhöht.“*[(143)]

Das ist eine Zunahme von über 92.000 Polizisten. Hinzu kommen Angestellte in den Ordnungsämtern, private Sicherheitsdienste, Zoll und weitere Überwachungsorgane sowie das Militär.

> *„Der Rüstungskonzern Rheinmetall meldet eine Großbestellung der deutschen Polizei. 55 neue Panzerfahrzeuge vom Typ „Survivor R“ sollen an Bundes- und Landespolizei ausgeliefert werden. Die Hightech-Fahrzeuge kommen bei besonders gefährlichen Einsätzen zum Einsatz.“*[(144)]

Warum gibt es in den letzten Jahren so eine dramatische Zunahme der Staatsgewalt? Ich dachte, wir leben im besten Deutschland, das es jemals gegeben hat?!

Den Gipfel der Lächerlichkeit hat aber unsere Polizei mit den Kontrollen der Mindestabstände auf Corona-Demonstrationen erreicht. Dies machen sie aber nur bei Demonstrationen der friedlichen Corona-Maßnahmen-Gegner. Bei den Linken oder bei Demos von ausländischen Clan-Bürgern sind sie mit ihren Zollstöcken nicht zu sehen! Dass sich diese Menschen dabei nicht lächerlich vorkommen?

Abb. 91: Eure Mama ist sicher stolz auf euch. Die deutsche Polizei misst mit einer Maß-Stange den Mindestabstand auf Demonstrationen. Ist an Lächerlichkeit so gut wie nicht zu überbieten.

Sich zu schämen oder sich lächerlich zu machen, ist der Polizei jedoch fremd. Diese Beamten werden für die Interessen der Politiker benutzt, damit diese weiterhin ihren Interessen nachgehen können. Dafür ist ihnen kein Trick zu dreckig.

Für das Volk wird jeder Cent zweimal umgedreht, aber wenn es sich um die Lobby-Gruppe der Beamten handelt, ist ihnen kein Trick zu perfide, um Wohlgesinnte in den Beamtenstatus zu hieven oder die Bezüge zu erhöhen.

> *„Arm bis zum Lebensende: Jede vierte Seniorin über 80 kommt kaum über die Runden. Das geht aus einer Studie der Universität Köln unter dem Titel „Hohes Alter in Deutschland“ hervor. Als trauriger Spitzenreiter in Sachen Altersarmut steht ausgerechnet das Bundesland da, das bei den Löhnen und Gehältern führend ist: Bayern.“*(145)

Bei den diktatorischen Corona-Maßnahmen, Einschränkungen und Geldverschwendungen in Milliardenhöhe ist der „König von Bayern“, Herr Söder, immer ganz vorne mit dabei. Aber bei der Altersarmut schaut man gerne weg. Was sind da schon läppische 8.266 Euro brutto im Monat für eine Referatsleiterin! Sicherlich hat sie sich jeden Euro davon mühsam verdient, und da ist es nur ein Zufall, dass sie noch nebenbei die Frau des „kleinen Oberlügners“ von Sachsen ist.

Bild — Bild TV-SENDER — Bild+

8266,80-EURO-JOB

Ministerium will Sachsens First Lady befördern

Gehaltserhöhung für die Frau des Ministerpräsidenten: Annett Hofmann soll demnächst 8266,80 Euro/Monat verdienen

Abb. 92: Ministerium will Sachsens First Lady befördern. Na klar, da muss man sich aufgrund hoher Befugnis und Können das Gehalt erhöhen.

Ein Schelm, der Böses dabei denkt. Sie befolgen doch alle nur Befehle und setzen sich für die Belange des Volkes ein...

„Vor mehr als 50 Jahren schockierte der US-amerikanische Psychologe Stanley Milgram die Welt mit einem Experiment: Seine Probanden sollten auf Anweisung eines Studienleiters einem anderen Menschen Elektroschocks verpassen, immer wenn dieser eine Aufgabe falsch löste.

Den Probanden wurde gesagt, dass die Volt-Zahl bei jedem Fehler steigt. Außerdem wurde ihnen erklärt, dass sie den Versuch jederzeit abbrechen können. Und heute? Würden Menschen noch immer auf Befehl anderen Menschen schmerzhafte Stromstöße verpassen?
Ja, sagen Forscher der SWPS University of Social Sciences and Humanities in Polen. Sie haben das Milgram-Experiment nachgestellt. Wie sich die Probanden verhielten, erschreckte die Forscher: Nur ein Viertel äußerte während des Experiments Zweifel oder Unbehagen, nur acht brachen es ab. 72 der 80 Teilnehmer gingen bis zur höchsten Stromstufe. Ob sie glaubten, dass der letzte Elektroschock dem anderen Schmerzen zugefügt hat? Sie bejahten.«(146)

00:34

Elektroschock-Experiment

Fast jeder würde auf Befehl foltern

Stanley Milgram zeigte 1961, wie leicht man Menschen dazu bringen kann, andere zu quälen und zu töten. Nun wurde der legendäre Stromstoßversuch wiederholt. Das Ergebnis ist ernüchternd.

Von **Jana Hauschild**
15.03.2017, 11.54 Uhr

Abb. 93: Geilheit oder einfach nur Dummheit? Fast jeder würde auf Befehl foltern.

So viel zum Thema „befehlshörige Sklaven“. Wenn schon „normale“ Menschen dazu bereit sind, anderen Menschen nur aufgrund einer dämlichen Anweisung Schaden zuzufügen, dann brauchen wir uns nicht über die Maßnahmen der Polizei und der weiteren Befehlssklaven der Regierung zu wundern.

4.10. Das Endspiel hat begonnen

Tja, liebe Leserinnen und Leser, wir sind am Ende dieses emotionalen Kapitels angekommen, und ich hoffe, ich konnte Ihnen einen kleinen Überblick über den politischen Sumpf in Deutschland geben. Nun müsste es Ihnen eigentlich klar sein, dass es im Grunde kein links oder rechts gibt, sondern absichtlich immer eine Seite als böse dargestellt wird. Es ist ein dauerndes Wechselspiel, das bereits Machiavelli lehrte. Zuerst wurden die Nazis bekämpft, dann über Jahrzehnte der Kommunismus und jetzt eben wieder die schlimme rechte Flanke. Und das alles nur, damit sie endlich ihre wahren kommunistischen Absichten umgesetzt bekommen.

Im geplanten Band 3 dieser Buchreihe werde ich auf die europäische und amerikanische Politik eingehen. Eines kann ich Ihnen an dieser Stelle bereits sagen: Dort sieht es auch nicht viel besser aus, ganz im Gegenteil sogar.

Viele meiner Bekannten fragen mich des Öfteren, ob ich nicht glaube, dass die Pandemie und die Maßnahmen bald zu Ende sein werden. Leider muss ich sie dann immer mit meiner persönlichen Meinung vor den Kopf stoßen, und einige finden das überhaupt nicht gut. Sehr viele Bekannte machen schon einen Bogen um mich, da sie die Wahrheit einfach nicht hören wollen. Mir ist das ganz recht, denn mein Bekanntenkreis hat sich somit wieder einmal von allein ausgemistet.

Meine Meinung ist, dass der Stein der „Agenda 2030“ und die Einführung einer sozialistischen Weltherrschaft ins Rollen gekommen ist. Sie folgen einem vorgegebenen Plan, und warum sollten sie jetzt einfach damit aufhören? Weil die Bevölkerung müde und jetzt schon zermürbt ist? Das ist doch so gewollt! Viele glauben, dass die Politiker irgendwann in naher Zukunft vor die Kameras treten und das Ende der Pandemie verkünden werden. Das wäre doch ihr politischer Tod! Sie werden mit dieser Pandemie niemals aufhören, denn sie benötigen dieses angebliche Virus, damit sie ihr sozialistisches System umgesetzt bekommen. Immer an David Rockefeller denken: *„Alles, was wir brauchen, ist diese eine große Krise…“* Die allermeisten Politiker spielen dieses perverse Spiel mit, obwohl sie es selbst nicht verstehen. Glauben Sie bloß nicht, dass es sich bei den meisten Politikern um intelligente Menschen handelt. Ganz im Gegenteil, die allermeisten sind dumme Mitläufer, die irgendetwas nachlabern, das ihnen vorgegeben wird. Sie sind nur auf ihren momentanen Vorteil und ihre momentane Macht aus.

Sie werden immer wieder andere Mutationen aus dem Hut zaubern, die angeblich noch ansteckender und gefährlich sind, um über kurz oder lang eine Impfpflicht einzuführen. Die Politiker stehen unter Druck, denn es wachen tagtäglich immer mehr Menschen auf und erkennen dieses lächerliche Szenarium.

Es wird keine Normalität mehr geben, außer, wenn das Volk sie wieder herstellt.

Ihr Ziel ist es, die Bevölkerung zu impfen, ein Chip-System und den digitalen Euro einzuführen, um damit jeden Bürger nach Belieben ein- oder ausschalten zu können, ganz nach dem Vorbild Chinas. Sie werden im Wechselspiel die Maßnahmen ein wenig lockern, damit sich das Volk etwas beruhigt, um dann in bestimmten Situationen die Maßnahmen wieder anzuziehen.

Doch die Normalität, so wie wir sie kannten, wird es sicherlich nicht mehr geben, außer **WIR** stellen sie wieder her. Wir befinden uns jetzt schon in einer verschleierten Diktatur, in der dem Bürger die Grundrechte genommen wurden und schrittweise ein System eingeführt wird, welches nur mit Zwang, Gewalt, Zensur und Strafe aufrechterhalten werden kann. Kommt Ihnen das vielleicht bekannt vor?

Jetzt liegt es an Ihnen, ob Sie sich irgendwann für Ihr Verhalten werden schämen müssen oder auf sich stolz sein können. Es liegt an Ihnen, ob Sie – um ein Bild aus der Vergangenheit zu bemühen – am Straßenrand stehen und die rechte Hand nach oben strecken oder lieber den Mittelfinger. Und es liegt an Ihnen, ob wir in einer friedlichen und freien Welt leben werden oder in einem sozialistischen Überwachungsstaat.

Ganz egal, wie Sie sich jetzt entscheiden, Sie werden sich zwangsläufig für eine Seite entscheiden müssen. Dieser Wahnsinn wird nie wieder enden. Er endet nur, wenn er vom Volk gestoppt wird!

Nur zur Erinnerung hier nochmals die Ziele der Agenda 2030:

Abb. 94: Die Märchen-Agenda 2030. Der direkte Weg in eine sozialistische Diktatur.

5. Die Lügen zur Covid-19-Pandemie → Updates

Seit der Veröffentlichung von „Corona – Der große Intelligenztest“ sind nur wenige Monate vergangen. Trotzdem hat es eine Flut von Neuigkeiten und Ereignissen gegeben. Diese möchte ich Ihnen so komprimiert wie nur möglich präsentieren.

Wie hat sich die Corona-Lage in Deutschland im nunmehr dritten Winter entwickelt? Gab es eine gravierende Steigerung der Todeszahlen in dieser Pandemie, die eine Impfpflicht, wie sie von der Scholz-Regierung vorangetrieben und wohl nur vorübergehend gestoppt wurde, rechtfertigen würde?

> *„Stand Ende Februar 2022 wurden laut dem RKI 104.701.826 PCR-Tests in Deutschland durchgeführt, die 11.739.955 positiv resultierende hervorgebracht haben. Somit ein durchschnittlicher Positivanteil von etwas über 10%.“*[147]

Auf den PCR-Test und die entsprechenden Zyklen sowie die unterschiedlichen Test-Verfahren, die bei einem solchen „Fake-Verfahren“ verwendet werden, gehe ich an dieser Stelle nicht mehr ein, da ich sie bereits ausführlich behandelt habe. Wenn Sie sich die Testzahlen der letzten Wochen und Monate anschauen, dann können Sie einen Positivanteil von zirka 20% erkennen – außer in den letzten Wochen! Das ist wie mit den Rubbel-Losen: Ein bestimmter Anteil gewinnt immer.

Kalenderwoche	Anzahl Testungen	Positiv getestet	Positivenanteil (%)	Anzahl übermittelnder Labore
Bis einschließlich KW47/2021	86.029.702	6.465.830		
48/2021	1.950.318	401.160	20,57	212
49/2021	1.742.018	342.631	19,67	212
50/2021	1.556.794	286.958	18,43	206
51/2021	1.244.761	202.568	16,27	207
52/2021	960.437	206.409	21,49	210
1/2022	1.499.030	341.569	22,79	213
2/2022	2.052.343	501.078	24,41	209
3/2022	2.516.408	806.955	32,07	211
4/2022	2.553.434	1.032.081	40,42	211
5/2022	2.596.581	1.152.716	44,39	205
Summe	**104.701.826**	**11.739.955**		

Abb. 95: Die RKI-Staats-Lotterie.

Zusammenfassend kann man die aktuelle Situation, in Zahlen ausgedrückt, folgendermaßen darstellen:

104.701.826 Tests, davon 11.739.955 positiv!
Von den 11.739.955 positiv Getesteten ergaben sich laut RKI 119.977 Todesfälle an und mit Covid-19, das entspricht 1,02% der positiv Getesteten![148]

Als Todesfälle werden, wie Sie schon wissen, alle Todesfälle gerechnet, die in einem bestimmten Zeitraum positiv getestet wurden und die an und mit Covid-19 verstorben sind. Nach zwei Jahren „Fake-Pandemie" gibt es immer noch keine eindeutige Statistik oder Zahlenerhebung, die eindeutig die an Corona Verstorbenen darstellt. Somit liegt es immer noch im Ermessen des zuständigen Gesundheitsamtes, den angeblichen Corona-Toten einzuordnen.

Selbst die korrupten Faktenchecker mussten die Tatsache eingestehen, dass sogar Todesfälle, die unter Fremdeinwirkung erfolgt sind, aber positiv auf das Virus getestet worden waren, als Covid-19-Todesfälle aufgenommen wurden. Irgendwie muss die Pandemie ja gerechtfertigt und am Laufen gehalten werden. Ansonsten könnte man die Bevölkerung ja nicht in Angst und Schrecken halten.

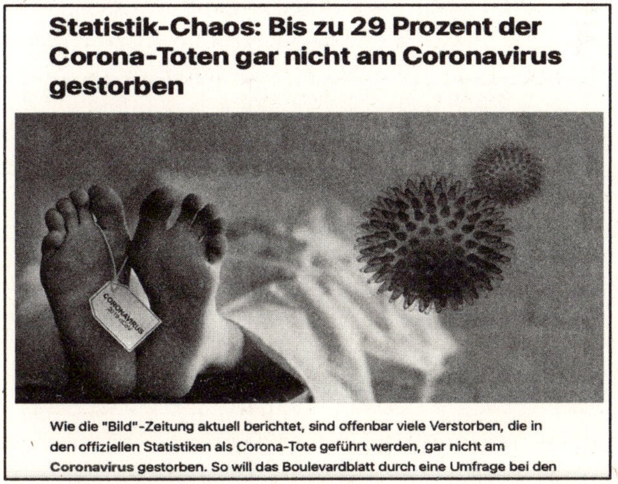
Statistik-Chaos: Bis zu 29 Prozent der Corona-Toten gar nicht am Coronavirus gestorben

Wie die "Bild"-Zeitung aktuell berichtet, sind offenbar viele Verstorben, die in den offiziellen Statistiken als Corona-Tote geführt werden, gar nicht am Coronavirus gestorben. So will das Boulevardblatt durch eine Umfrage bei den

Abb. 96: Statistik-Chaos! Die Bild-Zeitung behauptet: Bis zu 29 Prozent der Corona-Toten sind gar nicht am Coronavirus gestorben.

Somit hat sich an der Tatsache nichts geändert, dass Sie eine Überlebenschance von fast 99% haben, falls Sie positiv getestet werden sollten. Aber lassen wir das an dieser Stelle einfach mal so stehen.

119.977 Tote bei einer Pandemie-Laufzeit von 26 Monaten entsprechen – bezogen auf die Gesamtbevölkerung Deutschlands – einer Sterblichkeitsrate von 0,12%.

„Bei der saisonalen Grippe geht man von einer Sterblichkeitsrate von 0,10% aus.“(149)

Würde man bei der Zahl der Verstorbenen nur die Todesfälle ausweisen, die tatsächlich an SARS-CoV-2 verstorben sind, dann hätte man sicherlich die gleiche Sterblichkeitsrate wie bei einer saisonalen Grippe oder sogar niedriger. Selbst die Massenmedien berichten nun über dieses Phänomen, nämlich dass die Todeszahlen von Seiten der Krankenhäuser, Gesundheitsämter und dem RKI auffrisiert sind bzw. werden. Dieser Betrug wird über kurz oder lang an die Öffentlichkeit kommen, aber da wir uns auch aufgrund des Ukraine-Krieges in einer kollektiven Massenpsychose befinden, interessieren solche Zahlen im Moment keinen Menschen!

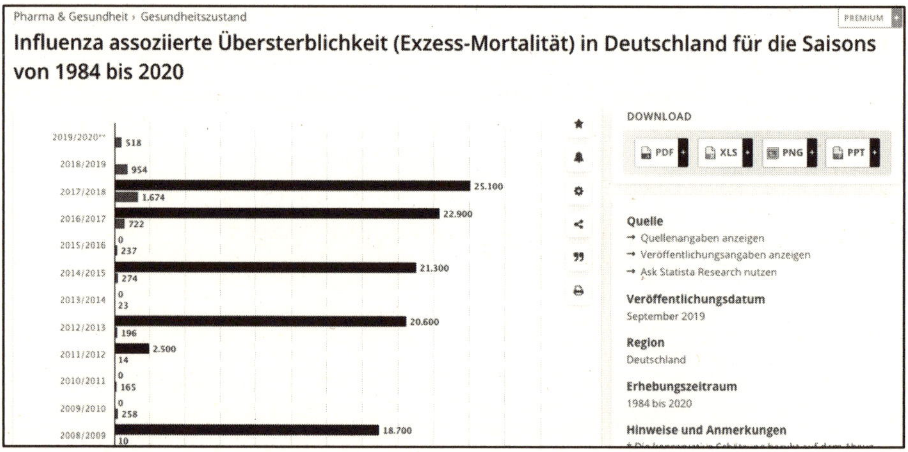

Abb. 97: Influenza assoziierte Übersterblichkeit in Deutschland. In den vergangenen Influenza-Saisons starben jährlich weit über 20.000 Menschen. Seit der Entdeckung des angeblichen Sars-Cov2-Virus ist die Influenza ausgerottet.

Wovon sprechen wir also überhaupt? Von einer tödlichen Pandemie? Würde man also von den gesamten Todeszahlen die MIT Corona Verstorbenen abziehen, dann ergäbe sich kein anderes Bild als bei den saisonalen Grippewellen in den Jahren vor der angeblichen Corona-Pandemie.

„Anfang letzten Jahres veröffentlichte der renommierte Epidemiologe Professor John Ioannidis eine Analyse von Seroprävalenzstudien (Antikörperstudien) aus dem Jahr 2020, aus der hervorging, dass die Infektionssterblichkeitsrate (IFR) von Covid-19 – der Anteil der Infizierten, die sterben – weltweit etwa 0,15% beträgt. Prof. Ioannidis hat nun eine aktualisierte Studie veröffentlicht, die sich auf zusätzliche Seroprävalenzstudien stützt, allerdings immer noch auf Daten aus dem Jahr 2020. Bei der Analyse von 25 Seroprävalenzerhebungen in 14 Ländern stellten Prof. Ioannidis und seine Kollegen fest, dass die IFR zwischen 0,0013% bei den unter 20-Jährigen (etwa einer von 77.000) und 0,65% bei den über 60-Jährigen schwankt.“ [150] [151]

Dann müssen wir uns für immer einschließen, Masken tragen und uns alle drei Monate mit einem (tödlichen) „Impfstoff“ spritzen lassen, denn die Zahlen werden in der Zukunft nicht anders sein, egal, wie lange man uns Bürger einsperrt, testet und die Grundrechte entzieht.

Es wird nun endlich Zeit aufzuwachen, denn so langsam macht es wirklich keinen Spaß mehr!

Lassen Sie uns jetzt das Thema dieses Kapitels durch eine kurze Reise in die Vergangenheit in eine andere Richtung lenken:

5.1. Das Geschäftsmodell der Pandemien

„Als die Beulenpest 1530 in Genf wütete, war alles vorbereitet. Man eröffnete sogar ein ganzes Krankenhaus für die Pestopfer. Mit Ärzten, Sanitätern und Krankenschwestern. Die Kaufleute steuerten bei, der Magistrat gab jeden Monat Zuschüsse. Die Patienten gaben immer Geld, und wenn einer von ihnen allein starb, gingen alle Güter an das Krankenhaus. Doch dann geschah eine Katastrophe: Die Pest war am Aussterben, während die Zuschüsse von der Zahl der Patienten abhingen. Für das Genfer Spitalspersonal gab es 1530 keine Frage von Recht und Unrecht. Wenn die Pest Geld einbringt, dann ist die Pest gut. Und dann haben sich die Ärzte organisiert. Zuerst vergifteten sie die Patienten nur, um die Sterblichkeitsstatistik zu erhöhen, aber sie merkten schnell, dass es in der Statistik nicht nur um die Sterblichkeit, sondern auch um die Sterblichkeit durch die Pest gehen musste. So begannen sie, den Toten die Furunkel aus dem Körper zu schneiden, sie zu trocknen, sie in einem Mörser zu zermahlen und sie anderen Patienten als Medizin zu geben. Dann begannen sie, Kleider, Taschentücher und Strumpfbänder zu bestäuben. Doch irgendwie ging die Pest weiter zurück. Offenbar wirkten die getrockneten Bubos nicht gut. Die Ärzte gingen in die Stadt und streuten nachts Beulenpuder auf die Türklinken, um die Häuser auszuwählen, in denen sie davon profitieren konnten. Ein Augenzeuge schrieb über diese Ereignisse: „Das blieb eine Zeit lang verborgen, aber der Teufel ist mehr damit beschäftigt, die Zahl der Sünden zu erhöhen, als sie zu verbergen." Kurzum, einer der Ärzte wurde so unverschämt und faul, dass er beschloss, nicht mehr nachts durch die Stadt zu ziehen, sondern tagsüber einfach ein Staubbündel in die Menge zu werfen. Der Gestank stieg zum Himmel, und eines der Mädchen, das zufällig gerade aus dem Krankenhaus kam, entdeckte, was dieser Geruch war. Der Arzt wurde gefesselt und in die guten Hände von kompetenten „Handwerkern" gegeben. Sie versuchten, ihm so viele Informationen wie möglich zu entlocken. Die Hinrichtung dauerte jedoch mehrere Tage. Die erfinderischen Hippokraten wurden an Stangen auf Wagen gebunden und durch die Stadt gefahren. An jeder Kreuzung ris-

sen die Henker mit einer glühenden Zange Fleischstücke ab. Sie wurden dann auf den öffentlichen Platz gebracht, enthauptet und gevierteilt, und die Stücke wurden in alle Stadtteile von Genf gebracht. Die einzige Ausnahme war der Sohn des Spitaldirektors, der nicht an der Verhandlung teilnahm, aber verkündete, er wisse, wie man Tränke herstellt und wie man das Pulver zubereitet, ohne Angst vor Verunreinigung zu haben. Er wurde einfach geköpft, „um die Verbreitung des Bösen zu verhindern"."[152]

Wie Sie oben lesen konnten, gab es das „Geschäftsmodell Covid-19-Pandemie" vor fast 500 Jahren auch schon. Es wurde nur über die Jahrhunderte immer mehr perfektioniert.

Selbst die angeblich offiziellen Geschichts-Berichterstattungen zur Spanischen Grippe Anfang des letzten Jahrhunderts sind bei genauerem Hinsehen mehr als widersprüchlich, um nicht zu sagen, erstunken und erlogen.

Hierzu kann ich Ihnen ein Video empfehlen mit dem Titel: „Spanische Grippe – Millionen Totgeimpfte".

Video 28:

Titel	Spanische Grippe – Millionen Totgeimpfte!
Link	https://mediathek.viciente.at/32090/

Es ist erstaunlich, wie sehr sich die Geschäftsmodelle ähneln. Schon bei der Spanischen Grippe wurde berichtet, dass sich das angebliche Virus erst nach den Impfungen verbreitete und Millionen von Menschen tötete. Kommt Ihnen das vielleicht bekannt vor?

Wie ist es möglich, dass der Großteil der Menschen in Deutschland (über 80%) geimpft ist und die Infektionszahlen dennoch explodieren? Selbst die Todeszahlen der letzten Monate sind über die Monats-Durchschnitts-Todeszahlen der vergangenen Jahre gestiegen. Bahnt sich hier doch ein Drama an, das sich die Geimpften in keinster Weise vorstellen können?

Ich hoffe wirklich, dass sich solche Typen, wie ich es bin, täuschen. Aber leider wird das Erwachen für einen Großteil der geimpften Bevölkerung verheerend sein, aber dazu in einem späteren Kapitel mehr.

Nicht nur das Geschäft mit der Impfung, sondern auch das Geschäftsmodell und die Unterdrückung der Bevölkerung mit den Masken war während der Spanischen Grippe gleich.

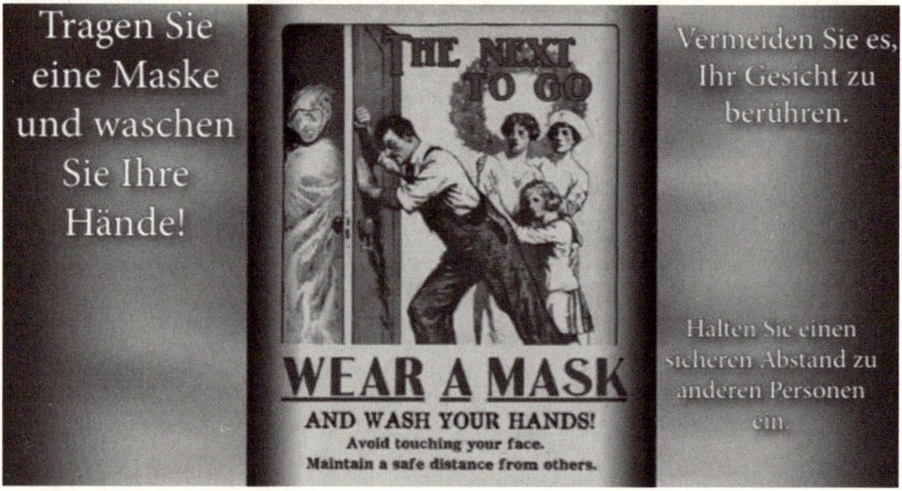

Abb. 98: Tragen Sie eine Maske und halten Sie die Klappe. Die Unterdrückung durch eine Maske wird seit Jahrhunderten praktiziert.

Es gibt so gut wie keinen Unterschied, es sind zwischenzeitlich nur 100 Jahre vergangen. Damals war die Lösung eine unerprobte Impfung, genauso wie heute. So ganz einfach nach dem Motto: *„Der Bürger hat zwar lesen und schreiben gelernt, ist aber so doof wie damals!“*

Selbst bei der Beulenpest hatte man ein Geschäftsmodell mit den Masken entwickelt. Die sogenannten Pestärzte trugen eine Schnabelmaske. Der Schnabel wurde mit unterschiedlichen Kräutern oder Schwämmen, die in Essig getränkt waren, gefüllt, um sich gegen den Pesthauch zu schützen und die Hände frei zu haben.

Abb. 99: Das hatten wir schon einmal. In Zeiten der spanischen Grippe (vor über 100 Jahren), waren die Maßnahmen so gut wie dieselben wie in der Covid-19 Pandemie. So nach dem Motto: *„Never change a winning team!"*

Abb.100 rechts: Hat schon damals die Menschheit vor dem Aussterben gerettet. Die Schnabelmaske in Zeiten der Pest.

Na klar, ein paar Kräuter im vorderen Schnabel hielten eines der tödlichsten Viren überhaupt auf. Man muss nur daran glauben. Das ist bei der heutigen Fake-Covid-19-Pandemie auch nicht anders. Die verängstigten Bürger glauben, dass verseuchte Masken sie gegen ein angebliches Virus schützen können. Das ist in etwa so, als wenn man Moskitos mit einem Fischernetz fangen möchte.

Doch das ist offenbar vielen Menschen komplett egal. Sie bekommen kaum Luft unter diesen „Arbeitsmasken" und tragen sie stunden- bzw. tagelang. Wie kann man nur so verrückt und dumm sein?

> *„FFP2-Masken sind ursprünglich Arbeitsschutzmasken, die im Handwerk eingesetzt werden. Sie werden deshalb standardmäßig nicht darauf getestet, dass sie vor Viren wie dem SARS-CoV-2-Virus schützen. Daher übernehmen wir keine Haftung für diese Art der Nutzung."*(153)

„Man kann die Schutzwirkung der Masken durch die Medien schön reden, doch der ungenügende Schutz gegen Viren und die Nebenwirkungen, die ein solches Maskentragen mit sich bringt, ist zweifelsfrei erwiesen.“(154)

Wer hier noch nach einer Quelle fragt, den kann man wirklich nicht mehr retten. Dann soll er eben sein ganzes Leben lang eine Maske tragen. Am besten auch, wenn er allein im Bett liegt, denn das Kopfkissen könnte ihn ja vielleicht auch anstecken. Oder wenn man auf der Kloschüssel sitzt, denn der Kamineffekt könnte einen mit Covid-19-Viren infizieren. Das Ausmaß der Dummheit kennt wirklich keine Grenzen.

„Ekel-Studie: Karl Lauterbachs warnt vor dem Toilettengang zu Corona-Zeiten.“(155)

Selbst wenn sie allein Auto fahren, tragen diese Masken-Fetischisten eine Maske. Doch der „Oberhammer“ ist ein Bericht, den die Gates-Sklaven vom Magazin „Der Spiegel“ veröffentlichten:

„Wer mit einer Corona-Schutzmaske sein Gesicht halb verdeckt, sieht für seine Mitmenschen attraktiver aus als ohne. Das gelte für Frauen und Männer gleichermaßen, fand ein Team der Universität Cardiff heraus. Man sei selbst überrascht von den Ergebnissen der Studie, heißt es.“(156)

Was für ein Schwachsinn! Die allerbeste Lösung wäre hier an dieser Stelle ein Niqab, die Vollverschleierung. Der macht die Menschen auch attraktiver und schützt vor Viren!

Also die Dummheit hat wirklich ein Ausmaß erreicht, das zu toppen sicherlich sehr schwer werden wird. Selbst der regierungstreue Professor Drosten hat sich zum Thema Maskentragen geäußert:

„...damit (die Maske) hält man das nicht auf. Wir können nochmal separat darüber reden – aber die technischen Daten dazu sind nicht gut für das Aufhalten mit der Maske.“(157)

Christian Drosten

Die Pandemie-Treiber wissen es alle, dass das Maskentragen nur zur Erniedrigung, zur Anpassung und zum Gehorsam der Bevölkerung verwendet wird. Stefan Aust bringt es mit seiner Aussage auf den Punkt. (Abb. 101)

Stefan Austs Aussage kann man sicherlich zweideutig verstehen, nichtsdestotrotz bringt es die Tatsache, dass die Masken das Symbol des Gehorsams sind, auf den Punkt.

Sein Gesicht nicht zeigen zu müssen, ist psychologisch gesehen ein wichtiger Punkt, denn sein wahres Gesicht nicht zeigen zu müssen, hilft, den Alltag mit dieser Fake-Pandemie zu ertragen. Sie verbergen ihr wahres Ich und ihre Feigheit lieber hinter einer Maske.

Abb. 101: Was ist das nur für ein Schwurbler?

Abb. 102: Sklavensymbolik damals und heute.

Die Psychologie von Masken

"Während des operativen Trainings der Soldaten haben wir gelernt, dass wenn ein feindlicher Kämpfer anders aussieht, als der Soldat, dann ist es um 40% einfacher für den Soldaten, Emotionen wie Empathie, Mitgefühl, Angst, etc. nicht zu empfinden. Trägt der Kämpfer eine Gesichtsbedeckung, so ist es im Durchschnitt 60% schwerer, eine Verbindung zu dieser Person aufzubauen. Das hat nichts mit "Töten" zu tun, so funktioniert einfach das menschliche Gehirn. Nach einer längeren Zeitspanne, etwa 1-5 Jahre, werden Masken unsere Sichtweise zueinander verändern, im biologischen Sinne.

Die Generation meines Sohnes wird, wenn wir weiterhin Gesichtsbedeckungen tragen, 50% anfälliger für Gewalt sein und 50% weniger empathisch sein."

LTC David Grossman in seinem Buch "On Killing"

Die Masken werden bleiben. Was bedeutet das für unsere Kinder, die damit aufwachsen?

Abb. 103: Werden wir uns jemals wieder ohne eine Maske bewegen dürfen?

„Ohne Mimik, ohne Lächeln, ist der Mensch kein Mensch, und seit nun mehr als drei Jahren wurde uns dieses Menschsein von skrupellosen Politikern und Wissenschaftlern, von korrupten Journalisten und geifernden Vollzugsbeamten verboten. Der Schaden für den Einzelnen, aber auch für die gesamte Gesellschaft, ist entsetzlich und irreparabel. Wir reden hier von den Atemschutzmasken, egal ob in Form eines selbstgestrickten Tuches, als OP- oder FFP-2-Lappen, die überhaupt nichts bringen – ansonsten müssten wir uns ja nicht ständig impfen lassen oder zu Hause eingesperrt werden. Wir reden hier von Gesichtslappen, die das freie Atmen – eine Grundvoraussetzung für das Leben überhaupt – behindern, die sogar gesundheitsschädlich sind, weil man den Dreck, den man normalerweise in die Luft pustet, wieder „herunterschluckt". Wir reden hier von Gesichtsgardinen, die sprachlos machen (sollen), denn mehr als ein unverständliches Nuscheln ist mit so einer „Sprachbarriere" im Gesicht nicht möglich. Aber das sind Kollateralschäden, mit denen wir uns hier gar nicht auseinandersetzen wollen. Der psychologische Schaden, insbesondere für unsere Kinder, ist noch weitaus größer. Kinder, die nicht wirklich miteinander kommunizieren können, werden unwiederbringlich zu „Einzeltätern", isoliert, weil sie kein Sozialverhalten mehr lernen können. Mit der Maskenpflicht wird gewollt eine ganze Generation von Mumien, Monstern und Mutationen gezüchtet, in die Anonymität gezwungen, austauschbar gemacht, weil der Einzelne bis zur Unkenntlichkeit „verstümmelt" wird. Die Maske ist ein Kampfmittel gegen den Individualismus, gegen das Individuum an sich. Dahinter steckt – mal wieder – ein Plan. Denn mit Maske bleibt man allein, kann man keine Gruppe bilden oder keiner angehören, weil jede Gruppe natürlich die Kommunikation, die Verständigung der Mitglieder untereinander benötigt. Ohne Mimik und ohne klare Aussprache verschwindet man im Nichts einer undefinierbaren Masse, wird zum leicht lenkbaren Roboter – und darum geht es den Profiteuren der Pandemie, denn nichts ist ihnen mehr zuwider als ein Volk, das zusammenhält und sich gegen ihre diktatorischen Ambitionen gemeinsam zur Wehr setzt. Denn eine Welt ohne Lächeln ist eine tote Welt."[(158)]

„Der Chemiker und Leiter des gemeinnützigen Hamburger Umweltinstituts, Prof. Dr. Michael Braungart, erklärt, dass er im oben genannten Umweltinstitut FFP2-Masken nach Schadstoffen untersucht und dabei Hunderte von Chemikalien gefunden hat, die abgegeben werden. Davon hätte er fünfzig dieser Schadstoffe identifiziert. „Optische Aufheller beispielsweise, die hormonell wirken. Verschiedene Klebstoffe und organische Kohlenwasserstoffe, die ab einer gewissen Konzentration krebserregend sein können. Auch Rückstände von Flammschutzmitteln waren dabei, sowie Nanosilber, das dafür bekannt ist, dass es zu Mutationen führen kann. Außerdem atmen wir am Tag wohl um die 2.000 Fasern an Mikroplastik direkt ein, wenn wir über längere Zeit Maske tragen. Mikroplastik, das Sie einatmen, verbleibt im Körper, anders, als wenn Sie es verspeisen, da gibt es immerhin die Möglichkeit, dass es wieder ausgeschieden wird". "(159)

Bedenkliche Stoffe in Gesichtsmasken

Die vom Bundesrat vorgeschriebenen Hygienemasken - können Kopfweh und Schwindel auslösen sowie die Haut und die Atmungsorgane reizen. Alle vom K-Tipp getesteten Masken gaben heikle Schadstoffe ab.

Abb. 104: In unterschiedlichen Untersuchungen wurden bedenkliche Stoffe in Masken nachgewiesen. Trotzdem wird das sinnlose Maskentragen beibehalten.

„Die vom Bundesrat vorgeschriebenen Hygienemasken können Kopfweh und Schwindel auslösen sowie die Haut und die Atmungsorgane reizen. Alle vom K-Tipp getesteten Masken gaben heikle Schadstoffe ab. Die Laborexperten gehen davon aus, dass es sich bei den gefundenen Lösungsmitteln um Rückstände aus der Herstellung handelt. Alle Masken wurden in Asien produziert. Die eingebauten Filterschichten bestehen unter anderem aus erdölbasierten Stoffen. Laut der Datenbank der Europäischen Chemikalienagentur sind bei den gemessenen Schadstoffen chronische Erkrankungen nicht ausgeschlossen: Dimethylacetamid, Styrol und Toluol stehen im Verdacht, die Fruchtbarkeit der Frauen und ungeborene Kinder zu schädigen. Bei Naphthalin wird vermutet, dass der Stoff das Krebsrisiko erhöhen kann. Naphthalin wurde in einer einzigen Maske nachgewiesen, Dimethylacetamid und Toluol in fast allen Produkten. Immerhin: Keine der geprüften Masken enthielt hormonaktive Weichmacher, krebsverdächtiges Formaldehyd, heikle Flammschutzmittel oder Farbrückstände.“[(160)]

5.2. Bidermans Diagramm in Corona-Zeiten

Betrachten wir uns nun „Bidermans Diagramm des Zwanges", welches meines Erachtens den Stand der heutigen Pandemie sehr gut darstellt.

„Bidermans Diagramm des Zwanges, auch Biderman's Principles genannt, ist eine Tabelle, die der Soziologe Albert Biderman 1957 entwickelte, um die chinesischen und koreanischen Foltermethoden an amerikanischen Kriegsgefangenen aus dem Koreakrieg zu veranschaulichen. Die Tabelle listet in chronologischer Reihenfolge acht allgemeine Foltermethoden auf, die eine Person psychisch brechen können.“[(161)]

Das ist für uns deshalb interessant, weil wir uns laut dem französischen Präsidenten im Krieg befinden, vor allem im Krieg gegen die Ungeimpften und gegen ein Virus.[(162)]

Sehr viele Politiker teilen diese Aussage (ich inklusive, bin aber kein Politiker!), und meines Erachtens ist die Biderman-These an dieser Stelle sicherlich auch angebracht.

„Albert D. Biderman, Sozialwissenschaftler bei der US Air Force, wurde beauftragt zu untersuchen, warum viele amerikanische Kriegsgefangene, die während des Koreakriegs von kommunistischen Kräften gefangen genommen wurden, kooperierten. Nach ausführlichen Interviews mit zurückgekehrten Kriegsgefangenen kam Biderman zu dem Schluss, dass hinter der Zwangskontrolle der kommunistischen Vernehmungsbeamten drei Hauptelemente standen: „Abhängigkeit, Schwäche und Angst.“[(163)]

Betrachten wir uns hier die Anweisungen des Soziologen Albert Bidermans und wie man die menschliche Psyche mit Zwangsmethoden bricht, im Vergleich zur Covid-19-Pandemie:

Allgemeine Methode → Auswirkungen → Varianten

1. Isolierung

- *„Beraubt das Opfer jeglicher sozialen Unterstützung seiner Fähigkeit zum Widerstand."*

➢ Lockdowns, Quarantäne, Isolierung, Ausgangssperren, Entzug der Grundrechte. Familie, Eltern, Großeltern und Freunde dürfen nicht besucht werden.

2. Monopolisierung der Wahrnehmung

- *„Lenkt die Aufmerksamkeit auf die unmittelbare Notlage. Verhindert alle Handlungen, die nicht mit der Einhaltung der Vorschriften vereinbar sind."*

➢ Wir werden alle sterben! Corona, Corona, testen, testen, impfen, impfen. Es gibt kein anderes Thema mehr seit über zwei Jahren! Alle anderen Probleme und Krankheiten sind nicht mehr wichtig.

3. Induzierte Entkräftung und Erschöpfung über lange Zeit

- *„Schwächt die geistige und körperliche Widerstandsfähigkeit."*

➢ „Induzierte Krankheit, längerer Zwang". Du darfst dies und das nicht, es dauert lange und immer länger und du bist schuld. Die Ungeimpften sind schuld. Die Maßnahmen werden nun schon über den dritten Winter aufrechterhalten.

4. Bedrohungen

- *„Erzeugt Angst und Verzweiflung."*

➢ Bedrohungen durch die Krankheit, den Tod, die Zwangsmaßnahmen (wenn..., dann kein Geld mehr, kein Job mehr, keine Freunde mehr), den Staatsapparat.

5. Gelegentliche Ablenkung

- *„Bietet eine positive Motivation zur Einhaltung der Vorschriften."*

➢ Lockerungen der Maßnahmen. Ihr dürft jetzt mal ein wenig raus und auch mal im Biergarten ein Bier trinken. Ihr dürft unter bestimmten Umständen wieder ein wenig reisen und Urlaub machen. Ihr kleinen Würmer dürft euch ein wenig entspannen.

6. Demonstration von „Allwissenheit/Allmacht“

- *„Suggeriert die Vergeblichkeit von Widerstand.“*

➢ „Konfrontation. Vortäuschen einer selbstverständlichen Kooperation.“ Wir sind Experten und wissen alles, Du weißt nichts, wir machen, was wir wollen und Du musst mitmachen. Dein Widerstand ist vergeblich, und die Impfverweigerer sind Staatsfeinde.

7. Degradierung / Erniedrigung

- *„Die Kosten des Widerstands schaden dem Selbstwertgefühl mehr als die Kapitulation. Reduziert den Gefangenen (den Bürger) auf tierische Verhältnisse.“*

➢ Erniedrigende Bestrafungen. Beleidigungen und Verspottung. Verweigerung der Privatsphäre. Du weißt nichts, bist nichts, und wenn Du was weißt, bist Du ein Verschwörer. Deine Privatsphäre und Deine Grundrechte gelten jetzt in dieser Notlage nicht mehr. Du wirst behandelt wie eine Sache!

8. Durchsetzung trivialer Forderungen

- *„Entwickelt Gewohnheiten der Befolgung.“*

➢ Maske auf, obwohl sie nichts bringt. Maske auf, auch wenn Du allein joggen gehst oder allein im Auto sitzt. Anweisungen der Regierung werden widerstandslos umgesetzt, egal, wie hirnrissig sie auch sein mögen.

„In einem Bericht über Folter aus dem Jahr 1973 stellte Amnesty International fest, dass Bidermans Diagramm des Zwanges die „universellen Werkzeuge von Folter und Zwang“ enthält. Bidermans Diagramm wurde auch auf häusliche Gewalt angewandt, wobei viele feststellten, dass die psychologischen Methoden, die von missbrauchenden Partnern angewandt werden, fast identisch mit denen des Diagramms sind.“(164)

Die Maßnahmen in der Corona-Fake-Pandemie kann man mit den universellen Werkzeugen von Folter und Zwang durchaus gleichstellen. Oder glauben Sie, dass die Maßnahmen und das Vorgehen der Regierungen in dieser angeblichen Pandemie weltweit nur Zufall sind? Es gibt keine Zufälle! Auch wenn es wirklich schwer ist, sich vorzustellen, dass sich Politiker so ein perverses und grausames Vorgehen gegen die Bevölkerung ausdenken könnten.

Es ist das Gleiche wie mit den Kriegsgefangenen, nur in einem größeren Maßstab. Dieses Psycho-Spiel wird nicht von den Politikern gesteuert, sondern es wird von oben durch die WHO an die korrupten und in finanzieller Abhängigkeit stehenden Ämter und Regierungen übermittelt, wie und in welchem Maße sie sich zu verhalten haben. Letztendlich setzen die dummen Politiker die Maßnahmen in ihrem Wahn nur gehorsam um.

„Die WHO gibt den Staaten der Welt die Richtlinien vor, nach denen diese gegen Covid-19 vorgehen sollen. Und diese Richtlinien werden unter anderem von Dr. Nkengasong geschrieben, der seit Jahren auf der Gehaltsliste der NGOs und Think Tanks steht. Nebenbei ist dieser Dr. Nkengasong auch noch Vorstandsmitglied des wissenschaftlichen Beraterstabs des RKI.“[(165)] [(166)]

Das Vorgehen dieser Verschwörer ist in allen Teilen und Punkten durchdacht und geplant. Was hat sonst ein Arzt aus Uganda im Vorstand des RKI zu suchen, der die Anweisungen der WHO mit diktiert? Hat Deutschland nicht genügend Wissenschaftler, die diese Funktion übernehmen könnten?

So sehr das Ende der Corona-Beschränkungen in vielen Ländern auch zu begrüßen ist, man sollte sich nicht von der Tatsache täuschen lassen, dass im Hintergrund weiter an einem globalen Umbau nach den Vorgaben des „Great Reset“ gebaut wird. Und das auf Hochtouren. Denn das nun offensichtliche Scheitern der Covid-Maßnahmen, samt dem Zurückrudern und Kleinbeigeben von Politik und Medien, war offenbar Teil des Plans. Die WHO nutzt nun diese allgemeine Ablenkung, um die Mitgliedstaaten zur Unterzeichnung eines neuen Abkommens über die weltweite Pandemievorsorge[167] zu bewegen, das im Grunde genommen der WHO die Macht in allen medizinischen und klimatischen Notfällen überträgt! Der neue, im Dezember 2021 präsentierte Vertrag[168], der einen ursprünglichen Vertrag von 2005 erweitert, bedeutet, wenn er von den Mitgliedstaaten angenommen wird, dass die Verfassung der WHO (gemäß Artikel 9) bei Naturkatastrophen oder **Pandemien Vorrang vor der Verfassung der einzelnen Länder hat.** Dafür will man in Europa vor allem die EU zur Implementierung in den Mitgliedsstaaten gewinnen. Die WHO wird künftig diktieren, nicht empfehlen.[169]

Mit anderen Worten bedeutet dieses Abkommen für die Bürger der westlichen Welt, dass sie unter den Bedingungen und Anweisungen der WHO zu Sklaven gemacht werden.

Das Vorgehen war und ist in sehr vielen Länder gleich: Zuerst kam die Verbreitung der Angst und Panik, dann das Massentesten, dann die Lockdowns, dann die Lockerungen, dann wieder das Testen und die Lockdowns, dann die Impfung, dann die zweite Impfung, dann die Lockdowns, dann das übermäßige Testen, dann die Booster-Impfung... und so weiter.

Glauben Sie immer noch, dass dies alles Zufall ist? Wie es unsere Politiker selbst zu sagen pflegen: Wir befinden uns im Krieg, aber in einem Krieg der Eliten und Regierungen gegen die Bevölkerungen, und dieser Krieg wird erst enden, wenn diese Psychopathen entmachtet werden.

5.3. Impfungen und das Ausmaß des Genozids

Ich habe Ihnen, liebe Leserinnen und Leser, in „Corona – Der große Intelligenztest“ die Studie, die Pfizer/BioNtech der EMA, der FDA, den Regierungen weltweit und den Bürgern als unbedenklich vorgestellt hatte, schon erläutert. Das Fazit dieser Studie belegte eine Wirksamkeit von 95% des sogenannten Impfstoffes und die Darstellung einer sehr guten Verträglichkeit bei den Probanden bezüglich dieses mRNA-Impfstoffes. Es wurden nur sehr milde Nebenwirkungen und ein 95%iger Schutz gegen eine angebliche Ansteckung der menschlichen Versuchskaninchen bestätigt. Die Massenmedien überschlugen sich mit der Hofberichterstattung und gingen sogar so weit, der Öffentlichkeit diese Giftbrühe als Immun-Booster zu verkaufen. Ärzte, Professoren, Experten und alle möglichen Rattenfänger empfahlen und spritzten den sogenannten Impfstoff.

Bezüglich der Wirksamkeit wurden wir seit der Einführung dieser Giftbrühe eines Besseren belehrt. Die angebliche Wirksamkeit wurde von Monat zu Monat nach unten korrigiert, und das Märchen der Impfung kann nur noch mit wiederholten Booster-Impfungen, Virus-Varianten und Druck der Bundesregierung bis hin zur Impfpflicht aufrechterhalten werden. Trotz dieser kompletten Täuschung lässt sich über die Hälfte der deutschen Bevölkerung zum dritten Mal impfen und ein Großteil der Bürger sehnt sich in seiner „Impfgeilheit“ sogar schon nach dem vierten Piks. Ja, an dieser Stelle kann man guten Gewissens das Wort „Täuschung“ verwenden, denn im Grunde handelt es sich um nichts anderes. Das wäre so, als wenn Sie ein Auto kaufen würden, das Ihnen als sicher und sehr schnell angepriesen und verkauft wurde, und sich nach dem Kauf herausstellen würde, dass das Auto nicht fahrbereit ist und keine 20 km/h erreicht. Der Bürger wurde getäuscht, und trotzdem wollen sich dies sehr viele Menschen trotz der Fakten selbst nicht eingestehen.

Doch wie sieht es mit den Nebenwirkungen aus, die diese „sichere Impfung“ offiziell so gut wie nicht hat? Gibt es überhaupt Nebenwirkungen oder ist es nur Panikmache der Impfverweigerer?

Es ist sicherlich auch eine Frage des Vertrauens. Wem vertraue ich mehr? Einem „Experten“, der fürstlich für seine Aussagen von der Pharma-Lobby, den Herstellern, den NGOs, der Gates-Foundation und den Regierungen belohnt wird und das sagt, was diese Institutionen hören möchten? Oder Experten, die bereit sind, alles zu verlieren, weil sie sagen, was sie als Experten gelernt haben? Die besonders Schlauen (Dummen!) vertrauen diesen Institutionen und der Regierung mit ihren Experten und lassen sich alle drei Monate mit einer Giftbrühe „impfen“ und krank machen. Die besonders Dummen (Klugen) hören auf die Experten, deren Gewissen sie nicht lügen lassen und die sich für die Bevölkerung einsetzen. Gehört man selbst nun zu den besonders Schlauen (Dummen) oder zu den besonders Dummen (Klugen)?

„Dank der Bemühungen einer Gruppe namens Public Health and Medical Professionals for Transparency verfügen wir jetzt über vertrauliche Dokumente, aus denen hervorgeht, dass Pfizer und die FDA Anfang 2021 wussten, dass die mRNA-Impfstoffe von Pfizer Tausende von Menschen töten.“[(170)]

Die amerikanische FDA wollte die oben genannten Dokumente bis zu 55 Jahre unter Verschluss halten und der Öffentlichkeit nicht zugänglich machen. Was für ein Wahnsinn! Sie kennen die Nebenwirkungen und wollten diese Studien über 55 Jahre unter Verschluss halten. Jedoch hatten die FDA und Pfizer ihre Rechnung ohne den Richter gemacht.

„In seiner vierseitigen Anordnung wies Richter Pittman die FDA an, am oder vor dem 31. Januar mehr als 12.000 Seiten an Dokumenten zu erstellen und danach „alle 30 Tage die restlichen Dokumente mit einer Rate von 55.000 Seiten zu erstellen, wobei die erste Produktion am oder vor dem 1. März 2022 fällig wird, bis die Produktion abgeschlossen ist.“
Gemäß diesem Zeitplan werden die fast 400.000 Seiten an Dokumenten ohne Schwärzungen innerhalb von acht Monaten veröffentlicht worden sein, anstatt bis zum Jahr 2097.“[(171)]

Wie es nun weitergehen wird, ob die FDA und Pfizer Berufung einlegen werden, ob der Richter aus unerklärlichen Ursachen verstirbt oder irgendetwas Dramatisches aus dem FDA- und Pfizer-Hut gezaubert werden wird, bleibt an dieser Stelle abzuwarten. Ehrlich gesagt kann ich mir nicht vorstellen, dass die Öffentlichkeit diese gesamten Dokumente jemals zu Gesicht bekommen wird, aber lassen wir uns überraschen.

Ein vertrauliches Dokument wurde jedoch bereits veröffentlicht und ist hier einsehbar:[265]

„Das Dokument zeigt, dass dem Unternehmen innerhalb von nur 90 Tagen nach der EUA-Freigabe des mRNA-Impfstoffs von Pfizer bereits freiwillige Berichte über Nebenwirkungen bekannt waren, die 1.223 Todesfälle und über 42.000 Berichte über Nebenwirkungen mit insgesamt 158.893 Nebenwirkungen aufdeckten. Die Berichte stammten aus zahlreichen Ländern, darunter die Vereinigten Staaten, das Vereinigte Königreich, Italien, Deutschland, Frankreich, Portugal, Spanien und andere Nationen. Abgesehen von „allgemeinen Erkrankungen" waren Erkrankungen des Nervensystems mit 25.957 Meldungen die am häufigsten gemeldete Kategorie der Nebenwirkungen von mRNA-Impfstoffen. Pfizer hat die Gesamtzahl der weltweit freigesetzten Dosen unter Berufung auf Geschäftsgeheimnisse des Unternehmens zurückgehalten. Dies ist in dem Dokument durch „(b) (4)" gekennzeichnet, wobei bestimmte Zahlen und Fakten geschwärzt sind. Selbst diese Zahlen – angesichts der Tatsache, dass die FDA darauf besteht, dass mRNA-Impfstoffe „sicher und wirksam" sind – bereits ziemlich schockierend – kratzen kaum an der Oberfläche der Schäden und Todesfälle, die durch diese Impfstoffe verursacht werden. „Meldungen werden freiwillig eingereicht, und das Ausmaß der Untermeldung ist unbekannt", sagt Pfizer auf Seite 5. Ebenfalls zum Schock vieler Beobachter, die gerade jetzt in dieses „rauchende Gewehr"-Dokument eintauchen, teilte Pfizer der FDA unter „Sicherheitsbedenken" (Abschnitt 3.1.2) mit, dass seine mRNA-Injektion „Vaccine-Associated Enhanced Disease (VAED)" verursachen könnte. Einschließlich Vaccine-associated

Enhanced Respiratory Disease (VAERD).“ Dies bedeutet, dass die FDA wusste, dass der Impfstoff Patienten, die später mit Covid infiziert wurden, krank machen und töten könnte“. Mit anderen Worten, Pfizer sagte der FDA, dass seine Impfstoffe Menschen töten könnten und dass es keine Informationen über die Wirksamkeit des Impfstoffs habe, aber die FDA hat den Impfstoff trotzdem in betrügerischer Absicht als „sicher und wirksam“ gepriesen. Pfizer teilte der FDA sogar mit, dass es keine Sicherheitsinformationen über die Anwendung bei schwangeren Frauen habe, doch die FDA (und Fauci, die CDC usw.) haben den Impfstoff für schwangere Frauen trotz des völligen Mangels an Sicherheitsinformationen vorangetrieben. Dieses vertrauliche Dokument – nur das erste von Tausenden, die noch veröffentlicht werden – enthüllt zwei entscheidende Dinge:

1) Die FDA hat kriminellen Betrug und falsche Angaben begangen, als sie mRNA-Impfstoffe als „sicher und wirksam“ genehmigte. Dies bedeutet, dass die führenden Entscheidungsträger der FDA nun mit Verhaftung und strafrechtlicher Verfolgung rechnen müssen.

2) Die tödliche Wirkung des mRNA-Impfstoffs war Pfizer bekannt, selbst in den ersten drei Monaten des Notfalleinsatzes. Das bedeutet, dass Pfizer auch am fortgesetzten Tod unschuldiger Opfer mitschuldig ist, da Pfizer selbst seinen tödlichen Impfstoff hätte zurückziehen und alle Verkäufe und den Vertrieb einstellen sollen.“[172]

Liebe Leserinnen und Leser, verstehen Sie das Ausmaß all dessen? Darf man dieses Vorgehen als „Massenmord“ bezeichnen? Wie würden Sie es nennen?

Sie stecken fast alle mit drin und treiben diesen Genozid unter Zwang, Täuschung, Betrug und List Tag für Tag weiter. Die oben genannten Todesfälle und Nebenwirkungen sind nur die Anzahl, die direkt nach den Impfungen innerhalb dieser dreimonatigen Zeitspanne dokumentiert wurden. Die tatsächliche Zahl wird um ein Vielfaches höher sein, ganz zu schweigen von den Langzeitnebenwirkungen. Es ist ein Verbrechen gegen die Menschlichkeit, und diese besonders schlauen Menschen spielen immer noch Tag für Tag mit.

Table 1. General Overview: Selected Characteristics of All Cases Received During the Reporting Interval		
Characteristics		Relevant cases (N=42086)
Gender:	Female	29914
	Male	9182
	No Data	2990
Age range (years): 0.01 -107 years Mean = 50.9 years n = 34952	≤ 17	175[a]
	18-30	4953
	31-50	13886
	51-64	7884
	65-74	3098
	≥ 75	5214
	Unknown	6876
Case outcome:	Recovered/Recovering	19582
	Recovered with sequelae	520
	Not recovered at the time of report	11361
	Fatal	1223
	Unknown	9400

Abb. 105: Generelle Übersicht über die Impfnebenwirkungen während der Impfstoff-Testphase.

„Wie soll man die absurde Außergewöhnlichkeit, die sich derzeit als Nebenwirkung in den Datenbanken von WHO, EMA, CDC, MHRA usw. niederschlägt, in Worte fassen, ohne sich ständig zu wiederholen? Die Anzahl der Meldungen von Nebenwirkungen nach COVID-19-Impfung/Gentherapie, die allein in der Datenbank der WHO eingehen, von denen niemand weiß, in welchem Verhältnis sie zu den Meldungen in den anderen Datenbanken stehen, sie ist so extraordinär, dass nur das angestrengte Schweigen derjenigen, die angeblich für die Sicherheit von Medikamenten zuständig sind, die Außergewöhnlichkeit zu toppen vermag. 2.586.558 Meldungen über Nebenwirkungen nach COVID-19-Impfung/Gentherapie sind derzeit in der Datenbank der WHO, VigiAccess, die an der Universität von Uppsala geführt wird, erfasst (Stand Nov. 2021). Seit letzter Woche sind 57.994 neue Meldungen hinzugekommen, darunter 324 Meldungen, die den Tod eines Menschen zum Gegenstand haben, im Durchschnitt 46 pro Tag. Insgesamt finden sich derzeit 15.367 Todesmeldungen im Datensatz der WHO, eine Zahl, die nur einem Bruchteil dessen entspricht, was tatsächlich als Folge einer Impfung eintritt. Man muss sich nur die häufigs-

ten Meldungen ansehen und man kann sicher sein, dass viele ihre Kopfschmerzen, ihre Müdigkeit oder ihren Durchfall gar nicht melden oder mit der Impfung in Verbindung bringen. Hinzu kommt, dass uns regelmäßig Berichte von Lesern erreichen, die eine schwere Erkrankung im Bekanntenkreis nach einer Impfung zum Gegenstand haben, eine, für die sich entweder kein Arzt findet, der sie als Nebenwirkung der Impfung melden will oder für die der Betroffene selbst jeden Zusammenhang mit der COVID-19-Impfung abstreitet."[173]

Bis zum Erscheinen dieses Buches sind sicherlich weitere 5 bis 6 Monate seit der oben erwähnten Datenerfassung verstrichen, und eine Vielzahl an Nebenwirkungen und Toten werden leider hinzugekommen sein. Bei den oben genannten und in der WHO-Datenbank erfassten Meldungen gehen Experten davon aus, dass es sich nur um 10 bis 20% der tatsächlichen Nebenwirkungen und Toten handelt, die auf die Verimpfung dieser Giftbrühe zurückzuführen sind.

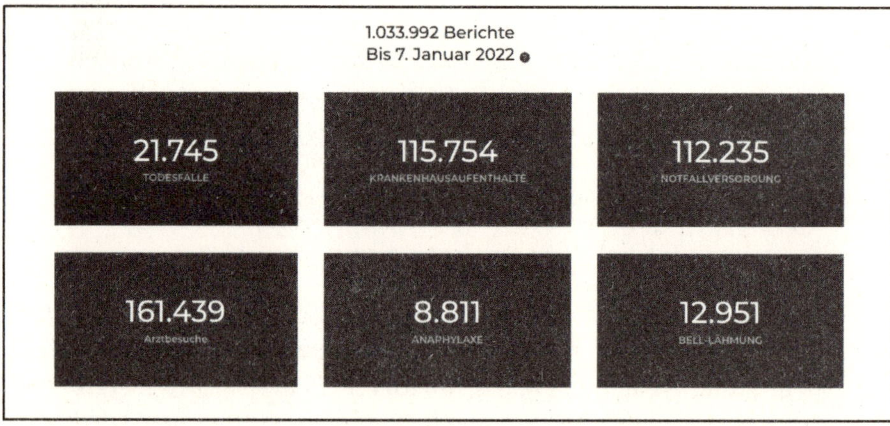

Abb. 106: Meldungen von Impf-Nebenwirkungen und Todesfällen im *Vaccine Adverse Event Reporting System* (VAERS). Die Dunkelziffer des tatsächlichen Schadens ist verheerend.

„Das 1990 gegründete Vaccine Adverse Event Reporting System (VAERS) ist ein nationales Frühwarnsystem zur Erkennung möglicher Sicherheitsprobleme bei in den USA zugelassenen Impfstoffen. VAERS wird gemeinsam von den Centers for Disease Control and Prevention

(CDC) und der US Food and Drug Administration (FDA) verwaltet. VAERS akzeptiert und analysiert Berichte über unerwünschte Ereignisse (mögliche Nebenwirkungen), nachdem eine Person eine Impfung erhalten hat. VAERS-Daten stammen hauptsächlich aus den Vereinigten Staaten. Ungefähr 10% der Meldungen stammen aus ausländischen Quellen.“

Wikipedia

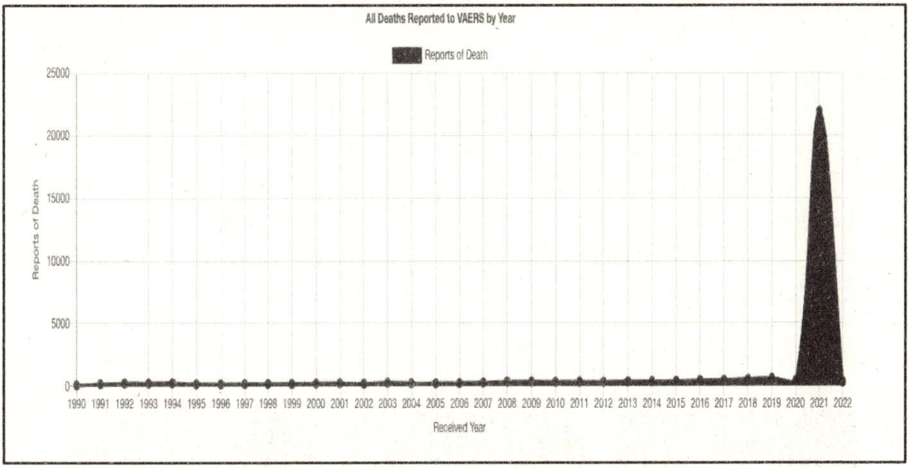

Abb. 107: Hier gibt es nichts zu sehen außer Impf-Nebenwirkungen! Im oberen Bild wird eine grafische Darstellung der Impf-Nebenwirkung zum Vergleich auf die vorherigen Jahre gezeigt. Nicht mit einberechnet in die Grafik sind die nicht gemeldeten Impf-Nebenwirkungen.

Von allen Seiten wird gegen diese Meldungen gekämpft und versucht, sie zu unterdrücken oder zu verschleiern. Obwohl schon diese der Öffentlichkeit zugänglichen gemeldeten Daten besorgniserregend sind, und das Ausmaß, das auf die Menschheit zukommen wird, nur teilweise darstellen, wird die Impfung von unseren Politikern, Wissenschaftlern und Ärzten immer noch stetig vorangetrieben. In was für einer verrückten Welt leben wir eigentlich? Und dann sind Menschen wie ich die „Verschwörer“, die die armen Menschen von einer Impfung abbringen möchten.

Die oben genannten Zahlen sind erst der Anfang, denn mit jeder weiteren Booster-Impfung wird sich die Zahl der Nebenwirkungen und Toten um ein Vielfaches erhöhen.

„Neue Daten: Pfizer-Impfstoff hat plötzlich doch mehr als 100 Nebenwirkungen. Jetzt deckten neuseeländische Medien auf, dass der mRNA-Impfstoff von BioNtech/Pfizer weit mehr Nebenwirkungen hat, als bestätigt wurde. Viele dieser Nebenwirkungen könnten schwerwiegend sein. So traten unter anderem Symptome wie Brustschmerzen, extreme Müdigkeit, Schlaganfälle oder Herzinfarkte auf. Zwei Drittel der Fälle wurden erst gar nicht gemeldet. Das wahre Ausmaß der Nebenwirkungen war der neuseeländischen Bevölkerung also daher nicht bekannt. Obwohl die mehr als 100 Impf-Nebenwirkungen, die nun ans Tageslicht gekommen sind, für Patienten gefährlich sein könnten: Sie können etwa Schlaganfälle, neurologische Erkrankungen, Autoimmunreaktionen, Lähmungen, Arthritis, Epilepsie, Atemwegserkrankungen oder Leberversagen auslösen, wurde diese Tatsache nicht der Bevölkerung übermittelt.“[174]

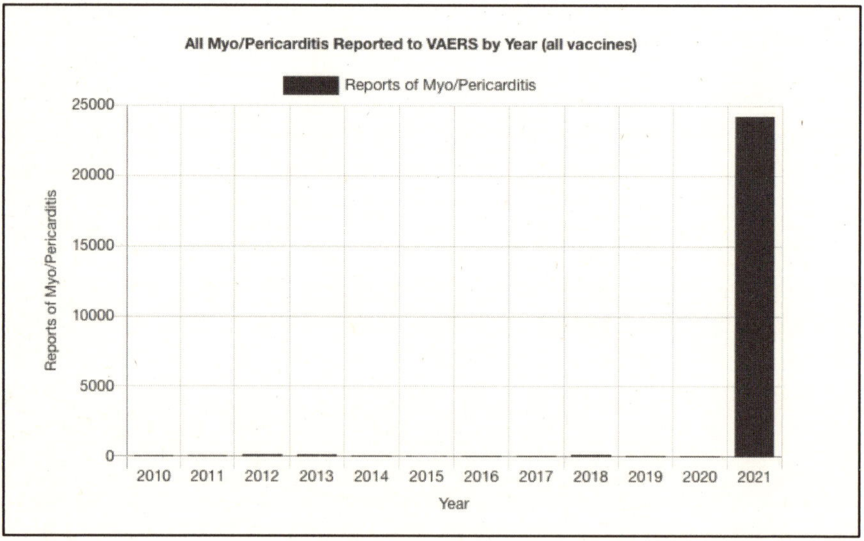

Abb. 108: Impf-Nebenwirkungen und Herzprobleme. Grafische Darstellung der Herzleiden nach der Impfung. Laut VAERS sind die Zahlen regelrecht explodiert.

Wohin man auch schaut, die Regierungen betrügen, belügen und unterdrücken die Bevölkerungen, um diesen Corona-Wahnsinn voranzutreiben. Es wird eine erhebliche Anzahl an Myokarditiden und Perikarditiden beobachtet und gemeldet. Es handelt sich schon um eine explosionsartige Situation:

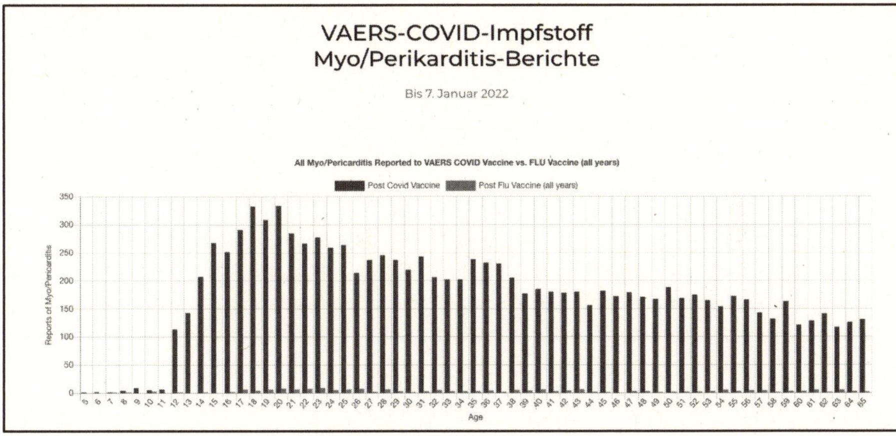

Abb. 109: Herzprobleme explodieren förmlich. Der untere, fast nicht erkennbare Balken zeigt die Impfnebenwirkungen vor der Covid-19-Impfung. Die explosionsartige Vermehrung der Herzleiden können Sie durch die oberen Balken sehr gut erkennen.

Dreimal dürfen Sie raten, wer auch bei solchen Herzproblem wieder einmal der Gewinner ist. Na, haben Sie es erraten?

„Die Herzmedikamente Vyndaqel und Vyndamax erwirtschafteten im vergangenen Jahr einen weltweiten Umsatz von 1,3 Milliarden US-Dollar für Pfizer und brachten im ersten Quartal dieses Jahres bereits 453 Millionen US-Dollar ein.“(175)

Gerinnungshemmer und Herzmedikamente explodieren in dieser Pfizer-Zeit, aber sicherlich sind die Impfungen nicht an den Nebenwirkungen schuld (Vorsicht Sarkasmus!).

Eines kann man an dieser Stelle mit Sicherheit schon ganz klar sagen: Die Impfstoff-Hersteller sind momentan in dieser Pandemie die ganz großen Gewinner. Wie das in Zukunft aussehen wird, wird sich noch zeigen. Können Sie sich noch an die Geschichte mit der Pest erinnern? Mal sehen, ob es den Pfizer-Verantwortlichen in der Zukunft anders ergehen wird.

Dieser Angriff gegen die Menschheit kann jedoch nur in Zusammenarbeit mit den Massenmedien oder durch deren Korruption vorangetrieben werden. Würden diese ihren Job machen, dann würde sich ein komplett anderes Bild dieser Pandemie ergeben. Aber ich hoffe, dass wir in Zukunft keinen dieser Halunken vergessen werden.

„Vergesst auch nicht die kleinen Schurken dieses Systems, merkt Euch die Namen, auf dass keiner entkomme! Es soll ihnen nicht gelingen, in letzter Minute noch nach all diesen Scheußlichkeiten die Fahne zu wechseln und so zu tun, als ob nichts gewesen wäre!" So heißt es im vierten Flugblatt der Weißen Rose vom Sommer 1942."[(176)]

Sophie Scholl, deutsche Widerstandskämpferin

„Prof. Dr. Sucharit Bhakdi, emeritierter Professor für medizinische Mikrobiologie und Immunologie und ehemaliger Lehrstuhlinhaber am Institut für Medizinische Mikrobiologie und Hygiene der Johannes-Gutenberg-Universität in Mainz, fordert ein weiteres Mal ein sofortiges Ende der Impfkampagne, denn er befürchtet ein Wiederaufflammen von tödlichen Infektionen wie Tuberkulose als direkte Folge der Schädigungen des Immunsystems durch gentechnische Injektionen."

„Die Impfschäden werden sichtbar. Aus den Abrechnungsdaten der Krankenhäuser von 2021 geht hervor, dass sich die Behandlung von Impfnebenwirkungen gegenüber den Vorjahren verzwanzigfacht hat. Die offiziellen Abrechnungsdaten belegen, dass bis September 2021 mehr als 18.600 schwere Corona-Impfschäden in den Krankenhäusern behandelt wurden. Und es werden übers ganze Jahr noch mehr sein – die Zahlen bis Dezember sind noch nicht verfügbar. Verglichen mit den Jahren 2019 und 2020 ist das eine Verzwanzigfachung der Impfschäden. Mehr als 2.000 Impfopfer landeten auf der Intensivstation."[(177)]

Video 29:

Titel Bhakdi: Der Beweis ist da – Impfung zerstört Immunsystem

Link www.kla.tv/21610

„Interessant sind auch die Hauptdiagnosen. An der Spitze rangieren hier schwere, häufig intensivmedizinisch behandlungsbedürftige Herzprobleme – angefangen mit Hunderten Fällen von Entzündungen des Herzmuskels und Herzbeutels über Infarkte bis hin zu Herzrhythmusstörungen und massiv erhöhten Blutdruckwerten. In Deutschland werden laut Statistischem Bundesamt Jahr für Jahr etwa 40 Millionen Impfdosen aller möglichen Vakzine verimpft. Von den hierzulande zugelassenen Corona-Vakzinen wurden letztes Jahr aufgerundet etwa 160 Millionen gespritzt, also viermal so viele wie gegen alle sonstigen Erkrankungen. Rein rechnerisch müssten die Fälle von klinisch behandelten Impfschäden durch die Corona-Impfungen etwa viermal so hoch liegen – im Vergleich zu 2020. Theoretisch wären also 5.600 Fälle zu erwarten gewesen. Die rund 1.400 Fälle bezüglich anderer Vakzine dazugerechnet, käme man auf etwa 6.000. Tatsächlich gab es aber insgesamt 24.000 Krankenhausbehandlungen mit der Diagnose Impfschaden, auch diese Zahl ist wiederum noch mehr als viermal höher, als zu erwarten gewesen wäre. Bei der Zahl der Intensivbehandlungen hätte man nach dieser Rechenmethode mit einem Anstieg auf insgesamt etwas über 1.000 rechnen können. Tatsächlich gab es aber rund 2.700 solcher Fälle.“[178]

Welche Art von Daten braucht das „Schlafschaf“ noch?

5.4. Die Pfizer-Mafia

Wenn Sie Band 1 gelesen und halbwegs verstanden haben, dann müsste Ihnen an dieser Stelle klar sein, dass all das nicht von Pfizer geplant wurde. Pfizer ist nur ein kleines Rädchen in diesem Getriebe, obwohl es eines der größten Pharmaunternehmen der Welt ist. Wie fast alle großen, börsennotierten Unternehmen gehört auch Pfizer zum Portfolio der ganz großen institutionellen Investment-Gesellschaften, unter anderem Blackrock, Vanguard oder Gesellschaften, die wiederum im Besitz von Blackrock oder Vanguard sind. Somit darf es Sie nicht verwundern, dass Pfizer die höchste jemals verhängte Strafe kassiert hat, die ein amerikanisches Gericht gegen ein Pharma-Unternehmen angeordnet hat.

> *„Der weltgrößte Pharmakonzern Pfizer muss in den Vereinigten Staaten 2,3 Mrd. Dollar Strafe wegen unsauberer Marketingpraktiken zahlen. Das ist die höchste Summe, die bisher ein Pharmakonzern bei solchen Verfahren aufbringen musste.“*[179]

Doch das ist beim Unternehmen Pfizer gang und gäbe und anscheinend bereits in seine Geschäftspraktiken und Pläne mit einkalkuliert. Auch wenn man sich um eine saubere, weiße Weste bemüht und ein Heer von Faktencheckern mitfinanziert, findet man trotz Zensur immer noch eine Menge an Klagen und Verurteilungen gegenüber Pfizer.

Das Ausmaß würde an dieser Stelle jedoch den Rahmen dieses Buches sprengen. Tatsache ist, dass Pfizer, wie meinen Lesern bereits bekannt ist, mit den Medien, vor allem mit Reuters, nachgewiesenermaßen sehr verstrickt ist. Reuters gehört zu den Top-Medien-Gesellschaften in der Erstellung und Vermarktung der täglichen Nachrichten und der Zensur der Social-Media-Kanäle und hat eine spezielle Faktencheck-Abteilung, die sich um die Bereinigung und Zensur von *Facebook*[180] und *Twitter*[181] kümmert und alles wegzensiert, was gegen Pfizer, die Impfstoffe sowie die Regierungen veröffentlicht wird. Unter dem scheinheiligen Vorwand der Bekämpfung der „Fake News“ und des „Kampfes gegen rechts und Hetze“ wird jegliche Meinung Andersdenkender zensiert, Beiträge und Accounts gelöscht. Reuters hat somit die Macht, zu entscheiden, was richtig und was falsch ist.

Und ich dachte, wir leben in einer Demokratie, in der man das Recht auf freie Meinungsäußerung hätte. Aber weit gefehlt...

Ein Unternehmen entscheidet somit weltweit, was gepostet und gelesen werden darf. Gut, aber was hat Reuters mit Pfizer zu tun und warum wird Pfizer so gut gedeckt? Sagt Ihnen der Name Jim Smith irgendetwas?

„Er ist nicht nur ehemaliger Vorstandsvorsitzender von Reuters, heute Vorsitzender der Thomson Reuters Foundation, sondern auch Vorstandsmitglied (Board Member) bei Pfizer seit 2014 und zusätzlich noch Mitglied beim World Economic Forum (WEF). Alle drei Unternehmen, Reuters, Pfizer und WEF, informieren ausführlich über Smiths Positionen in den verschiedenen Institutionen. Auf jeder Seite ist nachzulesen, dass er bei all diesen Organisationen Mitglied ist.“[(182)]

Beim WEF ist er im Gremium gegen Korruption und zusätzlich ist er Mitglied im Atlantic Council. Somit sitzt der richtige Mann am richtigen Platz, um gegen Korruption, Meinungsfreiheit und Gerechtigkeit zu kämpfen – immer nach dem gleichen Motto: *„Der Kontrolleur kontrolliert den eigenen Kontrolleur.“* Da kann nur Gutes dabei rauskommen. Seine Befangenheit ist nicht nur klar ersichtlich, sondern auch sehr gut dokumentiert:

„Allein im Jahre 2021 hat Reuters über 22.000 Artikel über Pfizer veröffentlicht.“[(183)]

Jim Smith ist das Bindeglied dieser Gesellschaften und somit für deren Image zuständig. Reuters kann doch gar kein Interesse daran haben, gegen ein eigenes Vorstandsmitglied vorzugehen, welches auch mit Pfizer und mit dem WEF unter einer Decke steckt. Welcher Angestellte würde dies wagen? Ganz richtig, keiner!

Somit ist es auch nicht verwunderlich, *„dass Dr. Susan Desmond-Hellmann ein Mitglied des Board of Directors von Pfizer Inc. ist und* *zuvor als Lead Independent Director beim Social Media-Riesen Facebook tätig war. Die Website (Facebook) hat routinemäßig Posts im Zusammenhang mit COVID-19-Impfstoffen zensiert.*"[184]

Doch meines Erachtens ist der „Oberhammer" der Pfizer-Deal mit dem Unternehmen BioNTech, der am 16. August 2018 unterschrieben wurde.[185] BioNTech hatte bis zu diesem Zeitpunkt noch nichts Nennenswertes vorzuweisen und die „Hellseher" von Pfizer schlossen einen 305-Millionen-Dollar-Deal mit BioNTech ab. Was für göttliche Zufälle es doch gibt!

„Im September 2019 kam dann noch der Geldsegen von Microsoft hinzu, und auch die „Wahrsager" bei der Europäischen Investmentbank EIB hatten einen „Geistesblitz" und sicherten BioNTech 50 Millionen Euro zu."[186]

Selbst unsere „Ex-Bundes-Mutti" hatte einen „Geistesblitz" und überschüttete das Unternehmen im Jahre 2020 nochmals mit 375 Millionen Euro an Steuergeldern, obwohl das sogenannte Start-Up nichts als Verluste vorzuweisen hatte.

2019	**-179.095.000 €**
2018	-48.252.000 €
2017	-60.144.000 €
2016	-4.778.000 €
2015	-6.800.000 €
2014	-28.230.000 €
2013	-26.224.000 €
2012	-17.536.000 €
2011	-17.820.000 €
2010	-9.686.000 €
2009	-5.884.000 €
kumuliert:	**-404.449.000 €**

Abb. 110: Die obere Darstellung zeigt die jährlichen Verluste in Millionen Euros von BioNtech in den Jahren 2009 bis 2019 – 400 Millionen Euro!

Es ist schon mehr als merkwürdig, dass ein Unternehmen, das die letzten 10 Jahre nichts als Verluste eingefahren hat, mit Steuergeldern und Deals überschüttet wurde. Mich würde an dieser Stelle wirklich mal interessieren, wer die Finanziers dieses Unternehmen waren, die in den letzten zehn Jahren fast eine halbe Milliarde Verlust verbucht haben. Leider kann ich Ihnen zum heutigen Zeitpunkt die Antwort noch nicht liefern, aber ich bleibe dran.

„Spannend ist, dass die meisten Verluste (179 Millionen Euro!) im Jahr 2019 eingefahren wurden, also vor Beginn der Pandemie, welche man der Welt ab Anfang 2020 verkaufte. Die Wirtschaftsprüfer von Ernst & Young erklärten noch 2019: „Da BioNTech gemessen an seinen Forschungs- und Entwicklungsausgaben keine nennenswerten Umsätze mit Produkten erzielt..." (Geschäftsbericht, Seite 73) (187)

Ernst & Young ist mit der deutschen Bundesregierung übrigens gut im Geschäft, Jens Spahn vergab freihändig (ohne Ausschreibung) einen Beratervertrag für „Schutzmaskenkauf" über 36 Mio. Euro an den Konzern. Zudem ist das Unternehmen massiv in den Wirecard-Skandal verwickelt. Äußerst spannend ist der Umstand, dass BioNTech trotz der horrenden Verluste bis 2019 keinerlei Verbindlichkeiten bei Kreditinstituten hatte. Somit gab es nie eine Kontrolle durch die Banken, wie es bei Firmen mit Schulden vorgesehen wäre.

2019 wird als großes Jahr der Wahrsager in die Geschichte eingehen, denn unternehmensintern wurden die Vorstände des Unternehmens mit großzügigen Erhöhungen ihrer Bezüge belohnt. Das muss man sich wirklich auf der Zunge zergehen lassen: Ein Unternehmen schreibt einen Rekordverlust, nahezu im Ausmaß der gesamten Verluste der letzten 10 Jahre – und der Vorstand erhält Bezugserhöhungen von bis zu 1.000%. Auch die Aufsichtsratsmitglieder erhielten satte Erhöhungen von bis zu 1.257%. Die Abschlussprüfer von Ernst & Young ließen sich ihre gute Arbeit mit 1.480.000 Euro vergüten, 138% mehr als im Geschäftsjahr 2018. Damit nicht genug, gab es noch satte Aktienoptionen obendrauf. Der Börsengang des Multimillionen-Verlustunternehmens erfolgte übrigens am 10.10.2019, also knapp, nachdem Sahin sich sein zweites dickes Aktienpaket sicherte."(188)

	Sahin	Marett	Poetting	Türeci
GJ 2018	653.000 €	474.000 €	441.000 €	5.601.000 €
GJ 2019	**7.064.000 €**	**1.615.000 €**	**1.561.000 €**	**9.413.000 €**
Steigerung:	**982%**	**241%**	**254%**	**68%**

Abb. 111: Die obere Auflistung zeigt die Erhöhung der Vorstandsgehälter bei BioNtech vom Geschäftsjahr 2018 auf 2019. Ein Unternehmen, das in diesem laufenden Geschäftsjahr annähernd 50 Millionen Euros Verluste verbuchte, erhöhte die Gehälter dieser Herren um Millionen von Euros. Wussten sie schon vor der angeblichen Pandemie von ihrem Wunder-Impfstoff?

Wer hier noch an Unternehmertum und an Zufälle glaubt, der ist wirklich nicht mehr zu retten!

„Mitglied im Bunde der Wahrsager ist Angela Merkel, die beim Davos-Treffen am 24. Januar 2020 schon davon berichtete, dass die „Wunderwuzzis“ von BioNTech an einem Covid-19-Impfstoff arbeiten. Eine BioNTech-Miteigentümerin wusste nach eigenen Aussagen schon 2019 davon: BioNTech-Gründerin Türeci gibt zu: Pandemie-Vorbereitung schon Ende 2019. Rein zufällig wussten alle Beteiligten schon vorher, dass BioNTechs mRNA-Impfstoff der erste, weltweit überhaupt zugelassene Impfstoff gegen eine grippeähnliche Krankheit sein würde, mit dem man so richtig Geld macht. Zur Erinnerung: Weder hat BioNTech zuvor einen solchen Impfstoff zur Marktreife gebracht, noch schaffte es überhaupt je ein mRNA-Impfstoff über die Phase 2 der damals noch üblichen und vorgeschriebenen medizinischen Tests.“(189)

Video 30:

Titel	Biontech-Gründerin Türeci gibt zu: Pandemie Vorbereitungen schon Ende 2019
Link	https://report24.news/biontech-gruenderin-tuereci-gibt-zu-pandemie-vorbereitungen-schon-ende-2019/

Meines Erachtens wurden die Pandemie und die sogenannte Wunder-Impfung sorgfältig über Jahre hinweg mit Planspielen und Szenarien vorbereitet, um dann den Plan der Eliten zum ausgewählten Zeitpunkt umzusetzen.

Seit 2001 gab es 5 unterschiedliche Ansätze und Planspiele, die von der Johns Hopkins Universität ins Leben gerufen wurden:

1. 2001/06 Planspiel über einen Angriff von Pocken
2. 2005/01 Atlantic Storm
3. 2017/10 Spars Pandemic
4. 2018/05 Planspiel Clade X
5. 2019/10 Event 201

Die Eliten, die Regierungen und die Geheimdienste wussten schon viele Monate vor der Pandemie-Verkündung, dass der Zeitpunkt gekommen war, die Planspiele in die Tat umzusetzen. Wenn ich als kleiner Schreiberling auf diese Missstände stoße, was glauben Sie wohl, was die Geheimdienste alles herausfinden könnten, wenn sie nur wollten? Doch es ist alles so gewollt und es wird nach Drehbuch, Akt für Akt, umgesetzt. Auf gut Deutsch ausgedrückt: Es ist einfach nur zum Kotzen.

Zum Thema BioNTech und Zufälle: Im Geschäftsbericht des Unternehmens vom Jahr 2019, den man online unter folgendem Link(266) abrufen kann, findet sich eine besondere Überraschung, das die oben beschriebenen Wahrsagungen bestätigt.

> *„Hier kann man auf Seite 6 sehen, an welchen Projekten, Medikamenten, Immuntherapeutika und Impfstoffen das Unternehmen aktuell arbeitet und wie weit fortgeschritten der Prozess bereits ist. Hier wird als Immuntherapeutikum, basierend auf der mRNA-Technologie, ein Medikament gegen COVID-19 aufgeführt. Man kann sehen, dass die präklinische Studienphase bereits abgeschlossen ist und die Phase 1 der Testung läuft. Weiter kann man lesen, dass das Medikament/Therapeutikum/der Impfstoff mit BNT 162 bezeichnet wird. Der ergänzende Hinweis lautet (Sternchen), dass dies seit 2020 der Fall ist. Wie war es diesem Unternehmen möglich, ein Therapeutikum zu entwickeln, welches Ende 2019 bereits die präklinische Testphase abgeschlossen hatte, wo doch das Virus im Dezember 2019 überhaupt erst auftrat?“*(190)

Weitere Indikationen

Wirkstoff-klasse	Plattform	Produkt-kandidat	Indikation (Zielstruktur)	Prä-klinisch	Phase 1	Phase 2	Phase 3	Rechte/ Kollaborationspartner
mRNA	Immuntherapien für Infektionskrankheiten	BNT161	Influenza					Pfizer
		BNT162*	COVID-19					Fosun Pharma (China), BioNTech und Pfizer (Global, außer China)
		Noch festzulegen	Bis zu 10 Indikationen					Penn[8]
		Noch festzulegen	HIV					Bill & Melinda Gates Foundation
		Noch festzulegen	Tuberkulose					Bill & Melinda Gates Foundation
	PRT[7] für seltene Erkrankungen	BNT171	Unveröffentlicht					Genevant (globale 50:50 Gewinn-/ Verlustbeteiligung)
		Noch festzulegen	4 weitere seltene Erkrankungen					

Abb. 112: Zwei Jahre vor Ausbruch der Pandemie wurde bei BioNtech an diesem Virus geforscht. Im Geschäftsbericht 2019 stellte man den Produktkandidaten BNT 162 vor.

5.5. Richtig viel Geld verdienen – im Namen Coronas

Seit der Pandemie-Verkündung im März 2020 herrscht in vielen Bereichen eine richtige Goldgräber-Stimmung. Es wird Geld umgesetzt, dass sich die Balken biegen. Gelder werden mit beiden Händen von der Regierung und den Ämtern aus dem Fenster geworfen, was dann wiederum durch Kredite aufgefangen werden muss, für die der Steuerzahler dann in der Zukunft zur Kasse gebeten werden wird.

Vor allem im Gesundheitswesen gibt es unzählige Unternehmen und Berufsgruppen, die sich momentan dumm und dämlich verdienen. Somit ist es nicht verwunderlich, dass gerade diese, die in der breiten Öffentlichkeit ein hohes Vertrauen genießen, nicht an einem Ende der Pandemie interessiert sind. Würden Sie das Ende der Pandemie wollen, wenn Sie sich jetzt eine goldene Nase verdienen? Ich bin mir sicher, dass die meisten von uns mitspielen würden, die Hauptsache wäre, kurzfristig eine Menge Geld zu verdienen. Impf- und Testzentren, Labore, Masken- und Labormaterial-Verkäufer, Apotheken und sogenannte Impf-Ärzte sind sozusagen im Goldrausch. Sie haben förmlich Blut geleckt! Sie sind als „Gutmenschen“ und „Heilsbringer“ getarnt und verkünden mehr oder weniger stolz, mit Dollar-Zeichen in den Augen, dass sie sich für die Solidargemeinschaft und das Wohl der Bürger einsetzen. Ist dem jedoch wirklich so?

Alle Regelungen, die sich unsere Gesellschaft bis vor der Pandemie über Jahrzehnte hinweg aufgebaut hatte, sind unter den Tisch gefallen. Das Grundgesetz wurde inoffiziell durch das Infektionsschutzgesetz ersetzt und alle Maßnahmen sind im Namen Coronas erlaubt.

Abb. 113: Kein Kommentar…

Es wird von allen Seiten für eine Impfung geworben, egal wo, auch wenn die Hygiene-Maßnahmen nicht eingehalten werden können. Die Hauptsache ist: Impfen, impfen und nochmals impfen, auch wenn diese Impfung jetzt schon Tausende von Menschen das Leben gekostet und Millionen von Menschen mit schweren Impfnebenwirkungen außer Gefecht gesetzt hat. Aber im Namen Coronas ist das alles zweitrangig, Hauptsache, die Kasse stimmt.

„Was in normalen Zeiten zu Recht zu sofortigem Approbationsentzug, möglicherweise Strafanzeigen und Schadenersatzansprüchen geführt hätte, wird da plötzlich zur Heldentat: So berichtet die Hamburger „Morgenpost" über einen zum Impfarzt mutierten Anästhesisten aus Eppendorf, der sich bereits durch Corona-Schnelltestschulungen einen hübschen Nebenverdienst vom Staat sicherte – und nun auch beim Impfen und Boostern ordentlich Kasse macht – allerdings zu Bedingungen, die mit den ursprünglich einmal von den Behörden und Gesundheitsträgern zugesicherten Begleitprotokollen, die bei den Covid-„Schutzimpfungen" auf jeden Fall einzuhalten seien, nichts mehr zu tun haben. Denn Dr. David Rückert impft mit seinem Team sieben Tage die Woche, acht Stunden täglich – in eigens hierfür angemieteten Räumen, versteht sich – und kommt, wie er stolz bekennt, auf 100 Impfungen pro Stunde. Was ihm in diesen geistig verarmten und verirrten Zeiten den Jubel der Impfsekte einbringt, ist ein ethischer Super-GAU: Dass für individuelle Beratung, Aufklärung und eingehende Patientengespräche hier kein Platz mehr bleibt, versteht sich von selbst. Noch üppiger jedoch ist das Salär für die „gute" Tat: Pro Impfung erhält Rückert die üblichen 28 Euro vom Staat – womit er auf einen Stundenlohn von bis zu 2.800 Euro (100 Impfungen x 28 Euro) kommt, respektive auf eine gute halbe Million Euro im Monat. Und ein Ende ist nicht in Sicht: Dank der Erpressungsvorkehrungen der Politik platzt seine Praxis – in der außer Impfen nicht mehr viel passiert, d.h. auch seine eigentlichen fachärztlichen Aufgaben auf der Strecke bleiben –, vor Impf- und Boosterwilligen aus allen Nähten."[(191)] [(192)]

Vielleicht ist der oben genannte Fall eine Ausnahme, aber Impf-Ärzte finden die Corona-Pandemie und die Impfung sicherlich einen Segen für die Wissenschaft. Doch wenn Sie nach solchen Impf-Ärzten googeln, dann werden Sie feststellen, dass der oben genannte Wunder-Impfer kein Einzelfall ist.

Das „Goettinger Tageblatt" berichtete am 29.11.2021 beispielsweise:

„1.200 Impfdosen hat sich Dr. Godehard Kirscht vorgenommen, an einem Tag zu verimpfen. Ohne Termin können sich Menschen am Sonnabend, 4. Dezember 2021, zwischen 9 und 16 Uhr in seiner Duderstädter Praxis impfen lassen."(193)

Tja, liebe Leserinnen und Leser, 1.200 Impfungen in 7 Stunden sind eine Menge Holz. 7 Stunden = 25.200 Sekunden, geteilt durch 1.200 Impfungen, ergibt 21 Sekunden pro Impfung. Ich bin mir nicht ganz sicher, ob die Beratung da ausführlich ausfallen kann. Aber wer braucht denn schon eine Beratung?

Ganz nebenbei verdient dieser Arzt pro Impfung 28 Euro. In diesen 7 Stunden macht er also einen Umsatz von 33.600 Euro, an nur einem Werktag. Ach ja, er impft ja auch samstags, am Wochenende bekommt man 36 Euro pro Impfung, das macht dann an einem Samstag 43.200 Euro Umsatz.

Aber wo denken Sie denn hin, sicherlich macht der Arzt dies nicht des Geldes wegen, sondern weil er die Bevölkerung vor einem schrecklichen Virus retten möchte.

„Rund 100.000 Arztpraxen beteiligen sich derzeit nach Angaben der Kassenärztlichen Bundesvereinigung (KBV) an der Impfkampagne. Vergangene Woche (19.12.2021) wurden dort rund 4,5 Millionen Corona-Impfungen durchgeführt. Daraus errechnen sich im Schnitt 45 Impfungen je Praxis und Woche. Das bedeutet einen Mehrverdienst von mindestens 1.260 Euro für eine einzige Woche.

Nicht berücksichtigt sind hier die Mehrzuschläge am Wochenende. In einem Monat summieren sich die – zusätzlichen – Einnahmen somit auf mindestens 5.040 Euro vor Steuern. Noch viel attraktiver ist das Impf-Business in Impfzentren. Dort kassieren Impf-Ärzte einen Stundenlohn von rund 150 Euro, für jede Acht-Stunden-Schicht also 1.200 Euro. Bieten sie ihre Dienste wie die meisten Vollzeitbeschäftigten an 20 Tagen pro Monat an, wird daraus ein Einkommen von 24.000 Euro vor Steuern.“[194]

Das Geschäft mit Covid-19 ist so offensichtlich, dass sogar das Staatsfernsehen darüber berichten musste. In der Monitor-Sendung der ARD vom 20.1.2022 haben sie einen Bericht über dieses wahnsinnige Geschäft ausgestrahlt. Trotzdem glaubt das Schlafschaf immer noch an die Impfung.

Video 31:
Titel Monitor vom 20.01.2022
Link www.daserste.de/information/politik-weltgeschehen/monitor/videosextern/monitor-vom-20-01-2022-100.html

Selbst für Kliniken ist die Corona-Pandemie ein lukratives Geschäft. Hierzu habe ich bereits in Band 1 ausführlich berichtet, aber:

„Der Bundestag hat mit den Änderungen am Infektionsschutzgesetz den sogenannten Versorgungsaufschlag für Kliniken beschlossen. Somit erhalten Krankenhäuser, die Covid-Patienten behandeln, erneut Geld aus dem Bundeshaushalt. Der Systematik des Versorgungsaufschlags lehnt sich an die bisherigen Ausgleichszahlungen an: Je nach Aufwand und Anzahl der Covid-19-Patienten beträgt dieser Aufschlag pro Kliniktag 360, 560 oder 760 Euro. Diese Pauschale kann das Krankenhaus jetzt mit 0,9 (Absenkung der Pauschale aus vorangegangenen Gesetzgebungen) sowie 13,9 (derzeit durchschnittliche Verweildauer von Covid-19-Patienten) multiplizieren und abrechnen. Bei einer Pauschale von 360 Euro wären das 4.500 Euro pro Fall, bei einer Pauschale von 760 Euro wären es 9.500 Euro.“[195]

Liebe Leserinnen und Leser, die Pandemie ist, wie oben schon beschrieben, für viele Menschen zu einer Goldgrube geworden. Nicht umsonst lautet die Firmenadresse von BioNTech: *An der Goldgrube 12.*

„Deutschen Krankenhäusern wird eine Prämie von 7.800 Euro und mehr für jeden regulären Patienten bezahlt, den man durch einen positiven Test statistisch in einen stationären Corona-Fall umdeuten kann. Es gibt, gültig seit 1. November 2021, für jeden positiv Coronagetesteten und an das Gesundheitsamt gemeldeten Patienten im Krankenhaus zusätzlich zur normalen Abrechnung 7.800 Euro, wenn er mindestens 2 Nächte im Krankenhaus verbleibt, steigerungsfähig bei längerem Aufenthalt bis knapp 10.000 Euro".

Nachtrag: „Die Regelung bzgl. der Corona-Sonderzahlung steht im neuen Infektionsschutzgesetz auf S. 11 im neuen §21a KHG (unter Artikel 20e). Die Zahlungen werden nach einem Schlüssel ermittelt – z.B. aus Verweildauer, (ehem.) Leerstandspauschale –, der in jedem Krankenhaus anders ausfallen kann. Diese Regelung gilt vom 1.11.21 bis zum 19.3.22 für jeden Corona-Patienten zusätzlich. Sie muss beantragt werden und ist wahrscheinlich ausgleichspflichtig. Es ist somit besonders lohnend für Häuser mit wenigen Fällen, Patienten, die keine Arbeit machen und normalerweise ambulant versorgt werden könnten, bei positivem Labortest ein paar Tage als Covid-Patienten stationär aufzunehmen."[196]

Gunter Frank am 7.12.2021

Laut dem RKI sind zirka 220 unterschiedliche Labore für die PCR-Tests in Deutschland zuständig. Sie arbeiten seit Monaten an der Grenze des Machbaren und stopfen sich beiläufig die Taschen voll. Seit Beginn der Fake-Pandemie wurden in Deutschland über 100 Millionen PCR-Tests durchgeführt. Die Preise, die für PCR-Teste abgerechnet werden, variieren von 35 Euro bis zu mehreren Hundert Euro. Wenn man hier einen Durchschnittspreis von nur 100 Euro ansetzt, dann erhält man eine Summe der PCR-Test-Industrie von zirka 10 Milliarden Euro.

10 Milliarden Euro für den Goldstandard – den PCR-Test – der eigentlich nur einem Würfelspiel gleicht. Und jetzt dividieren Sie die 10 Milliarden durch die 220 Labore, dann erhalten Sie den durchschnittlichen Umsatz, den diese Labore in diesen Pandemiejahren erwirtschaftet haben. Das macht im Schnitt annähernd 45 Millionen Umsatz pro Labor aus!!! Wären Sie als Laborbetreiber für das Ende einer Pandemie?

Wie Sie sehen können, wurden von Seiten der Regierung an den richtigen Schaltstellen immer weitere finanzielle Anreize geschaffen, um die Fake-Pandemie künstlich am Leben zu erhalten. Die oben genannten Sektoren und viele weitere Geschäftszweige der Industrie haben sich im Laufe der Pandemie-Monate darauf eingestellt, und es wird für viele Unternehmen in der nahen Zukunft sehr schwierig werden, ohne diese finanziellen Anreize überhaupt noch Gewinne zu erwirtschaften, geschweige denn überhaupt zu überleben. Viele werden sich mit allen Mitteln gegen das Ende dieser Pandemie wehren, da dadurch ihre Daseinsberechtigung komplett in sich zusammenfallen würde. Selbst das Robert-Koch-Institut lebt und gedeiht aufgrund privater Spenden von Finanziers, die dadurch sicherlich keine wirtschaftlichen und politischen Interessen verfolgen. Nein, ganz sicher nicht! Sie spenden nur im Namen der Wissenschaft und der guten Sache wegen.

Im November 2021 hat das RKI wieder einmal eine großzügige Spende der *Bill & Melinda Gates Foundation* erhalten. 499.981 US-Dollar wurden dem RKI zugesagt, um die „Globale Entwicklung" voranzutreiben.[197] Man könnte fast meinen, dass das RKI für seine linientreue Umsetzung der Pandemie von der Gates-Foundation wieder einmal großzügig belohnt wurde. War das damals im Dritten Reich nicht so ähnlich, als das RKI mit den Nazis zusammenarbeitete und Experimente an Gefangenen durchführte? Es ist ein gewaltiges Geschäftsmodell, das Dr. Peterson Pierre in einem Video wie folgt zusammenfasst:

Video 32:

Titel	Dr. Peterson Pierre on how hospitals receive nearly $100.000 from bribes to label everything Covid
Link	www.bitchute.com/video/rT0Tis7sq7HV/

„Das CARES-Gesetz bietet Krankenhäusern Anreize, Behandlungen anzuwenden, die ausschließlich von der Bundesregierung unter der Schirmherrschaft des NIH vorgeschrieben sind. Diese „Prämien“ müssen zurückgezahlt werden, wenn sie nicht „verdient“ werden, indem sie die Covid-19-Diagnose stellen und das Covid-19-Protokoll befolgen.

Zu den Krankenhausleistungen gehören:

- *Ein „kostenloser“, erforderlicher PCR-Test in der Notaufnahme oder bei der Aufnahme für jeden Patienten, mit staatlich bezahlter Gebühr für das Krankenhaus.*
- *Zusätzliche Bonuszahlung für jede positive Covid-19-Diagnose.*
- *Ein weiterer Bonus für eine Covid-19-Einweisung ins Krankenhaus.*
- *Eine 20%ige „Boost“-Bonuszahlung von Medicare auf die gesamte Krankenhausrechnung für die Verwendung von Remdesivir anstelle von Medikamenten wie Ivermectin.*
- *Eine weitere und größere Bonuszahlung an das Krankenhaus, wenn ein Covid-19-Patient maschinell beatmet wird.*
- *Mehr Geld für das Krankenhaus, wenn die Todesursache als Covid-19 aufgeführt ist, auch wenn der Patient nicht direkt an Covid-19 gestorben ist.*
- *Eine Covid-19-Diagnose sieht auch zusätzliche Zahlungen für Gerichtsmediziner vor.*

Aufgrund der Verwirrung durch medizinische Kodierungen und Rechtsjargon können wir nicht sicher sein, welchen Betrag jedes Krankenhaus tatsächlich pro Covid-19-Patienten erhält. Aber Rechtsanwalt Thomas Renz und CMS-Whistleblower haben eine Gesamtzahlung von mindestens 100.000 Dollar pro Patienten errechnet. Was bedeutet das für Ihre Gesundheit und Sicherheit als Patient im Krankenhaus? Es gibt Todesfälle durch die von der Regierung angeordneten Covid-Behandlungen. Für Remdesivir zeigen Studien, dass 71–75% der Patienten eine Nebenwirkung erleiden, und das Medikament aufgrund dieser Wirkungen wie Nieren- und Leberschäden und Tod oft nach fünf bis zehn Tagen abgesetzt werden musste. Remdesivir-Studien während des westafrikanischen Ebola-Ausbruchs[198] 2018 mussten abgebrochen werden, da die Sterblichkeitsrate 50% überstieg. Doch im Jahr 2020 wies Anthony Fauci an, dass Remdesivir das Medikament sein sollte, das Krankenhäuser zur Behandlung von Covid-19 verwenden, selbst wenn die klinischen Covid-Studien mit Remdesivir ähnliche Nebenwirkungen zeigten. Bei beatmeten Patienten ist die Zahl der Todesopfer erschütternd. Ein Bericht der National Library of Medicine vom Januar 2021 über 69 Studien mit mehr als 57.000 Patienten kam zu dem Schluss, dass die Sterblichkeitsrate bei Covid-19-Patienten, die eine invasive mechanische Beatmung erhielten, bei 45% lag und bei älteren Patienten auf 84% stieg. Renz gab auf einer Pressekonferenz der Truth for Health Foundation[199] bekannt, dass CMS-Daten zeigten, dass in texanischen Krankenhäusern 84,9% aller Patienten nach mehr als 96 Stunden an einem Beatmungsgerät starben. Dann gibt es Todesfälle durch Einschränkungen wirksamer Behandlungen für Krankenhauspatienten. Renz und ein Team von Datenanalysten haben geschätzt, dass mehr als 800.000 Todesfälle in amerikanischen Krankenhäusern bei Covid-19- und anderen Patienten durch Ansätze verursacht wurden, die Flüssigkeiten, Ernährung, Antibiotika, wirksame antivirale Mittel, Entzündungshemmer und therapeutische Dosen von Medikamenten einschränken – Gerinnungsmittel.«[200]

Dies ist der größte Feldzug aller Zeiten, der auf Kosten der Zivilbevölkerung ausgetragen wird. Jeder Schritt, der im Zusammenhang mit dieser Pandemie steht, ist sorgfältig geplant worden. Bedenken Sie dies immer, wenn Sie oder Ihre Liebsten wegen Covid-19 behandelt werden sollen.

Wissen Sie, was mich an diesem Kapitel so richtig traurig macht? Stellen Sie sich mal vor, die Hunderte Milliarden Euro, die für Tests, Subventionen, Kontrollen, Polizei, Werbung, Apps und Impfungen aus dem Fenster geworfen wurden, wären in das Gesundheitssystem geflossen – wie viel Gutes hätten wir damit hier in Deutschland und auf der Welt tun können?!

5.6. Nebenwirkungen & Co.

Wie wir in diesem Buch bereits lesen konnten, gibt es weltweit verschiedene Institute, bei denen die Impf-Nebenwirkungen und Impftoten gemeldet werden: Es gibt von der WHO z.B. die VigiAccess (www.vigiaccess.org), die VAERS (https://vaers.hhs.gov) oder für den europäischen Raum die EMA (EudraVigilance-Datenbank).

Es herrscht ein komplettes Durcheinander, da jede Datenbank von den Meldungen der zuständigen Ärzte und Behörden abhängig ist. Vor allem handelt es sich nur um Fälle, die in einem zeitlichen Zusammenhang mit der Impfung stehen und kausal sind (durch Obduktionen bewiesen). Offiziell handelt es sich nur um Verdachtsfälle, da der Zusammenhang mit der Impfung erst einmal bewiesen werden muss. Bezüglich der Todesfälle und den Impf-Nebenwirkungen, die in direktem Bezug zu den Gen-Impfstoffen stehen, wird es sicherlich in der nahen Zukunft eine Lawine von Rechtsstreitigkeiten geben. Die Schnittstellen und die Zusammenarbeit zwischen den unterschiedlichen Datenbanken und Meldestellen sind nicht bekannt. Aber ich gehe davon aus, dass, bis auf eine gemeinsame Löschung und Vertuschung von Fällen, keine nennenswerte Zusammenarbeit besteht.

Aus diesem Grund werden wir uns an dieser Stelle nur mit den Daten der EMA befassen, da diese auch für einen besseren Überblick über die Impf-Schäden aus Deutschland und Europa sorgen.

„Seit dem Beginn der COVID-19-Impfkampagne wurden folgende Schäden an die Datenbank gemeldet. Der Datenstand dieser Zahlen ist der 17.01.22. In Klammern ist der Zuwachs zum Datenstand vom 10.01.22 angezeigt.

Insgesamt:
1.387.759 Fälle (+33.259)
21.251 Todesfälle (+279)
397.681 schwerwiegende Nebenwirkungen (+11.281)

Kinder:
20.410 Fälle (+605)
109 Todesfälle (+6)
8.236 schwerwiegende Nebenwirkungen (+276)

Schwerwiegende Fälle sind definiert als

- *lebensbedrohlicher Zwischenfall*
- *erforderliche oder verlängerte Hospitalisierung*
- *bleibender Schaden*
- *Angabe einer eindeutig schwerwiegenden Nebenwirkungs-Bezeichnung*
- *Fälle mit einer angegebenen Nebenwirkungs-Dauer von mehr als 21 Tagen*

Alle gemeldeten Todesfälle nach der Impfung verteilen sich folgendermaßen auf die jeweiligen Altersgruppen:"[201]

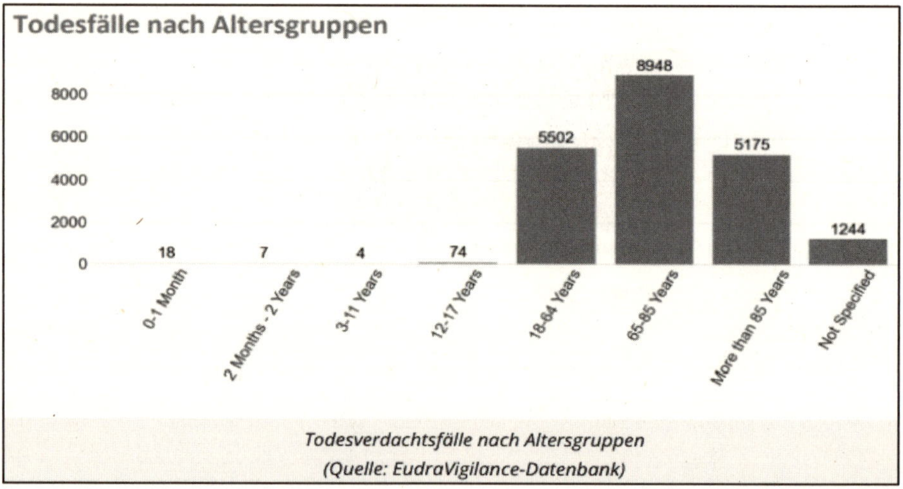

Abb. 114: Todesfälle nach Altersgruppen, die bei der EudraVigilance-Datenbank nach der Impfung gemeldet wurden. Kindersterblichkeit in Bezug auf Covid-19 ist so gut wie nicht vorhanden!

Datenstand: 2022-01-17
EU, Altersgruppen, Reaktionskomplexe - Tödlich
Siehe Anmerkungen für ausführliche Erklärungen

	BioNTech	AstraZeneca	Moderna	Janssen	total
Todesfälle	10.134	4.682	5.328	1.107	21.251
Lebensbedrohlich	12.938	8.878	5.903	1.466	29.185
Längerer Krankenhausaufenthalt	59.561	30.020	27.414	4.887	121.882
Behindernd	25.509	25.148	8.640	1.472	60.769
Schwerwiegende Fälle	196.772	120.099	68.115	12.695	397.681
Ernste Nebenwirkungen	273.613	218.136	89.085	17.361	598.195
Alle Fälle mit Nebenwirkungen	701.425	434.390	204.875	47.069	1.387.759

Gesamtübersicht der Nebenwirkungen nach Impfstoff
(Quelle: EudraVigilance-Datenbank)

Abb. 115: Die hier genannten Zahlen sind für einen sogenannten Impfstoff der absolute Wahnsinn. Obwohl diese Zahlen auch unseren sogenannten „Experten“ bekannt sein müssen, wird das Impfen weiterhin gepusht, sogar bis hin zu einer Impfpflicht.

Lassen Sie uns an dieser Stelle einen gemeinsamen Blick auf die Situation in Deutschland werfen:

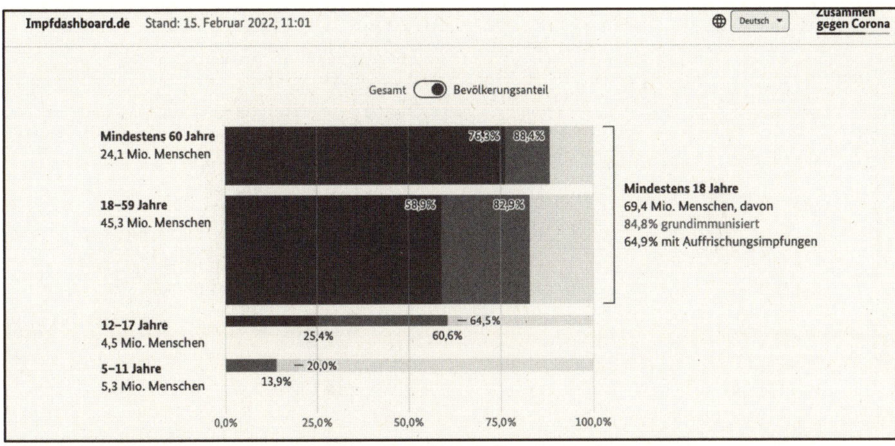

Abb. 116: Impfdashboard der BRD. Fast 85 Prozent der über 18-jährigen Bevölkerung in Deutschland sind durch diesen sogenannten Impfstoff verseucht worden.

Stand 15.2.2022 sind in Deutschland zirka 168 Millionen Impfdosen verabreicht worden. Rechnet man die Kinder unter 18 Jahren heraus, hat die Bundesregierung 85% der Bevölkerung geimpft. Wie kann man da noch von einer schlechten Impfquote sprechen?

Nochmals zur Erinnerung:

„Kinder und Jugendliche im Alter von 0 bis 19 Jahren haben eine IFR (Infection Fatality Rate; A.d.V.) *von 0,0013%, 20- bis 29-Jährige von 0,0088%, 30- bis 39-Jährige von 0,021%. Je älter die Menschen werden, desto mehr steigt die IFR, bei 60- bis 69-Jährigen liegt sie bei 0,65%. Folgende Grafik gibt Aufschluss über die Infektionssterblichkeitsraten in den Altersgruppen:*
Für die Jüngsten lässt sich somit eine Überlebensrate von 99,9987% feststellen. 20- bis 29-Jährige haben eine Überlebensrate von 99,9912%, sogar bei den 50- bis 59-Jährigen liegt sie bei 99,86%."[202]

Letalitätsrate durch Studien von Professor Ioannidis bestätigt:
Wovon reden wir hier also überhaupt? Eltern lassen ihre Kinder impfen, obwohl so gut wie kein Risiko für Kinder und Jugendlichen besteht, an diesem harmlosen Virus zu versterben. Liebe Eltern, wacht endlich auf, bevor es für eure Kinder zu spät ist!

Age	Infection Fatality Rate (IFR)
0-19	0.0013%
20-29	0.0088%
30-39	0.021%
40-49	0.042%
50-59	0.14%
60-69	0.65%
70+ (non-care home)	2.9%
70+ (all)	4.9%

Abb. 117: Letalitätsrate durch Studien von Professor Ioannidis berechnet. Mathematische gesehen ist die Wahrscheinlichkeit für gesunde, junge Menschen, an diesen Virus zu versterben, fast NULL.

Aber lassen Sie uns zurück zu den Impftoten und Impf-Nebenwirkungen kommen. Der ORF hat einen Bericht des Verbandes der pharmazeutischen Industrie Österreichs (Pharmig) veröffentlicht, in dem dieser von einem Wert von nur 6% der gemeldeten Impf-Nebenwirkungen und Impftoten ausgeht![203] Somit kann man also schlussfolgern, dass die oben genannten Zahlen um zirka 90% zu tief liegen.

Die Gründe können vielfältig sein: Angefangen von Zeitmangel der Ärzte (zu hohe Bürokratie), Anweisungen von höherer Stelle, Fälle nicht zu melden, keine finanziellen Anreize für die Meldungen und Weiteres. Diese Tatsache, dass Impf-Nebenwirkungen nur zu einem ganz kleinen Prozentanteil gemeldet werden, ist schon seit Längerem bekannt und kann Ihnen von fast jeder zweiten Arzthelferin bestätigt werden.

Würde man somit bei den oben genannten Zahlen von 10% der gemeldeten Fälle ausgehen, ergäbe sich ein komplett anderes Bild der Zahlen:

Insgesamt:

- 1.387.759 Fälle (10%) → 100% → 13.870.000 Impf-Nebenwirkungen
- 21.251 Todesfälle → 221.000 Impftote
- 397.681 schwerwiegende Nebenwirkungen → 3.970.000 schwerwiegende Impf-Nebenwirkungen

Das sind enorme und verheerende Zahlen, die man zum heutigen Zeitpunkt noch nicht beweisen kann, ich bin mir allerdings sicher, dass dieser Betrug in der Zukunft in allen Details überarbeitet und der Öffentlichkeit bekannt gegeben werden wird. Wenn Ihnen die 100% zu hoch erscheinen, dann gehen Sie eben von 50% aus. Auch dieser Wert ist dramatisch genug!!!

Bei den oben genannten Zahlen sprechen wir nur von den unmittelbaren Verdachtsfällen. Was glauben Sie, was noch an Toten und schweren Langzeit-Impfnebenwirkungen auf die Menschen zukommen wird?!

Sicherlich eine weitere interessante Studie, die an dieser Stelle zu erwähnen ist (nicht wissenschaftlich, nur repräsentativ) ist die Umfrage, die Boris Reitschuster bei dem renommierten Meinungsforschungsinstitut INSA in Auftrag gegeben hat. Diese widerlegt wieder einmal das Narrativ, dass es so gut wie keine Impfnebenwirkungen bei den sogenannten Vakzinen gibt.

„Und nun zu dem wichtigsten Ergebnis der Umfrage: 15 Prozent der Befragten gaben an, dass sie an starken Nebenwirkungen litten.“

Boris Reitschuster

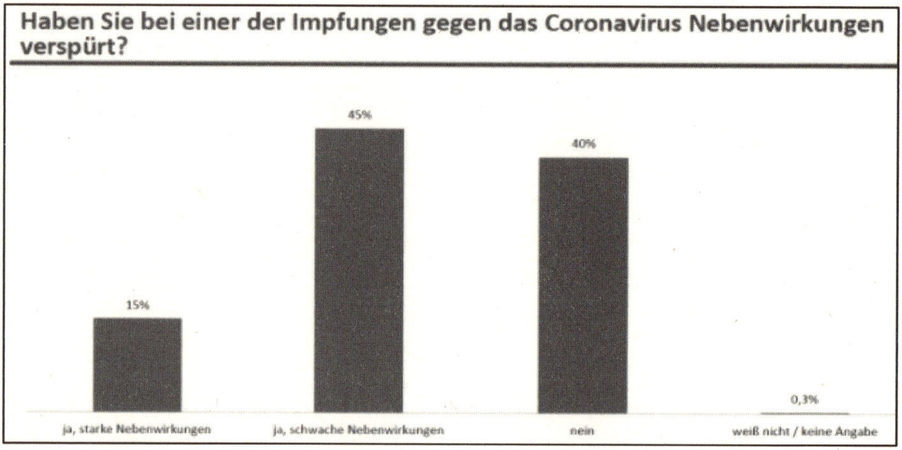

Abb. 118: Bis zu 60 Prozent der Bevölkerung verspürte schwache bis starke Nebenwirkungen nach der Impfung.

Das wären (Stand 24.1.2022) bei 58 Millionen geimpften Deutschen fast 9 Millionen Menschen, die mit Impf-Nebenwirkungen zu kämpfen haben. Aber unser Bundeskanzler ist der Meinung, dass die Impfstoffe sicher sind und dass sie so gut wie keine Impf-Nebenwirkungen verursachen. Was für ein Lügner!

„Inzwischen sind allerdings fast vier Milliarden Menschen auf der ganzen Welt geimpft. Ohne größere Nebenwirkungen.“

Olaf Scholz, 31.12.2021

Bemerkenswert an dieser Umfrage ist auch, dass die „hochbegabten Wähler“ der Grünen-Partei (96%) am stärksten durchgeimpft sind. Da sind diese „Hochbegabten“ für Bio-Lebensmittel, machen auf vegan und sind gegen Gen-Experimente, und dann sind gerade sie diejenigen, die am stärksten durchgeimpft sind. Was für ein dämliches Volk!

> *„Die Studie von Kyle A. Beattie mit dem Titel „Worldwide Bayesian Causal Impact Analysis of Vaccine Administration on Deaths and Cases Associated with Covid-19“,*[204] *eine Big Data Analyse von 145 Ländern, kam zu dem Schluss, dass Impfstoffe das Gegenteil von dem bewirken, was den Bürgern versprochen wurde. Anstatt ihnen zu helfen, ihre Freiheiten wiederzuerlangen, werden die Impfstoffe mit höheren Raten von Covid-19-Infektionen und höheren Raten von Covid-bedingten Todesfällen in Verbindung gebracht.* ***Zahlreiche andere Studien sind unabhängig voneinander zu dem gleichen Ergebnis gekommen. Je mehr geimpft wird, desto schlimmer wird es.***“[205]

Erinnern Sie sich an meine Aussage zur Spanischen Grippe? Diese Impfstoffe werden einen Genozid und ein Massenstreben verursachen, welches das Desaster der Spanischen Grippe harmlos aussehen lassen wird.

Weitere Studien, welche die Schädlichkeit der Impfungen bestätigen:

1. **Das Lyons-Weiler-Papier**
   https://popularrationalism.substack.com/p/in-the-united-states-vaccination
2. **Die Harvard-Studie**
   www.ncbi.nlm.nih.gov/labs/pmc/articles/PMC8481107/
3. **Die deutsche Studie**
   https://stevekirsch.substack.com/p/new-study-from-germany-confirms-higher
4. **Die dänische Studie**, die zeigt, dass Dr. James Recht hatte: Sie müssen alle 30 Tage eine Auffrischung durchführen, um den Schutz aufrechtzuerhalten.
   https://stevekirsch.substack.com/p/new-study-shows-vaccines-must-be

5. **Daten der deutschen Regierung**
   https://dailyexpose.uk/2022/01/02/german-gov-data-suggests-fully-vaccinated-developing-ade/
6. **80% der Covid-Todesfälle im Vereinigten Königreich sind geimpft**
   https://dailyexpose.uk/2022/01/08/bbc-forgot-to-tell-you-4-in-5-covid-deaths-triple-vaccinated/
7. **The Lancet:** 89% der neuen britischen Covid-19-Fälle unter vollständigen geimpften Personen
   https://principia-scientific.com/lancet-89-of-new-uk-covid-cases-among-fully-vaxxed/[205]

„Ein Bündnis von mehr als 500 unabhängigen kanadischen Ärzten, Professoren, Wissenschaftlern und Angehörigen der Gesundheitsberufe hat sich zur Canadian Covid Care Alliance zusammengeschlossen. Während der gesamten Pandemie haben sie sich verpflichtet, die kanadische Öffentlichkeit mit einem evidenzbasierten Ansatz über alles, was mit Covid-19 zu tun hat, zu informieren. Zu den Vertretern gehören promovierte Wissenschaftler aus den Bereichen Immungenetik, Immunologie, molekulare Virologie, Virusimmunologie, Pharmakologie, biomedizinische Forschung, Biochemie, Bioanalytik, praktizierende Hausärzte, Mediziner und andere. Die Allianz hat kürzlich eine PDF-Datei veröffentlicht. Aus dieser geht auf Berufung auf die 6-Monats-Daten von Pfizer hervor, dass ihre Covid-Impfungen „mehr Erkrankungen verursachen als sie verhindern“. Die PDF-Datei trägt den Titel „The Pfizer Inoculations For Covid-19: More Harm Than Good“. Die PDF enthält alle Daten und Begründungen, wie die Wissenschaftler zu ihren Schlussfolgerungen gekommen sind. Es ist sehr detailliert und geht auf verschiedene wichtige Faktoren ein, die im Mainstream nicht angemessen berücksichtigt werden, obwohl sie so wichtig sind. So wurde beispielsweise behauptet, dass die Impfungen sicher seien und 7 Tage nach der zweiten Dosis eine Wirksamkeit von 95% aufwiesen. Aber diese 95% waren in Wirklichkeit eine relative Risikoverringerung. Die absolute Risikoverringerung betrug nur 0,84%.“[206]

Wo sind da die Wissenschaftler in Deutschland? Wahrscheinlich sind sie zu sehr mit Geldzählen beschäftigt, oder damit, die Berichte über die relative Unwirksamkeit der experimentellen mRNA-Impfstoffe und derer verheerenden Anzahl an Nebenwirkungen und Toten zu vertuschen.

Für die ganz großen Skeptiker unter Ihnen, die immer noch an diese Fake-Pandemie und ihre Giftstoffe glauben, verlinke ich hier die Webseite *Globalresearch*, auf der über 1.000 Studien aufgelistet sind, die die Gefährlichkeit dieser Giftcocktails belegen.

Video 33:

Titel	Covid-19 Vaccines: Proof of Lethality. Over One Thousand Scientific Studies
Link	www.globalresearch.ca/covid-19-vaccines-scientific-proof-lethality/5767711

5.7. Was befindet sich denn nun in dieser Giftbrühe?

In Abb. 119 sind die Bestandteile der sogenannten BioNTech/Pfizer-Impfung Comirnaty aufgelistet.

6. PHARMAZEUTISCHE ANGABEN

6.1 Liste der sonstigen Bestandteile

((4-Hydroxybutyl)azandiyl)bis(hexan-6,1-diyl)bis(2-hexyldecanoat) (ALC-0315)
2-[(Polyethylenglykol)-2000]-N,N-ditetradecylacetamid (ALC-0159)
Colfoscerilstearat (DSPC)
Cholesterol
Kaliumchlorid
Kaliumdihydrogenphosphat
Natriumchlorid
Natriummonohydrogenphosphat Dihydrat
Sucrose
Wasser für Injektionszwecke
Natriumhydroxid (zur pH-Einstellung)
Salzsäure (zur pH-Einstellung)

Abb. 119: Inhaltsstoffe des sogenannten Impfstoffs von BioNtech.

Bemerkenswert ist dabei die Tatsache, dass die Inhaltsstoffe ALC-0315 und ALC-0159 eigentlich nicht für den menschlichen Gebrauch zugelassen, sondern ausschließlich für Labor- und Forschungszwecke erlaubt sind.

Wie vielen schon bekannt ist, handelt es sich bei dem BioNTech-Impfstoff…

„um einen mRNA-Impfstoff, der die für das Spike-Protein von SARS-CoV-2 kodierende mRNA in Lipid-Nanopartikel verpackt enthält. *Die Lipid-Nanopartikel in Comirnaty sind aus den Hilfsstoffen DSPC, ALC-0315 und ALC-0159 sowie Cholesterol aufgebaut. ALC-0315 und ALC-0159 sind zwei neuartige Lipide, das heißt sie waren zuvor noch in keinem zugelassenen Arzneimittel oder Impfstoff enthalten. Dasselbe trifft auf die beiden Lipide SM-102 und PEG2000-DMG zu, die als Hilfsstoffe in Spikevax® von Moderna enthalten sind.“*[207]

Dürfen diese Giftbrühen überhaupt als „Impfstoffe" bezeichnet werden? Setzt die Definition eines Impfstoffes nicht eine komplette Immunisierung voraus? Nach über 150 Millionen verimpften Dosen (Stand Ende Februar 2022) müsste es jetzt sogar dem Dümmsten unter uns klar werden, dass diese Impfstoffe nicht zu einer Immunisierung gegen SARS-CoV-2 führen. Woher kommen sonst diese ganzen Infizierten?

Wie Michael Morris in seinem Buch „Es ist Krieg!" beschreibt, sind 95% der positiv Getesteten in Deutschland doppelt oder dreifach geimpft (Stand Januar 2022). Dies erfuhr er von einem Betreiber mehrerer Testzentren – siehe dazu das komplette Interview im genannten Buch.

Für die sogenannten Covid-19-Impfstoffe werden Bestandteile verwendet, die bisher noch nie in einem Arzneimittel verwendet wurden. Diese Bestandteile, genauso wie eine mRNA-Impfung, haben es in der Vergangenheit noch nie geschafft, eine reguläre Studie zu bestehen und eine offizielle Zulassung zu erhalten. Das „Wunder der Zulassung" der mRNA-Impfung von BioNTech erfolgte nur wenige Wochen nach der „Wunder-Studie" von Pfizer, die in den vergangenen Monaten zum Teil sehr in der Kritik stand. Manipulation und Misswirtschaft wurden Laboren, die sich um die Probanden kümmerten, vorgeworfen. Wen wundert das noch? Aber in den Medien wurden diese Vorwürfe wieder einmal als Verschwörungstheorien Rechtsradikaler abgestempelt. Sie wissen ja, in Zeiten von Corona ist alles legitim.

Wie oben bereits geschrieben, möchte ich gar nicht groß auf die Diskussion über die deklarierten Bestandteile eingehen, sondern vielmehr auf die Bestandteile, die NICHT deklariert wurden. Da die sogenannten Impfstoffe patentiert sind, kann ihr tatsächlicher Inhalt geheim gehalten werden. Die entscheidende Frage an dieser Stelle ist: Enthalten diese sogenannten Impfstoffe auch andere Bestandteile?

„Am 4.12.2021 fand die zweite Pathologiekonferenz[208] *in Berlin statt, die Sie unter* https://odysee.com/@de:d/Pathologie-Konferenz-2-de:d *ansehen können. Die Veranstaltung knüpfte dort an, wo im September,*

bei der ersten Pathologie-Konferenz, aufgehört wurde. Damals wurden die Ergebnisse der pathologischen Untersuchung acht Verstorbener vorgestellt, die im zeitlichen Zusammenhang mit den Corona-Impfungen verstarben. Neben den beiden Pathologen Prof. Dr. Arne Burkhardt und Prof. Dr. Walter Lang war erneut auch der Professor für Elektrotechnik und Risikobewertung Dr. Werner Bergholz dabei. Weitere Beiträge kamen von Dr. med. Ute Krüger, Fachärztin für Pathologie und Oberärztin sowie von Rechtsanwalt Elmar Becker. Neben den in der ersten Konferenz behandelten acht obduzierten Fällen kommen nun sieben weitere zur Betrachtung hinzu. Die häufigsten Befunde, die aus den Untersuchungen der Organe resultieren, waren Probleme mit dem Herzen: lymphozytäre Myokarditis, Epikarditis und Perikarditis. Weiterhin traten Thrombosen, also Blutgerinnsel, die zu einer Verstopfung des Blutflusses führen, auf. Hirnblutungen durch diffuse Infiltrate, Autoimmunphänomene, Verminderung der Immunkapazität, Beeinflussung des Krebswachstums, Gefäßschäden (Vaskulitis, Endotheliitis) und Erythrozyten-„Verklumpung". Zum Ende des Vortrags bestätigt Burkhardt nochmals das Auffinden von ***Lipid-Nanopartikeln****, Mineralien sowie Metallen in Form von Aluminium-Verbindungen und Edelstahl, die im Impfstoff auftreten. Hier bestehe in zwei Fällen der Verdacht auf durch diese Fremdkörper verursachte Mikroembolien.*"(209)

Fazit dieser Pathologie-Konferenz war, dass bei den obduzierten Verstorbenen Metalle in den Organen gefunden wurden, die zu Mikroembolien geführt haben könnten. Somit ist die Tatsache, dass in den Impfstoffen Graphenoxid vorhanden sein muss, keine Verschwörungstheorie mehr.

„Da wir nie einen wissenschaftlichen Beweis für die tatsächliche Isolierung und Säuberung eines neuen Coronavirus namens SARS-CoV-2 hatten. In diesem Sinne verweisen uns die Institutionen, die behaupten, dies getan zu haben, auf eine „virtuelle Sequenzierung" aus einer knappen Probe in einem Computer, die zu mehr als 99% mit einem Computeralgorithmus namens MUSCLE abgeleitet wurde. Aber dieses virtuelle Konstrukt EXISTIERT NICHT IN DER NATUR. Es macht

sehr viel Sinn zu behaupten, dass der Erreger der Covid-19-Krankheit genau Graphenoxid ist. Eine sehr giftige chemische Verbindung, die das ROS/Glutathion-Gleichgewicht im Körper stört, was als erste Konsequenz ein postinflammatorisches Syndrom, Blutgerinnung, Thrombozytenreduktion und, falls das Gleichgewicht nicht wiederhergestellt wird, der Zusammenbruch des Immunsystems und eine beidseitige Cytosin-Sturm-Pneumonie aufgrund der gleichmäßigen Verbreitung von Graphenoxid-Nanopartikeln in der Lunge zur Folge hat."(210)

Statement von LaQuintaColumna

Die oben genannte Quelle enthält eine Vielzahl an Fakten zu Graphenoxid und ist auf jeden Fall für diejenigen zu empfehlen, die noch tiefer in dieses Thema eintauchen möchten. Auch nachfolgende Quellen, Studien und Metastudien belegen auch, dass Graphenoxid in Impfstoffen enthalten ist:

- **Laboranalyse des Pfizer/BioNTech Impfstoffes durch spanische Wissenschaftler**
  www.docdroid.net/TOPBZJY/microscopia-de-vial-corminaty-dr-campra-firma-e-1-horizontal-pdf
- **Raster- und Transmissionelektronen-Mikroskopie enthüllen Graphenoxid in CoV-19-Impfstoffen**
  https://telegra.ph/Rasterelektronenmikroskopie-und-Transmissionselektronenmikroskopie-enthüllen-Graphenoxid-in-CoV-19-Impfstoffen-08-29
- **Graphenoxid und die elektromagnetische Absorption von 5G**
  https://telegra.ph/Graphenoxid-und-die-elektromagnetische-Absorption-von-5G-07-19

„Pfizer-Whistleblowerin packt aus: Es IST Graphenoxid im Pfizer-Impfstoff! Einer der mutigsten Moderatoren ist Stew Peters auf dem Sender RVM, der wissen wollte, was es mit dem Graphenoxid in der Impfung auf sich hat. Dazu lud er Karen Kingston zu einem Gespräch ein. Karen Kingston ist eine ehemalige Mitarbeiterin beim Pharmarie-

sen Pfizer gewesen. Sie weiß sehr gut darüber Bescheid, was dort geschieht und hat den Methoden und Vorgehensweisen des Unternehmens den Kampf angesagt."

Das Video können Sie sich unter dem unteren Link ansehen:

Video 34:

Titel	Stew Peters vid 1/10
Link	www.youtube.com/watch?v=nFhs-1-5Fm0&list=PLQPjiibL8bmdEDOc3RdtyrkvEGc0JREPQ&index=1

Hier ein Ausschnitt aus dem Interview:

Karen Kingston: *„Das ist zu 100% wahr und es ist unwiderlegbar. Es ist wichtig zu wissen, dass die mRNA-Impfstoffe sogenannte PEG-Nanopartikel enthalten (winzige Partikel aus Lipidschichten zur Arzneimittelabgabe im Körper). Wenn Du Dir das Patent von Moderna ansehen, dann liest Du dort, dass es eine Formel für die Lipid-Nanopartikel enthält."*

Stew: *Also, sag es einfach: Ist Graphenoxid in diesen Impfungen?*

Karen: *100%, das ist unwiderlegbar, und ich werde es Dir erklären. Wichtig zu wissen ist, dass alle MRD-Impfstoffe sogenannte pegylierte Lipid-Nanopartikel enthalten. Und genau das werden wir jetzt durchgehen. Wenn Du Dir also das Moderna-Patent ansiehst, steht dort, dass es eine Lipid-Nanopartikel-Formulierung enthält. Und wenn Du Dir das Patent ansiehst, das ich Dir zeigen werde, sprechen sie speziell über verschiedene Inhaltsstoffe und verschiedene pegylierte Formulierungen, die alphanumerische Codes haben.*
Und dann kannst Du sie auch in den Einreichungen bei der FDA finden, mit den IND-Phase-3-Studien für Moderna und Pfizer. Und Du kannst sie auch jenseits des großen Teichs bei einer britischen Anmeldung finden. Ich hoffe, das macht jetzt Sinn. Hier ist das Wichtigste am Patent: Ich habe das Patent gelesen; es umfasst 193 Seiten plus Anhänge, und ich habe das Patent gelesen, um nach Graphenoxid zu suchen. Es

ist nicht im Patent aufgeführt, weil es ein Geschäftsgeheimnis ist. Du erinnerst Dich also daran, dass Bill Gates sagte, es gäbe ein Geschäftsgeheimnis; Geschäftsgeheimnisse sind nicht für die Öffentlichkeit bestimmt. Sie können also nicht im Patent enthalten sein. Graphenoxid ist also nicht im Patent aufgelistet, und es listet alles andere auf, aber ich werde Dir trotzdem Beweise zeigen, dass sie Graphenoxid enthalten und das Patent aus China, das zeigt, dass sie Graphenoxid enthalten.

***Stew:** Also, lass mich Dich einfach fragen: Warum sollten sie alle anderen Inhaltsstoffe auf das Patent setzen, mit Ausnahme von Graphenoxid als einzigem Bestandteil? Warum sollten sie das nicht aufschreiben?*

Karen:** Ich würde sagen, der Hauptgrund dafür ist, dass es für Menschen giftig ist, und es ist bekannt, dass es für Menschen giftig ist. (Okay)* ***Ja, und der andere Grund ist, dass es der Hauptbestandteil von Hydrogel ist, der flüssigen KI-Vorlage, die für einige der Forschungen von Elon Musk und Bill Gates verwendet wird, um eine Schnittstelle zwischen Menschen und dem Internet zu schaffen.

***Stew:** Es gibt also die berechtigte Theorie, dass diese Impfungen tatsächlich dazu dienen, eine Art Verbindung zwischen den Menschen herzustellen und 5G, was auch immer das ist, die Kontrolle über Deine Gedanken, Deine Erinnerungen, all diese Dinge. Ich meine, sind das realistische und plausible Möglichkeiten?*

***Karen:** Das ist zu dieser Zeit noch nicht möglich. Sie haben die Sache überstürzt herausgebracht. Sie wollen nur herausfinden, wie viel sie in die Menschen stecken können, bevor sie sterben. Ich denke ganz ehrlich…*

***Stew:** Es handelt sich also um eine Dosisfindungsstudie, im Grunde eine Live-Dosisfindungsstudie, und diejenigen, die im Sterben liegen oder an Multipler Sklerose leiden, Keon Bradys Zittern, der Magnetismus, all diese Dinge.*

***Karen:** Vergiss nicht, dass wir alle sechs Monate eine Auffrischungsimpfung bekommen sollen. Wir werden also alle sechs Monate Graphenoxid-Booster bekommen, um zu sehen, wie viel wir im (Körper) System* *vertragen können. Und sobald sie diese Technologie perfektioniert haben, gibt es einen zweiten Plan. Ich fühle mich eigentlich nicht besonders wohl dabei, über diese Dinge zu sprechen, weil ich nicht gerne Meinungen und Hypothesen äußere, also halte ich mich lieber an die Daten. In diesem Artikel geht es um die pegylierten Lipid-Nanopartikel, die in allen Covid-19-Impfstoffen enthalten sind, und es gibt vier Lipide. Und ich werde das hier durchgehen. Das erste Lipid ist also Cholesterin, und unser Körper liebt Cholesterin. Es fließt durch unser Blut. Dann gibt es noch ein Phospholipid. Das Phospholipid haftet an der Zellmembran. Dadurch wird die Zellmembran durchlässig. Es gibt ein ionisierbares Lipid. Dadurch erhält sie eine positive ionische Ladung, die ihr hilft, mit der mRNA durchzudringen und in die Zelle zu gelangen.*

Und dann ist da noch das pegylierte Lipid. Der Grund, warum sie diese entwickelt haben, ist, dass mRNA sehr instabil ist, egal ob sie synthetisch oder zoonisch ist, d.h. von einem Tier oder einem Menschen, sie ist sehr instabil. 80-Grad-Fahrenheit (27 Grad Celsius) macht sie kaputt. Sonnenlicht tötet sie. Wenn Du sie anhauchst, stirbt sie. Ich meine – und das sagen die Forscherinnen und Forscher auch alle: Es kommt nur selten über den Nasen-Rachen-Raum eines gesunden Menschen hinaus. Dein Speichel tötet sie (die Lipide) einfach ab, sie können nicht allein überleben. Es brauchte also diese Art von Biosphäre, die sie dafür geschaffen haben.

Und deshalb haben wir diese vier Lipide und dann das Graphenoxid. Das Interessante an Graphenoxid ist, dass es 4.000 Mal stärker ist als Titan und Temperaturen von 900 Grad Celsius standhält. Also nahmen wir dieses sehr instabile Virus, und man hat also diese sehr instabile Einzelhelix (RNA) genommen und sie unzerstörbar gemacht.

Die Polyethylenglycol-Lipide (PEG) werden von einem Unternehmen namens Sinopeg hergestellt, das seinen Sitz in China hat. Wenn man sich nun den Notfallzulassungs-Antrag von Pfizer anschaut, werden dort vier Lipide aufgeführt. Wie habe ich das nun herausgefunden? Wenn Du einen Blick auf den EUA-Antrag von Pfizer wirfst, siehst Du die vier Lipide. Sie haben zwei Lipide, die jeweils vier Lipide in sich haben. Das gilt auch für Moderna. Und das von Moderna nennt sich Sicherheitsdatenblatt, das wird für Industrieprodukte verwendet, und es hat eine Nummer, und das hier ist SM-102 von Moderna. Und wenn Du Dir den Antrag von Pfizer in Großbritannien ansiehst, siehst Du, dass die beiden Lipide, die darin enthalten sind, ALC-0315 und ALC-0159 heißen. Als ich also MSDS gegoogelt habe (frag mich nicht, woher ich all diese Informationen kenne) und einige dieser Zahlen eingegeben habe, fand ich SINOPEG. Ich habe SINOPEG nicht gefunden, indem ich nach SINOPEG gegoogelt habe. Ich habe buchstäblich die Nummer des Sicherheitsdatenblatts eingegeben.

Wenn Du also auf die Website gehst, siehst Du die extrem langen, ich weiß nicht, hundert alphanumerischen Namen für jedes dieser Lipide. Und Du siehst sie unter einer Registerkarte mit dem Namen Covid-19-Hilfsstoffe. Und da steht Polyethylenglykol PEG 2000, richtig? Und hier siehst Du, dass es ALC-0159 heißt und dass dieses Unternehmen in China ansässig ist. Im Moderna-Patent sind die verschiedenen Polyethylenglykole 200, PEG 200 und PEG 2000 aufgeführt, die unter den Covid-19-Hilfsstoffen in SINOPEG zu finden sind. Es ist also genau dort. Es wird in China hergestellt.

Es gibt also noch andere mRNA-Impfstoffe, die in den Vereinigten Staaten nicht verkauft werden. Du findest diese Hilfsstoffe auch hier anhand der Nummer, der Nummer im Sicherheitsdatenblatt. Wenn man wissen will, was Graphen ist, wird es bei Sinopeg wie folgt erklärt: Mit Polyethylenglycol (PEG) funktionalisiertes Graphen mit Kern-Schale-Struktur für die Energiespeicherung: Kombinierte mechanische und elektrische Leistungen. ***Graphen soll also als elektrischer Leiter dienen.***

In einigen Studien des National Institute of Health (NIH) heißt es, dass wenn Graphen eine positive Ladung bekommt, es alles zerstört, womit es in Kontakt kommt. Es kann ein Leiter für Elektrizität sein. Wenn es eine positive Ladung hat – und das steht in allen Studien des NIH und von Moderna und so – wenn Graphen eine positive Ladung bekommt, vernichtet es alles, mit dem es in Kontakt kommt. Im Moment sind sie nicht geladen. Sie sind neutralisiert. Du fragst Dich, ob es eine positive Ladung hat, um in die Zelle zu gelangen? Das ist das andere Lipid, das ionisierbare Lipid, das ihm die positive Ladung für die Zellwanddurchdringung verleiht. Sie haben ein neutrales Feld. Aber wenn sie in ein elektromagnetisches Feld kommen, das eine positive Ladung aktiviert, wird es möglicherweise zu Schäden und möglicherweise zum Tod kommen, je nachdem, wo diese Nanopartikel im Körper der Menschen gelandet sind und wie viel davon."[211]

Eine Weitere, sehr ausführliche Arbeit über Graphenoxid in den Impfstoffen finden Sie unter:

Video 35:

Titel	Raster- und Transmissionselektronen-Mikroskopie enthüllen Graphenoxid in CoV-19-Impfstoffen
Link	https://telegra.ph/Rasterelektronenmikroskopie-und-Transmissionselektronenmikroskopie-enth%C3%BCllen-Graphenoxid-in-CoV-19-Impfstoffen-08-29

Kommen wir nun zu einem Fazit: Whistleblower, renommierte Pathologen, Wissenschaftler, Chemiker und Forscher kommen zu dem Schluss, dass sich Graphenoxid im Impfstoff befindet und für den Großteil der Todesfälle mitverantwortlich sein muss.

Sind diese Wissenschaftler inzwischen alle verrückt geworden? Ich kann mir beim besten Willen nicht vorstellen, dass seit Ausbruch dieser Fake-Pandemie alle „Geradeausdenker“ in der Wissenschaft verrückt geworden sind. Ganz im Gegenteil: Sie setzen sich mit ihrem gesamten Hab und Gut für das Wohl der Menschheit ein und werden zum Dank dafür auch noch bedroht, verklagt und diffamiert.

Glauben Sie wirklich, dass es ein Zufall ist, dass es in den letzten Monaten täglich neue Fälle von „plötzlich und unerwartet“ erkrankten und verstorbenen Sportlern gibt?

„521 Sportler sind vom 01.01.2021 bis zum 19.01.2022 „plötzlich und unerwartet" schwer erkrankt oder gestorben. Mindestens. Denn es sind nur die Fälle, die medial dokumentiert und in der Datenbank der Webseite ploetzlich-und-unerwartet.net erfasst wurden."[212]

Das ist doch der absolute Wahnsinn! Schlagen Sie doch mal die Tageszeitung auf, diese Überschrift können Sie beinahe jeden Tag in den Todesanzeigen lesen. Es erwischt auch immer mehr Promis. Und immer heißt es: *„Aus unerklärlichen Gründen...“* Nein, es ist nicht unerklärlich, es ist infolge der Impfung.

Servus TV hat am 19. Januar 2022 eine wirklich interessante Reportage mit dem Namen „Im Stich gelassen – die Covid-Impfopfer“ ausgestrahlt.

Video 36:

Titel	Im Stich gelassen-die Covid-Impfopfer
Link	www.servustv.com/aktuelles/v/aa1uhra88dp5llzqs7cp/

„Diese Reportage zeigt Schicksale von Impfgeschädigten und spricht mit Experten, die die aktuelle Lage einschätzen. Professor Christof Kuhbandner kommt zu Wort, er ist Wissenschaftler und hat sich mit den nüchternen Zahlen der Pandemie beschäftigt. Kuhbandner ist Kritiker der Corona-Maßnahmen. In 2020 hatte er sich vehement gegen die Maskenpflicht ausgesprochen. Kuhbandner ist Mitglied im Verein „Mediziner und Wissenschaftler für Gesundheit und Demokratie, e.V.“, dem auch Prof. Sucharit Bhakdi angehört. Die unerhörte Beobachtung von Kuhbandner, die er aus einer englischen Studie ableitet: Immer, wenn bestimmte Altersgruppen geimpft wurden, stieg die Sterberate der Ungeimpften derselben Altersgruppe an. Eigentlich ein absurder Effekt. Aber so absurd nicht, sondern schockierender Weise damit begründet, so fand der Wissenschaftler heraus, ***dass Erstgeimpfte in den ersten zwei Wochen den Ungeimpften zugeschlagen wurden.*** *Prof. Kuhbandner überprüfte, wie es in Deutschland aussieht, und stellt hier Gleiches fest. Ein identisches Muster der Übersterblichkeit ließe sich auch für die Zweit- und sogar schon für die Booster-Impfung beobachten. Aber um wie viele Fälle geht es hier? In der Kalenderwoche 47/2021 und im Vergleich mit 2016-2019 sind das 4.788 Todesfälle mehr als üblicherweise. Also fast 700 Todesfälle im Schnitt mehr pro Tag.“*[213]

Das untere Schaubild zeigt die Erstimpfungen der 80-Jährigen. Die untere Kurve ist die Kurve der Ungeimpften und die obere Kurve die der ungeimpften Todesfälle. Der oben beschriebene Peak ist bei den Ungeimpften eindeutig zu erkennen!

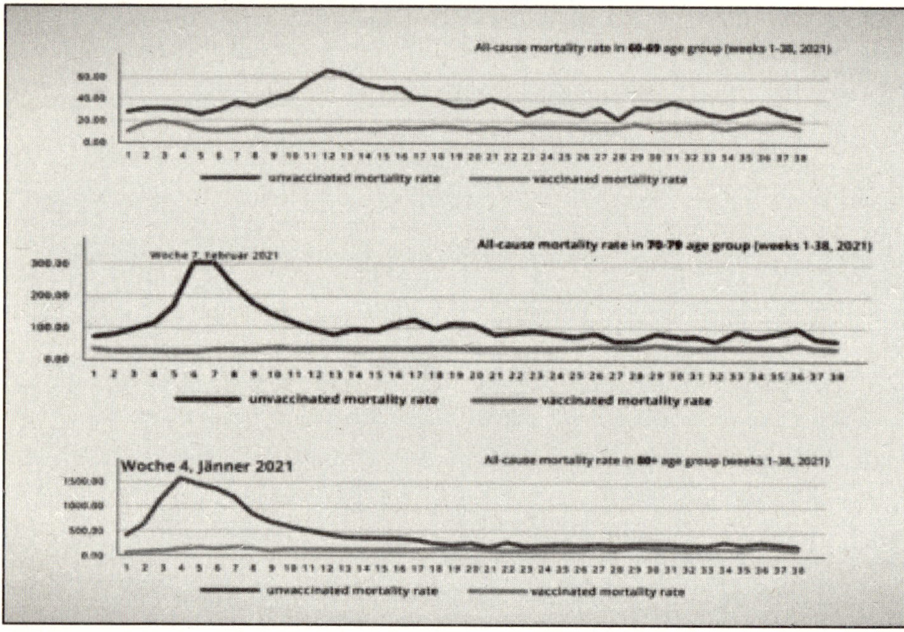

Abb. 120: Impfkurven in Relation zu den Todesfällen von Professor Christof Kuhbandner grafisch dargestellt.

Es ist doch ungeheuerlich, und die zirka 700 Todesfälle täglich sind deutlich im oberen Schaubild zu erkennen. Diese Todesfälle stehen eindeutig in Relation zu den Impfungen, und sie schieben diese Toten einfach den Ungeimpften zu.

So geht eben Manipulation, man schiebt die Impf-Todesopfer einfach den Ungeimpften zu und erklärt diese zu Corona-Toten. Das ist wie Magie: Aus den geimpften Todesfällen werden, „Simsalabim", Corona-Fälle gemacht!

Ganz zum Schluss dieses Kapitels möchte ich noch kurz auf die Herstellung dieser Impf-Giftbrühen eingehen.

„Bei der Herstellung einiger Covid-19-Impfstoffe werden embryonale Zellen eingesetzt. Das ist bei den sogenannten Vektorimpfstoffen von Astrazeneca und Johnson & Johnson der Fall. Die Zellen werden gebraucht, um in ihnen harmlose Erkältungsviren zu vervielfältigen, die den Wirkstoff als sogenannte „Träger-" oder „Vektorviren" in die Zellen transportieren."[(214)]

Wo ist da eigentlich der Aufschrei der katholischen Kirche und der „Gutmenschen"? Aber da sie gerade gegen die schlimmste Pandemie aller Zeiten kämpfen, ist diese Ausnahme erlaubt. Leider handelt es ich nicht um eine einmalige Ausnahme, vielmehr ist die Impfstoffherstellung auf der Basis von fötalem Rinderserum und abgetriebenen humanen Föten aufgebaut.

„Für die Impfstoffherstellung dient nicht nur auf bestialische Art und Weise gewonnenes fötales Rinderserum als Grundlage, sondern ebenso Zellmaterial von abgetriebenen menschlichen Föten. Um dem unaufhaltsam wachsenden Bedarf an fötalem Serum Genüge zu tun, werden jährlich 2.000.000 trächtige Kühe bei lebendigem Leibe eröffnet, und zwar ohne sie zuvor betäubt zu haben, es wird deren ebenfalls unbetäubter Fötus entnommen, aufgeschnitten und sich aus dem schlagenden Herzen seines Blutes bemächtigt. Würde man hierfür den Fötus auf herkömmliche Weise aus dem lebendigen Muttertier entfernen (im Sinne einer Geburt), wäre die Ausbeute an Serum weitaus geringer. Würde man den Muttertieren und/oder den Föten Betäubungsmittel applizieren, käme es durch dieses zu einer zu rapiden Zersetzung des fötalen Serums, denn diese Medikamente können aus dem Serum nicht wieder entfernt werden. Aus nun derartig gewonnenem Blut wird das fötale Serum hergestellt. Für die Gewinnung wird der Kälberfötus mitsamt der Gebärmutter entnommen, abgenabelt und aus der Fruchthülle geschält. Dann sticht man dem unbetäubten, lebenden Tier eine dicke Nadel ins Herz. Wie qualvoll das Entbluten ist, zeigt eine Studie von

Professor David Mellor von der Massey University, Neuseeland, aus dem Jahre 2003: Die Föten atmen bereits und haben eine intakte Gehirnfunktion, während man ihnen ihr Blut abzapft. Das Ganze kann sich bis zu 20 Minuten hinziehen."[215]

Wo ist hier eigentlich der Aufschrei der „Grünen" und der Veganer, die sich angeblich für das Wohl der Tiere einsetzen? Wahrscheinlich sind sie zu sehr mit dem Anstellen in den Schlangen zum Impfen oder zum Testen beschäftigt. Es ist nur noch Wahnsinn, was wir Menschen uns erlauben.

Kommen wir noch ganz kurz auf das Thema der Impfchargen dieser sogenannten Impfstoffe zu sprechen. Offenbar haben Hacker die Datenserver der großen Impfstoffhersteller geknackt und Daten zu den Impfstoffen erbeutet und diese ins Netz gestellt. Die Menschen wissen sich selbst zu helfen, die ganze Riesenblase wird platzen. Die Unterlagen sind auf der Internetseite „www.howbad.info" einzusehen. Da diese Seite zum Teil überlaufen ist, gibt es noch eine Backup-Seite, die dieselben Informationen enthält: HowBadisMyBatch.com. Das ist sehr übersichtlich und es sind die Original-Unterlagen der Hersteller. Man kann dort auch seine eigene Chargennummer mit den Listen überprüfen.

Was die Daten zeigen, ist erschreckend in seiner Kaltblütigkeit und Gewissenlosigkeit. Was zwar viele schon vermutet haben, was aber als eine vollkommen irre Verschwörungstheorie verspottet wurde: Bestimmte Impfchargen haben extrem hohe Todesraten und Nebenwirkungen – und zwar bei allen Herstellern. Das „Märchen" von den Todeschargen ist also mit höchster Wahrscheinlichkeit Fakt.

„Denn die Daten beinhalten unter anderem auch die Anzahl der Todesfälle und schweren Nebenwirkungen im Zusammenhang mit jeder Chargennummer und ermöglichen auch den Vergleich zu anderen. Erschreckend ist, dass in einigen Fällen die Mortalität nach der Impfung oder die Chance auf schwere Nebenwirkungen teilweise um das 50-fache ansteigt. (...) In einem weiteren Dokument (ab Seite 16) geht es um Details zu schwerwiegenden Nebenwirkungen. Anaphylaktische

Reaktionen, Myokarditis und Herzbeschwerden, Thrombosen usw. kommen prozentual deutlich häufiger vor, als die statistische Wahrscheinlichkeit, an Corona zu versterben. Und dabei darf man nicht vergessen, dass die Daten nur Fälle betreffen, die in einem Zeitraum von 90 Tagen nach Bereitstellung des Impfstoffs aufgetreten sind und es auch nur diejenigen sind, die direkt an Pfizer gemeldet wurden. Die Dunkelziffer dürfte also noch um einiges höher sein. Die Abweichungen sind so extrem, dass es sich dabei nicht um zufällige oder anwendungsbedingte Toxizitätsschwankungen handeln kann. Es spricht vielmehr einiges dafür, dass derzeit im Schutze der behaupteten Notlage gentechnische Großversuche an der breiten, ahnungslosen Bevölkerung durchgeführt werden und dass dies durch die rechtlich-politische Vorarbeit und Mithilfe der Regierungen und Behörden ermöglicht, gar befördert worden ist.«[(216)]

5.8. Was steckt eigentlich hinter der Impfpflicht?

Liebe Leserinnen und Leser, lassen Sie uns nochmals gemeinsam auf das Thema Impfpflicht und digitale Identität eingehen. Ich bin in diesem Werk schon des Öfteren auf die Tatsache eingegangen, dass diese kranke Elite einen digitalen Impfpass mit verschiedenen Funktionen einführen will und dies auch tun wird. Jedoch verstehen sehr viele Leserinnen und Leser die Tragweite dieses Schrittes nicht ganz.

Bei der Impfpflicht geht es im Grunde gar nicht um das Corona-Virus, sondern Ziel dieser selbsternannten „Elite" ist es, jeden Bürger Europas bzw. weltweit mit einer digitalen Identität zu versehen. Eine digitale Identität führt dazu, den Impfstatus mit einer digitalen Brieftasche (Wallet) zu verknüpfen, wo alle Daten wie Führerschein, Personalausweis, Krankenversichertenkarte, Bankkonten, digitales Geld und Weiteres mehr einsehbar und verknüpft sein werden.

Viele Befürworter (Idioten) sehen darin einen Vorteil, jedoch wird diese sogenannte Brieftasche nicht zum Vorteil der Bürger, sondern zur unbegrenzten Überwachung aller Bürger eingesetzt werden.

Ohne Ihr Smartphone werden Sie nichts mehr sein, nicht einmal mehr eine Identifikationsnummer. Wenn in der nahen Zukunft irgendein Bürger, aus welchen Gründen auch immer, gegen ein Gesetz oder eine Auflage verstoßen wird, dann wird der einfachste und logischste Schritt der Regierungen die Sperrung dieser Identifikationsnummer sein, was den Ausschluss aus der Gesellschaft bedeuten wird. Die Tragweite und die Versklavung der Bürger werden ein Ausmaß erreichen, das man sich jetzt nicht einmal im Traum vorstellen kann. Wir alle werden zu Sklaven dieser Elite werden!

In ihrer Rede zur Lage der Union am 16. September 2020 kündigte die Präsidentin der Europäischen Kommission, Ursula von der Leyen, die Pläne der Kommission an, eine sichere *Europäische digitale Identität* vorzuschlagen.

Die *Europäische digitale Identität* wird EU-Bürgern, Gebietsansässigen und Unternehmen zur Verfügung stehen, die sich bei öffentlichen und privaten Online- und Offline-Diensten in der gesamten EU ausweisen oder bestimmte persönliche Merkmale nachweisen möchten. Jeder EU-Bürger und jeder Einwohner der Union wird eine persönliche digitale Brieftasche nutzen können.

Deutlicher kann man die digitale Identität für alle EU-Bürger nicht darstellen. Sie machen es ganz offensichtlich und versuchen uns weiszumachen, wie großartig ihre Kontroll- und Überwachungspläne sind. Ursula von der Leyen hat dies alles schon im September 2020 angekündigt, doch da haben die Wenigsten verstanden, was sie wirklich damit meint.

> *„Jedes Mal, wenn uns eine Webseite auffordert, eine digitale Identität zu erstellen oder uns bequem über eine große Plattform anzumelden, haben wir in Wirklichkeit keine Ahnung, was eigentlich mit unseren Daten passiert. Aus diesem Grund wird die Kommission demnächst eine sichere, digitale Identität vorschlagen. Eine, der* ***WIR*** *vertrauen und die die Bürgerinnen und Bürger überall in Europa nützen können, um alles zu tun, wie z.B. Steuern zu bezahlen, bis hin zum Fahrrad mieten. Eine Technologie, bei der wir selbst kontrollieren können, welche Daten ausgetauscht und wie sie verwendet werden können.*“[(217)]
>
> Ursula von der Leyen, Präsidentin der Europäischen Kommission

Die Impfpflicht ist nur der scheinheilige Vorwand, um eine solche digitale Identität zu etablieren. Schauen Sie sich doch einmal die Situation der letzten Monate an: Ohne Ihr Smartphone und einen gültigen Impfstatus konnten Sie doch nicht mal mehr ins Restaurant oder einen Kaffee trinken gehen. Schon jetzt hat der gelbe Papier-Impfpass in vielen Ländern keine Gültigkeit mehr. In manchen Ländern Europas, wie zum Beispiel in Italien, können Sie ohne Ihren digitalen Impfpass nicht einmal mehr einkaufen gehen.

Wollen wir das wirklich für unsere Zukunft und die Zukunft unserer Kinder? Wollen wir wirklich, dass korrupte Regierungen mit ihren korrupten Politikern so sehr in unser Leben eingreifen können?

Nochmals: Sie wollen uns alles nehmen und uns alle zu willenlosen Sklaven umfunktionieren. Sie wollen ein chinesisches System etablieren, um aus uns Sklaven mit verschiedener Hautfarbe zu machen. Die oben beschriebenen Schritte werden schleichend und doch gezielt kommen.

Interview

Luca-CEO: „Wir wollen Impf- und Personalausweis zusammenführen"

Seit gut einem Jahr gibt es Luca. Der Hass auf die App ist fast so groß wie ihr Erfolg. Gründer Patrick Hennig zieht Bilanz und sagt, was er als Nächstes plant.

• Aktualisiert

Moritz Eichhorn, 7.1.2022 | aktualisiert 08.01.2022 - 09:47 Uhr

Artikel anhören

Suzanne de Carrasco

Patrick Hennig

Abb. 121: Die Zusammenführung von Personal- und Impfausweis ist erst der Anfang. Die LUCA-App ist ein trojanisches Pferd.

> *„Wir wollen den Prozess der Prüfung von Nachweisen für Restaurants und Veranstalter vereinfachen…Seit einiger Zeit muss man zusätzlich zum Impf- oder Genesenenausweis auch den Personalausweis oder Pass vorzeigen. Das wollen wir in der Luca-App auch einfach zusammenführen. Dann muss man vielleicht bald nur noch sein Handy zeigen. Und ich gehe davon aus, dass es diese ganzen Anforderungen noch ein paar Jahre geben wird."*[218] *„Zudem will die App sich breiter aufstellen. Die Funktionen sollen dabei erheblich erweitert werden. Luca überlegt, den Impfnachweis und den Personalausweis in der App zu verbinden, das soll die Kontrollen einfacher machen. Noch weiter gehen Pläne, eine eigene Bezahlfunktion einzubauen. Mit der könnten die Kunden dann direkt über die App bezahlen, die Preise sollen für Gastronomen günstiger sein als die etablierten Systeme von Visa oder Mastercard, sagte Culture4life-Chef Patrick Hennig der „FAZ"."*[219]
>
> Luca-App-Entwickler Patrick Henning

Dieser Prozess ist in Italien oder anderen europäischen Ländern bereits seit Monaten gang und gäbe. Was braucht man eigentlich noch an Quellen und Beweisen?

„ID2020 (mit vollem Namen Identity2020 Systems Inc.) ist eine gemeinnützige Organisation mit dem Ziel, einfache Zugänge zu ***digitalen Identifikationsformen weltweit*** *zu schaffen. Dadurch soll das Leben vor allem in armen Ländern verbessert werden. Die in den USA als gemeinnützig anerkannte Organisation kündigte an, Biometrie- und Blockchain-Technologie einzusetzen. Gegründet wurde sie am 19. Juni 2017 in New York City."*[(220)]

Und dreimal dürfen Sie raten, wer hinter dieser sogenannten Organisation steckt. Na, sind Sie darauf gekommen?

„Gründungsmitglieder sind unter anderem Microsoft, die Rockefeller Foundation, die Impfallianz GAVI, die Unternehmensberatung Accenture sowie Ideo Org, ein Ableger der Designfirma Ideo. Die Allianz kooperiert mit Regierungen, Nichtregierungsorganisationen und Unternehmen. Finanziert wird die Allianz durch Stiftungen, private Unternehmen und Einzelpersonen. 2017 betrugen die Einnahmen 1,46 Millionen Dollar."[(221)]

Stiftungen? Welche Stiftungen können das wohl sein?

„Die Gates-Stiftung und die Rockefeller-Stiftung, die über ID2020 und andere Initiativen eine Bevölkerungskontrolle mit einer globalen digitalen Bürgernummer anstreben, haben die jüngste Richtlinie der Weltgesundheitsorganisation zum digitalen Impfpass finanziert. Der Rüstungs- und digitale Sicherheitskonzern Thales hatte diesen jüngst als Wegbereiter für den universellen mobil-digitalen Identitätsnachweis bezeichnet. Die Weltgesundheitsorganisation hat am 27. August 2021 eine an die Mitgliedsregierungen gerichtete Richtlinie zur Einführung und technischen Spezifikation von digitalen Impfpässen veröffentlicht (Digital Documentation of COVID-19 Certificates: Vaccination Status: Technical Specification and Implementation Guidelines)."[(222)]

Das ist keine Schwurbelei, diese Tatsachen sind eindeutig beleg- und vor allem beweisbar. Das Traurige an dieser ganzen Geschichte ist, dass diese besonders klugen grünen Idioten die Gesamtbevölkerung in den Ruin stürzen werden.

Und ich bin mir fast sicher, dass der oben beschriebene Prozess so gut wie nicht mehr zu stoppen sein wird.

Ich erspare es Ihnen, liebe Leserinnen und Leser, nochmals auf die digitale Währung einzugehen. Diese wird von der Europäischen Union, den USA und vielen weiteren Regierungen schon in ihren Parlamenten diskutiert, und sie wird parallel zur digitalen Identifikationsnummer eingeführt werden.

„Die amerikanische Notenbank Federal Reserve (Fed) hat nun die Diskussion über Sinn und Zweck eines digitalen Dollars gestartet. Am Donnerstagabend legte die Fed ein Positionspapier zum E-Dollar vor, in dem sie sich aber noch mit konkreten Aussagen zurückhält. In der Entwicklung über die Einführung eines digitalen Zentralbankgeldes hat die Europäische Zentralbank (EZB) im Vergleich zur Fed weiterhin die Nase vorn, auch wenn Chinas Zentralbank den E-Yuan schon seit vergangenem April öffentlich testet.“[(223)]

Jetzt können Sie das Puzzle problemlos selbst zusammenstellen:

Digitale Identität → digitaler Impfpass →
digitaler Personalausweis → digitales Geld
→ digitale Krankenversicherung

=DIGITALER SKLAVE!

5.9. Was kommt nach der Booster-Impfung?

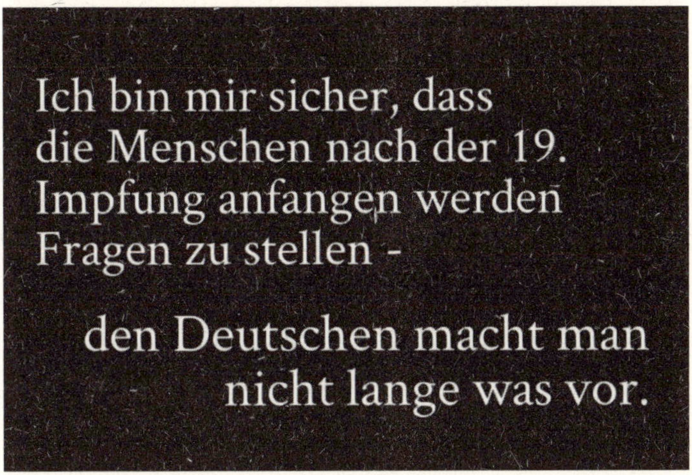

Abb. 122: Aber unserer hochintelligenten Bevölkerung macht man nicht lange was vor…

Die obige Frage ist eigentlich nicht fair, denn sogar der Dümmste unter uns müsste auf die Antwort kommen. Was soll schon kommen? Die nächste Booster-Impfung! Wo ist denn da das Problem, es handelt sich doch nur um einen kleinen Piks. Immer weiter nach dem Motto: *„Nach der Impfung ist vor der Impfung."* Das Geschäftsmodell Corona muss doch weitergehen, oder etwa nicht?

Am 23. Dezember des Vorjahres (am 17. Dezember 2021 formuliert) richtete die AfD-Fraktion im Deutschen Bundestag eine Kleine Anfrage an die Bundesregierung.[(224)] Die Überschrift lautete: *„Einkauf, Lieferung und Verbleib der Corona-Impfstoffe."* Die Antragsteller wollten im Rahmen der 16 formulierten Fragen detaillierter darüber informiert werden, wie die Aussagen des damals frisch gekürten neuen Gesundheitsministers Lauterbach zu deuten seien, dass Deutschland vermeintlich unter massivem Impfstoffmangel leide.

Die Beantwortung ist auf der Seite der Bundesregierung nachzulesen:

„Sie wurde am 14. Januar 2022 gegeben. Die ersten beiden Fragen werden „aufgrund des Sachzusammenhangs gemeinsam beantwortet", so die Darlegung der Bundesregierung (Seite 2): Deutschland hat sich an der Impfstoffinitiative der Europäischen Kommission beteiligt. Dabei wurde die EU-Kommission im Rahmen des europäischen Soforthilfeinstruments (Emergency Support Instrument – ESI) beauftragt, im Namen der Mitgliedstaaten mit den Impfstoffherstellern Abnahmegarantien ... zu verhandeln und abzuschließen. Die EU-Kommission hat bislang für die Mitgliedstaaten mit folgenden Firmen Verträge abgeschlossen: Pfizer/BioNTech, Moderna, AstraZeneca, Johnson & Johnson, CureVac, Sanofi/GSK, Valneva, Novavax. Deutschland hat aus diesen Verträgen in verschiedenen Tranchen zum ***Stichtag 16. Dezember 2021 rund 554 Millionen Impfdosen bestellt.***"[225]

Die Bürger in Deutschland haben nun mit der Beantwortung der Kleinen Anfrage der AfD die Gewissheit, dass zum Zeitpunkt der Äußerung von Karl Lauterbach am 14. Dezember 2021 rund 518 Millionen Dosen Impfstoff bestellt waren.

„Daneben finden sich in der Tabelle zur Beantwortung von Frage 1 und 2 noch nicht jene 80 Millionen Dosen von BioNTech, die am 23. Dezember 2021 vorbestellt wurden (Seite 6). Dazu kommen dann außerdem rechnerisch zum Jahreswechsel noch die 30 Millionen Dosen Novavax und die Ankäufe aus Rumänien, Portugal und Polen (entsprechend also weitere 5,3 Millionen Dosen Impfstoff)."[226]

Selbst aus europäischer Sicht sieht es nicht anders aus:

„Bislang hat die EU-Kommission bis zu 4,6 Milliarden Dosen Corona-Impfstoff gesichert. Verhandlungen über zusätzliche Dosen sind derzeit im Gange."[227]

Die EU hat nicht einmal 450 Millionen Einwohner und man hat jetzt schon 4,6 Milliarden Impfdosen bestellt!!! Was für Zahlen benötigen die Menschen noch? Die Impf-Junkies können also ganz beruhigt und gelassen in die Zukunft schauen, der Stoff wird ihnen in der nahen Zukunft mit Sicherheit nicht ausgehen. Die oben bestellten Impfdosen reichen aus, um die gesamte europäische Bevölkerung, mindestens 8 Mal durchzuimpfen.

> *„Die Wahrscheinlichkeit, nach einer Infektion mit Omikron an eben dieser Infektion zu sterben, liegt nach den aktuellen Zahlen aus der täglichen Übersicht des RKI zu Omikronfällen bei 0,04%."*(228)

Wovon sprechen wir hier also überhaupt? Impfpflicht, Infektionsschutzgesetz, Maskenpflicht und viele weitere Einschränkungen sind völlig sinnlos, das ist Fakt. Doch sie müssen das Corona-Narrativ aufrechterhalten, ansonsten ist es ihr politischer Tod.

Was glauben Sie wohl, wie die Menschen auf die Barrikaden gehen werden, die durch diese Giftbrühe einen geliebten Menschen verloren haben, ihre Existenz durch diese Maßnahme den Bach runterschwimmen sahen oder an schweren Impf-Nebenwirkungen leiden? Was glauben Sie wohl, was in Deutschland los sein wird?

Doch die Frage ist die: Ist das nicht so gewollt? Ist es nicht das, was die Elite mit ihrem Great Reset anstrebt, damit die Menschen eine Weltregierung akzeptieren?

Der Druck und die Spaltung der Bevölkerung werden weitergehen. Die Fronten gegen die sogenannten „rechten Impfgegner" werden sich verhärten.

Es ist alles nur psychologische Kriegsführung. Erinnern Sie sich noch an Bidermans Diagramm des Zwanges? Sie werden die Maßnahmen ein wenig lockern, um sie dann wieder kräftig anzuziehen.

Der Impf-Zwang wird früher oder später kommen – möglicherweise aufgrund eines neuen Virus, wenn die Menschen vor Corona keine Angst mehr haben –, ansonsten werden sie die digitale Überwachung des einzelnen Menschen kaum durchsetzen können. Jeder, der sich gegen ihre perversen Maßnahmen stellt, ist ein Gegner und wird in der Zukunft auch so behandelt werden.

Es wird solange weitergehen, bis das Volk jeden Einzelnen dieser Betrüger vor ein Kriegsgericht gestellt hat. Sie haben das Corona-Problem geschaffen und werden der Öffentlichkeit immer wieder nur diejenigen Lösungen anbieten, an denen sie interessiert sind.

> *„Sie wollen die Gesellschaft auf eine ganz bestimmte Weise ändern. Sie wissen, dass sie, wenn sie es offen tun, eine ungewünschte Reaktion erhalten werden. Also tun sie es nicht offen."*
>
> David Icke

Sie spielen „Problem-Reaktion-Lösung" nach der Hegelschen Dialektik!

> *„**Die erste Stufe**: Sie kreieren ein Problem. Es könnte eine Bombe eines Terroristen, 9/11, ein Börsen-Crash oder die Corona-Pandemie sein. Sie erzählen den Leuten ihre Version davon, wer verantwortlich ist und warum.*
> *An dieser Stelle würde „Problem-Reaktion-Lösung" nicht funktionieren, wenn wir Medien hätten, die in irgendeiner Weise noch mit Journalismus zu tun hätten. Stattdessen sind die Mainstream-Medien ein PR-Büro für die offizielle Version der Ereignisse der Regierungen. Siehe die vielen Lügen über 9/11, den Irak-Krieg und die Corona-Pandemie. Die Medien bestätigen die Lügen der Regierungen. Die praktisch einzige Möglichkeit oder Informationsquelle über die einzelnen Ereignisse, die die Öffentlichkeit in der Vergangenheit hatte, waren die Mainstream-Medien.*
>
> *Was sie auf der **zweiten Stufe** von „Problem-Reaktion-Lösung" erwarten, ist die Reaktion von Empörung und Druck der Öffentlichkeit.*
> *Von großer, großer Angst, und sie wollen, dass die Öffentlichkeit der Regierung sagt, dass etwas getan werden muss. Nach dem Motto: Dies kann so nicht weitergehen, was wird gemacht?*

Dies ermöglicht die **dritte Stufe***, in der diejenigen, die das Problem kreiert haben, die Reaktion der Öffentlichkeit mit einer falschen Geschichte manipulieren, um dann der Öffentlichkeit eine Lösung für ein Problem anzubieten, das sie selbst geschaffen haben.*"(229)

Und genau mit dieser Taktik gehen die Corona- und Great-Reset-Verschwörer vor. Eigentlich ist es so einfach zu verstehen und zu durchschauen, aber trotzdem kapiert es die Mehrheit der Gesellschaft nicht. Sie machen es, wie es Jean-Claude Juncker, der ehemalige Präsident der Europäischen Kommission, einst formuliert hat...

Abb. 123: Im Grunde sagen sie dem Volk die Wahrheit, leider will die Wahrheit so gut wie keiner hören.

5.10. Wo ist die rote Linie?

Für jeden normal denkenden Menschen ist die rote Linie schon lange überschritten worden! Doch was ist heute schon normal? Ist es normal, dass wir über eine Impfpflicht diskutieren? Ist es normal, dass wir mehrere Generationen an Kindern und Jugendlichen traumatisierten und ihre Entwicklung mit diesen ganzen Maßnahmen zerstören, nur weil die Eltern zu dumm sind?

Eines Tages wird sich die Menschheit dafür schämen müssen, was diesen unschuldigen Kindern angetan wurde. Einem Kind, das zu einer Impfung mit einem Gen-Impfstoff gezwungen wurde, eine Tapferkeitsurkunde auszustellen, ist weit unter der Gürtellinie. Es ist eine Schande! Haben diese Eltern eigentlich überhaupt kein Gewissen mehr?

Ich schäme mich zutiefst dafür, dass wir alle dies zugelassen haben. Obwohl jeder von uns über zwei Jahre lang die Möglichkeit hatte, hinter die Kulissen dieser Fake-Pandemie zu schauen, lassen die meisten Menschen dieses Verbrechen an unseren Kindern zu. Wie viel Feigheit verträgt eigentlich eine Gesellschaft?

55% der Befragten sind laut einer INSA-Umfrage (Januar 2022) bereit, sich so oft gegen das Coronavirus impfen zu lassen, wie es die Bundesregierung empfiehlt. *„Männliche Befragte sind häufiger als weibliche dazu bereit, sich so oft gegen das Coronavirus impfen zu lassen, wie es die Bundesregierung empfiehlt (59 zu 51%).“*(230)

Abb. 124: *„Die sechsjährige Lotte aus Köln zeigt stolz ihre Tapferkeitsurkunde, die sie nach dem Impftermin in der Lanxxess-Arena erhalten hat.“* Oh mein Gott…

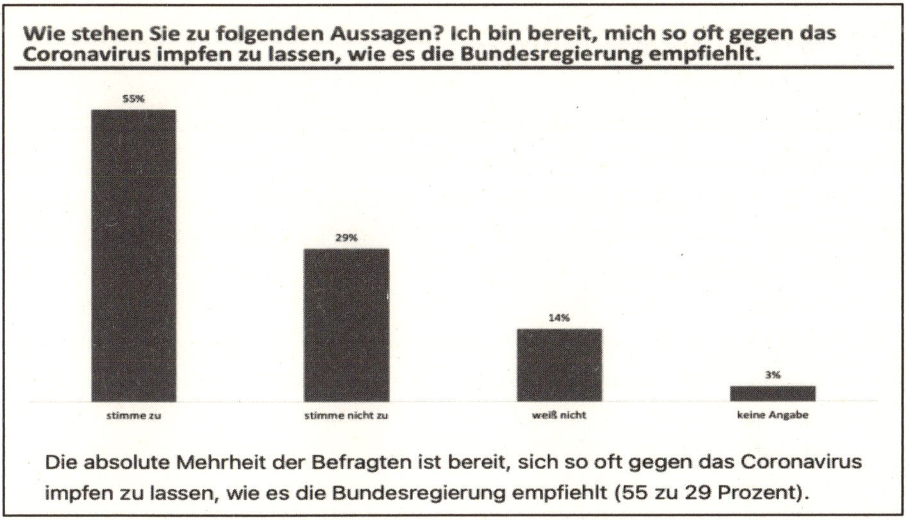

Abb. 125: Über 50 Prozent der Bevölkerung ist bereit, sich so oft gegen Covid-19 impfen zu lassen, wie es die Bundesregierung empfiehlt. Es ist ein Spiel mit dem Feuer, früher oder später wird es einen erwischen…

Was haben wir eigentlich für Weicheier in diesem Land? Fast 60% der befragten Männer wäre dazu bereit, sich in einer Dauerschleife für die Impfung anzustellen. Aber dann einen auf harten Rocker, Biker oder Hooligan machen und allgemein die harten, bärtigen Männer spielen. Männer, was für eine Schande seid ihr eigentlich? Ist dieses Land überhaupt noch zu retten? Nicht, dass ich mich hier als Retter sehe, denn mit meinem kleinen Buchbeitrag werde ich sicherlich so gut wie niemanden retten können. Aber an manchen Tagen frage ich mich wirklich, ob es sich überhaupt noch lohnt, so viel Engagement und Liebe in dieses Projekt zu stecken?! Vielleicht sollte man diesem Great-Reset-Geschehen einfach seinen Lauf lassen und gespannt zuschauen, wie diese Menschen dieses tolle Land gegen die Wand fahren.

Leider liegt dieses Verhalten nicht in meinen italienischen Genen. In mir lodert das Feuer, weshalb ich nicht einfach emotionslos zuschauen kann. Also haue ich meine Erkenntnisse sowie meinen Tatendrang in die Tasten und möchte Sie motivieren, es mir gleich zu tun und aktiv zu werden – egal wie! Nur nicht dasitzen und nichts tun…

Betrachten wir uns abschließend noch ein paar Meldungen zum Thema „rote Linie“:

„Lange galt es als Verschwörungstheorie – nun ist es in Australien tatsächlich passiert: In der Provinz Northern Territory wurden positiv Getestete durch Militär in ein Quarantänelager transportiert. Dass es sich dabei um Ureinwohner handelt, weckt Erinnerungen an die australische Vergangenheit.“(231)

Wo ist bitte der Aufschrei der Bevölkerung? Wo sind all die „Gutmenschen“ hin? Na klar, Australien liegt doch auf der anderen Seite der Weltkugel, und in unserem zivilisierten Europa ist so etwas sicherlich nicht möglich, oder etwa doch?

„Die größte schottische Zeitung hat den Gedanken geäußert, Internierungslager einzurichten, um Einwohner, die positiv auf Covid-19 getestet wurden oder bei denen ein „Verdacht“ auf eine Infektion besteht, zwangsweise zu inhaftieren. Die Zeitung gab nicht an, wie über „verdächtige“ Internierungen entschieden wird und ob es bedeutet, dass zum Beispiel diejenigen eingesperrt werden, die mit übermäßigem Schnupfen angetroffen werden, oder Bürger, die sich weigern, sich gegen Covid-19 impfen zu lassen.“(232)

Glauben Sie, nachdem Sie dieses Buch gelesen haben, immer noch, dass diese Schlagzeilen zufällig entstanden sind? Ganz sicher nicht! Unsere Regierungen werfen solche Schlagzeilen einfach mal in den Raum und warten dann ab, wie es die Bevölkerung aufnimmt, genau so, wie sie es mit der Impfpflicht gemacht haben. Zuerst wird die Schlagzeile in den Raum geworfen. Die Befürworter erhalten dadurch ein gewaltiges Sprachrohr, um die Entscheidungen oder Wünsche dieser Tyrannen voranzutreiben, und die Mitläufer laufen dann wie Schafe einfach mit. Und so wollen sie die gesamte Agenda Schritt für Schritt umsetzen.

Das Magazin Focus berichtete am 18.1.2022, dass in Neumünster der erste Corona-Knast in Betrieb geht:

„Wer sich komplett den Quarantäne-Vorgaben widersetzt, dem droht sogar eine Haftstrafe. Dafür gibt es nun in ganz Deutschland sogenannte Corona-Gefängnisse. In Schleswig-Holstein nimmt eines für sechs Personen nun den Betrieb auf.“[233]

Die Vergangenheit lässt grüßen, oder etwa nicht? So hatte es im Dritten Reich auch angefangen: Zuerst die Spaltung, dann die Ausgrenzung und dann die Lager. So, wie es aussieht, haben wir absolut gar nichts aus unserer Vergangenheit gelernt. Die Mehrheit dieser heuchlerischen „Gutmenschen“ wäre wieder dazu bereit, dort weiterzumachen, wo es vor über 80 Jahren endete. Nur unter einem anderen, einem sozialistischen, grünen und liberalen Vorwand.

Abb. 126: Es ist einfach nur traurig, was diese Bestien unseren Kindern antun.

Nachwort

So, nun wir sind am Ende des Buches angelangt, doch ich kann Ihnen versprechen, dass wir noch nicht ganz am Ende sind. Nun liegt es an Ihnen, was Sie mit diesen Informationen anfangen.

Eines ist sicher: Egal, wie Sie sich entscheiden, eines Tages werden Sie sich mit der Frage beschäftigen müssen, wo Sie in dieser Zeit waren und was Sie persönlich gegen dieses Verbrechen getan haben, und Sie werden diese Frage für sich auch beantworten müssen. Es wird eine Zeit kommen, in der wir uns alle fragen werden, wie es dazu kommen konnte und warum wir es zugelassen haben. Was werden wir unseren Kindern, unseren Liebsten und unseren Nachfahren erzählen?

Ich hätte es nie für möglich gehalten, dass ich jemals ein Buch mit dem Ausschnitt aus einer Rede unserer Ex-Bundeskanzlerin schließen würde. Wenn mir dies jemand vor einiger Zeit gesagt hätte, dann hätte ich ihn ausgelacht.

> *„Es gibt Momente, in denen Ungehorsam eine Pflicht sein kann. Momente, in denen man nur dann Anstand und Menschlichkeit wahrt, wenn man sich gegen einen Befehl, gegen den Druck von Vorgesetzten oder auch den Druck der Masse auflehnt und dagegenhält. Es gibt Momente, in denen jeder Einzelne die moralische Pflicht hat, zu widersprechen und sich zu widersetzen. Das erkennt auch unsere Verfassung an. Im Artikel 20 unseres Grundgesetzes ist das Recht zum Widerstand festgeschrieben, und zwar gegen jeden, der es unternimmt, diese Ordnung zu beseitigen, wenn andere Abhilfe nicht möglich ist.“*[(234)]
>
> Gelöbnisansprache von Angela Merkel am 20.7.2019

In diesem Sinne wünsche ich Ihnen die Kraft, den Stolz und den Mut, das Richtige zu tun.

Vielen Dank für Ihre Zeit – in Liebe

Valentino Bonsanto

Ein herzliches Dankeschön!

Menschen kommen in unser Leben, einige wenige bleiben, andere schleichen sich wieder hinaus, ohne groß Abdrücke zu hinterlassen – andere wiederum hinterlassen eine große Leere. Menschen kommen und gehen, und ich bin dankbar für jeden Freund und jeden Menschen, dem ich in meinem Leben begegnen durfte.

Das Leben ist wunderbar, und ich bedanke mich für all die Lektionen, die ich durch meine Freunde und Bekannte lernen durfte. Es tut mir von Herzen leid, „Freunde" verletzt, belogen und unter bestimmten Umständen auch menschlich betrogen zu haben. Es tut mir leid, eure Erwartungen nicht erfüllt zu haben, und ich wünsche euch alles Liebe und Gute.

Ein besonderes Dankeschön geht an meine Eltern, Maria und Angelo, die mich Bescheidenheit, Ehrlichkeit und Anstand gelehrt haben und immer für mich da waren. Ein Dankeschön geht auch an meinen Bruder Biagio, der als älterer Bruder immer seine schützende Hand über mich gehalten und mich durch dick und dünn begleitet hat. Ich könnte mir keinen besseren Bruder vorstellen, ich liebe Dich!

Danke auch an meine Partnerin Silke, die immer für mich da ist und mich durch die härteste Zeit meines Lebens begleitet hat.

Vielen Dank an Silke H. für Deine Unterstützung und Dein Lektorat.

Danke an meine Nichten Valentina und Sabrina, die immer eine Inspiration und eine große Motivation für mich sind.

Ein herzliches Dankeschön gilt auch meinem Verleger Jan van Helsing, der an mich geglaubt hat und für mich zu einem täglichen Freund herangewachsen ist.

Und zum Schluss ein Dankeschön an all die Menschen, die mich belogen, betrogen und verletzt haben. Ohne euch wäre ich nicht der Mensch, der ich heute bin!

Literatur- und Quellenverzeichnis

(1) www.destatis.de/DE/Presse/Pressemitteilungen/2022/01/PD22_028_61241.html
(2) www.spiegel.de/politik/bill-clintons-eiliger-krieg-a-de2933ad-0002-0001-0000-000007969048
(3) www.bmvg.de/de/themen/verteidigung/bundeswehr-parlamentsarmee/der-auftrag
(4) www.wochenblick.at/brisant/naechster-skandal-impfexperten-der-regierung-mit-finanz-verbindungen-zur-pharma/
(5) https://rp-online.de/nrw/landespolitik/verwaltungsgericht-duesseldorf-deutliche-kritik-an-merkel_aid-57704339
(6) https://de.wikipedia.org/wiki/Georgia_Guidestones
(7) http://soz-etc.com/med/coronavirus/Dt/013t-MASSENMORD-vorbereitung002-Deagel-tabelle2025.html
(8) https://infiniteunknown.net/2020/10/31/what-in-the-world-is-deagel-com-deagel-com-forecast-2025/
(9) https://wiederkunftchristigrosspolitik.wordpress.com/2021/01/31/rockefellers-geplante-dramatische-bevolkerungsreduktion-der-nato-lander-bis-2025/
(10) https://telegra.ph/Die-Rothschild-Dynastie-will-die-Kalergi-Entvölkerungsagenda-erfüllen-09-14
(11) https://corona-transition.org/in-deutschland-wird-die-operation-sunrise-vorbereitet
(12) www.tichyseinblick.de/meinungen/corona-update-7-dezember-2021-laender-vergleich/
(13) Die Bibel, Off 13,16-18
(14) https://de.rt.com/europa/127944-schweden-machen-vor-implantierter-microchip/
(15) www.thegatewaypundit.com/2021/12/heels-austria-germany-locking-unvaccinated-eu-leader-calls-throwing-nuremberg-code-favor-forced-vaccinating-dissenters/
(16) https://de.rt.com/international/127984-whatsapp-liefert-daten-fbi-echtzeit/
(17) www.welt.de/politik/deutschland/article236630901/Corona-Demos-Justiz-geht-verstaerkt-gegen-Holocaust-Relativierung-vor.html
(18) www.dhm.de/archiv/ausstellungen/grundrechte/katalog/57-63.pdf
(19) https://de.wikipedia.org/wiki/Brutkastenl%C3%BCge
(20) Thomas Röper, „Inside Corona", S. 282/283
(21) https://de.wikipedia.org/wiki/Ablauf_der_Terroranschl%C3%A4ge_am_11._September_2001
(22) www.focus.de/politik/ausland/gastbeitrag-zu-9-11-9-11-feindbilder-aengste-verschwoerungstheorien-und-kein-ende_id_20930273.html
(23) www.aerzteblatt.de/nachrichten/127081/9-11-Angriffe-Mehr-Tote-durch-Spaetfolgen-als-durch-Anschlaege
(24) www.safety-plus.ch/9-11-perspektiven/
(25) https://apolut.net/9-11-das-ground-zero-modell/
(26) https://de.wikipedia.org/wiki/Ground_Zero
(27) https://apolut.net/9-11-das-ground-zero-modell/
(28) https://de.wikipedia.org/wiki/USA_PATRIOT_Act
(29) https://monde-diplomatique.de/artikel/!5308106
(30) www.welt.de/politik/ausland/article233346653/Afghanistan-Deutschland-stellt-600-Millionen-Euro-bereit.html

(33) www.zeit.de/politik/deutschland/2021-12/ruestungsausfuhren-waffenexporte-merkel-scholz
(34) www.hanisauland.de/node/2302
(35) www.rnd.de/politik/steinmeier-wir-leben-im-besten-deutschland-das-es-jemals-gegeben-hat-79e657f9-a7b2-4fc8-b330-3a6eddfd5622.html
(36) https://de.wikipedia.org/wiki/Propaganda
(37) www.wirtschaftskurier.de/meinung/artikel/meinungsbeitrag-unsere-medien-sind-zu-staatsnah.html
(38) https://de.wikipedia.org/wiki/Bundespressekonferenz
(39) https://reitschuster.de/post/fragen-sind-ab-jetzt-verboten/
(40) https://de.wikipedia.org/wiki/Pressekodex
(41) www.youtube.com/watch?v=Lc1bpYTj6r4
(42) www.welt.de/politik/deutschland/video235834774/Michael-Kretschmer-Sachsens-Ministerpraesident-im-WELT-Interview.html
(43) https://jungefreiheit.de/kultur/gesellschaft/2021/studie-medien-corona-einseitig/
(44) www.nzz.ch/feuilleton/selbst-faktenpruefer-produzieren-fake-news-ld.1573295
(45) https://reitschuster.de/post/facebook-blamiert-sich-faktenueberpruefungen-sind-nur-meinungen/
(46) www.rki.de/DE/Content/InfAZ/N/Neuartiges_Coronavirus/Situationsberichte/Nov_2021/2021-11-30-de.pdf?__blob=publicationFile
(47) https://twitter.com/karl_lauterbach/status/1256730039825117184?lang=de
(48) www.zispotlight.de/frank-fehrenbach-ueber-das-bild-aus-bergamo-oder-the-common-bond-is-the-movie-theatre/
(49) https://sciencefiles.org/2021/12/09/ungeimpfte-sind-gegen-regierungs-propaganda-resistent-forschung-von-der-ruhr-universitaet-aus-bochum/
(50) https://reitschuster.de/post/verlagschef-verordnete-seinen-redaktionen-regierungstreue/
(51) www.mintpressnews.com/documents-show-bill-gates-has-given-319-million-to-media-outlets/278943/?fbclid=IwAR0lr67vXnfZ6idz4MDdrlc1VLvC5tSRbJ3Y1kJp4ZmAwLJvB1vGfWPcI3k
(52) www.mintpressnews.com/documents-show-bill-gates-has-given-319-million-to-media-outlets/278943/?fbclid=IwAR0lr67vXnfZ6idz4MDdrlc1VLvC5tSRbJ3Y1kJp4ZmAwLJvB1vGfWPcI3k
(53) www.spiegel.de/politik/spiegel-redakteurin-christiane-hoffmann-wird-stellvertretende-regierungssprecherin-a-2272cc01-e998-4a40-81b5-0f80068b5b52
(54) https://meedia.de/2017/08/29/die-ungesunde-symbiose-von-politik-und-staatsrundfunk-wann-drueckt-endlich-jemand-auf-die-reset-taste/
(55) www.sueddeutsche.de/medien/zeitungen-foerderung-subventionen-verlage-1.4954897
(56) www.bild.de/bild-plus/politik/inland/politik-inland/umfrage-zeigt-vertrauen-in-corona-zahlen-weg-78704246,view=conversionToLogin.bild.html
(57) https://thenationalpulse.com/2021/12/01/conflict-reuters-chairman-is-pfizer-investor-and-board-member/
(58) www.achgut.com/artikel/baerbel_bohley_die_frau_die_es_voraussah
(59) www.georgdanzer.at/lieder/die-freiheit/
(60) www.koerber-stiftung.de/pressemeldungen-fotos-journalistenservice/vertrauen-in-demokratische-institutionen-schwindet-2509

(61) https://de.statista.com/themen/26/bip/#dossierKeyfigures
(62) https://de.wikipedia.org/wiki/Deutschland
(63) www.bundeswahlleiter.de/bundestagswahlen/2021/ergebnisse/bund-99.html
(64) www.bundeswahlleiter.de/bundestagswahlen/2021/ergebnisse/bund-99.html
(65) www.youtube.com/watch?v=0OO-tarb3pU
(66) www.abgeordnetenwatch.de/blog/lobbyismus/lobbyismus-auf-parteitagen-das-sind-die-sponsorinnen-der-parteien
(67) www.bundestag.de/parlament/praesidium/parteienfinanzierung/fundstellen50000/2021/2021-inhalt-816896
(68) www.zdf.de/comedy/heute-show/what-the-fakt-lobbyismus-bundestag-gesetze-abgeordnetenwatch-lobbyregister-julia-kloeckner-102.html
(69) https://de.wikipedia.org/wiki/Lobbyismus
(70) www.maecenata.eu/2020/12/09/lobbyismus-in-bruessel/
(71) www.spiegel.de/wirtschaft/soziales/fernsehauftritt-aerzte-lobbyist-verteidigt-schmiergeld-fuer-mediziner-a-649617.html
(72) www.spiegel.de/panorama/umstrittene-maskengeschaefte-staatsanwaltschaft-ermittelt-gegen-lobbyistin-andrea-tandler-a-e4947dc5-42f8-445f-8acf-861e4aa1ba09
(73) https://corona-transition.org/pfizer-und-microsoft-finanzieren-parteitag-der-spd
(74) https://report24.news/geheimvertrag-pfizer-eu-um-milliarden-ueberteuert-staaten-haften-wirkung-unklar/
(75) www.focus.de/politik/deutschland/dgb-boss-veraenderte-word-dokument-was-ist-das-denn-im-ampel-vertrag-taucht-chef-lobbyist-als-autor-auf_id_24459375.html
(76) www.scytl.com/resources-and-references/customers/u-s-elections/
(77) www.luzernerzeitung.ch/international/die-grunen-sehen-rot-ld.2149181
(78) www.bpb.de/nachschlagen/lexika/politiklexikon/18236/sozialistische-einheitspartei-deutschlands-sed
(79) https://de.wikipedia.org/wiki/Christlich_Demokratische_Union_Deutschlands
(80) https://de.wikipedia.org/wiki/Christlich_Demokratische_Union_Deutschlands
(81) https://twitter.com/Markus_Krall
(82) https://dieunbestechlichen.com/2021/11/schamlos-den-staat-zur-beute-machen-schnell-noch-200-befoerderungen-vor-der-bundestagswahl/
(83) www.businessinsider.de/politik/deutschland/last-minute-befoerderungen-auf-steuerzahlerkosten-wie-kanzleramt-und-ministerien-jetzt-noch-200-beamte-in-top-jobs-befoerdert-b/
(84) www.handelsblatt.com/politik/deutschland/schulze-unter-druck-umweltministerium-soll-600-millionen-euro-fuer-beratungsleistungen-ausgegeben-haben/25170180.html?ticket=ST-3115739-L2FQrHZHwe5wzT5MQM5u-ap5
(85) https://reitschuster.de/post/merkel-laesst-sich-ruhestand-vergolden-oder-plant-sie-gar-keinen/
(86) www.aphorismen.de/zitat/1690
(87) https://de.wikipedia.org/wiki/Die_Linke
(88) https://de.wikipedia.org/wiki/Das_Schwarzbuch_des_Kommunismus
(89) www.tichyseinblick.de/meinungen/mecklenburg-vorpommern-schwesig-die-linke-koplin/
(90) https://journalistenwatch.com/2022/01/07/so-bundesregierung-gewalt/
(91) https://reitschuster.de/post/es-ist-faschismus-was-wir-erleben/

(92) www.basel-express.ch/redaktion/geopolitik/272-antifa-wird-fuer-demonstrationen-bezahlt
(93) www.nzz.ch/international/antifa-in-deutschland-und-der-schweiz-was-dahinter-steckt-ld.1560368
(94) https://de.wikipedia.org/wiki/Sozialdemokratische_Partei_Deutschlands
(95) www.vorwaerts.de/artikel/wahlanalyse-siegte-spd-bundestagswahl-2021
(96) www.demografie-portal.de/DE/Fakten/wahlbeteiligung.html
(97) www.stasi-unterlagen-archiv.de/informationen-zur-stasi/themen/beitrag/die-stasi-zum-sed-spd-papier/
(98) www.bff-frankfurt.de/artikel/index.php?id=1622
(99) www.spd.de/aktuelles/detail/news/es-gibt-keinen-corona-impfzwang/06/05/2020/
(100) www.ndr.de/nachrichten/hamburg/Cum-Ex-Affaere-Scholz-wusste-offenbar-von-Vorermittlungen,cumex424.html
(101) www.cicero.de/innenpolitik/olaf-scholz-und-der-cum-ex-skandal-warburg-olearius-fabio-de-masi-oliver-schroem
(102) https://bit.ly/3jZFUWb
(103) www.merkur.de/welt/schaetzung-45-000-obdachlose-in-deutschland-im-jahr-2020-zr-91192975.html
(104) https://gloria.tv/post/SRs8Wi4g6A4c6R7xpWmmKk3m4
(105) www.heise.de/forum/Telepolis/Kommentare/Corona-Tauziehen-im-Teil-Lockdown/Es-gibt-kein-Zurueck-mehr-Von-Adrian-Bauer/posting-37811325/show/
(106) www.samueleckert.net
(107) https://de.wikipedia.org/wiki/Freie_Demokratische_Partei
(108) www.bild.de/politik/inland/politik-inland/christian-lindner-wahlkampf-video-bringt-den-fdp-chef-in-erklaerungsnot-78779778.bild.html
(109) https://dserver.bundestag.de/btd/20/001/2000188.pdf
(110) www.rnd.de/politik/corona-fdp-und-gruene-gegen-fortsetzung-der-pandemie-notlage-FQGXH57GMBB5JIO3VYOOIBTM24.html
(111) www.bundesfinanzministerium.de/Content/DE/Pressemitteilungen/Finanzpolitik/2021/12/2021-12-13-zweiter-nachtragshaushalt-2021.html
(112) www.pboehringer.de/fdp-lieber-verfassungswidrig-und-wortbruechig-regieren-als-nicht-zu-regieren/
(113) www.focus.de/politik/experten/gastkommentar-von-gabor-steingart-respekt-und-fortschritt-lebt-die-ampel-vor-allem-im-eigenen-arbeitsumfeld-aus_id_47994959.html
(114) https://de.wikipedia.org/wiki/B%C3%BCndnis_90/Die_Gr%C3%BCnen
(115) www.businessinsider.de/politik/deutschland/die-gruenen-wollen-die-impfpflicht-im-gesundheitswesen-notfalls-mit-der-bundeswehr-umsetzen-b/
(116) https://jungefreiheit.de/debatte/kommentar/2022/der-neue-gruenen-chef-und-die-scharia/
(117) https://reitschuster.de/post/gruene-kampfansage-beugehaft-fuer-impfverweigerer-und-schlagstoecke-gegen-querdenker/
(118) https://journalistenwatch.com/2021/12/14/wenn-ricarda-lang/
(119) www.theeuropean.de/juergen-fritz/bei-den-gruenen-geht-es-auch-ohne-abgeschlossene-berufsausbildung/
(120) www.rnd.de/politik/spd-gruene-und-fdp-wollen-in-regierung-176-neue-stellen-genehmigen-lassen-VIIOH45INNEBPGHV5PA4WSSYLM.html

(121) www.wiwo.de/unternehmen/dienstleister/rueckforderungen-die-corona-soforthilfen-sind-eine-tickende-zeitbombe/27949762.html
(122) https://reitschuster.de/post/kinder-studie-zeigt-dramatischen-anstieg-von-suizidversuchen/
(123) www.tichyseinblick.de/tichys-einblick/atomkraftwerke-deutschland-eu/
(124) https://philosophia-perennis.com/2021/11/25/eudssr-ampelkoalition-plant-aufloesung-deutschlands-als-souveraenem-staat/
(125) https://reitschuster.de/post/gruenen-politiker-freut-sich-ueber-corona-tod-von-afd-politiker/
(126) www.zeit.de/politik/deutschland/2015-05/die-gruenen-paedophilie-berlin-landesverband-bericht/seite-2
(127) www.welt.de/print-welt/article378210/Kinderpornographie-Stasi-erpresste-Politiker.html
(128) https://unser-mitteleuropa.com/verlaengerter-arm-von-schwab-wef-zu-bearbock-ins-aussenamt-implantiert/
(129) https://de.wikipedia.org/wiki/Alternative_f%C3%BCr_Deutschland
(130) www.afd.de/wahlprogramm-familie-kinder/
(131) www.vlh.de/arbeiten-pendeln/beruf/abgeordnetenbezuege-teilweise-steuerfrei.html
(132) www.otto-brenner-stiftung.de/fileadmin/user_data/stiftung/02_ Wissenschaftsportal/03_Publikationen/AP48_Nebenverdienste_IV.pdf
(133) www.vlh.de/arbeiten-pendeln/beruf/abgeordnetenbezuege-teilweise-steuerfrei.html
(134) https://de.wikipedia.org/wiki/Abgeordnetenentsch%C3%A4digung
(135) www.welt.de/politik/deutschland/article236266710/Verfassungsschutz-Corona-Proteste-neue-Szene-von-Staatsfeinden.html
(136) www.bmbf.de/bmbf/de/forschung/zukunftstrends/foresight/szenarien-zukuenftiger-wertevorstellungen/szenarien-zukuenftiger-wertevorstellungen.html
(137) www.steuerzahler.de/steuerzahlergedenktag/arbeitnehmer/
(138) https://de.statista.com/statistik/daten/studie/6968/umfrage/anzahl-der-renten-in-deutschland-seit-1992/
(139) www.auswandern-handbuch.de/durchschnittsrente-deutschland/
(140) www.t-online.de/finanzen/geld-vorsorge/id_89857914/beamtenpension-das-ist-der-unterschied-zur-gesetzlichen-rente.html
(141) https://de.wikipedia.org/wiki/Beamter_(Deutschland)
(142) https://de.statista.com/statistik/daten/studie/164047/umfrage/jahresarbeitslohn-in-deutschland-seit-1960/
(143) https://testhelden.com/polizei-in-zahlen/
(144) www.n-tv.de/mediathek/videos/wirtschaft/Polizei-bestellt-Dutzende-neue-Panzerfahrzeuge-article23057252.html
(145) https://de.rt.com/gesellschaft/128617-arm-bis-zum-lebensende-jede-vierte-seniorin-ueber-80-kommt-kaum-ueber-die-runden/
(146): www.spiegel.de/wissenschaft/mensch/milgram-experiment-fast-jeder-wuerde-auf-befehl-foltern-a-1138728.html
(147) www.rki.de/DE/Content/InfAZ/N/Neuartiges_Coronavirus/Testzahl.html
(148) www.rki.de/DE/Content/InfAZ/N/Neuartiges_Coronavirus/Fallzahlen.html
(149) https://isirv.org/site/images/conferences/Optionsx/Options%20X_Abstracts%20_Oral%20and%20Poster.pdf

(150) www.medrxiv.org/content/10.1101/2021.07.08.21260210v2.full
(151) https://report24.news/neue-daten-von-prof-ioannidis-so-hoch-ist-ihre-sterbewahrscheinlichkeit-durch-covid-19/?feed_id=10361
(152) François Bonivard, Chroniken von Genf, zweiter Band, Seiten 295 – 402 Sekundarquelle: https://peter-frodermann.de/2021/12/14/aus-der-geschichte-die-beulenpest/ , https://t.me/FindingTruth7/35156 (Oliver Janich)
(153) www.br.de/nachrichten/wissen/stimmt-es-dass-ffp2-masken-nicht-vor-viren-schuetzen,SMdj8yf
(154) https://principia-scientific.com/?s=mask
(155) www.express.de/panorama/coronavirus-karl-lauterbach-warnt-vor-toilettengang-62183?cb=1642613795657
(156) www.spiegel.de/wissenschaft/partnersuche-warum-maskenverweigerer-haesslich-wirken-a-d1863f07-ced0-4dea-8166-b54d307e68e0
(157) www.youtube.com/watch?v=fb4HvyYr1iM
(158) https://journalistenwatch.com/2022/02/12/maskenterror-eine-welt/
(159) www.nordbayern.de/politik/chemiker-hunderte-chemikalien-in-masken-gefunden-das-konnen-sie-tun-1.11193553
(160) www.ktipp.ch/tests/produktetests/detail/artikeldetail/bedenkliche-stoffe-in-gesichtsmasken/
(161) https://de.wikipedia.org/wiki/Bidermans_Diagramm_des_Zwanges
(162) www.vorwaerts.de/artikel/corona-frankreich-befinden-uns-krieg
(163) https://de.wikipedia.org/wiki/Bidermans_Diagramm_des_Zwanges
(164) https://de.wikipedia.org/wiki/Bidermans_Diagramm_des_Zwanges
(165) Thomas Röper, Inside Corona Seite 72/73
(166) www.rki.de/EN/Content/Institute/Committees/SAB_ZIG/SAB_ZIG_Members
(167) www.consilium.europa.eu/en/policies/coronavirus/pandemic-treaty/
(168) www.who.int/news/item/01-12-2021-world-health-assembly-agrees-to-launch-process-to-develop-historic-global-accord-on-pandemic-prevention-preparedness-and-response
(169) https://unser-mitteleuropa.com/wird-ueber-nationalen-verfassungen-stehen-who-etabliert-globales-abkommen-zur-pandemievorsorge/
(170) https://thetruthaboutvaccines.com/smoking-gun-confidential-pfizer-document/
(171) https://childrenshealthdefense.org/defender/fda-eight-months-produce-pfizer-safety-data/
(172) https://thetruthaboutvaccines.com/smoking-gun-confidential-pfizer-document/
(173) https://sciencefiles.org/2021/11/24/ganz-normale-impfstoffe-ganz-normale-nebenwirkungen-15-367-tote-2-586-558-meldungen-who-datenbank/
(174) https://exxpress.at/aufreger-pfizer-impfstoff-hat-ploetzlich-doch-ueber-100-nebenwirkungen/
(175) www.axios.com/tafamidis-vyndaqel-pfizer-price-sales-6b1e8d29-2032-4885-bf49-d1705955899a.html
(176) www.br.de/nachrichten/bayern/sophie-scholl-ein-justizmord-und-seine-willigen-helfer,SWpsgOZ
(177) www.rubikon.news/artikel/die-impfschaden-werden-sichtbar
(178) www.anonymousnews.org/2022/02/11/impfschaeden-corona-deutschland-jahr-2021/
(179) www.handelsblatt.com/unternehmen/industrie/pharmabranche-pfizer-muss-rekordbusse-zahlen/3250268.html

(180) www.reuters.com/article/us-facebook-partnership-reuters-idUSKBN2062K4
(181) www.reuters.com/technology/twitter-partners-with-ap-reuters-battle-misinformation-its-site-2021-08-02/
(182) https://reitschuster.de/post/eklatanter-interessenkonflikt-bei-reuters-faktencheck-chef/
(183) wie (182)
(184) https://thenationalpulse.com/2021/12/06/pfizer-board-member-is-former-facebook-director/
(185) https://investors.biontech.de/news-releases/news-release-details/biontech-signs-collaboration-agreement-pfizer-develop-mrna-based/
(186) https://report24.news/merkel-gates-sahin-dubioses-treffen-der-pandemie-treiber-schon-2018/?feed_id=9277
(187) https://investors.biontech.de/static-files/5e4133c2-6e8f-4ca4-8a65-ffa97007d9eb
(188) https://report24.news/merkel-gates-sahin-dubioses-treffen-der-pandemie-treiber-schon-2018/?feed_id=9277
(189) https://report24.news/merkel-gates-sahin-dubioses-treffen-der-pandemie-treiber-schon-2018/?feed_id=9277
(190) https://report24.news/brisante-fragen-an-biontech-weshalb-ist-cov-19-impfung-im-2019-geschaeftsbericht/
(191) www.mopo.de/hamburg/spritzen-im-akkord-darum-impft-dieser-arzt-sieben-tage-die-woche/?utm_medium=social&utm_term=Autofeed&dmcid=sm_tw_p&utm_ source=Twitter&reduced=true#Echobox=1641888195
(192) https://ansage.org/aerzte-ohne-gewissen-2-800-euro-stundenlohn-fuers-impfen/
(193) www.goettinger-tageblatt.de/Die-Region/Duderstadt/Corona-Impfung-in-Duderstadt-Am-4.-Dezember-ohne-Termin-in-der-Praxis-Kirscht
(194) https://reitschuster.de/post/lukrative-impfungen-aerzte-verdienen-bis-zu-28-000-euro-pro-monat/
(195) www.bibliomedmanager.de/news/kliniken-kriegen-bis-zu-9500-euro-pro-covid-fall
(196) www.achgut.com/artikel/bericht_zur_coronalage_7.12.2021_7800_praemie-fuer_wundersame_corona_vermehrung
(197) www.gatesfoundation.org/about/committed-grants?q=Robert%20Koch%20Institute
(198) https://dailyjot.com/?p=2818
(199) https://rumble.com/vmtpt1-medical-freedom-stop-medical-tyranny-exposing-hospital-abuses.html
(200) https://aapsonline.org/bidens-bounty-on-your-life-hospitals-incentive-payments-for-covid-19/
(201) https://reitschuster.de/post/ema-datenbank-liefert-irrsinnige-zahlen-zu-impfschaeden/
(202) https://reitschuster.de/post/corona-ueberlebensrate-fuer-unter-20-jaehrige-999987/
(203) https://science.orf.at/stories/3206228/
(204) https://vector-news.github.io/editorials/CausalAnalysisReport_html.html
(205) https://stevekirsch.substack.com/p/new-big-data-study-of-145-countries?r=u75lc
(206) https://report24.news/pfizer-6-monats-daten-mehr-schaden-als-nutzen-der-experimentellen-mrna-vakzine/?feed_id=10781
(207) www.pharmazeutische-zeitung.de/absurde-diskussion-um-lipide-alc-0315-und-alc-0159-130775/
(208) https://pathologie-konferenz.de/

(209) https://reitschuster.de/post/2-pathologie-konferenz-tod-nach-impfung/
(210) https://telegra.ph/TOXIZIT%C3%84T-UND-ZYTOTOXIZIT%C3%84T-VON-GRAPHENOXID---FAKTEN-07-02
(211) www.schildverlag.de/2021/11/02/pfizer-whistleblowerin-packt-aus-es-ist-graphenoxid-im-pfizer-impfstoff-und-es-kann-menschen-an-das-internet-anschliessen-oder-toeten/
(212) https://report24.news/taeglich-neue-faelle-von-ploetzlich-und-unerwartet-erkrankten-und-verstorbenen-sportlern/?feed_id=10871
(213) https://reitschuster.de/post/reportage-auf-servus-tv-im-stich-gelassen-die-covid-impfopfer/
(214) www.br.de/nachrichten/wissen/enthalten-corona-impfstoffe-zellen-von-abgetriebenen-foeten,SabJ7Nq
(215) https://telegra.ph/Impfherstellung---fötales-Rinderserum-und-abgetriebene-Föten---Ein-Schandfleck-der-menschlichen-Geschichte-01-13
(216) https://dieunbestechlichen.com/2022/01/hacker-knacken-die-server-der-impfstoffhersteller-es-gibt-wohl-tatsaechlich-todeschargen-unter-den-spritzen/
(217) www.youtube.com/watch?v=azaOdC5Fsv0
(218) www.berliner-zeitung.de/wochenende/luca-ceo-wir-wollen-impf-und-personalausweis-zusammenfuehren-li.204737?pid=true
(219) www.stern.de/digital/smartphones/luca-nach-der-pandemie--so-will-sich-die-umstrittene-app-in-die-zukunft-retten-31548468.html
(220) https://de.wikipedia.org/wiki/ID2020
(221) https://de.wikipedia.org/wiki/ID2020
(222) https://corona-transition.org/gates-und-rockefeller-stiftungen-finanzieren-who-richtlinien-fur-den-digitalen
(223) www.faz.net/aktuell/finanzen/amerikas-notenbank-fed-startet-debatte-ueber-e-dollar-17744268.html
(224) https://dserver.bundestag.de/btd/20/003/2000319.pdf
(225) https://dserver.bundestag.de/btd/20/004/2000429.pdf
(226) https://de.rt.com/inland/130467-deutschland-bestellte-2021-rund-554/
(227) https://ec.europa.eu/info/live-work-travel-eu/coronavirus-response/safe-covid-19-vaccines-europeans_de
(228) https://reitschuster.de/post/sterblichkeit-durch-omikron-004-prozent/
(229) thrivemovement.com
(230) https://reitschuster.de/post/exklusiv-umfrage-mehrheit-der-deutschen-zum-dauerimpfen-bereit/
(231) https://de.rt.com/international/127488-australien-steckt-ureinwohner-in-lager/
(232) https://de.rt.com/europa/129477-zeitung-bringt-covid-19-internierungslager/
(233) https://m.focus.de/regional/schleswig-holstein/in-neumuenster-knast-fuer-sechs-quarantaene-brecher-geht-in-betrieb-30-aufpasser-stehen-bereit_id_12881127.html
(234) www.youtube.com/watch?v=xLVdUe3AjYw
(244) www.sueddeutsche.de/politik/querdenker-coronavirus-verschwoerungsglaube-terroris mus-1.5372162
(245) www.rnd.de/politik/strafen-fuer-ungeimpfte-wie-hart-duerfen-impfverweigerer-be straft-werden-EHYAPMBDIJEY7CDKWIMYQIUCAU.html
(246) www.medinside.ch/de/post/covid-impfung-meldungen-von-nebenwirkungen-explodie ren

(247) www.focus.de/finanzen/boerse/geldanlage/weitreichende-transparenz-eu-prueft-machbarkeit-kommt-jetzt-das-europaeische-vermoegensregister_id_17900402.html
(248) www.welt.de/finanzen/article224364492/Vermoegenssteuer-Die-Plaene-von-SPD-Gruenen-Linkspartei.html
(249) www.swr.de/swraktuell/rheinland-pfalz/diaeten-sollen-erhoeht-werden-100.html
(250) www.n-tv.de/Teletext/Gefuehlte-Inflation-liegt-bei-14-Prozent-article23270783.html
(251) www.n-tv.de/Teletext/Gefuehlte-Inflation-liegt-bei-14-Prozent-article23270783.html
(252) https://report24.news/covid-bleibt-internationaler-gesundheitsnotfall-who-haelt-am-panikmodus-fest-und-fordert-mehr-tests/
(253) www.weforum.org/great-reset/
(254) www.telegraph.co.uk/politics/2021/03/29/no-government-can-address-threat-pandemics-alone-must-come/
(255) https://humansbefree.com/2020/11/globalist-klaus-schwab-world-will-never-return-to-normal.html
(256) https://report24.news/klaus-schwab-erklaert-niemand-ist-sicher-bis-alle-durch-impfungen-sicher-sind/
(257) www.tagesschau.de/inland/innenpolitik/coronavirus-pandemie-impfungen-101.html
(258) www.infosperber.ch/freiheit-recht/datenschutz/facebook-investoren-mit-cia-verbindungen/
(259) https://tkp.at/2022/04/19/in-italien-erstes-europaeisches-sozialkreditsystem-kommt/
(260) www.gatesfoundation.org/about/committed-grants/2017/06/opp1177447
(261) www.nebelspalter.ch/geheimes-video-zeigt-ceo-marc-walder-zwang-alle-redaktionen-der-ringier-medien-weltweit-auf-regierungskurs
(262) www.abgeordnetenwatch.de/blog/parteispenden/parteispenden-aus-der-wirtschaft-diese-unternehmen-sind-freiwillig-transparent
(263) http://rupp.de/briefwahl_einspruch/briefwahl_wahlbetrug.html
(264) www.cicero.de/innenpolitik/cum-ex-geschaefte-der-spd-warburg-komplex-scholz-olearius
(265) https://phmpt.org/wp-content/uploads/2021/11/5.3.6-postmarketing-experience.pdf
(266) https://investors.biontech.de/static-files/5e4133c2-6e8f-4ca4-8a65-ffa97007d9eb

Bildquellen

(1) https://uncutnews.ch/gerhard-wisnewski-massensterben-das-geheimnis-der-deagel-liste/
(2) https://t.me/LIONMediaTV
(3) https://bit.ly/3k076Uv
(4) www.bild.de/regional/dresden/dresden-aktuell/sachsens-ministerpraesident-kretschmer-fordert-2g-ueberall-78073806.bild.html
(5) www.deutschlandkurrier.de // Urquelle: Nietzsche, Also sprach Zarathustra.
(6) https://cdn.prod.www.manager-magazin.de/images/63bb6539-0001-0005-0000-000000240553_w420_r1.3333333333333333_fpx33.58_fpy52.39.jpg // Reuters
(7) https://de.wikipedia.org/wiki/Pentagon
(8) www.welt.de/geschichte/article158019854/Was-Flugbomben-und-Mossad-mit-9-11-zu-tun-haben.html
(9) www.bitchute.com/video/vXQ0Mfo1SOxe/
(10) www.bitchute.com/video/vXQ0Mfo1SOxe/
(11) www.bitchute.com/video/vXQ0Mfo1SOxe/
(12) www.bitchute.com/video/vXQ0Mfo1SOxe/
(13) rtl.de // Twitter/Aaron Katersky
(14) www.bitchute.com/video/vXQ0Mfo1SOxe/
(15) https://de.statista.com/statistik/daten/studie/152177/umfrage/absatz-der-weltweit-groessten-ruestungsunternehmen/
(16) https://de.statista.com/themen/666/ruestung/#topicHeader__wrapper
(17) https://de.statista.com/statistik/daten/studie/151877/umfrage/weltweite-marktanteile-am-export-von-konventionellen-waffen-nach-nationen/
(18) https://de.statista.com/statistik/daten/studie/182209/umfrage/wichtigste-empfaengerlaender-von-deutschen-ruestungsexporten/
(19) https://de.statista.com/statistik/daten/studie/183064/umfrage/militaerausgaben-von-deutschland/
(20) t.me/TiefImKaninchenbau
(21) https://debeste.de/171919/In-naher-Zukunft / Künstler HElax
(22) www.stern.de/gesundheit/schweinegrippe-impfung-experten-warnen-vor-starken-nebenwirkungen-3807136.html
(23) https://coronabrowser.com/stern.html
(24) Netzfund, Quelle unbekannt
(25) Netzfund, Quelle unbekannt, aber irgendwo aus Telegram
(26) www.bild.de/ratgeber/gesundheit/gesundheit/corona-lage-in-deutschland-operation-kleeblatt-78254194.bild.html
(27) www.zeit.de/news/2021-01/06/bautzener-christoph-62-wird-zur-fliegenden-isolierstation?utm_referrer=https%3A%2F%2Fwww.google.com%2F
(28) www.intensivregister.de/#/aktuelle-lage/zeitreihen
(29) www.sueddeutsche.de/kultur/coronavirus-italien-bergamo-bilder-1.5237063?reduced=true
(30) www.youtube.com/watch?v=kaJvgUpZtNI&t=25s
(31) www.youtube.com/watch?v=kaJvgUpZtNI&t=25s
(32) www.youtube.com//watch?v=IgdA37ioz_8

(33) www.youtube.com/watch?v=kaJvgUpZtNI&t=25s
(34) https://perma.cc/UL9Q-KJWR
(35) www.jetphotos.com/photo/10208673
(36) www.boeing.com/features/2020/05/c-17-covid19-missions.page
(37) www.welt.de/politik/deutschland/plus235717074/Corona-in-Hamburg-Peter-Tschentscher-die-grob-falsche-Zahl-der-Ungeimpften.html
(38) Unbekannt, Netzfund
(39) https://de.statista.com/statistik/daten/studie/73680/umfrage/koalitionen-in-den-bundeslaendern/
(40) abgeordnetenwatch.de
(41) www.abgeordnetenwatch.de/blog/lobbyismus/lobbyismus-auf-parteitagen-das-sind-die-sponsorinnen-der-parteien
(42) https://de.wikipedia.org/wiki/Lobbyismus
(43) https://correctiv.org/wp-content/uploads/2021/08/Bildschirmfoto-2021-08-10-um-11.59.56.png
(44) www.kas.de/de/web/geschichte-der-cdu/wahlprogramme-und-slogans
(45) www.kas.de/de/web/geschichte-der-cdu/wahlprogramme-und-slogans
(46) https://peakd.com/deutsch/@luegenbaron/afd-cdu-der-90er
(47) https://de.wikipedia.org/wiki/Christlich_Demokratische_Union_Deutschlands
(48) www.instagram.com/p/CYRS9S2oAOz/?utm_source=ig_embed
(49) www.independent.co.uk/climate-change/news/the-sky-turned-red-the-ice-cracked-the-snow-ceased-and-a-crane-bowed-kim-jongil-s-death-the-official-version-6280774.html
(50) https://de.wikipedia.org/wiki/Sozialistische_Einheitspartei_Deutschlands#Verlust_der_Vormachtstellung,_Umbenennungen
(51) Primär und sekundär Quelle unbekannt, vielleicht Umberto Eco, Netzfund
(52) https://taz.de/Proteste-gegen-Pegida-und-Co/!5020381/
(53) www.deutschlands-marktforscher.de/ard-und-zdf-studie-zur-mediennutzung-in-deutschland-im-jahr-2020-veroeffentlicht/
(54) www.bff-frankfurt.de/artikel/index.php?id=1622
(55) https://wie24.com/nazis-links/
(56) https://twitter.com/BILD/status/1480947799445454857
(57) www.zeit.de/politik/deutschland/2022-01/impfpflicht-gesetz-spd-ende-januar-corona?utm_referrer=https%3A%2F%2Fwww.google.com%2F
(58) https://bit.ly/3MljV8a
(59) www.pei.de/SharedDocs/Downloads/DE/newsroom/dossiers/sicherheitsberichte/ sicherheitsbericht-27-12-20-bis-30-11-21.pdf?__blob=publicationFile&v=7
(60) www.pei.de/SharedDocs/Downloads/DE/newsroom/dossiers/sicherheitsberichte/ sicherheitsbericht-27-12-20-bis-30-11-21.pdf?__blob=publicationFile&v=7
(61) Martin Sichert Infokanal Telegram https://t.me/martinsichertinfo
(62) www.zdf.de/nachrichten/politik/corona-impfpflicht-impfregister-lauterbach-kontaktbeschraenkungen-100.html
(63) www.zeit.de/politik/deutschland/2020-10/bund-laender-beratung-corona-karl-lauterbach-alexander-kekule-ralph-brinkhaus
(64) www.bild.de/bild-plus/politik/inland/politik-inland/roter-teppich-im-osten-bespitzelt-im-westen-stasi-akte-scholz-78805186,view=conversionToLogin.bild.html
(65) www.fdp.de/nie-gab-es-mehr-zu-tun

(66) www.tagesschau.de/inland/btw21/fdp-erstwaehler-101.html
(67) www.bundestag.de/parlament/plenum/abstimmung/abstimmung?id=759
(68) www.rnd.de/politik/corona-fdp-und-gruene-gegen-fortsetzung-der-pandemie-notlage-FQGXH57GMBB5JIO3VYOOIBTM24.html
(69) www.bundestag.de/parlament/plenum/abstimmung/abstimmung?id=754
(70) www.rnd.de/politik/wolfgang-kubicki-fordert-markus-soeders-ruecktritt-falsche-corona-zahlen-3ILJ3F7VSBCIBAI3MSA3S5C7BU.html
(71) Naomi Seibt
(72) Netzfund
(73) https://twitter.com/markus81679/status/1474003917285511170
https://corona-blog.net/2021/12/23/die-aussage-von-saskia-weishaupt-sagt-viel-ueber-sie-selbst-und-die-gruenen-selbst-aus/
(74) https://twitter.com/apointex/status/1490475870833852420
(75) t.me/kenjebsen
(76) https://twitter.com/wolff_ernst/status/1486383798250053632
(77) www.theeuropean.de/juergen-fritz/bei-den-gruenen-geht-es-auch-ohne-abgeschlossene-berufsausbildung/
(78) www.derwesten.de/politik/gruene-fordern-umfassende-transparenzinitiative-fuer-abgeordnete-id7184651.html
(79) www.rnd.de/politik/claudia-roth-meldet-nebeneinkuenfte-von-mehreren-tausend-euro-nach-PP2T6K3HSNGKVKXKNI35VYTDDI.html
(80) https://gruene-thueringen.de/verschwoerungsmaerchen-in-zeiten-von-corona-immunitaetsausweise-und-angebliche-impfpflicht-07mai20/
(81) https://twitter.com/GoeringEckardt/status/1485908412194041858
(82) Quelle unbekannt, Netzfund
(83) https://twitter.com/JakkAss4u/status/1466185912715563009
(84) www.focus.de/politik/deutschland/schreckliches-versagen-bis-zu-1000-opfer-die-gruenen-waten-reumuetig-durch-den-paedophilie-sumpf_id_4696028.html
(85) https://unser-mitteleuropa.com/verlaengerter-arm-von-schwab-wef-zu-bearbock-ins-aussenamt-implantiert/
(86) www.afd.de/wahlprogramm-familie-kinder/
(87) https://de.statista.com/statistik/daten/studie/1219831/umfrage/bruttoeinkuenfte-von-bundestagsabgeordneten-aus-nebentaetigkeiten-nach-parteien/
(88) www.abgeordnetenwatch.de/blog/nebentaetigkeiten/das-verdienen-die-abgeordneten-aus-dem-bundestag-nebenher
(89) https://de.wikipedia.org/wiki/Abgeordnetenentsch%C3%A4digung
(90) www.t-online.de/finanzen/geld-vorsorge/id_89857914/beamtenpension-das-ist-der-unterschied-zur-gesetzlichen-rente.html
(91) www.bild.de/regional/frankfurt/frankfurt-aktuell/abstandsholz-polizei-stoppt-querdenker-demo-mit-ringel-stange-78450708.bild.html
(92) www.bild.de/regional/dresden/dresden-aktuell/8266-80-euro-job-ministerium-will-sachsens-first-lady-befoerdern-78795718.bild.html
(93) www.spiegel.de/wissenschaft/mensch/milgram-experiment-fast-jeder-wuerde-auf-befehl-foltern-a-1138728.html
(94) t.me/TiefImKaninchenbau
(95) www.rki.de/DE/Content/InfAZ/N/Neuartiges_Coronavirus/Testzahl.html

(96) www.news.de/panorama/856087070/statistik-chaos-um-corona-tote-umfrage-bei-gesundheitsministerien-patienten-gar-nicht-an-coronavirus-gestorben-andere-todesursache/1/
(97) https://de.statista.com/statistik/daten/studie/405363/umfrage/influenza-assoziierte-uebersterblichkeit-exzess-mortalitaet-in-deutschland/
(98) Quelle unbekannt, Netzfund
(99) Quelle unbekannt, Netzfund
(100) www.dmm-ingolstadt.de/covid-19/covid-19-history/schutzkleidung-ii.html
(101) www.corodok.de/aust-maske-um-der-maske-willen/
(102) t.me/TieflmKaninchenbau
(103) t.me/TieflmKaninchenbau
(104) www.ktipp.ch/tests/produktetests/detail/artikeldetail/bedenkliche-stoffe-in-gesichtsmasken/
(105) https://thetruthaboutvaccines.com/smoking-gun-confidential-pfizer-document/
(106) https://openvaers.com/covid-data
(107) https://openvaers.com/covid-data
(108) https://openvaers.com/covid-data/myo-pericarditis
(109) https://openvaers.com/covid-data/myo-pericarditis
(110) https://report24.news/merkel-gates-sahin-dubioses-treffen-der-pandemie-treiber-schon-2018/?feed_id=9277
(111) https://report24.news/merkel-gates-sahin-dubioses-treffen-der-pandemie-treiber-schon-2018/?feed_id=9277
(112) https://investors.biontech.de/static-files/5e4133c2-6e8f-4ca4-8a65-ffa97007d9eb
(113) t.me/TiefimKaninchenbau
(114) EudraVigilance-Datenbank / Sekundarquelle: https://reitschuster.de/post/ema-datenbank-liefert-irrsinnige-zahlen-zu-impfschaeden/
(115) EudraVigilance-Datenbank / Sekundarquelle: https://reitschuster.de/post/ema-datenbank-liefert-irrsinnige-zahlen-zu-impfschaeden/
(116) https://impfdashboard.de/
(117) www.medrxiv.org/content/10.1101/2021.07.08.21260210v2.full
(118) https://reitschuster.de/post/exklusiv-umfrage-zeigt-wie-haeufig-starke-impfnebenwirkungen-wirklich-sind/
(119) www.ema.europa.eu/en/documents/product-information/comirnaty-epar-product-information_de.pdf / Seite 16 EMA Produktinformationen
(120) www.servustv.com/aktuelles/v/aa1uhra88dp5llzqs7cp/
(121) www.berliner-zeitung.de/wochenende/luca-ceo-wir-wollen-impf-und-personalausweis-zusammenfuehren-li.204737?pid=true
(122) Quelle unbekannt, Netzfund
(123) Bildquelle: www.auf1.tv., Zitatquelle: www.spiegel.de/politik/die-bruesseler-republik-a-3d75c854-0002-0001-0000-000015317086)
(124) T.me/WEGGESPRITZT
(125) https://reitschuster.de/post/exklusiv-umfrage-mehrheit-der-deutschen-zum-dauerimpfen-bereit/
(126) https://i.redd.it/z4wm85d0dvg81.jpg

Videoverzeichnis

Video 1: https://bit.ly/37wrBG3
Video 2: https://bit.ly/3OuhD8M
Video 3: https://deutschlandkurier.de/2021/12/geimpft-und-gelackmeiert-wacht-endlich-auf-fordert-christine-anderson-afd-mdep/
Audio 4: https://t.me/antiilluminaten/26442
Video 5: www.bitchute.com/video/vXQ0Mfo1SOxe/
Video 6: https://auf1.tv/nachrichten-auf1/arabischer-fruehling-warum-gaddafi-wirklich-sterben-musste/
Video 7: www.youtube.com/watch?v=Lc1bpYTj6r4
Video 8: www.welt.de/politik/deutschland/video235834774/Michael-Kretschmer-Sachsens-Ministerpraesident-im-WELT-Interview.html
Video 9: www.youtube.com/watch?v=kaJvgUpZtNI&t=25s
Video 10: www.youtube.com//watch?v=IgdA37ioz_8
Video 11: www.youtube.com/watch?v=TSKx6ZgKyAc
Video 12: www.youtube.com/watch?v=ZJ9uWsvR1l0
Video 13: www.youtube.com/watch?v=rw1fJoe2YzI
Video 14: www.youtube.com//watch?v=LF__pl5Sl5g
Audio 15: www.georgdanzer.at/lieder/die-freiheit/
Video 16: www.guidograndt.de/2021/12/21/neue-bundesregierung-geschlechterwahn-statt-qualifikation-video/
Video 17: www.youtube.com/watch?v=cdYqxZnXv_Q
Video 18: www.youtube.com/watch?v=TKyQlwEzNX0
Video 19: www.youtube.ccom/watch?v=BtezTQv66kM
Video 20: www.youtube.com/watch?v=PYOSUlZm6vI
Video 21: www.youtube.com/watch?v=YyCWkRlH-GY
Video 22: www.youtube.com/watch?v=6tv8SZpIccE
Video 23: www.youtube.com/watch?v=OMPmRod9aKU
Video 24: www.youtube.com/watch?v=hiL9K4Nxbdw
Video 25: www.bild.de/politik/inland/politik-inland/fdp-chef-lindner-bei-bild-live-meine-richtung-ist-die-einer-impflicht-78417768.bild.html
Video 26: www.youtube.com/watch?v=98kpPp_750c
Video 27: www.youtube.com/watch?v=JF4SPBFYQh8
Video 28: https://mediathek.viciente.at/32090/
Video 29: www.kla.tv/21610
Video 30: https://report24.news/biontech-gruenderin-tuereci-gibt-zu-pandemie-vorbereitungen-schon-ende-2019/
Video 31: www.daserste.de/information/politik-weltgeschehen/monitor/videosextern/monitor-vom-20-01-2022-100.html
Video 32: www.bitchute.com/video/rT0Tis7sq7HV/
Video 33: www.globalresearch.ca/covid-19-vaccines-scientific-proof-lethality/5767711
Video 34: https://bit.ly/3rICbAx
Video 35: https://bit.ly/3L0Gy1r
Video 36: www.servustv.com/aktuelles/v/aa1uhra88dp5llzqs7cp/
Video 37: www.globalresearch.ca/covid-19-vaccines-scientific-proof-lethality/5767711

Über den Autor

Der Sohn italienischer Einwanderer wurde 1971 in Tübingen geboren. Nach seiner Ausbildung zum Bankkaufmann und dem erfolgreich abgeschlossenen Studium zum Diplom-Betriebswirt mit Fachrichtung Außenwirtschaft war für den vielseitigen Valentino Bonsanto ein Ende noch lange nicht erreicht. Er absolvierte eine weitere Ausbildung zum ärztlich geprüften Fitness- und Personaltrainer und dann noch zur Fachkraft für Personenschutz. Fast zwanzig Jahre lang war er in verschiedenen Ländern als Geschäftsführer und/oder Berater für Gründungen und Start-Ups, bis hin zu einer Partnerschaft mit einer der größten Handelsgesellschaften der Welt in Dienstleistungsbereich, Sport- und Gesundheitsbranche, Sicherheitsbranche und Internet tätig.

2016 kam dann eine Wende, denn eine schwere Krankheit zwang ihn zum Umdenken. Er musste sein komplettes Leben umstellen. Doch der temperamentvolle Autor ließ sich von diesem Schicksalsschlag nicht unterkriegen – er hat diese schwere Zeit für sich zu nutzen gewusst: Insgesamt acht Bücher im Gesundheitsbereich sind das Ergebnis dieser ruhigeren Zeit in seinem Leben.

Das Anfang 2022 erschienene Buch, „Corona der große Intelligenztest“ war das erste Buch dieser Buchreihe.

Valentino Bonsanto ist ein lustiger, netter und besonnener Mensch. Doch redet er grundsätzlich nicht um den heißen Brei herum, sondern spricht deutlich und direkt Klartext.

Kontakt:
vbonsanto@yahoo.de

https://t.me/valentinobonsanto

CORONA – DER GROSSE INTELLIGENZTEST

Valentino Bonsanto

SIND WIR ALLE VERRÜCKT GEWORDEN? Alles begann im Winter 2019/20 mit einem völlig „neuartigen" Virus. Die Welt, wie wir sie kannten, war mit einem Schlag auf den Kopf gestellt. Die Menschheit befand sich in kürzester Zeit in einer Pandemie, die so schrecklich eingestuft wurde, dass sie Millionen von Menschen ins Grab bringen sollte. Doch entspricht das wirklich der Wahrheit? Ist das Virus tatsächlich so tödlich, oder könnte es sein, dass all die Veränderungen schon viel früher begannen, von uns unbemerkt und von einer Elite von langer Hand geplant? Valentino Bonsanto hat in den tiefsten Tiefen gegraben, recherchiert und Informationen zusammengetragen, die selbst ihn an manchen Tagen an ein Limit brachten. Direkt und mit einer ordentlichen Prise Sarkasmus spricht er in diesem Buch Klartext: „Wenn wir heute nicht für unsere Freiheit einstehen, dann werden wir und die nächsten Generationen für lange Zeit keine mehr haben. Es wird kein Morgen mehr geben, so wie wir es uns wünschen und wie wir es einst geliebt haben, denn sie werden versuchen, uns alles zu nehmen." Es ist höchste Zeit, die Augen mutig zu öffnen und der Wahrheit ins Gesicht zu schauen. Denn es liegt an uns - den Menschen, dem Volk, den Bürgern -, wie unsere zukünftige Welt aussehen wird.

ISBN 978-3-938656-78-5 • 21,00 Euro

MEIN VATER WAR EIN MiB – Band 5

Jason Mason

Wir nähern uns dem Kern der größten Mysterien unserer Zeit! Band 5 der MiB-Reihe reiht sich nahtlos in die Serie ein und es gibt eine Unmenge an neuen Informationen zu entdecken. Jason Mason berichtet wieder von den Bucegi-Bergen in Rumänien und die dortigen Tunnelsysteme, die ins Zentrum der Erde führen. Die Botschafter innerirdischer Zivilisationen hüten Aufzeichnungen der wahren historischen Geschichte der Menschheit. Wieso versucht die Weltelite, das zu verhindern? Erfahren Sie die aufregendsten Geheimnisse deutscher Wissenschaftler, die für das frühe amerikanische Weltraumprogramm aktiv waren. Wer steuert die unbekannten Flugobjekte, und wird die Welt gerade auf die Bekanntgabe von UFOs und Außerirdischen auf der Erde vorbereitet? Jason Mason präsentiert neue Whistleblower, die weitere Details über die Alien-Präsenz auf der Erde enthüllen. Weitere Themen: Enthüllungen von militärischen Whistleblowern über UFOs, unheimliche Begegnungen mit Reptiloiden, geheime Untergrundbasen und das Geheime Weltraumprogramm sowie die Rückkehr der Anunnaki.

ISBN 978-3938656860 • 14,80 Euro

ES IST KRIEG

Michael Morris

Die Superreichen gegen den Rest der Welt!

Wir befinden uns in jener Zeit, die künftig vielleicht als die Endschlacht um das Überleben der Menschheit in die Geschichtsbücher eingehen wird, und der Ausgang dieses Krieges ist ungewiss. • Die vermeintliche „Corona-Impfung" zerstört das Immunsystem der Geimpften und führt dazu, dass jeder Betroffene an seiner ganz individuellen Schwachstelle erkrankt oder daran verstirbt. • Die Regisseure dieser künstlich geschaffenen Krise kommen vorwiegend aus dem Bereich der IT, der Pharmaindustrie, des militärisch-industriellen Komplexes und der Geheimdienste. • Im Rahmen der Corona-Inszenierung sollen wir Menschen auf eine digitale Identität (QR-Code) reduziert werden, um uns uneingeschränkt kontrollieren zu können (Social Ranking System). • Die Lüge vom menschengemachten Klimawandel dient dem Zweck, die Bevölkerung in Angst zu halten und immer neue Steuern zu erheben und Verbote auszusprechen. • Die grassierende gewollte Inflation könnte schon bald zu einer Hyperinflation ausarten und in einer Währungsreform enden, um eine neue, rein digitale Weltwährung zu etablieren. All diese Themen sind eng miteinander verflochten und verfolgen dasselbe Ziel: den klassischen Menschen abzuschaffen und durch einen digital gesteuerten Sklaven zu ersetzen. Wissen ist Macht. Vorbereitung ist essentiell. Widerstand ist unsere letzte Hoffnung!

ISBN 978-3-938656-96-9 • 24,00 Euro

WENN DAS DIE MENSCHHEIT WÜSSTE...

Daniel Prinz

Wir stehen vor den größten Enthüllungen aller Zeiten!

Der neue Blockbuster von Daniel Prinz – 720 Seiten! Der Inhalt dieses Buches wird Sie aus den Schuhen hauen! Im Folgeband des Bestsellers „Wenn das die Deutschen wüssten..." hat Daniel Prinz im ersten Teil in aufwendiger Recherchearbeit brisante Hintergründe zu den beiden Weltkriegen aufgedeckt, die mit dem gefälschten Geschichtsbild der letzten 100 Jahre mit eisernem Besen gründlich aufräumen. In Teil 2 geht es um Chemtrails, die Dezimierung der Menschheit, Zensur und Gedankenpolizei, Impfungen und das Krebsgeschäft, und in Teil kommt die kosmische Variante mit ins Spiel: das geheime Weltraumprogramm!

ISBN 978-3-938656-89-1 • 33,00 Euro

WENN DAS DIE PATIENTEN WÜSSTEN

Jan van Helsing

Geld oder Gesundheit? Mensch oder Fallpauschale? Worum geht es in unserem Gesundheits-System? Warum sterben immer noch unendlich viele Menschen elend an Krebs, der Krankheit, deren konventionelle Behandlung horrende Summen verschlingt? Weil die wahren Ursachen das medizinische Establishment nur selten interessieren. Weil es bei der konventionellen Krebstherapie nicht um Heilung, sondern ums Geld geht, das ist die perfide Regel, nach der dieses System funktioniert. Bestimmte Dinge laufen nach dem immer gleichen Prinzip ab: Jemand entdeckt eine Krankheitsursache oder entwickelt eine vielversprechende Heilmethode, das Wissenschafts-Establishment will nichts davon wissen. Den Patienten bleibt nichts anderes übrig, als sich selbst auf die Suche zu machen nach wahren Ursachen und wahren Heilern. Sie finden sie oft in einer Welt jenseits des medizinischen Mainstreams, einer Welt, in der von Schulmedizinern aufgegebene Patienten die Chance auf ein zweites Leben bekommen.

Jan van Helsing: *„Es ist an der Zeit, dass wir die Macht über unseren Körper zurückerobern – vor allem, was die Impfthematik angeht. Ich bin alt genug, selbst zu entscheiden, was in meinen Körper reinkommt und was nicht. Und die Anordnungen der Regierung interessieren mich nicht, denn ich habe diese Regierung nicht gewählt."*

ISBN 978-3-938656-75-4 • 25,00 Euro

DIE RÜCKKEHR DER DRITTEN MACHT

Gilbert Sternhoff

Seit dem Ende des Zweiten Weltkrieges mehren sich die Anzeichen dafür, dass auf der Erde im Verborgenen eine Dritte Macht existiert. Entstanden in den letzten Tagen des großen Völkerringens hat sie sich in den folgenden Jahrzehnten mittels einer Absetzbewegung und fortschrittlicher Technologien, die den unseren weit überlegen sind, etabliert. Ihr Ziel besteht unverhüllt in der Übernahme der Welt. Der Zeitpunkt scheint nicht mehr fern, da für ihr „Projekt Zeitenwende" die letzte Phase eingeleitet wird. Seit dem Jahr 2017 ist auch das UFO-Phänomen aus seinem Schattendasein getreten und hat sich vor allem in den USA durch veröffentlichte und vom Militär für echt erklärte Sichtungen offizielle Anerkennung verschafft. Sogar eine UFO-Task-Force wurde von der US-Regierung eingerichtet. Die alles entscheidende Frage ist: Wer sind SIE? Der im Juni 2021 von den US-Geheimdiensten vorgelegte Bericht verschweigt der Öffentlichkeit die schockierende Wahrheit.

ISBN 978-3938656716 • 14,80 Euro

HANDBUCH FÜR GÖTTER

Jan van Helsing

Egal, was die Illuminaten vorhaben, was ist DEIN Plan?

In diesem Buch spricht Jan van Helsing, der bereits im August 2019 über den Corona-Plan informiert war, mit Johannes, einem Hellsichtigen, der sozusagen einen guten „Draht nach oben" hat. Beide gehen der Frage nach, wieso die Mächtigen dieser Welt – die Illuminaten –, die hinter all diesen Szenarien stecken, eine solche Angst haben, dass ihre Machenschaften auffliegen, dass sie deswegen Videos, Bücher sowie Menschen auf dem gesamten Globus zensieren. Wovor haben sie Angst? Die Illuminaten kennen ein Geheimnis, das sie ganz schnell ihrer eigenen Macht berauben würde – hätten die Menschen Kenntnis davon. Es ist etwas, das in jedem von uns verborgen ist, weshalb man uns durch eine gigantische Ablenkungsindustrie davon abhält, uns auf die Suche nach diesem Geheimnis zu machen. Das „Handbuch für Götter" zeigt Möglichkeiten auf, wie jeder Einzelne diese Kraft entdecken und im täglichen Leben zum Einsatz bringen kann.

ISBN 978-3-938656-64-8 • 21,00 Euro

WIR TÖTEN DIE HALBE MENSCHHEIT

Eileen DeRolf Jan van Helsing

„China wird eine Erkältung bekommen.' Diese Epidemie soll sich dann über die ganze Welt ausbreiten – entweder als Rache der Chinesen oder weil das Virus mutiert ist – und die Menschen generell dezimieren, um zirka 50 Prozent!" Das sagte ein britischer Hochgradfreimaurer im Gespräch mit Bill Ryan (Project Camelot) im Jahr 2010.

Über die Jahrzehnte haben verschiedene Autoren über die kommende Neue Weltordnung geschrieben und darüber, dass eine kleine Elite die Welt an sich reißen und alles privatisieren will. Die Corona-Epidemie ist ein geschickt genutztes Werkzeug, einen Finanzcrash zu tarnen, Bargeld zu entziehen, Zwangsimpfungen und möglicherweise auch ein Chippen von Menschen zu erwirken. Und es gibt einen Plan: Zum einen gibt es den für die Menschheit der Zukunft, die auf mindestens die Hälfte reduziert werden soll. Wie sie das machen werden und wen sie als erstes im Visier haben, erfahren Sie in diesem Buch. Die Neue Weltordnung selbst wird u.a. über die Agenda 21 und Agenda 2030 im links-grünen Gewand eingeführt. Dies schildert die Aktivistin Eileen DeRolf am Beispiel der USA in aller Ausführlichkeit. Um die 'Privatisierung der Welt' und die historischen Hintergründe derselben besser verstehen zu können, hat Jan van Helsing mit dem Insider Hannes Berger und dem Climate-Engineering-Spezialisten Andreas Ungerer ein langes Interview geführt.

ISBN 978-3-938656-53-2 • 21,00 Euro

KAMPF GEGEN GOTT

Alexander Kohlhaas

Mehr als ein Aussteigerbuch für Sekten- und Religionsgeplagte

Dieses Buch richtet sich nicht nur an Aussteiger aus Sekten oder Religionen, sondern auch an Angehörige von Menschen, die sich in sektenähnlichen Strukturen befinden. Es richtet den Spot auf den blinden Fleck der Gesellschaft, der sie nicht wahrhaben lässt, wie sehr Menschen durch die Beschneidung, als auch durch langanhaltende Religions- und Sektenzugehörigkeit geschädigt. Es zeigt auf:

- Wie Sekten und Religionen die Psyche der Menschen nachhaltig beschädigen.
- Weshalb Aussteiger oft Jahre nach dem Ausstieg noch den Mechanismen der Sekte ausgesetzt sind und weshalb sie das dort antrainierte Verhalten nicht überwinden können.
- Weshalb die Zeugen Jehovas in Russland verboten sind.
- Wie führende Politiker weltweit auf die Erfüllung der Prophezeiungen des AT hinarbeiten.

ISBN 978-3-938656-63-1 • 21,00 Euro

LÜGENMÄULER

Renato Stiefenhofer

Es wird Zeit, die Mäuler zu stopfen!

Der Schweizer Jumbo-Kapitän Renato Stiefenhofer fliegt seit Jahrzehnten überwiegend für asiatische Airlines. Als ehemaliger Airforce-One-Pilot der Vereinigten Arabischen Emirate und Privatjet-Chauffeur für europäische Milliardäre tanzt er auf verschiedenen Hochzeiten und auf verschiedenen Kontinenten. Die ihm anvertraute Informationsvielfalt – vom Scheich Sultan über David Beckham bis hin zum UNO-Generalsekretär – versucht er in diesem Buch einzuordnen.

Im Laufe der Zeit erkannte er, dass es mindestens zwei Parallelwelten geben muss: Die eine kennen wir alle, die andere ist ein sehr gefährliches Pflaster. Spätestens seit einem intensiven, privaten Gespräch mit einem US-Vier-Sterne-General in der First Class weiß er: Die brutale Realität und die Meinung, welche durch die tendenziöse Berichterstattung unserer Mainstream-Medien verbreitet wird, klaffen weit auseinander. Der US-General stellte infrage, ob 9/11 so passiert ist, wie es uns die Geschichtsbücher und die Politik vorbeten. Dieses Gespräch wurde zum Beginn einer Odyssee, die Captain Stiefenhofer ein gigantisches Lügengebilde von Politik und Presse offenbarte. Gleichzeitig werden die EU, der deutsche Staat und die verwirrenden Covid-19-Maßnahmen akribisch untersucht und entlarvt.

ISBN 978-3-938656-68-6 • 21,00 Euro

ISS RICHTIG ODER STIRB!

Vera Wagner

Von der Wiege bis zum Pflegebett, von der Babymilch bis zum Menü im Heim: Big Food konditioniert unseren Geschmack. Macht uns krank mit Zucker, Salz und Fett. Vergiftet uns mit toxischen Zusätzen und in High-Tech-Laboren zusammengebrauten Aromen. Und bringt damit viele Menschen ins Grab. Die Nahrung ist für die meisten Todesopfer weltweit verantwortlich, sagt die WHO – und kollaboriert hinter den Kulissen mit den Food-Konzernen. Diejenigen, die Ernährung kontrollieren müssten, haben die Kontrolle abgegeben. Früher wäre es strafbar gewesen, Erdbeergeschmack aus Sägespänen herzustellen. Heute ist es legal.

Die Zeit des Umbruchs ist gekommen, auch beim Thema Ernährung. Ernährungswissenschaftler fordern: Der Grad der industriellen Verarbeitung sollte auf Produkten angegeben werden. Doch wie lange wird es dauern, bis das umgesetzt ist? **Sie haben nur eine Chance: Sie müssen die Sache selbst in die Hand nehmen!**

ISBN 978-3-938656-57-3 • 24,00 Euro

LOCKDOWN

Michael Morris

Der Ausnahmezustand ist die neue Norm!

- Wie kann man den längst überfälligen systemischen Crash der Weltwirtschaft organisieren, ohne dass es einen Schuldigen gibt?
- Wie kann man die Nutzung von Bargeld abschaffen, ohne Widerstand aus der Bevölkerung zu erzeugen?
- Wie kann man problemlos die flächendeckende und lückenlose Überwachung aller Menschen etablieren?
- Wie kann man Versammlungs- und Demonstrationsverbote ohne Widerstand durchsetzen?
- Wie kann man die Menschen dazu bewegen, sich freiwillig impfen und chippen zu lassen?
- Wie kann man die Weltbevölkerung reduzieren, ohne dass irgendjemand Verdacht schöpft?

Dafür bräuchte es ein Ereignis, das so einschüchternd wirkt, dass die Menschen freiwillig auf ihre verfassungsmäßig garantierten Rechte verzichten und alle bisherigen Überzeugungen, Gewohnheiten und Ideale aufgeben. Dafür bräuchte es einen unsichtbaren Feind, der nie besiegt werden kann, weil er sich immer wieder verändert und immer wieder hinterhältig und erbarmungslos zuschlägt. Es bräuchte etwas, das uns alle betrifft, das niemand versteht, und das dennoch alle Menschen in Angst und Schrecken versetzt. Und genau das erleben wir jetzt!

ISBN 978-3-938656-19-8 • 21,00 Euro